牙含章文集

牙含章 / 著　郑信哲 / 选编

社会科学文献出版社
SOCIAL SCIENCES ACADEMIC PRESS (CHINA)

目 录
CONTENTS

民族与民族问题研究

马克思主义指明了民族研究的正确方向
　　——纪念马克思逝世一百周年 ·············· 003
论民族 ·············· 023
论"现代民族" ·············· 033
从"民族共同体"的四种类型谈起 ·············· 039
民族的起源和形成问题 ·············· 047
论民族同化和民族融合 ·············· 057
马克思主义民族理论与非洲民族形成问题 ·············· 069
论社会主义时期的民族关系 ·············· 075
进一步发展社会主义民族关系
　　——庆祝新中国成立三十五周年 ·············· 092
做好民族工作，是关系到国家命运的重大问题
　　——学习贯彻"十二大"精神笔会 ·············· 096
加紧制定实施民族区域自治法的具体办法 ·············· 099
建国以来民族理论战线的一场论战
　　——从汉民族形成问题谈起 ·············· 100
民族形成问题示意图重要正误 ·············· 109
关于"民族"一词的译名统一问题 ·············· 115
关于"民族"一词的使用和翻译情况 ·············· 125

关于民族形成的上限问题的两封来信 …………………… 133
谈点民族研究的感想 …………………………………… 137
略谈少数民族社会历史调查研究中的资料积累问题 …… 139
从婚姻丧葬来看风俗习惯的改革问题 ………………… 147

无神论与宗教研究

关于无神论教育的几个问题 …………………………… 157
各种无神论学说简介（代序） …………………………… 167
《中国无神论史》导言 …………………………………… 173
中国无神论史初探 ……………………………………… 184
孔子学说与中国无神论思想的关系
　　——中国无神论史初探续篇 ………………………… 216
无神论教育和"鬼戏"问题 ……………………………… 231
论宗教信仰自由 ………………………………………… 241
和资产阶级"宗教学"划清界限 ………………………… 252
有神论观念和宗教的起源 ……………………………… 262
关于有神论观念和宗教的消亡问题 …………………… 275
论宗教和封建迷信 ……………………………………… 286
在建设精神文明的斗争中，宗教和封建迷信应划清界限 … 299
如何划清宗教与封建迷信的界限 ……………………… 305
斯宾诺莎的《神学政治论》 ……………………………… 311
费尔巴哈的《基督教的本质》 …………………………… 318

藏学研究

西藏地方与祖国的历史关系 …………………………… 329
文成公主与汉藏友谊 …………………………………… 345
明代中央和西藏地方帕竹政权的关系 ………………… 350
试论西藏封建农奴制度 ………………………………… 360
达赖喇嘛和《达赖喇嘛传》 ……………………………… 385

《达赖喇嘛传》序言 …………………………………………… 399
《班禅额尔德尼传》序言 ……………………………………… 403
关于"吐蕃"、"朵甘"、"乌斯藏"和"西藏"的语源考证 ………… 409
两篇给编辑部的函 …………………………………………… 416

人物与回顾

从活佛到共产党员
——忆甘肃南部农民起义领袖肋巴佛 ………………………… 421
《肋巴佛烈士革命事绩》碑文 ………………………………… 425
回忆乌兰夫同志二三事 ……………………………………… 426
回回民族的杰出史学家 ……………………………………… 429
护送班禅额尔德尼返回西藏的回忆 …………………………… 436
陇右地下斗争的历史回顾 …………………………………… 457

牙含章生平及学术成果

著名民族宗教学家牙含章生平及著述考述 ………… 许瑞源　韩晓梅 483
牙含章先生学术成果 ………………………………………… 494

后　记 ………………………………………………………… 498

民族与民族问题研究

马克思主义指明了民族研究的正确方向
——纪念马克思逝世一百周年

（一）

1983年3月14日，是马克思逝世一百周年纪念日。本人多年来从事马克思主义民族理论研究工作，因此，想借此机会谈谈马克思主义民族理论在我国的传播情况，表达自己对马克思的崇高敬意。

马克思主义的民族理论输入我国，已有好几十年的历史了。因为它是马克思主义的不可分割的一个组成部分，是同马克思主义思想体系同时输入我国的。这篇文章不可能对马克思主义民族理论几十年来在我国各个方面的传播情况作全面的介绍，只想着重谈一个问题，即中华人民共和国成立以后，马克思主义的民族形成理论在我国的传播情况和目前还存在的问题。

我之所以选择这个题目，也是有原因的。因为新中国成立以后不久的1954年，我国学术界在汉民族形成问题上发生了一场大论战。这场论战，如果从1954年算起，到1982年，已经28个年头了。当然，不是年年都在论战，而是时断时续的。中间因为发生了"文化大革命"，中断了十多年。江青反革命集团被粉碎后，特别是十一届三中全会以后，这场论战又恢复了。但是应该说明，这场论战并不是重复循环，而是分阶段的，在不同的阶段各有不同的重点。而且总的来说，是越争论越深入，是螺旋式前进的。

这场论战，大体上说，过去的28年可以分为两大阶段，从1954年到

1962年为第一阶段。1962年（包括中间的"文化大革命"十年）到1982年为第二阶段。现在还处在第二阶段。

下面我们先谈谈从1954年到1962年的第一阶段的论战情况。1954年，范文澜同志在《历史研究》杂志上发表了一篇文章，题目是《自秦汉起中国成为统一国家的原因》。范文澜同志在这篇文章中，提出了一个涉及马克思主义关于民族形成的理论问题。范文澜同志根据斯大林在《马克思主义和民族问题》一书中提出的形成民族的四个特征，认为秦汉时代的汉族已具备了形成民族的四个特征。他认为：一是"书同文"，说明汉族已有了"共同的语言"；二是"长城以内的广大疆域"，说明汉族已有了"共同的地域"；三是"车同轨"，说明汉族已有了"共同的经济生活"；四是"行同伦"，说明汉族已有了"表现于共同文化上的共同的心理素质"。因此，范文澜同志得出的结论是：汉族"是在独特的社会条件下形成的独特的民族"①。

范文澜同志的文章发表以后，立即引起了我国学术界的很大震动，反对的文章一篇接着一篇地发表了。反对的文章也引证斯大林在《马克思主义和民族问题》一书中提出的另一条理论："民族不是普通的历史范畴，而是一定时代即资本主义上升时代的历史范畴"。反对的文章认为：汉族在秦汉时代还没有进入资本主义上升时代。因此，当时的汉族不可能形成民族。只有到了鸦片战争以后，中国才有了资本主义因素，汉族才形成了民族。

争论的双方虽然谈的是中国的汉族何时形成民族的问题，但都涉及马克思主义关于民族形成的基本原理。问题的焦点是：在人类历史上，究竟何时才形成了民族。是不是资本主义以前不可能形成民族，民族只是资本主义社会特有的产物。争论的双方都依据的是斯大林的民族理论，竟然争论了多年而得不出一个共同的结论，可见马克思主义民族理论在我国的传播并不是一帆风顺的，而是要排除许多障碍，才能前进一步。

其实，斯大林的《马克思主义和民族问题》一书本身并无矛盾，也不应该引起那样大的争论。斯大林在1921年俄共（布）第十次代表大会上所作的政治报告中说："现代民族是一定时代即资本主义上升时代

---

① 历史研究编辑部编《汉民族形成问题讨论集》，三联书店，1957，第6~13页。

的产物"①。斯大林又在 1921 年发表的《民族问题和列宁主义》一书中说:"世界上有各种不同的民族,有一些民族是在资本主义上升时代发展起来的,当时资产阶级打破封建割据局面而把民族集合为一体并使它凝固起来了。这就是所谓'现代'民族。……这种民族应该评定为资产阶级民族。"② 在斯大林的《马克思主义和民族问题》中明确地指出:"民族不是普通的历史范畴,而是一定时代即资本主义上升时代的历史范畴。"③ 这里指的正是这种资产阶级民族。

根据斯大林自己讲的以上两段说明来看,他所说的"在资本主义上升时代"形成的民族,并不是泛指人类历史上的一切民族,仅仅指的是"现代民族",亦即"资产阶级民族"。他给民族下的定义,是给"现代民族"亦即"资产阶级民族"下的定义。他讲的民族的四个特征,是"现代民族"亦即"资产阶级民族"的四个特征,但是我们认为:斯大林给"现代民族"下的定义,他提出的"现代民族"的四个特征,基本上对于资本主义以前的民族,包括封建社会的民族、奴隶社会的民族、原始社会的民族,也是适用的。斯大林自己也承认:"当然,民族的要素——语言、地域、文化共同性等等——不是从天上掉下来的,而是还在资本主义以前的时期逐渐形成的。"④ 这就是斯大林对民族所下的定义的普遍意义。从这一点上说:范文澜同志把斯大林的民族定义引用到秦汉时代的汉族身上,在理论上是讲得通的。从实践上说,范文澜同志认为秦汉时代的汉族已经基本上具备了形成民族的四个特征,也是符合中国实际情况的。

这场论战还涉及对斯大林著作中的"民族"一词的译名统一问题。因为在斯大林的中文译本中,俄文"Народность"一词一般都译作"民族",但有时也译作"部族",这是引起理论混乱的原因之一。对此问题,本文作者在《建国以来民族理论战线的一场论战》⑤ 一文中已有详细论述。为了节省篇幅,这里不多赘述。

现在回头来看,这场论战虽然主要谈的是马克思主义关于民族形成的

---

① 《斯大林全集》第 5 卷,人民出版社,1957,第 14 页。
② 《斯大林全集》第 11 卷,人民出版社,1955,第 288~291 页。
③ 《斯大林全集》第 2 卷,人民出版社,1953,第 300 页。
④ 《斯大林全集》第 11 卷,人民出版社,1955,第 289 页。
⑤ 《民族研究》1979 年第 2 期。

基本原理，但论战的双方引证的经典著作，都只限于斯大林的著作，而且没有全面地引证斯大林的著作。对于马克思主义的创始人马克思和恩格斯论述民族形成的基本原理，论战双方的文章中，都一个字没有提到。而关于民族形成的基本原理，马克思和恩格斯在 100 年以前就已有了明确的论述。他们认为民族不仅在资本主义以前早就有了，而且远在原始社会时代已经有了。他们认为：在人类历史上，最初的民族是由部落发展成的。根据马克思、恩格斯提出的民族形成的基本原理来看，汉族形成为民族的时间，大概是在我国还处于原始社会时代，由部落或部落联盟发展成的一个古老民族。夏代尚无出土文物可以证明。商代和周代的甲骨文和金文充分证明，那个时候居住在中原地区的"诸夏之族"（也叫"诸华""华""夏""华夏"），实际上就是汉族的祖先。到了汉朝，才把"诸夏之族"改称"汉族"，民族名称才算最后确定下来。

所以我认为：如果说范文澜同志的文章还有一些美中不足的话，那就是他把汉族形成的时间推断到秦汉时代，不是早了，而是晚了。我认为汉族形成为民族的时间，可以上溯到商代以前，可能是在夏代。尽管范文澜同志的文章还有一点美中不足之处，但是他的那篇文章当时在马克思主义的民族理论在我国传播方面，还是引发很大的反响，而且他从中国的实际出发，顶住了来自全国许许多多的反对意见的压力，坚持自己的观点毫不动摇，一直到他逝世也没有任何改变，这种坚持真理、实事求是的学风，正是我们应该学习的榜样。

把马克思和恩格斯提出的民族最初是由部落发展成的基本原理第一次传播到我国学术界，并使它在我国民族研究方面基本上占领了阵地，是中共中央马恩列斯著作编译局和中国科学院哲学社会科学部（即中国社会科学院的前身）在北京联合召开的一次座谈会的功绩。

1962 年初，中共中央马恩列斯著作编译局和中国科学院哲学社会科学部共同召集北京有关的三十多个单位的同志，举行了一次座谈会。在这次座谈会上，与会的绝大多数同志认为：马克思和恩格斯指出，民族是由部落发展成的，说明民族在资本主义以前早就产生了。斯大林讲的"在资本主义上升时代"形成的民族，仅仅指的是"现代民族"，亦即"资产阶级民族"，这和马克思、恩格斯的观点毫无矛盾。为了使马克思主义的民族理论在中国正确传播，马恩列斯经典著作中的译名应该统一，只用"民族"一词，不再使用"部族"。"民族"一词的译名问题是一个学术问题，可以继续进行讨论。会后，《人民日报》在1962年6月14日发表了两篇文章，对这次座谈会作了较详细的报道。一篇文章的题目是《"民族"一词的译名统一问题的讨论》，发表在"学术动态"专栏。另一篇文章的题目是《关于"民族"一词的使用和翻译情况》。这两篇文章同时发表，就是为了使广大读者对这个问题有较全面的了解。

这次座谈会，实际上对历时八年（1954～1962年）的汉民族形成问题作了总结。这个总结肯定了马克思和恩格斯提出的在人类历史上，最初的民族是由部落发展成的这条基本原理的正确性，也使这条基本原理在我国民族理论研究工作中基本上得到了公认，从而也结束了我国民族形成理论方面的第一阶段的论战。

我说"基本上"使马克思、恩格斯提出的民族最初是由部落发展成的基本原理在我国民族理论研究工作中得到了公认，是因为至今还有一些同志，坚持自己的意见，仍然认为民族只是资本主义社会的产物，资本主义以前没有民族，只有"部族"。根据党的"百家争鸣"方针，我们虽然不同意这种观点，但也不想把自己的观点强加于人。对于学术问题，任何人都有坚持自己意见的自由，也有宣传自己意见的自由。究竟谁是谁非，让广大读者和全国民族理论研究工作者去评定。

（二）

从1962年算起，我国民族理论方面的论战进入了第二个阶段，中间由于发生了"文化大革命"，有十多年时间不得不停止下来。江青反革命集团被粉碎以后，特别是党的十一届三中全会以后，我国学术界又生机勃勃地活跃起来，民族理论方面的论战又恢复了，但它并不是重复讨论第一阶段已经讨论过的那些问题。尽管有极少数人还停留在第一阶段已讨论过了的那些问题上面。但大多数同志现在已承认民族并不是资本主义社会特有的产物，而是早在资本主义以前就已存在。但是民族究竟是在资本主义以前的哪个时候产生的？这就又有了不同的看法。从报刊和小册子中已发表的文章来看，主要有以下几种不同观点。

一种观点认为：民族最初是在原始社会的末期，大体上是与阶级和国家同时产生的。

另一种观点认为：民族最初是在奴隶社会里产生的，也就是说，民族是在人类已进入阶级社会以后才产生的。

还有一种观点认为：最初的最原始的民族，是在原始社会的"蒙昧时代"产生的。

人们把这种论战总称为"关于民族形成上限问题"的论战。《光明日报》1982年9月28日以《关于民族形成的上限问题》为题，发表了一篇短文，对这场论战作了很简要的介绍。"民族形成的上限问题"，就是民族理论第二阶段论战的重点。它和第一阶段论战的重点显然是不同的。第一阶段论战的重点是：资本主义以前究竟有没有民族？第二阶段的重点转移到民族究竟是在资本主义以前的哪个时候形成的？也就是说，民族形成的上限应该划在何时？这就比第一阶段的重点前进了一步，深入了一步。

从目前已经发表的报刊和小册子的文章来看，第一种观点，即认为民族是在原始社会末期，大体上与阶级和国家同时产生的观点似乎得到较多的人所认同。这是有一定道理的。因为这种观点在马克思和恩格斯的著作中是有理论根据的。马克思和恩格斯在合著的《德意志意识形态》一书中这样说：

> 物质劳动和精神劳动的最大的一次分工，就是城市和乡村的分离。城乡之间的对立是随着野蛮向文明的过渡，部落制度向国家的过渡，地方局限性向民族的过渡而开始的。①

从这段文字来看，马克思和恩格斯是把民族的产生与国家的产生相提并论的，而国家是剥削阶级统治被剥削阶级的工具，因此，把民族的产生与国家的产生、阶级的产生联系在一起，的确是马克思和恩格斯当时的观点。

不仅如此，马克思和恩格斯在《德意志意识形态》一书中，还把民族的产生与奴隶制的产生联系在一起。他们说：

---

① 《马克思恩格斯全集》第3卷，人民出版社，1960，第56～57页。

在古代，每一个民族都由于物质关系和物质利益（如各个部落的敌视等等）而团结在一起；并且由于生产力太低，每个人不是做奴隶，就是拥有奴隶，等等。因此，隶属于某个民族成了人们的"最自然的利益"。①

这一段文字说明了马克思、恩格斯的观点：民族的形成是和人类最初产生的奴隶制似有必然的联系，而奴隶制是在原始社会的末期才产生的。人类历史上的第一个阶级社会就是奴隶社会。

值得注意的是，《德意志意识形态》一书，是马克思、恩格斯的早期作品，是他们在1845～1846年写成的，这部著作在他们生前始终未能全文公开发表，只作"老鼠的牙齿的批判"。在这部著作中，辩证唯物主义和历史唯物主义的基本观点已经形成了，但是关于原始社会的规律，包括关于民族形成的规律，他们还没有找到解开这个"哑谜的钥匙"②。一直到1877年，摩尔根的《古代社会》一书出版以后，他们才找到了解开这个"哑谜的钥匙"。这时离《德意志意识形态》一书的写成，整整晚了32年。恩格斯1894年在为《反杜林论》一书写的三版序言中，充分肯定了摩尔根的《古代社会》一书对他们的影响，他说："关于人类原始史，直到1877年，摩尔根才给我们提供了理解这一历史的关键。"③

马克思和恩格斯对摩尔根的《古代社会》一书作了很高的评价。恩格斯在1884年出版的《家庭、私有制和国家的起源》一书的序言中说：

他的著作（指摩尔根的《古代社会》——引者注）决不是一朝一夕的劳动。他研究自己所得的材料，到完全掌握为止，前后大约有四十年。然而也正因为如此，他这本书才成为今日划时代的少数著作之一。④

1891年，恩格斯给《家庭、私有制和国家的起源》写的第四版序言

---

① 《马克思恩格斯全集》第3卷，人民出版社，1960，第169页。
② 《马克思恩格斯全集》第21卷，人民出版社，1965，第30页。
③ 《马克思恩格斯全集》第20卷，人民出版社，1971，第12页。
④ 《马克思恩格斯全集》第21卷，人民出版社，1965，第30页。

中又说：

> 自从摩尔根的主要著作出版以来已经十四年了，这十四年间，关于原始人类历史的材料，已经大大丰富起来，除了人类学家、旅行家及专门的原始社会历史学家以外，比较法律学家也参加进来了，他们有的提供了新的材料，有的提出了新的见解。结果，摩尔根的某些假说便被动摇，或甚至被推翻了。不过，新搜集的材料，不论在什么地方，都没有导致必须用其他的原理来代替他的基本观点。他给原始历史所建立的系统，在基本的要点上，迄今仍是有效的。甚至可以说，是有人力图隐瞒摩尔根是这一伟大进步的奠基者，他所建立的这个系统就愈将获得大家的公认。①

我们引证恩格斯的这两段话，对于我们今天如何评价摩尔根的《古代社会》一书，特别是对于我们要探讨的民族形成的上限问题，仍具有重大的现实意义。

摩尔根的《古代社会》一书发表以后，马克思对这本著作非常重视，他于1881年5月到1882年2月研究了这本书的全部资料和论点，并作了十分详细的摘录。据恩格斯说，马克思本来打算写一本关于原始社会的著作，用唯物史观来阐述摩尔根的研究成果。但是马克思没有能够实现这个志愿，就在1883年3月14日逝世了。现在出版的马克思写的《摩尔根〈古代社会〉一书摘要》（以下简称《摘要》），就是马克思为了写他的著作而作的准备。

马克思在《摘要》中，不仅摘录了摩尔根的《古代社会》一书中所提供的第一手的宝贵资料和很有参考价值的论点，而且附上了自己的评语和结论。在有些问题上，马克思指出了摩尔根的错误或论述的不确切。从马克思的《摘要》一书的编排次序来看，马克思打算写的关于原始社会的著作内容，也和摩尔根的《古代社会》一书不尽相同。在摩尔根的《古代社会》中，他把"家庭观念的发展"作为第三编，把"财产观念的发展"作为第四编。而马克思在《摘要》中，把以上两部分都放在第一编。说明

---

① 《马克思恩格斯全集》第22卷，人民出版社，1965，第258~259页。

马克思只是充分使用了摩尔根提供的宝贵资料,而并不是完全同意摩尔根的论点。

马克思逝世以后,恩格斯发现了《摘要》的文稿,于是在1884年写成了《家庭·私有制和国家的起源》一书,并在序言中说明:

> 以下各章,在某种程度上是执行遗言。不是别人,正是卡尔·马克思曾打算联系着他的——在某种限度内可以说是我们两人的——唯物主义的历史研究所得出的结论来阐述摩尔根的研究成果,并且只是这样来阐明这些成果的全部意义。①

下面我们只就民族形成问题,谈谈摩尔根的《古代社会》一书当时对马克思、恩格斯创立民族形成的基本原理提供了哪些第一手的宝贵资料和有价值的参考论点。

摩尔根根据40年的调查研究,在《古代社会》一书中对民族形成问题提出了如下的重要论点:

> 在古代,构成民族(populus)的有氏族、胞族、部落以及部落联盟,它们是顺序相承的几个阶段。后来,同一地域的部落组成一个民族,从而取代了各自独占一方的几个部落的联合。这就是古代社会氏族出现以后长期保持的组织形式,它在古代社会基本上是普遍流行的。②

> 希腊的部落在进入文明以前,其政治方式也包括与上述相同的组织体系,只不过最后一项有所不同。第一,氏族,是具有共同氏族名称的血亲集团;第二,胞族,若干氏族为了社会目的和宗教目的而结合成的一种集团;第三,部落,同一种族的各个氏族按胞族组织而结合成的一种集团;第四,民族,在一个共同领域内联合诸部落而形成的一个氏族社会的集团,如阿提卡的四个雅典人部落和斯巴达的三个多利安人部落。这种联合是比联盟更为高级的一个步骤。在联盟的情

---

① 《马克思恩格斯全集》第21卷,人民出版社,1965,第29页。
② 摩尔根:《古代社会》上册,商务印书馆,1977,第6页。

况下，各个部落仍分别占据自己的领域。①

罗马人处于与此非常类似的制度下，他们自称为罗马民族（Populus Romanus），这是很恰当的称呼。这时候，他们仅仅是一个民族而不是任何别的；将氏族、库里亚（即胞族——引者注）和部落加在一起所能产生的全部结果就是一个民族。②

马克思、恩格斯运用历史唯物主义，对摩尔根提出的关于民族形成的资料和论点，作了全面的研究以后，才创立了马克思主义的关于从部落发展成了民族的基本原理。

马克思和恩格斯在《德意志意识形态》中，还认为民族是由"地方局限性的过渡"而产生的，但到1877年以后写的著作中，如马克思写的《摩尔根〈古代社会〉一书摘要》、恩格斯写的《家庭、私有制和国家的起源》《劳动在从猿到人转变过程中的作用》等著作中，他们没有再提"从地方局限性向民族过渡"的观点，也再没有把民族的形成与奴隶制联系在一起。这就充分说明：马克思和恩格斯在《德意志意识形态》一书中关于民族形成的观点，乃是他们的早期的、不成熟的观点，后来提出的"从部落发展成了民族"的观点，是他们晚期的、成熟的观点。

由此可见，马克思、恩格斯关于原始社会的规律的发现，包括民族形成规律的发现，是经历了32年（1845~1877年）的探索过程，经历了由不成熟到成熟的过程。

马克思和恩格斯用历史唯物主义的观点，对于民族形成的上限问题，也作了更进一步的探讨。恩格斯在《家庭、私有制和国家的起源》一书中，对原始社会的民族，作了如下的重要论述：

亲属关系在一切*蒙昧民族*和*野蛮民族*的社会制度中起着决定作用。③（着重点是引者加的，下同）

血缘家庭已经绝迹了。甚至在历史所记录的最*蒙昧*的民族中间也

---

① 摩尔根：《古代社会》上册，商务印书馆，1977，第65页。
② 摩尔根：《古代社会》上册，商务印书馆，1977，第221页。
③ 《马克思恩格斯全集》第21卷，人民出版社，1965，第40页。

找不出它的一个不可争辩的例子来。①

从各种群婚形式或与它类似的群婚形式出发，最容易说明希罗多德及其他古代著作家关于蒙昧民族和野蛮民族中共妻情况的叙述。②

一切蒙昧民族和处在野蛮时代低级阶段的民族，实际上都是这样。③

我还要指出，旅行家和传教士关于蒙昧民族和野蛮民族的妇女都担负奇重工作的报告。④

必须更加仔细的研究一下还处在蒙昧时代高级阶段的西北部民族，特别是南美的各民族。⑤

1891年，恩格斯给《家庭、私有制和国家的起源》一书写的第四版序言中又说：

麦克伦南在古代及近代的许多蒙昧民族、野蛮民族，以至文明民族中间，发现了这样一种结婚形式。⑥

为了说明恩格斯讲的"蒙昧民族""野蛮民族"与我们要探讨的民族形成的上限问题的关系，有必要对摩尔根提出的对古代社会的分期法作一简略的介绍。摩尔根在《古代社会》一书中，把原始社会分为"蒙昧"和"野蛮"两个时代；每一时代又分为低级、中级、高级三个阶段。恩格斯说：

摩尔根是第一个具有专门知识而想给人类的史前史建立一个确定的系统的人；他所提出的分期法，直到大量增加的资料认为需要改变时为止，看来依旧是有效的。⑦

---

① 《马克思恩格斯全集》第21卷，人民出版社，1965，第48~49页。
② 《马克思恩格斯全集》第21卷，人民出版社，1965，第52页。
③ 《马克思恩格斯全集》第21卷，人民出版社，1965，第53页。
④ 《马克思恩格斯全集》第21卷，人民出版社，1965，第60页。
⑤ 《马克思恩格斯全集》第21卷，人民出版社，1965，第61页。
⑥ 《马克思恩格斯全集》第22卷，人民出版社，1965，第251页。
⑦ 《马克思恩格斯全集》第21卷，人民出版社，1965，第32页。

到现在为止，全世界还没有找到可以代替摩尔根提出的古代社会分期法的另一个被公认的更科学的分期法，所以我们暂时还只好采用摩尔根的古代社会分期法。

恩格斯在《家庭、私有制和国家的起源》一书中，是明确地采用了摩尔根的古代社会分期法的，所以恩格斯所说的"蒙昧民族"，就是在"蒙昧时代"形成的民族；恩格斯所说的"野蛮民族"，就是在"野蛮时代"形成的民族，或已处于"野蛮时代"的民族。

由于摩尔根把"蒙昧时代"和"野蛮时代"又分为低级、中级、高级三个阶段，因此，对于恩格斯所说的"蒙昧民族"究竟是在"蒙昧时代"的哪一个阶段产生的，恩格斯并没有作过专门的论述。但他给我们提供了一些线索，可以对这个问题作进一步的研究。

恩格斯在《家庭、私有制和国家的起源》一书中，对氏族制度何时产生，是有明确论述的。他指出：

> 氏族在蒙昧时代中级阶段产生，在高级阶段继续发展起来，就我们所有的资料来判断，到了野蛮时代低级阶段，它便达到了全盛时代。①

既然氏族制度是在"蒙昧时代"的中级阶段才产生的，如此看来，民族的产生，最早也不能早于"蒙昧时代"的中级阶段，因为民族是在氏族、胞族、部落、部落联盟之后才形成的。民族的产生，最迟也不能迟于"蒙昧时代"的高级阶段，因为过了"蒙昧时代"的高级阶段，就进入了"野蛮时代"的低级阶段；那时形成的民族就是"野蛮民族"，不能再称为"蒙昧民族"。我敢肯定恩格斯使用"蒙昧民族"和"野蛮民族"这样的名词，是经过他的深思熟虑的，一定有他的道理的。因此，我认为根据恩格斯的论述，把民族形成的上限划到"蒙昧时代"，是有充分理论根据的。至于最早的、最原始的民族究竟是产生于"蒙昧时代"的中级阶段，还是产生于"蒙昧时代"的高级阶段，这是有待于我们深入研究的问题。

现在有些同志不同意"蒙昧时代"就已产生了民族，也就是说，不同

---

① 《马克思恩格斯全集》第 21 卷，人民出版社，1965，第 179 页。

意把民族形成的上限划到"蒙昧时代"。他们认为民族只能产生于"野蛮时代"的末期,即在阶级与国家产生的同时,那时氏族制度已到了瓦解的时候。

氏族制度瓦解的过程,正是人们形成为民族的过程。他们的主要理论根据就是马克思和恩格斯在《德意志意识形态》一书中讲过的"从地方局限性向民族的过渡"那一句话。

我认为我们对马克思主义的民族理论,也需要全面、准确的加以理解。这里我只想说明一个问题,即在原始社会里,氏族制度与民族是同时并存的,两者之间并无矛盾。为了说明这个问题,下面我引几段马克思和恩格斯的论述。

马克思在《摩尔根〈古代社会〉一书摘要》中说:

> 氏族被看作是家族的总和;但氏族完全进入胞族,胞族完全进入部落,部落完全进入民族;家族不能完全进入氏族,因为夫和妻必须属于不同的氏族。①(着重点是引者加的,下同)
>
> 民族承认其部落,部落承认其胞族,胞族承认其氏族,但是氏族则对其家族视若无睹。②
>
> 当诸部落,例如雅典和斯巴达的部落,合并成一个民族时,这只不过是部落的较复杂的副本而已。对于这种新的组织(即民族)并没有特别的(社会的)术语[在诸部落在民族中占有着诸胞族在诸部落中、诸氏族在胞族中所占的地位一样的地方]。③

恩格斯在《家庭、私有制和国家的起源》一书中也说:

> 在荷马的诗中,我们可以看到希腊的各部落在大多数场合已联合成为一些小民族(Keleine Völkerschaften),在这种小民族内部,氏族、胞族和部落仍然完全保持它们的独立性。④

---

① 马克思:《摩尔根〈古代社会〉一书摘要》,人民出版社,1965,第37页。
② 马克思:《摩尔根〈古代社会〉一书摘要》,人民出版社,1965,第169页。
③ 马克思:《摩尔根〈古代社会〉一书摘要》,人民出版社,1965,第176页。
④ 《马克思恩格斯全集》第21卷,人民出版社,1965,第119页。

从马克思、恩格斯的以上论述来看，由部落发展成为民族以后，民族内部仍然保存着氏族、胞族、部落等社会组织，而且这些组织还保持着它们原有的独立性。这就充分说明，并不是氏族制度瓦解以后，才产生了民族。在原始社会里，民族与氏族制度同时并存，两者之间并无任何矛盾。只有到了原始社会的末期，氏族制度才到了瓦解的时候，"它被分工及其后果即社会之分裂为阶级所炸毁。它被国家代替了"。① 这时民族内部就不再有氏族、胞族、部落等社会组织，而由国家制度下的地域组织所代替了。这时民族与氏族制度才分了家。

现在，还有些不同意把民族形成的上限划到"蒙昧时代"的同志，提出了一个翻译方面有错误的论点。他们认为：恩格斯的《家庭、私有制和国家的起源》一书中的"蒙昧民族"一词，是我国翻译方面的错误，应该译成"蒙昧人"，不应该译成"蒙昧民族"。为了查清楚这个问题，我请几位精通德文的同志，查阅了恩格斯的《家庭、私有制和国家的起源》的德文原著，他们一致认为，翻译是正确的，没有错误。因此，我建议不同意把民族形成的上限划到"蒙昧时代"的同志，尽可以直截了当地提出自己的理由，而不要对我国翻译界的同志横加指责。

（三）

自从马克思1883年逝世以后，整整100年过去了。在这100年期间，马克思主义在全世界有了巨大的发展，就在民族理论方面，也有许多进步，这里不想多讲。这里我还是想谈谈民族形成理论，特别是民族形成的上限问题。

马克思逝世以后的这100年中间，在人类史前史的研究方面，在20世纪50年代末期，发生了一次重大的突破，这就是非洲坦桑尼亚的东部发现了"东非人"的头骨。吴汝康等同志对此问题写了一本专著——《坦桑尼亚肯尼亚古人类概要》②，对"东非人"作了科学的叙述，说明大约在距今200万年以前，在东非的坦桑尼亚和肯尼亚的某些地区，已有了能够直立

---

① 《马克思恩格斯全集》第21卷，人民出版社，1965，第193页。
② 《坦桑尼亚肯尼亚古人类概要》，科学出版社，1980。

行走，并且能够制造极粗糙的石器的古代人类。这些研究成果是用现代最科学的方法作了鉴定的，是完全可以相信的。

1982年11月9日，《光明日报》发表了一则很短的报道，说在不久前，在非洲维多利亚湖和图尔康湖之间，发现了最古老的篝火残迹。据分析，它已有140万年历史。在它的周围，摆放着动物的骨骼和石头作的劳动工具。可见当时的古代人是把猎获的野兽放进篝火中烤熟后吃的。

对这些发现的本身，我在这里不想多讲，我只想指出，这些发现不仅对人类古代历史的研究具有直接的巨大意义，对于民族形成的上限问题的研究，也具有间接的巨大意义。它大大开阔了我们观察问题的视野。

摩尔根生活的那个时代，对于人类古代历史究竟已有了多长时间的认识还是很不够的，他在《古代社会》一书中，对于人类的古代历史，只作了大约10万年的估计。他说："人类文化上的这些阶段的相对长度究竟有多少？这也是一个值得推敲的问题。虽说不可能作出精确的估计，但不妨试求其近似值。根据发展进度按几何比例的理论，蒙昧阶段的时间自然要比野蛮阶段为长，而野蛮阶段要比文明阶段为长。如果我们为了找出每一个阶段的相对长度而假定人类生存在地球上的时间为十万年——这是为了这个目的而定的，实际上可能有出入——我们立刻就会看出，至少要把六万年划归蒙昧阶段。按照这种分配，人类最先进的一部分竟花去五分之三的时间生活在蒙昧阶段。余下的时间，要把两万年——即五分之一——划归野蛮阶段的初期。给野蛮阶段的中期和晚期留下一万五千年，文明阶段就只剩下五千年左右了。"①

摩尔根把人类史前史只估计了10万年，而现在科学鉴定的人类史前史为200万年，是摩尔根估计的20倍。这样，我们对蒙昧时代、野蛮时代和文明时代的时间分配，要作相应的新的计算。我们不妨还按摩尔根提出的比例，给蒙昧时代分配十分之六，那就是120万年。给野蛮时代的低级阶段分配十分之二，那就是40万年。余下了40万年。按摩尔根的意见，应给野蛮时代的中级阶段和高级阶段分配30万年，给文明时代分配10万年。我看摩尔根给文明时代的分配数字为无文字的历史就是四五千年。而文字是人类进入阶级社会以后才发明的。因此，我认为文明时代最多给它分配

---

① 摩尔根：《古代社会》上册，商务印书馆，1977，第34~35页。

1万年，其余的9万年应分配给野蛮时代的中级阶段和高级阶段，那就是39万年。这样分配，也只是为了研究问题的方便。

如果说，蒙昧时代为120万年，那么，蒙昧时代又分为低级、中级、高级三个阶段，这三个阶段我们也不妨每个阶段平均分配40万年。这就是说，人类最初的40万年，是处在蒙昧时代的低级阶段。这一阶段人类已脱离动物界，能够直立行走，解放了两手；能够制造极粗糙的石器；还有了极简单的语言。据恩格斯的分析，那时人类的社会组织就是"血缘家庭"，一对夫妻生下的子女可以互为夫妻。"这种家庭一定是存在过的"。①

人类古代历史的第二个40万年，是处于蒙昧时代的中级阶段。这一阶段人类有两大发明，一是懂得了用火，一是建立了氏族制度。蒙昧时代的中级阶段如从现在算起，就是距今120万～160万年。《光明日报》1982年11月9日报道的初步分析是：人类用火的时间为距今140万年，和上面的估计大体上是一致的。

氏族制度产生于这一阶段，是马克思、恩格斯的共同看法。氏族的特点是：氏族内部绝对禁止通婚。这一氏族的男子只能与另一氏族的女子通婚；这一氏族的女子只能与另一氏族的男子通婚。这就把兄弟姊妹之间的夫妻关系完全排除了，最后，甚至把从兄弟姊妹之间的夫妻关系也排除了。这是人类本身发展史上的一大进步。

氏族制度最初究竟是怎么产生的？摩尔根认为：

> 氏族最早大概是由一小群富于创造力的蒙昧人发起的，不久以后，必然是因为这种制度繁殖出优秀的人种而得以证明其实效。氏族制度在古代世界几乎到处流行，这就最有力的证明它给人类带来了好处，并证明它符合于蒙昧阶段和野蛮阶段的人们的愿望。②

由于人口的不断繁殖，氏族必然要进行分化，两个氏族分为四个氏族，如此发展下去。后来，若干氏族又组成一个胞族。若干胞族又组成一个部落。恩格斯说：

---

① 《马克思恩格斯全集》第21卷，人民出版社，1965，第49页。
② 摩尔根：《古代社会》上册，商务印书馆，1977，第73页。

正如几个氏族组成一个胞族一样，几个胞族就古典形式来说则组成一个部落；而那些大大衰微的部落则往往没有胞族这种中间环节。① 可见也有例外，并不是一切部落都是由胞族组成，而是直接由氏族组成的。

恩格斯说：每个部落"有自己的地区和自己的名称。每一部落除自己实际居住的地方之外，还占有广大的地区以供打猎和捕鱼之用"②。每个部落还有"独特的、仅为这个部落所有的方言"③。恩格斯共举出了部落的七个特征，在此不一一列出。

由几个部落联合起来，就结成了部落联盟，恩格斯认为这是形成民族的"第一步"。他说：

> 绝大多数的美洲印第安人，都没有超过联合为部落的阶段。他们的人数不多的部落，彼此由广大的边境地带隔离开来，而且为不绝的战争所削弱，这样他们就以少数人口占有辽阔的地面。亲属部落的联盟，常因暂时的紧急需要而结成，随着这一需要的消失即告解散。但在个别地方，最初本是亲属部落的一些部落从分散状态中又重新团结为永久的联盟，这样就跨出了形成民族（Nation）的第一步。④

恩格斯在这段文字中讲的是美洲印第安人的情况。但世界上有些民族没有经过部落联盟而直接由部落发展成了民族。马克思在《摩尔根〈古代社会〉一书摘要》中说：

> 在图鲁斯·贺斯低留的时代，罗马民族（Populus Romanus）由三个部落组成，每个部落含有 10 个古利亚，三个部落共有 300 个氏族。⑤

---

① 《马克思恩格斯全集》第 21 卷，人民出版社，1965，第 105 页。
② 《马克思恩格斯全集》第 21 卷，人民出版社，1965，第 105 页。
③ 《马克思恩格斯全集》第 21 卷，人民出版社，1965，第 105 页。
④ 《马克思恩格斯全集》第 21 卷，人民出版社，1965，第 108 页。
⑤ 马克思：《摩尔根〈古代社会〉一书摘要》，人民出版社，1965，第 210 页。

马克思讲到希腊民族的形成时也说：

> 可见在来克古士和梭伦的时代以前，在希腊人中社会组织已经有了四个阶段：氏族、胞族、部落和民族。①

由此可见，民族的形成也有例外，一般的情况下，是先由部落结成部落联盟，然后在部落联盟的基础上形成民族。但是也有几个部落结合在一起，直接发展成了民族。

根据马克思、恩格斯的论述，在民族形成的过程中，血统（即血缘关系）并不起多大的作用，起着重大作用的是共同的地域和共同的语言。马克思在讲到希腊民族的形成时说：

> 阿提喀的四个部落——机内温特、伊吉可尔、霍普内特、阿尔格德——操同一方言并占有一共同领域。他们已融合为一个民族。②

我认为由几个部落或一个部落联盟形成为一个民族，除了共同的地域和共同的语言之外，还应该加上两个条件：共同的经济生活与经济联系，以及表现于共同文化上的共同心理素质。在原始社会里，没有私有财产，人们是共同劳动、共同生活的，这就是共同的经济生活；再加上最初的以物易物，就是共同的经济联系。还有从共同的宗教活动、唱歌跳舞、风俗习惯等共同的文化上表现出来的共同的心理素质，这些都是形成一个民族不可缺少的条件。说明斯大林给现代民族下的定义，讲到的四个特征，其基本原理是适用于一切社会发展阶段的一切民族的。

现在我们就来探讨民族形成的上限问题。由于原始社会时期人类的进步非常缓慢，每前进一步常常要以万年计的。我们假定由氏族发展成为胞族约5万年，由胞族发展成为部落也5万年，由部落发展为部落联盟也5万年，由部落联盟再形成为民族也5万年，合计起来，共为20万年。如果这个假设可以成立的话，那么，在蒙昧时代的中级阶段的40万年时间内，

---

① 马克思：《摩尔根〈古代社会〉一书摘要》，人民出版社，1965，第176页。
② 马克思：《摩尔根〈古代社会〉一书摘要》，人民出版社，1965，第165页。

最初的最原始的民族就可产生。如果我们再退一步，把人类的进步再放慢一点，把5万年都加一倍，为10万年，合计起来，也只有40万年，那就到了蒙昧时代的高级阶段，即距今80万年到120万年，最初的最原始的民族，肯定是可以产生的，只要马克思、恩格斯关于氏族制度产生于蒙昧时代的中级阶段的这个大前提的判断没有错误的话。

我们承认，研究和探讨民族形成的上限问题，是一个难度很大的问题。这是一个发生在若干万年以前的问题。那时人类还无文字，无任何文献资料的直接记载。在帝国主义瓜分全世界殖民地时期，资产阶级的人类学家、民族学家、旅行家、传教士等人，对世界各地还处在极其原始的社会形态下的人类，作过一些调查，但由于他们的阶级偏见很深，他们的调查资料与得出的结论是不尽可信的。

现在在全世界，还有极少的人类还生活在极其原始的社会形态之下，但由于他们数百年来已受了外界的巨大影响，特别是资本主义的影响，他们现在所保存的社会形态，也大大失去了它的本来面目。

现在或将来的出土文物和化石可以察明，人类最初是在什么时候由猿变成人的，什么时候学会制造工具（石器），什么时候懂得了用火，什么时候发明了弓箭和陶器，什么时候开始有了畜牧业和农业，什么时候有了制铁业与造船业，如此等等，这些都可从地下的发掘中逐步考察清楚。唯独人类何时有了血缘家庭，何时有了氏族，何时有了胞族，何时有了部落和部落联盟，何时形成了最初的最原始的民族，所有这些，都不可能从地下的发掘中得到直接的证明。

所以现在我们研究和探讨民族形成的上限问题。唯一可以信赖的，就是马克思、恩格斯的著作。其他的史料只可供参考用。他们的著作中，在极其个别的地方，也有过时之处，但基本原理是完全正确的。现在还不断有新的发现，证明人类的历史可能不止200万年。例如1982年8月11日《人民日报》登载了一条消息，说是美国加利福尼亚大学的科学家，不久前在非洲埃塞俄比亚的阿瓦什河谷发现了约400万年前的原始人类化石。1982年8月31日合众国际社从内罗毕发出的一则电讯说，肯尼亚国立博物馆馆长利基讲：他们发现了预计约800万年前的"类人"动物化石。当然这些消息是还未经过最科学的方法鉴定的，还不可信。但是有朝一日，人类只有200万年历史的结论又被推翻，并不是完全不可能的。即使如此，马克思、恩格斯所提出的人类史前史的基本原理,包括民族形成的基本原理,是永远也推翻不了的。

因此,我们不妨大胆地设想,目前我国民族理论方面所进行的关于民族形成上限问题的论战,是值得我们花费一些精力和劳动的,因为说不定我们的研究成果会给全人类作出一些贡献。

在纪念马克思逝世100周年的日子里,让我们更高地举起马克思主义的伟大旗帜,把我们的民族理论研究工作推向一个新的更高的水平,作出更大的成就。

1982年11月18日

(《云南社会科学》1983年第3期)

论民族

作者按：这篇文章是给《中国大百科全书》写的一个词条。既然是词条，文字上就要求简明扼要，不能像平常的论文那样，把引文的出处一一标明，只能在文章的末尾附一参考书目。

这篇文章的论点，是根据马克思、恩格斯、列宁、斯大林提出的基本原理，作了较系统的阐述。如果有不正确的地方，责任完全在作者。

现在拿出来发表的目的，就是为了广泛征求意见，以便作进一步的修改。希望全国广大读者，特别是从事民族理论研究的同志，不吝赐教。

民族的定义

民族是人们在历史上形成的一个有共同语言、共同地域、共同经济生活以及表现于共同文化上的共同心理素质的稳定的共同体。这是斯大林给现代民族亦即资产阶级民族下的定义。但是，这个定义的基本原理也适用于人类历史上存在于各种不同发展阶段的民族，如原始社会的民族，奴隶社会的民族和封建社会的民族。因为不论在哪一个历史发展阶段，要形成为一个民族，都必须具备斯大林讲的那四个条件（也叫四个特征），缺少任何一个条件，是不可能形成为一个民族的。但是一个民族形成以后，由于受到周围其他民族的影响，往往不能永远保持完整的四个条件，这并不影响这个民族继续存在下去，因为它自身有其特殊的稳定性。当一个民族的四个条件完全丧失时，其作为民族来说也就不存在了。这就是列宁讲的

"即丧失民族特性，变成另一个民族的问题"。这种情况在人类历史上也是不断出现过的。

民族形成的规律

民族是一个历史范畴。并不是人类历史一开始就有民族，也不是民族在人类历史上永远存在下去。民族有它自己的发生、发展和消亡的历史过程。当人类历史发展到一定时期时，才产生了民族；同样，人类历史发展到一定时期时，民族就会消亡。这是客观存在的规律，是不以人们的意志为转移的。

马克思和恩格斯正确地指出，民族是由部落发展而成的，这是马克思主义关于人类在历史上最初形成民族的基本原理。

最初的人类是原始群，共同劳动、共同生活。它们最初形成的家庭是血缘家庭，在家庭范围以内，兄弟姊妹之间是可以互为夫妻的。后来，人类有了进步，逐渐感觉到这种血缘家庭对他们传宗接代没有好处，于是逐渐排除了兄弟姊妹之间的夫妻关系。最后，禁止旁系兄弟姊妹之间也形成夫妻关系。氏族就是由这一进步直接引起的。同一氏族内部的男女之间禁止结婚。这一氏族的男子，必须与另一氏族的女子结婚；这一氏族的女子，必须与另一氏族的男子结婚。氏族是一种社会组织，每个氏族设酋长一名，由氏族全体大会选举产生，酋长主持全氏族的公共事务。

由于产生了氏族，当人口增加时，两个氏族就变成了四个氏族，这样不断发展下去，氏族制度就成了人类社会的普遍现象。后来，氏族之间由于生产、生活、防御、交换等的需要，若干氏族结合而成为胞族，若干胞族又结合而成为部落。部落是一种带有军事性质的社会组织，每个部落有一个军事首领，他是由氏族酋长组成的部落议事会选举产生的。

随着人口的逐渐增加，部落的数目也愈来愈多，亲属部落之间，就结成了部落联盟。恩格斯认为，部落联盟是"形成民族的第一步"。但也有许多民族并没有经过部落联盟，而是由若干部落直接发展成为民族的。

由若干部落（或一个部落联盟）发展成为一个民族，必须具备四个条件，首先必须有一片共同的地域，这是形成一个民族的基础。每个部落（或部落联盟）本来就有自己的居住地域，这些地域连接起来，自然就形成了民族的共同地域。其次是需要形成一个共同的语言。当时，每个部落各有自己的方言，但在一般情况下，还有作为各部落之间交际工具的共同语言。这种共同语言或者是一个人口众多的大部落使用的方言，或者是经济和文化比较发达的部落使用的方言。这种部落方言容易被周围的其他部落所接受，就变成了各部落之间的共同语言。在各部落的共同语言的基础上，逐渐形成了共同的民族语言。形成共同的民族语言的物质因素是部落之间的共同的经济生活上的需要，特别是交换方面的需要。当人类的生产品除了自己消费之外，还有了剩余，可以用来进行交换时，商业就产生了。最初的商业是"日中为市""以物易物"，这就需要沟通彼此的语言。由于有了共同的市场，这就必然产生了共同的经济联系与共同的经济生活。伴随着共同的地域、共同的语言和共同的经济生活的形成，也很自然地逐渐形成了共同的风俗习惯、共同的宗教信仰等，把这些现象概括起来，就是逐渐形成了表现于共同文化上的共同心理素质。由于具备了以上四个条件，若干部落的人们就形成为一个民族。最初形成的民族，都是人数不多的很小的民族。马克思指出，直到人类发明了农业以后，才有了人口上万的大民族。

由部落发展成为民族，肯定要经过一个很长的历史发展过程，可能要经过若干万年的时间。在人类历史上，民族究竟最初是在什么时候形成的？这个问题在我国学术界，特别是在民族理论研究工作者之间，还有不同的看法，这是一个值得继续探索的问题。但是，在人类还处在原始社会时期，最初由部落发展成为民族，这是一条马克思主义的关于民族形成的普遍真理。

由部落发展成为民族，这是原始社会的民族形成的规律，它不能包括阶级社会的民族形成的规律。因为人类进入阶级社会以后，氏族制度消失了，部落联盟发展成了国家。在阶级社会形成的新民族，就不再是由部落发展而形成的，它具有另一条新的规律，即由几个旧的民族中分化出来的一部分人，融合在一起，而形成为一个新的民族。这种现象，越是到近代就越普遍，例如美利坚民族，就是由许多国家的移民融合在一起而形成的，这是一个比较典型的例证。

这种从几个旧民族中分化出来的一部分人形成的新民族，在一般情况下，也必然有一个人口众多的旧民族的成分作为形成新民族的主体。例如美利坚民族虽然是很多旧民族的移民融合在一起而形成的，但它主要是英国的移民作为主体而形成的一个新民族，所以美利坚民族就继承了旧民族的英语作为新民族的语言。

在人类历史上，一方面是不断有新的民族产生，另一方面又不断有旧的民族消亡。旧的民族消亡又分两种情况，一种情况是一些弱小的民族，被强大的民族用强制的手段消灭了，这种现象一般叫作"强迫同化"，另一种情况是一些文明程度比较低的民族自愿地接受了另一些文明程度比较高的民族的文化，久而久之，便丧失了自己的民族特性，变成了另一个民族。一般把这种现象叫作"自然同化"。在我国历史上，曾多次出现过这种现象，例如南北朝时，我国北方的匈奴族、鲜卑族等，后来都自然同化到汉族里面了。宋代的契丹族、西夏族等，后来也自然同化到汉族里面了。正如马克思指出的："依据历史的永恒规律，野蛮的征服者自己总是被那些受他们征服的较高文明所征服的。"有些同志把这种"自然同化"叫作"民族融合"，这也未尝不可，但必须与列宁、斯大林讲的"民族融合"严格加以区别。

现代民族的两种类型

到了16、17世纪，西方有些国家产生了资本主义生产方式，这些国家的民族内部，逐渐形成了两个新的对立的阶级，一个是资产阶级，一个是无产阶级。资产阶级为了发展自己的资本主义经济，打开商品的销路，首先需要把本民族的市场统一起来。于是，这些国家就产生了近代的民族运动。这个运动的领导者是民族资产阶级。

随着资本主义的发展，资产阶级逐渐打破了封建割据局面，而把民族集合为一体并使它凝固起来了，这就形成了现代民族，亦即资产阶级民族。斯大林在《马克思主义和民族问题》一书中说："民族不是普通的历史范畴，而是一定时代即资本主义上升时代的历史范畴。封建制度消灭和资本主义发展的过程同时就是人们形成为民族的过程。例如西欧的情形就是如此。英吉利人、法兰西人、德意志人、意大利人等都是在资本主义打破封建割据局面而胜利前进时形成为民族的。"斯大林这里讲的在资本主义上升时期形成的民族，乃是具有特定意义的民族，即现代民族，也就是资产阶级民族。

长期以来，有许多同志对斯大林的民族理论存在着严重的误解，认为全世界的一切民族都是在资本主义上升时代才形成的。似乎在资本主义以前的人类历史上就根本不存在民族。这完全不是斯大林的原意。斯大林的原意只是说明现代民族亦即资产阶级民族是"一定时代即资本主义上升时代的历史产物"。这个论点是非常明确的，不应有任何误解。

十月革命胜利以后，俄国的情况发生了根本变化，民族问题也开始了一个新纪元，旧的现代民族亦即资产阶级民族的含义，已不能正确地反映十月革命以后俄国国内民族问题方面所出现的新情况。因此，斯大林在《民族问题和列宁主义》这本著作中，对现代民族的含义在理论上又作了新的阐述，提出了社会主义民族这个新的概念。他认为世界上还有另一种民族，这就是新式民族，即苏维埃民族。这些民族是在俄国资本主义被推翻以后，在资产阶级及其民族主义政党被消灭以后，在苏维埃制度确定以后，在旧式民族即资产阶级民族基础上发展和形成的。工人阶级及其国际主义的政党是团结和领导这些新式民族的力量。这种民族应该被评定为社会主义民族。这样，斯大林就把现代民族区分为不同的两种类型：一种类型是资产阶级民族，即资本主义社会的现代民族；另一种类型是社会主义民族，即社会主义社会的现代民族。资产阶级民族和社会主义民族的四个特征基本上是相同的，因为社会主义民族就是由资产阶级民族经过改造而形成的。这两种民族的本质上的不同主要表现在社会制度和领导力量两个方面：资产阶级民族所处的是资本主义社会，领导力量是资产阶级及其政党；社会主义民族所处的是社会主义社会，领导力量是无产阶级及其政党。

当时苏联的东方和北方，还存在一些比较落后的民族，照斯大林的话说是还没有来得及进入，或没有来得及完全进入资本主义的民族，这些民族在十月革命胜利时，还停留在资本主义以前的历史发展阶段，有些民族停留在封建社会，有些民族停留在奴隶制或原始公社制，这些民族还没有发展成为现代民族，亦即还没有发展成为资产阶级民族。十月革命胜利以后，列宁在1920年召开的共产国际第二次代表大会上所作的关于《民族和殖民地问题委员会的报告》中说："问题是这样的，对于目前正在争取解放而战后已经有了进步表现的落后民族，国民经济的资本主义发展阶段是不可避免的说法究竟对不对，我们的答复是否定的。如果革命胜利了的无产阶级对他们进行系统的宣传，各国苏维埃政府尽自己的能力给他们帮助，那末，说落后民族无法避免资本主义发展阶段就不对了。……而且共产国际还应该指出，还应该从理论上说明，在先进国家无产阶级的帮助下，落后国家可以不经过资本主义发展阶段而过渡到苏维埃制度，然后经过一定的发展阶段过渡到共产主义。"这就是说，在社会主义国家，在共产党领导之下，在先进民族的无产阶级帮助之下，原先还没有来得及进入，或没有来得及完全进入资本主义的"落后民族"，可以不经过资本主义发展阶段，而是从他们原来所处的不同的历史阶段出发，经过必要的民主改革和社会主义改造，直接过渡到社会主义。这些"落后民族"就可以不经过资产阶级民族这个发展阶段，而直接发展成为社会主义民族，这是社会主义民族形成的另一条道路。

民族繁荣与民族融合

列宁在 1916 年写的《社会主义革命和民族自决权》一文中，早就明确地预言："正如人类只有经过被压迫阶级专政的过渡时期才能达到阶级的消灭一样，人类只有经过一切被压迫民族完全解放的过渡时期，即他们有分离自由的过渡时期，才能达到各民族的必然融合。"列宁的这一段话还是在十月革命以前讲的。

十月革命胜利以后，苏联共产党内有些同志对列宁提出的民族融合的概念产生了误解，认为社会主义在一国胜利以后，在一国之内就可以实现民族融合。斯大林为了纠正这种错误的认识，他在 1929 年写的《民族问题和列宁主义》一书中严肃地进行了批评。斯大林认为，民族融合不能在一国范围内实现，它只能在全世界建成共产主义社会以后才会实现。

斯大林正确地指出：社会主义在一国内胜利的时期，乃是各民族共同发展和共同繁荣的时期，而不是民族差别消亡和民族融合的时期。因为列宁在《共产主义运动中的"左派"幼稚病》一书中早就明确讲过：民族差别"就在全世界无产阶级专政实现以后，也还要保留一个很长很长的时期"。

斯大林根据列宁的上述启示，对民族融合问题在理论上又作了进一步的探索。斯大林把无产阶级专政在全世界范围胜利以后的时期，又分为两个阶段。他认为无产阶级专政在全世界范围内胜利以后的第一个阶段，还不是各民族融合的阶段。在第一个阶段，民族压迫将被彻底消灭，这个阶段将是以前被压迫的民族和民族语言发展和繁荣的阶段，是确定各民族平等权利的阶段，是消灭民族互相猜疑的阶段，是建立和巩固各民族间国际联系的阶段。毫无疑问，这个阶段现在还未到来，因为无产阶级专政在全世界范围内还未取得胜利。到了无产阶级专政在全世界范围内取得胜利以后，才进入这个阶段。

等到第一个阶段的各项历史任务完成以后，才进入第二个阶段。斯大林认为：只有在全世界无产阶级专政时期的第二个阶段，随着统一的世界社会主义经济的逐渐形成而代替世界资本主义经济，类似共同语言的东西才会开始形成，因为只有在这个阶段，各民族才会感觉到除了自己的民族语言以外，还必须有民族间的一种共同语言——这是为了交际的便利，为了经济、文化和政治方面合作的便利。当世界社会主义经济体系已经充分巩固，社会主义已经深入各民族的日常生活中，各民族已经在实践中深信共同语言优越于民族语言的时候，民族差别和民族语言才开始消亡而让位于一切人们共同的语言。

根据斯大林的论述，各民族的民族语言的消失和全人类共同语言的形成，乃是民族差别消失和民族融合实现的主要标志。因为到了无产阶级专政在全世界范围实现以后的第二个阶段，统一的世界社会主义经济体系已经形成，全世界各民族人民之间的友好往来一定越来越频繁，各民族人民必然深深感到彼此语言不通成为交际和合作的最大障碍。但是，每个人要学会全世界一切民族的语言，是根本不可能的；如果一切通过翻译，也不可能有那么多的翻译人员，而且每一个翻译人员不可能懂得全世界一切民族的民族语言。在这种形势逼迫之下，就必然要产生每个民族的人民除了懂得本民族的语言之外，还应该懂得一种全世界各民族通用的共同语言的愿望，因为懂得了这种共同语言之后，不管和哪一个民族的人民打交道，只用这一种共同语言就都可以应付。而对每一民族的人民来说，一生只学会两种语言——一种是本民族语言；一种是各民族的共同语言——就可以了。这就既节省了由于语言不通而需要学习各民族语言的时间，又克服了由于语言不通而需要各种翻译人员的困难。由此可见，到了那个时候，产生一种全世界的各族人民共同使用的共同语言，乃是势所必然。

但是，即使全人类的共同语言产生以后，各民族的民族语言还不会很快消失，因为各民族的人民已习惯了自己的民族语言，在各民族内部，特别是在家庭内部，使用本民族的语言还是很方便的。因此，民族语言和全人类的共同语言要并存一个很长很长的历史时期。在这个历史时期里，每个民族的人民同时学会两种语言，对内使用本民族的语言，对外使用全人类的共同语言。一直到了每个民族的人民完全习惯了共同语言，在日常生活中已无使用民族语言的必要，完全由共同语言代替了民族语言的地位的时候，民族语言自然而然地就会逐渐消失。

全人类的共同语言究竟是什么样的语言？现在还很难说。斯大林在《马克思主义和语言学问题》一书中指出：全人类的共同语言"既不会是德语，也不会是俄语，更不会是英语而是吸取了各民族语言和各区域语言的精华的新语言"。现在，已经有人创造了一种"世界语"，正在那里摸索经验，究竟这种"世界语"是否就是未来的全人类的共同语言？让未来的人们自己去选择吧！

斯大林还预言，在全人类的共同语言产生以前，世界上还要先产生一批区域语言，即若干国家的若干民族共同使用的语言。实际上，现在世界各地已经形成了好几种区域语言，例如英语、法语、西班牙语、阿拉伯语，就是现在世界上许多国家和民族共同使用的区域语言。当然，区域语言将来和民族语言一样，也是要消失的，将来的全人类只能使用一种语言，即全人类的共同语言。

当民族语言方面的差别消失的时候，形成民族的其他三个特征，共同地域、共同经济生活和表现在文化上的共同心理素质方面的差别就会随之消失。到了那个时候，全世界不存在民族差别了，全世界各民族的人民实现了融合，形成无民族差别的新人类。

总起来说：人类最初是没有民族差别的，后来才产生了民族差别。到了全人类实现民族融合的时候，人类又恢复到无民族差别的状态，但这不是恢复到史前时期那样的无民族差别的状态，而是在未来的文明的共产主义社会里恢复到无民族差别的状态，这是高级形态上的恢复。

关于民族概念的其他看法

在理论上、学术上提出民族概念的历史并不很长，大概是在19世纪的中叶。1851年，意大利的学者马齐，在托里安大学所作的讲义中，给民族下了这样的定义：民族是"具有土地、起源、习惯、语言的统一以及生命和社会意识共同一致的人类的自然社会"。

1852年，布伦丘利在他的著作中说：民族是"由各种职业和社会阶层组成的人类的、传统产生发展的精神的、情操的人种共同体。民族与国家不同，是文化的种族共同体，特别是感到语言、习俗、文化上的结合，是区别于自己和其他集团的不同的集团"。

1882年，雷南编写的讲义中认为："民族是具有健全精神和热情之心的人类大集团创造的一种道德意识的东西。"

奥托·鲍威尔给民族下了如下的定义：民族是"命运共同体结成的一种性格共同体的人们的总体"。

德国社会学家汤尼斯认为：共同体有"血缘共同体"、"地缘共同体"和"精神共同体"。"血缘共同体"和"地缘共同体"结合是"家乡"，建立在这种"家乡"上的是民族。

日本矢部贞治认为："构成民族的因素除人种、语言、宗教外，还有国土、历史、传统、文化、习俗等共同性。"他认为民族形成的决定因素，"就是他们自己认为与他民族不同的意识，自己共同命运的意识和自己要建立共同生活体的意欲。民族就是这种共同命运的意识和想建立共同生活体的意欲而建立起来的精神文化共同体，命运共同体"。

苏联"民族学"对民族概念另有一套看法。他们认为：民族（Нация）只是资本主义社会的产物。资本主义以前没有民族，只有"部族"（Народность）。后来，他们又说：民族可分为"广义的民族"和"狭义的民族"。"广义的民族"又称为"民族共同体"（Этническая общность）。他们认为：氏族和部落是原始社会的"民族共同体"。"部族"是奴隶社会和封建社会的"民族共同体"。"狭义的民族"是资本主义社会和社会主义社会的"民族共同体"。他们又把"狭义的民族"分为"资产阶级民族"和"社会主义民族"。后来又把"社会主义民族"分为"社会主义民族"（Нация）和"社会主义部族"（Народность）。

20世纪60年代，苏联"民族学"又提出了一套新的民族理论，认为苏联各民族已发展成为"新的历史性的人们共同体——苏联人民"。他们认为这种新的历史性的人们共同体有七个特征：有"共同的社会主义祖国——苏联";"有共同的经济基础——社会主义经济";有"共同的社会阶级结构",有"共同的世界观——马克思列宁主义",有"共同的目标——建立共产主义";"在精神面貌上、在心理上具有许多共同特点";"俄罗斯语言实际上已成为苏联各民族的第二本族语言。"

到了20世纪70年代,这种民族理论又有新的发展。他们认为苏联各民族已形成的"新的历史性的人们共同体——苏联人民"只是"全世界统一的国际主义共同体"形成史上的"一个阶段"。它的第二阶段要超越苏联国界,首先把"世界社会主义体系广大地区各民族"包括进来,形成一个"区域的国际主义共同体"。它的第三阶段是:"包括全人类在内",形成"全世界统一的国际主义共同体"。他们还预言,将来全人类的共同语言就是俄语。

(《民族研究》1982年第5期)

论 "现代民族"

（一）

关于"现代民族"问题，我国史学界在讨论汉民族形成问题时，也曾涉及。它也是我国民族理论战线发生过争论的问题之一。

列宁讲过："在每一个现代民族中，都有两个现代民族。"① 因为每个民族都是由不同的阶级组成的，每个"现代民族"中，都有无产阶级和资产阶级，不同的阶级有不同的物质利益，有不同的意识形态。所以列宁认为：在每一个"现代民族"中，实际上，都有两个"现代民族"，一个是资产阶级的"现代民族"，一个是无产阶级的"现代民族"。斯大林根据列宁的"现代民族"的理论，根据十月革命以后俄国民族问题的实际情况，又把"现代民族"区分为两种类型：一种是"资产阶级民族"，一种是"社会主义民族"。

由于各民族发展的不平衡，世界上还有一些民族不久以前还处于原始社会、奴隶社会、封建社会或半封建社会。列宁和斯大林认为：这些民族还没有进入资本主义社会，还没有发展到"现代民族"的历史阶段，因此在列宁和斯大林的著作中，一般都称这些民族为"落后民族"，而不称"现代民族"。

"现代民族"并不单纯是一个名词问题，它代表了民族发展史上的一

---

① 《列宁全集》第20卷，人民出版社，1958，第15页。

个新的阶段。

"现代民族",是已经进入工业发达的资本主义社会的民族。这种民族的形成和发展过程,是同资本主义生产方式的产生、民族运动的兴起、民族国家的建立分不开的。斯大林在苏联共产党(布)第十次代表大会上所作的政治报告中指出:"现代民族是一定时代——资本主义上升时代的产物。"①

斯大林在《民族问题和列宁主义》一文中作过这样的论述:"世界上有各种不同的民族。有一些民族是在资本主义上升时代发展起来的,当时资产阶级打破封建主义和封建割据局面而把民族集合为一体并使它凝固起来了。这就是所谓'现代'民族。……这种民族应该评定为资产阶级民族。例如法兰西、英吉利、意大利、北美利坚以及其他类似的民族就是这样的民族。"② 阐明了"现代民族"产生的历史背景。

过去我国有些同志认为:世界上的一切民族都是资本主义上升时代形成的。这是对斯大林的民族问题理论的一种误解。实际上,斯大林所说的在资本主义上升时代形成的民族,并不是指一切民族,而是指"现代民族"。

斯大林在《马克思主义和民族问题》一文中还指出:"现代民族"必须具备四个特征,即:共同语言、共同领土、共同经济生活和共同心理素质。四个特征中缺少任何一个,就不能称为"现代民族"。这四个特征,只有近代的工业高度发达的资本主义社会的民族(如法兰西、英吉利、意大利、北美利坚等民族)才能充分具备。资本主义以前的民族虽然不同程度地也有了这些因素,但是不可能充分具备这四个特征。"现代民族"的含义也有一个发展过程,在十月革命以前,列宁和斯大林讲的"现代民族",仅仅指的是已经进入资本主义社会的民族,亦即"资产阶级民族"。十月革命以后,苏联共产党在民族问题领域面临着新的课题:在资产阶级的政权已被推翻,无产阶级专政已经建立的社会主义国家里面,能不能说苏联的各民族还是"资产阶级民族"呢?问题很显然,情况发生了根本的变化,当然不能这样说了。因为十月革命在国内民族问题方面同样开辟了

---

① 《斯大林全集》第5卷,人民出版社,1957,第14页。
② 《斯大林全集》第11卷,人民出版社,1955,第288~291页。

一个历史的新纪元。旧的"现代民族"的含义，已经不能正确地反映十月革命以后国内民族问题方面所出现的新的情况。因此，斯大林在1929年写的《民族问题和列宁主义》一文中，对"现代民族"一词的含义，在理论上又作了新的阐述，提出了"社会主义民族"这个新的概念。

斯大林在这篇文章中说："但是世界上也还有另一种民族。这就是新式民族，即苏维埃民族。这些民族是在俄国资本主义被推翻以后，在资产阶级及其民族主义政党被消灭以后，在苏维埃制度确立以后，在旧式民族即资产阶级民族基础上发展和形成的。……这种民族应该评定为社会主义民族。"[①] 这样，斯大林就把"现代民族"区分为不同的两种类型：一种类型是："资产阶级民族"，即资本主义社会的"现代民族"；另一种类型是"社会主义民族"，即社会主义社会的"现代民族"，从此"现代民族"这一理论才发展到一个比较完整的高度。

（二）

探讨"现代民族"这一理论问题，如何联系我国的民族实际情况，这还是我国学术界没有彻底解决的问题，需要大家认真对待，继续研究。

过去争论的焦点，主要是两个问题：一个是关于我国"资产阶级民族"是否形成的问题，一个是关于我国"社会主义民族"是否形成的问题。

关于我国"资产阶级民族"是否形成问题，存在着如下的两种不同看法：一种看法认为鸦片战争以后，汉民族已形成为"资产阶级民族"；另一种看法认为汉民族始终没有形成为"资产阶级民族"。[②]

我认为这个问题不是孤立的，它是和全国解放以前的中国社会性质问题互相联系的。因为"资产阶级民族"是已经进入工业高度发达的资本主义社会的民族。这种民族只有在资产阶级领导的民主主义革命获得成功，封建地主阶级的统治已被推翻，资产阶级专政建立以后，才有可能逐渐形成。所以斯大林认为像法兰西、英吉利、意大利、美利坚以及类似的民

[①] 《斯大林全集》第11卷，人民出版社，1955，第333~355页。
[②] 《汉民族形成问题讨论集》，三联书店，1957，第15~42页。

族，才是典型的"资产阶级民族"。我国解放以前还是一个半殖民地半封建社会，资本主义虽然有了一些发展，也已经产生了本国的无产阶级和资产阶级，但是在帝国主义、封建主义、官僚资本主义三座大山的残暴统治之下，旧民主主义革命始终没有获得成功，民族资产阶级始终没有取得国家政权，自然经济始终占统治地位。在这种特定的社会形态下是不可能形成资产阶级民族的。这都是大家公认的事实。在当时的历史条件之下，汉民族只能是一个"落后民族"，不可能转化成为"资产阶级民族"。如果认为全国解放以前汉民族已转化成为"资产阶级民族"，这就势必涉及解放前的中国社会性质问题，也就等于说，全国解放以前中国的旧民主主义革命早已成功，封建地主阶级的统治早已推翻，民族资产阶级早已取得国家政权，资本主义经济早已取代了自然经济，从而中国的社会早已不是半殖民地半封建社会，而是资本主义社会了。这种看法显然不符合解放前我国历史的实际情况。

当然，斯大林也说过，"资产阶级民族"的四个特征并不是天上掉下来的，而是还在资本主义以前的时期逐渐形成的。由于鸦片战争以后我国的资本主义有了一定程度的发展，有了本国的无产阶级和资产阶级，因而汉民族虽然没有转化成为"资产阶级民族"，但是"资产阶级民族"的因素不能说一点也没有。我国少数民族的情况也是相同的。除了解放以前还保存极其落后的农奴制、奴隶制和基本上还保存着原始公社制度的少数民族外，凡是发展水平和汉族接近的少数民族，也已经有了一定的"资产阶级民族"的因素，只是程度上有所不同而已。

（三）

关于我国"社会主义民族"是否已经形成问题，也同样存在两种不同的看法。一种看法认为：我国的"社会主义民族"开始形成于五四运动时期；另一种看法认为：我国的"社会主义民族"开始形成于中华人民共和国的建立。①

我认为这个问题也不是孤立的，同样和我国解放前后的社会性质的变

---

① 《汉民族形成问题讨论集》，三联书店，1957，第42~43页。

化相联系。全国解放以前,我国还是一个半殖民地半封建国家,旧民主主义革命都还没有获得成功,因而就是发展水平较高的汉民族,也还没有转化成为"资产阶级民族",那就更谈不上开始形成"社会主义民族"。我国少数民族的情况也不例外。由此可见,那种认为我国的"社会主义民族"在五四运动时期已经开始形成的论点,是不能成立的。

毛泽东同志指出:"1949年十月一日中华人民共和国的成立,标志了新民主主义阶段的基本结束和社会主义革命阶段的开始。"① 这是我国历史的一个新纪元。中国无产阶级及其政党——中国共产党已经成为中国各族人民的领导核心,"社会主义民族"形成的条件开始具备。可不可以这样说:在中华人民共和国成立的同时,我国的"社会主义民族"也就开始了它的形成时期。

我认为是可以这样说的。因为我国已经胜利地完成了新民主主义革命,正在进行伟大的社会主义革命,已经建立了无产阶级专政,各族人民一致拥护共产党的领导,决心走社会主义道路,人压迫人、人剥削人的社会制度已被废除了,生产资料的全民所有制和集体所有制已经建立起来了,社会主义的工业、农业、文化教育和国防建设都有了巨大发展,所有这些事实充分说明,我们的国家毫无疑问是一个伟大的社会主义国家。在这样伟大的社会主义国家里面的各民族,还能说他们不是"社会主义民族",而是"资产阶级民族"吗?我认为是不能这样说的。

有人又问:斯大林说"社会主义民族"是由旧的"资产阶级民族"经过改造而形成的,你既然认为全国解放以前我国各民族都没有转化成为"资产阶级民族",那么,请问全国解放以后我国的"社会主义民族"是在什么基础上产生的?

我认为斯大林讲的"社会主义民族"是在旧式民族,即"资产阶级民族"的基础上经过改造而形成的理论,是适用于资本主义国家的情况的。因为十月革命以前,俄国已发展成资本主义——帝国主义国家,俄国的许多民族(如俄罗斯民族、乌克兰民族等)已发展成为"资产阶级民族"。斯大林根据十月革命以后的俄国情况,提出了把旧的"资产阶级民族"改造成为新的"社会主义民族"的理论,在当时俄国情况下,这是完全正

---

① 引自1967年8月15日《人民日报》文章《走社会主义道路,还是走资本主义道路》。

确的。

我国在解放前还是一个半殖民地半封建国家，我国各民族（就连汉族在内）基本上还是列宁和斯大林所说的那种"落后民族"。这种"落后民族"在无产阶级领导的革命获得胜利，无产阶级夺取了国家政权以后，它可以不再经过"资产阶级民族"这个发展阶段，而由"落后民族"经过改造直接发展成为"社会主义民族"。这是列宁指出来的一条新的道路。

列宁在共产国际第二次代表大会上所作的《关于民族殖民地问题报告》中说："问题是这样的，对于目前正在争取解放而战后已有了进步表现的落后民族，国民经济的资本主义发展阶段不可避免的说法究竟对不对？我们的答复是否定的。如果革命胜利了的无产阶级对他们进行系统的宣传，各国苏维埃政府尽自己的能力给他们帮助，那么说落后民族无法避免资本主义发展阶段就不对了。……而且共产国际还应该指出，还应该从理论上说明，在先进国家无产阶级的帮助下，落后国家可以不经过资本主义发展阶段而过渡到苏维埃制度，然后经过一定的发展阶段而过渡到共产主义。"[①] 这就是说，原先还没有进入资本主义的"落后民族"，在社会主义革命获得胜利以后，在共产党的领导之下，在先进民族的无产阶级帮助之下，可以不经过资本主义发展阶段，而是进行必要的民主改革和社会主义改造，直接过渡到社会主义。那么，这些"落后民族"就必然可以不经过"资产阶级民族"这个发展阶段，而直接改造成为"社会主义民族"，这是完全合乎逻辑的。全国解放以后，我国各民族在共产党的正确领导之下，从它们原来所处的不同的历史阶段出发，进行了必要的民主改革和社会主义改造，超越了一个甚至两三个历史发展阶段，直接向社会主义社会过渡，直接由"落后民族"开始形成为"社会主义民族"，完全证明了列宁的上述科学论断的正确性。

（《学术研究》1964年第3期）

[①]《列宁全集》第31卷，人民出版社，1958，第213~214页。

从"民族共同体"的四种类型谈起

（一）

云南省出版的《学术研究》杂志 1964 年第 1 期上，发表了一篇题为《关于民族和民族共同体的几个问题》的文章。文章作者在这篇文章中声明，他的"基本论点和主要论点"是："民族共同体的四种类型和四个发展阶段说"。文章作者所说的"民族共同体"的"四种类型"就是："氏族"是第一种类型，"部落"是第二种类型，"部族"是第三种类型，"民族"是第四种类型。文章作者所说的"民族共同体"的"四个发展阶段"也就是："氏族"是第一个发展阶段，"部落"是第二个发展阶段，"部族"是第三个发展阶段，"民族"是第四个发展阶段。

文章作者把"氏族"、"部落"、"部族"和"民族"总称为"广义的民族"，也就是他所谓的"民族共同体"。又把他所谓的"民族共同体"的第四种类型和第四个发展阶段的"民族"，称为"狭义的民族"，再把"狭义的民族"分为"资产阶级民族"和"社会主义民族"。

文章作者认为："氏族"和"部落"是原始社会的"民族共同体"，"部族"是奴隶社会和封建社会的"民族共同体"，"民族"是资本主义社会和社会主义社会的"民族共同体"。

文章作者为了使读者便于理解他的这一套"理论"，还画了如下的示意图。

民族共同体（广义的民族）
- 1. 氏族 ⎫
- 2. 部落 ⎬（原始社会）
- 3. 部族（奴隶社会和封建社会）
- 4. 民族（狭义的民族）
  - 1. 资产阶级民族（资本主义社会）
  - 2. 社会主义民族（社会主义社会）

文章作者的"民族共同体"的"四种类型和四个发展阶段"的"理论",包括人类社会的各个历史发展阶段,的确是系统又完整的。但是这一套"理论"并不是他自己创立的,而是从苏联民族学那里照抄照搬过来的。文章作者自己也承认,他的这一套"理论"是"现代民族学"的"理论"。他说:"然若从现代民族学的角度来看,这种广义的民族却仅能包括着代表四种类型和四个不同发展阶段的民族,那便是氏族、部落、部族和民族。"

文章作者所说的"现代民族学",就是苏联"民族学"。他宣传的这一套东西,完全是苏联"民族学"的东西。"民族共同体"（Этницеская общность）这个特殊的名词,就是苏联"民族学者"创造的。

苏联科学院民族学研究所前所长托尔斯托夫在他写的《普通民族学概论》一书中说:"民族共同体作为地域—语言—文化的统一体,存在于人类历史的整个过程中,存在于一切社会经济形态中。"[①] 这就是说,自有人类之日起,就已有了"民族共同体",而且只要人类存在,"民族共同体"也要永远存在。

托尔斯托夫在这本书中还说:"对于阶级产生以前的原始社会,民族共同体的典型是通常由几个氏族组成的部落。……奴隶制时代和封建制时代的这些共同体在民族科学中往往称为部族（Народность）。……随着资本主义关系的发展,产生了又一种新型的共同体,在历史科学中称为民族（Нация）。"[②] 这就是说,所谓"民族共同体"是包括"氏族"、"部落"、"部族"（Народность）和"民族"（Нация）在内的。这就是文章作者的"民族共同体的四种类型和四个发展阶段说"的来源。

评论苏联"民族学"的整个内容,不是这篇文章的任务。这里仅仅谈谈文章作者所宣传的"民族共同体的四种类型和四个发展阶段"这一套"理论"究竟和马克思主义民族问题理论是不是一回事,这就是这篇文章需要搞清楚的问题。

---

① 《普通民族学概论》,科学出版社,1960,第5页。
② 《普通民族学概论》,科学出版社,1960,第5页。

（二）

首先应该指出：把民族分为"广义的民族"和"狭义的民族"，并把氏族和部落也划到"广义的民族"里面，这种"理论"和马克思主义、列宁主义、毛泽东思想的民族问题理论没有丝毫相同之处。

凡是读过恩格斯的《家庭、私有制和国家的起源》一书的人都清楚，氏族是人类在原始社会时期，以血缘关系为纽带而结成的一种共同体。氏族的突出的特点是：氏族内部绝对禁止通婚，这一氏族的成员只能与另一氏族的成员通婚。氏族和民族是两个根本不同的概念。

部落是由氏族结合而形成的。恩格斯说："正如几个氏族组成一个胞族一样，以典型的氏族制度形式来说，几个胞族组成一个部落。而那些极弱的部落则多数缺乏胞族这种中间环节。"① 部落和民族还不是一回事。摩尔根指出："'部落'和'民族'严格说来不是等同的东西。"②

摩尔根还指出，民族是由部落发展而形成的。他说："在氏族制度下，只有结合在一个政府之下的诸部落融合为统一的整体时……这时民族方始产生。"③

马克思和恩格斯是同意摩尔根的上述观点的。

从氏族结合成为部落，并不是氏族就消失了，它作为部落的成员而继续存在下来。从部落发展成为民族，也不是部落就消失了，它也作为民族的组成部分而继续存在下来。氏族制度一直存在到人类进入阶级社会以后才逐渐消失。

氏族部落在某些方面和民族有相似之处，氏族和部落有自己的共同的方言，有共同的住地，有共同的宗教和风俗习惯。民族也有共同的语言，共同的地域和共同的文化和风俗习惯。但是，氏族和部落是以血缘关系为纽带而结成的，民族则是以地缘关系为基础而产生的。这是氏族部落和民族在本质上的不同。

---

① 恩格斯：《家庭、私有制和国家的起源》，人民出版社，1957，第81页。
② 马克思：《摩尔根〈古代社会〉一书摘要》，人民出版社，1965，第96页。
③ 马克思：《摩尔根〈古代社会〉一书摘要》，人民出版社，1965，第96页。

由此可见，把氏族、部落、民族混在一起，认为氏族和部落是原始社会的"民族共同体"，是"广义的民族"的两种类型和两个发展阶段，这在马克思主义的经典著作中找不到这样的理论根据，它不符合人类发展史的实际情况。

（三）

这里我们再谈谈"部族"的问题。文章作者认为："部族"也是"广义的民族"的一种类型和一个发展阶段。又说"部族"是奴隶社会和封建社会的"民族共同体"。

在全国解放初期翻译出版的斯大林著的《马克思主义和语言学问题》一书中，是有"部族"这一名词的。其中有如下的一段译文："至于语言的继续发展，从氏族语言到部落语言，从部落语言到部族语言，从部族语言到民族语言。"这段文字中的"部族"一词，就是俄文的 Народность 的汉文译名。实际上，斯大林在这个地方用这个词，是专指资本主义以前的民族而言的，汉文译作"部族"是不确切的。

这里我们暂且抛开翻译方面存在的问题，先谈斯大林的这一段文字讲的是什么意思。非常明显，斯大林的这一段文字讲的是语言问题。斯大林认为：人类的语言经历了四个发展阶段：氏族语言、部落语言、部族语言（实际上是资本主义以前的民族语言）和民族语言（实际上是资本主义时期的民族语言）。斯大林根本没有讲过"民族共同体"有"四种类型和四个发展阶段"。苏联的一些民族学家把斯大林讲的语言的四个发展阶段篡改成"民族共同体"的四种类型和四个发展阶段，这完全是对斯大林的语言理论和民族理论的一种歪曲。

我们再来谈谈斯大林著的《马克思主义和语言学问题》一书在翻译方面存在的问题。在俄文中，Нация 和 Народность 这两个词，都可以当作"民族"一词使用。但是斯大林在这本书的俄文原著中，讲到资本主义以前的民族时，用的是 Народность，讲到资本主义时期的民族时，用的是 Нация。这说明斯大林在这本著作中使用这两个词时，它的含义是有所区别的。Народность 专指资本主义以前的民族，Нация 专指资本主义时期的民族。翻译这本书的同志可能认为如把 Народность 和 Нация 这两个词都按其字面的含义译为"民族"，文字上就讲不通了。为了解决这个问题，旧的中文译本就把 Нация 译作"民族"，而把 Народность 译成了"部族"。从字面上看，似乎有了区别，但是这种区别并没有准确地表达出斯大林著作的原意。

为了从根本上解决这个问题，澄清混乱，还事物的本来面目，斯大林著的《马克思主义和语言学问题》的中文译本，有重新翻译之必要。重新翻译这本著作时，首先要忠实于斯大林原著的精神，不要把他的意思搞错了，同时，也要照顾我国汉文的特点，使读者读后一目了然，不再产生误解。我认为《马克思主义和语言学问题》一书中的 Народность 一词，不应译成"部族"，而应译成"资本主义以前的民族"。Нация 一词不应简单地译作"民族"，而应译作"现代民族"（或"资本主义时期的民族"）。这种译法对斯大林提出的语言发展的四个阶段并无任何损伤，原来是四个阶段，现在还是四个阶段，即：氏族语言、部落语言、资本主义以前的民族语言和资本主义时期的民族语言。不过把原来的"部族语言"改为"资本主义以前的民族语言"，把原来的"民族语言"改为"资本主义时期的民族语言"。这样作的好处是：既正确地表达了斯大林著作的原意，又使读者看了不再产生误解。

看来，文章作者不同意把 Народность 这个词改译作"资本主义以前的民族"，而坚持仍应译作"部族"。文章作者认为：如果把 Народность 译作"资本主义以前的民族"，而把"部族"一词取消，这样，"岂非将原来所说的四个阶段修改成三个阶段，这还象话吗"？为什么把俄文的 Народность 一词不再译成"部族"，而改译成"资本主义以前的民族"，就不"象话"呢？因为文章作者的"民族共同体"的"四种类型和四个发展阶段"里面，"部族"是其中的一个类型和一个发展阶段。如果今后 Народность 一词不再译作"部族"，文章作者的"民族共同体"就缺少了"部族"这一类型和这一发展阶段，这就破坏了他的"民族共同体"的四种类型和四个发展阶段的完整性，所以他表示反对。但是我们把俄文的 Народность 这个词译作"资本主义以前的民族"，这才正确表达了斯大林的原意，全国广大读者也是会表示欢迎的。

顺便还要说明一下，在列宁和斯大林的俄文原著中，他们使用 Нация 和 Народность 这两个词，并没有作任何机械的规定，而是在不同的文章中采用不同的用法。例如列宁有时讲到封建关系或宗法关系和宗法农民关系占优势的"落后民族"时，也用 Нация 这个词①，斯大林有时讲到还没有进入资本主义社会的"落后民族"时，也同样用 Нация 这个词。② 所以，我们并不认为俄文的 Нация 这个词在列宁和斯大林的一切著作的中文译本中都应译作"资本主义时期的民族"，也不认为俄文的 Народность 这个词在列宁和斯大林的一切著作的中文译本中，都应译作"资本主义以前的民族"。具体问题应该具体分析，这是辩证唯物主义的起码的态度。

（四）

文章作者认为："部族"是奴隶社会和封建社会的"民族共同体"，"部族"只存在于奴隶社会和封建社会。如果我们把"部族"还原为资本主义以前的民族，那么，他的意思就是说：资本主义以前的民族只存在于奴隶社会和封建社会。原始社会只有氏族和部落，没有资本主义以前的民族。这就涉及马克思主义关于民族起源的理论。按照文章作者的说法，民族并不是起源于原始社会，而是起源于奴隶社会。

斯大林在《马克思主义和语言学问题》一书中讲到资本主义以前的民族（Народность 即文章作者所说的"部族"）时，他只说这种民族存在到封建社会崩溃，资本主义上升的时代就发展成为现代民族（Нация 即资本主义时期的民族）。他并没有讲过这种民族只存在于奴隶社会和封建社会。至于资本主义以前的民族在原始社会是否已经形成，斯大林没有谈到这个问题。文章作者认为"部族"（即资本主义以前的民族）只存在于奴隶社会和封建社会，这也不是斯大林的原意。

其实，这个问题在马克思和恩格斯的著作中早已有了答案。恩格斯的《家庭、私有制和国家的起源》中，对于原始社会的民族作了许多论述，他明确地肯定民族起源于原始社会。恩格斯对原始社会的分期采用了摩尔根的方法，即把原始社会分为"蒙昧""野蛮"两个时代，每个时代，又分为低级、中级、高级三个阶段。他把奴隶社会、封建社会和资本主义社

---

① 《列宁全集》第 31 卷，人民出版社，1958，第 129 页。
② 《斯大林全集》第 5 卷，人民出版社，1957，第 46 页。

会，总称为"文明时代"。恩格斯认为："摩尔根是头一个具有专门知识而想给人类的史前史导入一个确定的体系的人，直到日益增多的资料认为需要改变时为止，他所提供的时代划分法，无疑依旧是有效的。"①

恩格斯在《家庭、私有制和国家的起源》一书中，多次提到"蒙昧民族"和"野蛮民族"。例如："对于尚处在蒙昧高级阶段的诸民族"②，"一切蒙昧的及处在野蛮低级阶段的民族"。"亲族关系在一切蒙昧及野蛮民族的社会制度中起有决定作用。""游历者及教士们关于蒙昧民族及野蛮民族女性都担负奇重的工作的报告，是与上面所说的并不冲突的。"③ 如此等等。恩格斯讲的"蒙昧民族"和"野蛮民族"，指的就是那些尚处在原始社会的"蒙昧时代"和"野蛮时代"的民族，这些民族毫无疑问都是原始社会的民族。从恩格斯的这些论述来看，最初的、人口很少的、处于萌芽状态的小民族，最迟在"蒙昧时代"的高级阶段已经形成，这就是恩格斯所说的"蒙昧民族"。到了"野蛮时代"，才形成了普遍的、大量的、人口众多的民族，这就是恩格斯所说的"野蛮民族"。

摩尔根说："在这个阶段（即'野蛮时代'的高级阶段——引者注）产生了奴隶制，它和财富的生产有直接关系。由于它（即奴隶制）产生了希伯来式的父权制和拉丁部落中处于父权之下的家族形式和希腊部落中这种家族形式的变体。由于这种情况，特别是由于有了农业而扩大起来的生活资料的生产，民族便开始发展起来，开始在共同管理之下有上万计的人而不是以前的几千人。"④ 这就是说，在原始社会的末期，即"野蛮时代"的高级阶段，不仅已经有了民族，而且已经有了上万人口的民族，在当时人口非常稀少的情况下，上万人口的民族，是相当大的民族。

从以上的论述来看，虽然斯大林在《马克思主义和语言学问题》一书中没有明确指出原始社会已有资本主义以前的民族，但是从恩格斯的论点来看，至迟在原始社会的"蒙昧时代"的高级阶段，已经开始产生了由部落发展而形成的民族（"蒙昧民族"）。这就说明民族起源于原始社会，而不是起源于奴隶社会。苏联民族学家认为原始社会只有氏族和部落，没有

---

① 恩格斯：《家庭、私有制和国家的起源》，人民出版社，1957，第21页。
② 恩格斯：《家庭、私有制和国家的起源》，人民出版社，1957，第89页。
③ 恩格斯：《家庭、私有制和国家的起源》，人民出版社，1957，第29~47页。
④ 马克思：《摩尔根〈古代社会〉一书摘要》，人民出版社，1965，第60页。

民族（即他们所谓的"部族"），这种论点不是马克思主义的，因为它不符合民族发展的实际情况。

	原始社会						奴隶社会	封建社会	资本主义社会	社会主义社会
恩格斯的看法	蒙昧时代			野蛮时代			文明时代			
	低级阶段	中级阶段	高级阶段	低级阶段	中级阶段	高级阶段	奴隶制	中世纪的农奴制	近代的雇佣劳动制	
	氏族部落		蒙昧民族	野蛮民族			文明民族			
斯大林的看法	氏族部落			资本主义以前的民族（旧译"部族"）					现代民族（旧译"民族"）	
									资产阶级民族	社会主义民族

为了使读者便于理解，我也画了一张示意图，把恩格斯在《家庭、私有制和国家的起源》中对民族发展史的看法和斯大林在《马克思主义和语言学问题》中对民族发展史的看法，作了一个对比。

读者可以将其和文章作者画的那个示意图对比去看，究竟哪一种是科学的，就可以作出自己的判断。

（牙含章：《民族形成问题研究》，四川民族出版社，1980）

民族的起源和形成问题

（一）

民族的起源和形成问题，是马克思主义民族问题理论的一个重要问题。恩格斯在《劳动在从猿到人转变过程中的作用》一文中指出："从部落发展成了民族和国家。"[①] 这是从人类社会发展史的总的角度，指明了一般民族的起源和形成的基本原理，科学地反映了民族起源和形成的客观规律。

人类最初并没有民族差别，是不分民族的。在漫长的原始社会的生活中，人类逐渐学会用火，制造石器工具，发明了弓箭和制陶术，懂得了饲养家畜与种植谷物，有了手工业和航海业。由于生产方面的这些进步，人类的婚姻关系也由"血缘家族"逐渐过渡到"群婚家族"（即"普那路亚"家族），也就是说，由最初兄弟姊妹之间可以通婚逐渐走向反面，即禁止兄弟姊妹之间通婚，最后，发展到连旁系兄弟姊妹之间的通婚也禁止了。在这个基础上，人类开始形成了不同的氏族。氏族内部是绝对禁止通婚的（因为他们都是一个母系生下来的子女）。恩格斯认为，氏族的形成是人类发展史上的一次巨大进步。

由于人口的自然繁殖，氏族又发生了分化，一两个氏族分化成为四个氏族，四个氏族分化成为八个氏族……这些氏族彼此之间称为胞族。许多

[①] 《自然辩证法》，人民出版社，1955，第143页。

胞族结合起来，便形成了部落。部落是带有军事性质的组织，每一部落有自己的军事首领，由部落大会选举产生，部落大会也可罢免。各部落还有自己的部落议事会，由各氏族选出的酋长组成，处理全部落的重大事务。部落的形成，与那个时候的不同氏族之间经常发生掠夺性的战争有直接关系。恩格斯指出："他们是野蛮人，掠夺，在他们看来，是比创造的劳动更容易甚至更荣誉的事情。以前他们进行战争，仅仅为的报复侵犯，或者为扩大已经感觉不够的领土，现在进行战争，则只是为的掠夺，战争成为经常性的职业了。"① 各氏族的人们既要经常出去掠夺别人，又要经常防御别的氏族的人前来掠夺，这就需要把近亲各氏族的人群联合起来，于是推动血缘亲近的氏族或胞族结成了部落。而掠夺本身也反映了人类的生产水平有了提高，劳动生产品日渐丰富，这才会引起邻人进行掠夺的欲望。如果生产出来的东西仅够糊口度日，那么，邻人想要掠夺也没有可掠夺的东西，因而也就不会产生掠夺的思想。

部落的进一步发展，就引导各部落的人群结合起来而形成为民族。摩尔根也指出："'部落'和'民族'严格说来并不是等同的东西，在氏族制度下，只有当结合在一个政府之下的诸部落融合为一个整体时……这时民族方始产生。"② 摩尔根讲到希腊民族的形成时说："氏族整个地加入胞族，胞族整个地加入部落，部落整个地加入民族。"摩尔根讲到印第安人的诸部落时又说："部落联盟是与民族最近似的东西。"③ 这和恩格斯在《家庭、私有制和国家的起源》一书中指出的部落联盟是"形成民族的第一步"的论点是完全一致的。

是什么因素推动部落的人群结合起来而形成民族的呢？马克思和恩格斯在《德意志意识形态》一书中回答了这个问题。他们认为："比方在古代，所有民族原是许多不同部落由于物质关系和利益，例如对他族之敌视等等而结成的。由于生产力的缺乏，每个人必然不是做奴隶，便是拥有奴隶……因此，属于某一民族，乃是人人'最自然的利益'。"④ 由此可见，由若干部落的人群结合起来而形成为民族，其决定的因素是"物质关系和

---

① 恩格斯：《家庭、私有制和国家的起源》，人民出版社，1961，第 158 页。
② 马克思：《摩尔根〈古代社会〉一书摘要》，人民出版社，1965，第 96 页。
③ 马克思：《摩尔根〈古代社会〉一书摘要》，人民出版社，1965，第 96 页。
④ 《马克思恩格斯论宗教》，人民出版社，1955，第 7 页。

利益",如"对他族之敌视",就是一个突出的例子。所谓"对他族之敌视",就是指亲近的各部落的人群为了防御其他部落的人群进行掠夺和报复,需要联合起来,采取共同行动。由于亲近部落的人群需要联合起来采取共同行动,这就推动亲近部落联合起来而结成了部落联盟。结成部落联盟,就是迈开了"形成民族的第一步"。但是,正如摩尔根指出的,"部落联盟是与民族最近似的东西",但还不能说部落联盟就是民族。因为部落联盟基本上还是属于军事性质的组织,部落联盟也是自己的最高军事首领,还有自己的联盟议事会。部落联盟的主要职能是对外统一各部落的军事行动,对内处理各部落之间的纠纷。民族是在部落联盟的基础上形成的一种比较稳定的人们的共同体。这种共同体有它自己的共同的语言,共同的地域,共同的经济生活以及表现于文化上的共同的心理素质,等等。这种共同体的形成要经过一个相当长期的发展过程,一旦形成以后,就有其相对的稳定性,不会因为发生一些暂时的原因即告消失。

民族的共同语言的形成和民族的形成有很大的关系。共同语言的形成,首先是由于各部落结成联盟的军事需要,因为各部落的人们要在一起打仗,在战争中要采取共同的一致行动,自然需要沟通彼此的语言。但是,各部落不可能天天打仗,而参加打仗的人一般都是年轻力壮的男子,妇女、儿童和老人一般是不会去参加打仗的,所以仅仅是出于军事上的需要,还不可能形成全民族的共同语言。全民族的共同语言的形成,主要在于"物质关系和利益",即在于天天进行的、吸引男女老幼参加的、越来越频繁的产品交换行为。

产品交换就是一种很重要的"物质关系和利益",它是生产力发展到一定水平的必然产物。当人们生产出来的东西仅够自己糊口度日,没有什么剩余产品的时候,不可能产生产品交换行为。只有生产水平提高了,生产出来的东西除了自己消费之外,还有了剩余,把它拿出去,以交换自己缺少而又需要的东西,这时才会发生部落与部落之间的交换行为。恩格斯指出:"起初交换是在部落与部落之间由各氏族长来进行的。到了畜群转为各自的财产的时候,个人与个人间的交换,便逐渐占优势,乃至成为交换的唯一形式了。"①

---

① 恩格斯:《家庭,私有制和国家的起源》,人民出版社,1961,第154页。

各部落之间的交换行为的大量发生,提出了沟通各部落之间的方言的需求,特别是结成联盟的各部落之间,由于血缘关系比较亲近,各部落虽有自己的"独有的方言",但他们所操的方言"尚能互相了解"①,因此,沟通亲近部落之间的语言并不十分困难。那时各部落之间进行交换,是在一个指定的地方,"日中为市","以物易物",在这种市场上,各部落的男女老幼成员都有资格参加。随着生产力的不断发展,剩余生产品日益丰富,交换的品种、数量、次数就越来越多,这就是沟通彼此语言的一座大熔炉,人们天天见面,天天打交道,势必产生一种共同使用的语言。在这种语言中,当然要吸收各部落方言中的有用的语汇,但是它并不是各部落方言的拼凑,而是融合了各部落方言而形成的一种新的语言。这种新的共同语言的形成过程,也就是结成联盟的亲近各部落的人群形成为民族的过程。

当然,氏族和部落也有自己的共同方言、共同住地和共同的风俗习惯,从这一点上讲,氏族、部落和民族也有其相似之处。但是,氏族和部落是以血缘关系为纽带而结成的,民族则是在地缘关系的基础上形成的。这是氏族、部落和民族在本质上的区别。

由部落发展成为民族,这是世界上一般民族形成的规律,也是一切古代民族形成的规律。恩格斯在讲到古代民族的形成问题时,以希腊、罗马、日耳曼三个民族作为典型的例证,加以叙述。

> 雅典人在其发展中,比美洲土著民族中之任何一种都更前进了一步,相邻的各部落的单纯的联盟已经合并而为一个统一的民族了。②

古代的罗马民族是由三个部落结合在一起而形成的。"属于罗马民族的人,一定必须是氏族成员,并且通过自己的氏族而为'库里亚'(胞族——引者注)及部落的成员的人。"③

德意志人在恺撒时代已结成部落联盟。"一般说来,在联合而为民族

---

① 摩尔根:《古代社会》,三联书店,1957,第 134 页。
② 恩格斯:《家庭、私有制和国家的起源》,人民出版社,1961,第 106 页。
③ 恩格斯:《家庭、私有制和国家的起源》,人民出版社,1961,第 122 页。

的德意志诸部落中,有过这样一种组织……即人民大会,氏族首长议事会及企图获得真正国王权力的军事首领。"①

根据我国史料来看,汉民族的形成过程,和古代的希腊民族、罗马民族及日耳曼民族的形成经过同样的过程,即先由部落结成部落联盟,然后在部落联盟的基础上,形成为汉民族的。我国史学界的许多同志认为:所谓"尧舜禅让",就是许多部落结成的联盟共同选举一人当最高军事首领,主要任务是对苗黎的防御及主持祭祀。这个论点如果能够成立,那就说明尧舜时代,我国正处在部落联盟阶段,是正在走"形成民族的第一步"。夏代以后,由于部落联盟的最高军事首领的地位和职权被夏禹的子孙们霸占了,变成了世袭性质,从此一方面是部落联盟逐渐演变成了国家,另一方面是在原来的部落联盟基础上,逐渐形成了一个强大的民族,即现在的汉族。

我国夏代是否已进入奴隶社会,史学界尚无定论,但是蓄养奴隶的现象肯定已经有了,因为在原始社会的野蛮时代的高级阶段,已经有了奴隶。摩尔根指出,奴隶制的产生与民族的发展有很大关系。"在这个阶段(即野蛮时代的高级阶段——引者注)产生了奴隶制,它和财富的生产有直接联系。……由于这种情况,特别是由于有了农业而扩大起来的生活资料的生产,民族便开始发展起来,开始在共同管理之下有上万计的人而不是以前的几千人了。"② 如果我国的夏代尚未进入奴隶社会,还处于原始社会的野蛮时代的高级阶段的话,那时也完全有条件形成一个人口以上万计的强大民族。

秦汉以前,我国史书中一般都把汉民族叫作"诸夏之族",简称"夏"。有时也称"华""诸华""华夏"。说明在秦汉以前,民族名称还没有固定下来。但是"诸夏之族"这一称呼是比较普遍采用的,一直到春秋战国时代还在使用。从汉朝开始,"汉人"这一名称才逐渐普遍使用起来,据说最初是由匈奴等北方民族先叫起来的。而且,最初的"汉人"还不是民族名称,而是泛指汉朝中央政府统治下的人们。但是自汉以后,我国史书中很少再用"诸夏之族"这一称呼,自己也承认是"汉人",并把"汉

---

① 恩格斯:《家庭,私有制和国家的起源》,人民出版社,1961,第140页。
② 马克思:《摩尔根〈古代社会〉一书摘要》,人民出版社,1965,第60页。

人"用的语言称为"汉语","汉人"用的文字称为"汉文",于是"汉人"才逐渐地变成了固定的民族名称。唐朝时候,外国人一度把"汉人"称为"唐人"(现在还有些国家把华侨聚居区叫"唐人街"),但因为"汉人"这一名称已经使用习惯了,变成了汉族广大人民自己的称呼,所以就相沿固定下来了。从秦汉以前汉族自称"诸夏之族"这一名称推断,汉族这个民族可能是在夏代就已形成的一个古老民族。汉民族的形成时代如果从夏代算起,到现在已有了四千余年的历史。

对于汉民族形成问题,我国史学界有过长期而激烈的争论。争论的一方认为:汉族是在鸦片战争以后才形成为民族的。这种观点是不符合事实的,这里不拟多谈。争论的另一方认为:汉族是在秦汉时代形成为民族的,是在"独特的社会条件下形成的独特的民族"。我也不太同意这种观点。理由有以下两点。第一,认为汉族是在秦汉才形成为民族,这显然是割断了汉族的发展历史。因为现在存在下来的殷代甲骨文、周代金文以及春秋战国时代的大量史料证明,秦汉以前的"诸夏之族"和秦汉以后的"汉人",并不是两个民族,而是一个民族。第二,认为汉族是在"独特的社会条件下形成的独特的民族",这种观点在马克思主义、列宁主义、毛泽东思想的民族问题理论里面,找不到任何理论根据。

在我们中国,不仅汉族是一个古老民族,还有许多少数民族也是很古老的民族。毛泽东同志在《中国革命和中国共产党》一文中指出:"我们中国……共有数十种少数民族,虽然文化发展的程度不同,但是都已有长久的历史。"[①] 对于我国少数民族的起源和形成问题,不拟在此一一论述。可以肯定的一点是:我国许多少数民族的起源和形成的规律,和汉民族有许多相同之处。

(二)

从部落发展成为民族的规律,是一般民族的形成规律,它并没有包括所有民族的形成规律,特别是近数百年新产生的、历史比较短的民族的形成规律。

[①] 《毛泽东选集》第 2 卷,人民出版社,1955,第 616 页。

人类进入阶级社会以后，特别是到了近代，又不断形成了许多新的民族，这些新的民族并不是由部落发展成的，而是由古老民族中分化出若干人口，发展成了新的国家和新的民族。例如英吉利民族就是由古代的罗马民族和日耳曼民族分化出来的人口组成的。恩格斯指出："英吉利民族是由德意志人和罗马人构成的。其形成的时候正值这两个民族刚开始彼此分离，刚刚开始向对立的两极发展，德意志因素和罗马因素并列地发展，最后形成一种具有不调和的两极的民族性。"① 英国的历史证明，在公元1世纪至2世纪时，罗马帝国曾征服过不列颠岛，并把它纳入罗马帝国的版图，罗马民族有一部分人口就移居到不列颠岛。后来，在5世纪至7世纪，日耳曼民族的两部分人——盎格鲁人和撒克逊人又侵入了不列颠岛，长期占领了这个岛。从此以后，就以盎格鲁人和撒克逊人为主体，逐渐同化了原先进入不列颠岛的罗马人和当地的土著居民克勒特人，以及后来移入的若干丹麦人和诺曼人而形成为一个新的民族，就是现在的英吉利民族，也叫"盎格鲁－撒克逊民族"。英吉利民族形成的时间，如果从盎格鲁人和撒克逊人侵占不列颠岛的那个时候算起，到现在有1300年至1500年的历史。

在近几百年期间，全世界又形成了许多新的民族，这些新民族的形成，是资本主义各国向殖民地大量移民的直接结果。美利坚民族的形成，就是一个典型的例子。现在的美利坚民族，是以英国移民为主体，吸收和同化了欧洲其他国家的大量移民而形成的一个新民族。17世纪初期，英国开始向北美洲移民，到18世纪初期，英国在北美洲的移民已有100万人。"七年战争"结束时（1763年），英国在北美洲的移民增加到200万人。从"七年战争"结束到现在，只经过了短短200多年时间，美利坚民族已发展成为拥有2亿以上人口的大民族。

美利坚民族的发展史，从某种意义上说，是一部民族同化史。列宁在《关于民族问题的批评意见》一文中指出："在现代先进的资本主义条件下，民族同化的过程的规模一般究竟有多大，从北美合众国的移民材料中就可以得出一个大致的概念。1891～1900年这十年内，从欧洲去的移民有三百七十万人，而1901～1909年这九年，就已经有七百二十万了。根据1900年的人口调查，美利坚合众国有一千多万外国移民。根据同一年的人

---

① 《马克思恩格斯全集》第1卷，人民出版社，1956，第658～659页。

口调查，纽约州好象是一个碾碎民族差别的大磨房，这里有七万八千多奥地利人，十三万六千英国人，二万法国人，四十八万德国人，三万七千匈牙利人，四十二万五千爱尔兰人，十八万二千意大利人，七万波兰人，十六万六千俄国移民（大部分是犹太人），四万三千瑞典人，等等。在纽约州以巨大的国际规模发生的那种过程，现在在每个大城市和工厂区也发生着。"[①] 这些事实无可争辩地说明，今天的美利坚民族，是由欧洲各民族中分化出来的人口结合在一起而形成的一个新民族。美利坚民族可说是现在世界上历史很短的一个民族，如果从17世纪英国开始向北美洲大量移民的那个时候算起，到现在只有300多年的历史。如果从美国宣布独立（1776年）算起，到现在只有200多年的历史。

在欧洲资本主义上升时期，西班牙等国也曾向拉丁美洲大量移民。这些移民和当地居住的印第安人结合，并吸收和同化欧洲其他国家和非洲的若干移民，也形成了许多新的民族，就是现在的拉丁美洲各国的民族。西班牙人向拉丁美洲移民，大约是在15世纪哥伦布发现美洲大陆以后开始的，但大规模的移民，则是16世纪到18世纪的事。所以，拉丁美洲各民族的形成历史也是比较短的，历史最长的也不到500年。

由于这些新民族都是由其他民族分化出来结合而形成的，因此这些新民族在其形成的过程中，总要继承原有民族的若干传统特点，特别是原有民族的语言。这里也有各种不同的情况。一种是基本上保留了原有民族的语言，例如美利坚民族就是如此。现在美国人的语言和英国人的语言基本相同，但是美国人和英国人已经发展成为两个民族。拉丁美洲各民族基本上也保存了原有民族的语言，大部分拉美国家都用西班牙语，只有巴西使用葡萄牙语，海地使用法语。但是拉丁美洲各国现已发展成为许多独立的民族。

另一种情况是，既保留了原有民族的一部分语汇，又吸收了当地的其他民族的一部分语汇，从而逐渐形成了一种新的民族语言。英吉利民族的语言就是如此。现在的英语和德语是一个语族，因为英语中保留了古代日耳曼语的若干特点，但是盎格鲁人和撒克逊人移居到不列颠岛以后，又吸收了当地其他民族的若干语汇，从而形成了一种新的民族语言，即现在的

---

① 《列宁全集》第20卷，人民出版社，1958，第12页。

英语。英语和德语现在是不同的两种民族语言。

还有一种情况是，放弃了原有民族语言，而采用了当地的大多数人口所使用的另一种民族语言。我国的回族就是如此。元时"回回人"大量移入我国时，也是保存原有民族语言的，元朝政府还专门设立了传授回回语文的"回回学"。后来，"回回人"逐渐发展成为我国境内的一个少数民族，他们为了适应我国的生活环境，就逐渐采用了汉语。但是回族和汉族是两个不同的民族。从以上的情况看，马克思主义关于民族的起源和形成的理论，包括了两个方面的含义：一个方面是"从部落发展成为民族"的理论，它是从人类社会历史发展的总的角度来说的，它指的是一般民族的起源和形成问题，这一理论既适用于古代社会的所有民族，也适用于今天还存在的若干古老民族；另一个方面是从原有民族中分化出一部分人口而形成新的民族的理论，这一理论适用于阶级社会形成的新的民族，特别是适用于近几百年期间形成的新的民族。这两个方面的理论构成马克思主义关于民族的起源和形成问题的完整的学说。因此，对于每一民族的起源和形成问题，应根据每一民族的不同的历史进行具体分析，不能拿任何公式向每一民族的形成问题上去套。

（三）

由于各民族形成的时间、情况不同，历史长短不同，因而各民族所经历的社会发展阶段也就不同。有的民族由于形成的历史很长，它的发展过程和人类社会的各个历史发展阶段基本上是一致的；有的民族则因为形成的历史较短，这些民族就不一定经历人类社会发展的各个阶段。美利坚民族就是一个由于形成的历史很短，因而它所经历的社会发展阶段很少的典型例子。美利坚民族一开始就是在资本主义制度下形成的，作为民族来说，它就没有经历原始社会、奴隶社会和封建社会这几个历史阶段。但并不是说这几个历史阶段的社会制度对美利坚民族没有一点影响，大家都知道，美国历史上曾经大量的贩卖奴隶、使用奴隶，因此，奴隶制的一些特征（残余）就要在美国社会形态上有所反映。

拉丁美洲的各民族因为形成时间比美利坚民族早几百年，这些民族所经历的社会发展阶段和美国有所不同。拉丁美洲各民族形成时，西班牙等国虽已有了资本主义萌芽，但封建经济还占统治地位。因此，西班牙等国移民就把他们本国的封建制度带到拉丁美洲，在那里建立了野蛮的地主庄园，对农民进行残酷的压迫剥削。现在，虽然资本主义在这里已有了较大的发展，但是拉丁美洲的许多民族还处在半封建的社会形态。由于后来又增加了帝国主义的剥削，因而又具有不同程度的半殖民地的性质。

英吉利民族由于形成的时间更早一些，它所经历的社会发展阶段又与美利坚民族和拉丁美洲各民族不同。英吉利民族开始形成的那个时期，欧洲大陆已进入农奴制的封建社会，所以盎格鲁人和撒克逊人就把欧洲大陆的农奴制带到了不列颠岛，在那里建立了农奴制的封建社会。后来，随着产业革命的发生，英吉利民族又是较早进入资本主义社会发展阶段的一个民族。

我国的汉族是一个具有4000余年历史的古老民族，汉族的民族发展史和人类社会发展史基本上是一致的。如果夏代还未进入奴隶社会的话，那就还在原始社会的后期，即野蛮时代的高级阶段。殷周时代肯定已进入了奴隶社会，秦汉以后，又转化为封建社会，鸦片战争以后，又沦为半殖民地、半封建社会。现在，我国各民族在中国无产阶级及其政党——中国共产党的领导之下，推翻了三座大山的压迫，胜利地完成了民族民主革命，建立了中华人民共和国，现在已进入了社会主义建设的新的历史时期，向现代农业、现代工业、现代科学技术和现代国防的社会主义强国迈进。

由于各民族经历的社会发展阶段不同，这个问题对于无产阶级政党来说，具有重大的现实意义。列宁在俄共（布）第八次代表大会上所作的《关于党纲的报告》中说："我们说，必须考虑到这个民族是处在从中世纪制度到资产阶级民主制或从资产阶级民主制到无产阶级民主制的道路上的那一个阶段。这是绝对正确的。"[①] 无产阶级政党只有弄清楚了每个民族所处的不同的历史发展阶段，才能正确地制定适合于每个民族的不同的社会发展水平和不同的革命性质、任务、动力、前途的党的路线、方针和政策。

（牙含章：《民族形成问题研究》，四川民族出版社，1980）

[①] 《列宁全集》第29卷，人民出版社，1956，第146页。

论民族同化和民族融合

（一）

民族同化问题和民族融合问题，是马克思主义民族问题理论的重要问题之一，也是我国学术界过去争论较多的问题之一。

列宁说："同化的问题，即丧失民族特性，变成另一个民族的问题。"[①] 这段话，可以说是列宁给民族同化下的一个准确定义。这就是说，由这一个民族变成另一个民族，或由这一个民族的成员变成另一个民族的成员，这就是"同化"，也就是民族或民族成员之间的互相转化。

列宁又说："无产阶级……欢迎民族的任何同化，只要它不是借助于暴力或特权进行的。"[②] 借助于暴力或特权进行的同化，就是强迫同化；而非借助于暴力或特权的同化，乃是自然同化，两者有本质上的区别。

强迫同化，是人类历史上常见的民族压迫的一种表现形式。在历史上，当某一民族的统治阶级征服并统治了别的民族的人民时，常常采用同化政策，即强迫被征服的民族放弃固有的语言、文化和风俗习惯，强迫他们采用征服者的语言、文化和风俗习惯，以消灭被征服民族的民族特性，由这一个民族变成另一个民族。这种强迫同化的情况，在存在阶级和民族压迫制度的时代，是古今中外一个普遍现象。由于这种同化是强加于人

[①] 《列宁全集》第20卷，人民出版社，1958，第9页。
[②] 《列宁全集》第20卷，人民出版社，1958，第18页。

的，必然会激起被征服民族的强烈抵抗，并尽力保存自己民族固有的民族特性，以使本民族免于被同化。

自然同化，则是另外一种情况。马克思在谈到印度问题时讲过："相继征服过印度的那些阿拉伯人、土耳其人、鞑靼人和莫卧尔人，总是不久就被印度人同化了。依据历史的永恒规律，野蛮的征服者自己总是被那些受他们征服的较高文明所征服的。"① 马克思讲的这种同化，就是自然同化。自然同化既不是强加于人的，也不是借助暴力或特权进行的。自然同化常常不是征服民族同化了被征服民族，而是被征服民族同化了征服民族。在我国历史上，曾发生过比印度的规模大得多的自然同化现象，大体上可分为如下的三个时期。

第一个时期是春秋战国时期。这个时期我国的民族分布情况是这样的：居住在中原地区（包括今天的河南、河北、山东、山西、陕西、安徽等省的全部或大部）的是"诸夏之族"。而围绕着"诸夏之族"居住的，则有所谓"东夷""西戎""南蛮""北狄"。春秋时，冀州还有"山戎""赤狄"。雍州有"白狄"。豫州有"伊洛之戎"。晋有"瓜州之戎"。淮徐一带有"淮夷""徐夷"。可见当时在中原地区，少数民族是与"诸夏之族"相互杂居的。至于"吴人"、"越人"、"楚人"和"诸夏之族"究竟是一个民族，还是不同的民族，现在还闹不清。有些古史记载："吴俗断发纹身"，"楚俗披发左衽"，他们的风俗习惯和"诸夏之族"显然不同。从这些情况判断，"吴人""越人""楚人"可能还是进步较快的少数民族。从春秋战国到秦始皇统一六国，是中原周围的各民族吸收"诸夏之族"的文化的时期，发展的结果是，"楚人"、"吴人"、"越人"与"诸夏之族"间的民族差别逐渐趋于消失。还有许多"东夷"、"西戎"、"南蛮""北狄"与"诸夏之族"间的民族差别也慢慢地消失了，所有这些民族都变成了一个民族，就是后来的汉族。这是我国历史上各民族间发生的第一次大规模的自然同化（有人也叫"民族融合"）时期。这一时期如果从周平王东迁算起，到秦始皇统一为止，前后经历了共五百多年。

第二个时期是从南北朝到唐朝初期。从南北朝的所谓"五胡乱华"开

---

① 《马克思恩格斯文选》（两卷集）第1卷，人民出版社，1962，第330页。

始，就有几个强悍的北方民族向南迁移，侵占了黄河流域，而与当地居住的汉族人民形成杂居状态。匈奴、鲜卑、羯、氐、羌等民族的统治者，还在中原地区先后建立了"前赵""后赵""前燕""前秦""后秦""北魏""北齐""北周"等十多个国家，相继统治中原地区各族人民长达300年之久。在这期间，这些民族的人民大量吸收了汉族的比较先进的文化，诸如生产技术和文学艺术等，并且逐渐采用了汉族的语言文字和风俗习惯。最后，还使用了汉族的姓名。到了唐朝初期，这些民族的民族特点已经渐趋消失，和汉族没有多大的分别了，基本上已被汉族同化了。这是我国历史上各民族间发生的第二次大规模的自然同化时期。这个时期，如从南北朝算起，到唐朝初期，前后经历了四百多年。

第三个时期是从五代十国到明朝初期。唐朝末年，又有几个北方民族（女真、契丹、西夏、沙陀）侵占了河北、山东、山西、陕西、宁夏等地区的大部分或一部分，并且先后建立了"后唐""后汉""辽""金""西夏"等国家。到了元朝初期，由于沙陀、女真、契丹、西夏等族的人民在与汉族人民长期的共同生活中，同样接受了汉族的文化，所以也被汉族同化了，元朝统治者就把被它征服的"辽""金""西夏"人民统一称为"汉人"，而把当时还在南宋统治下的人民叫作"南人"。元朝统治者还从中亚细亚、近东、东欧各国迁移了一大批人口到中国来（包括贵族、官员、士兵、炮手、工匠、商人、农民等），当时统称为"色目人"。元朝统治崩溃以后，这些"色目人"基本上在中国居留下来，并且大部分被汉族同化了。这是我国历史上各民族间发生的第三次大规模的自然同化。这一时期前后经历了约五百年。

从以上的情况来看，现在的汉族，是在几千年的历史发展过程中，同化了许许多多民族的成员而发展起来的一个民族，是许许多多民族的结合体。正是由于汉族在历史上同化了许许多多民族的成员，不断增加了人口，壮大了力量，才发展成为现在有9亿以上人口，在全世界所有民族中唯一的最大的民族。

自然同化虽然不是"借助于暴力或特权"进行的，但并不是没有矛盾和斗争。在我国历史上，就有征服民族的统治者下命令，防止本民族的人民被汉族同化的记载。例如金世宗和金章宗时，金政府一再下令，禁止女真人民学习汉文汉语，就是害怕被汉人所同化。当然历史上也有相反的记载,例如魏孝文帝时,北魏政府曾下令鲜卑族的官员都要学习汉文汉语,这是因为当时在北魏统治下,汉人比鲜卑人多,鲜卑官员学会了汉文汉语,便利于长期统治汉族人民,而不是为了鼓励鲜卑官员被汉族同化。实际上,当时鲜卑人与汉人的关系,是征服者与被征服者的关系,当时北魏统治者命令鲜卑官员学习汉文汉语,只是考虑了眼前的现实利益,而没有料想到这种措施将导致鲜卑人汉化的长远后果。由于自然同化是一种历史规律,是不以人们的意志为转移的。为此,尽管有人害怕这种同化,采取各种措施加以防止,而历史规律却违反他们的意愿,迫使他们不得不接受违反他们意愿的后果。

民族之间发生自然同化,归根到底,是由"经济情况"所决定的。恩格斯在《反杜林论》中指出:文明程度较低的民族,可以暂时征服文明程度较高的民族,"可是在长期的征服中间,文明较低的征服者,在绝大多数场合上,也不得不和那个国家被征服以后所保有的较高的'经济情况'相适应,他们为征服的人民所同化,而且大部分甚至还采用了他们的语言"。① 这个道理也很简单,凡是文明程度较高的民族,他们的生产技术、科学文化,以至生活水平都是较高的,这对于文明程度较低的民族(他们的生产技术、科学文化和生活水平也都是较低的)的劳动人民,不能不具有很大的吸引力,从而必然产生羡慕、模仿和占有的心情,推动他们向文明程度较高的民族的人民学习,学习他们的生产方法、科学技术、文学艺术、语言文字,一直到采用文明程度较高的民族的姓氏。他们学习这些东西的主观愿望本来是为了提高本民族的生产技术、科学文化和人民生活水平,并没有预料会产生另一种结果:经过了几十年或几百年,文明程度较低的民族就被文明程度较高的民族同化了。

自然同化的过程,实质上,就是先进的生产方式与落后的生产方式之间的斗争过程。文明程度较高的民族代表的是比较先进的生产方式,文明程度较低的民族代表的是比较落后的生产方式,这两种生产方式斗争的结果,最终必然是比较先进的生产方式战胜比较落后的生产方式。这是推动人类社会向前发展的一种客观规律。所以,列宁认为对这种不"借助于暴力或特权"进行的同化,无产阶级应该采取欢迎的态度。

---

① 恩格斯:《反杜林论》,人民出版社,1956,第189页。

（二）

民族融合问题，简单地说，就是民族差别的消亡问题。

列宁指出："正如人类只有经过被压迫阶级专政的过渡时期才能达到阶级的消灭一样，人类只有经过一切被压迫民族完全解放的过渡时期，即他们有分离自由的过渡时期，才能达到各民族的必然融合。"①

斯大林对列宁提出的民族融合问题，从理论上作了进一步的阐述。他说："列宁不是把民族差别的消亡和民族融合的过程归入社会主义在一个国家内胜利的时期，而是仅仅归入无产阶级专政在全世界范围内实现以后的时期，就是说，归入社会主义在一切国家内胜利的时期即世界社会主义经济基础已经奠定的时期。"② 从列宁、斯大林的以上论述来看，有两点是非常明确的：第一，民族融合问题，不是一国之内的民族差别消亡问题，而是全世界的一切民族的民族差别消亡问题；第二，民族融合不是一国的社会主义社会建成以后就可以实现的事，而是共产主义在全世界范围内胜利以后才能实现的事。

十月革命胜利以后，对于民族融合问题，苏联曾经产生过一种错误的理解，有人认为社会主义在一国胜利以后，在一国之内就可以实现民族融合。斯大林对这种论点进行了严肃的批评。他说："你们犯了一个严重的错误，在社会主义在一个国家内胜利的时期和社会主义在世界范围内胜利的时期之间划了一个等号，认定不仅在社会主义在世界范围内胜利的时候，而且在社会主义在一个国家内胜利的时候，民族差别和民族语言的消失，民族的融合以及统一的共同语言的形成都是可能的和必要的。在这里，你们把完全不同的东西混淆起来了，即把'民族压迫的消灭'和'民族差别的消灭'混淆起来了，把'民族国家壁垒的消灭'和'民族的消亡'、'民族的融合'混淆起来了。不能不指出，把这些各不相同的概念混淆起来，对于马克思主义者是完全不能允许的。"③

---

① 《列宁全集》第22卷，人民出版社，1958，第141页。
② 《斯大林全集》第11卷，人民出版社，1955，第298页。
③ 《斯大林全集》第11卷，人民出版社，1955，第293页。

那么，究竟什么是消灭民族差别和实现民族融合的主要标志呢？斯大林认为：各民族的民族语言的消失和全人类的共同语言的形成，乃是民族差别消失和民族融合实现的主要标志。他说："在社会主义在世界范围内胜利以后，民族差别和民族语言将开始消亡；在这个胜利以后，各种民族语言将开始被一种共同语言所代替。"①

斯大林进一步指出：一切民族语言的消亡和全人类共同语言的形成，将发生在无产阶级专政在世界范围内实现以后的第二个阶段。他的原话是这样说的："只有在全世界无产阶级专政时期的第二个阶段，随着统一的世界社会主义经济的逐渐形成而代替世界资本主义经济，类似共同语言的东西才会开始形成，因为只有在这个阶段，各民族才会感觉到除了自己的民族语言以外，还必须有民族间的一种共同语言——这是为了交际的便利，为了经济、文化和政治方面合作的便利。总之，在这个阶段民族语言和民族间的共同语言将平行地存在。……在全世界无产阶级专政的后一个阶段，当世界社会主义经济体系已经充分巩固，社会主义已经深入到各族人民的日常生活中，各民族已经在实践中深信共同语言优越于民族语言的时候，民族差别和民族语言才开始消亡而让位于一切人们共同的世界语言。"②

为什么无产阶级专政在世界范围实现以后的第一个阶段，民族语言还不能消失，全人类的共同语言还不能形成，民族融合还不能实现，而必须等到第二个阶段呢？这是因为民族语言的消失和全人类共同语言的形成，并不是人们可以随心所欲地决定的，必须在无产阶级专政在全世界范围内实现以后，还要经过很长很长的历史时期，才会逐渐具备民族语言消失，共同语言形成的物质条件。到了那时，斯大林讲的"统一的世界社会主义经济体系"已经形成，全世界的各族人民之间的友好往来一定十分频繁，各族人民必然深深感到彼此语言不通会成为交际和合作的最大障碍。但是，每个人要学会全世界的一切民族的语言，根本是不可能的；如果一切通过翻译，也不可能有那么多的翻译人员，而且每一个翻译人员也不可能懂得全世界的一切民族的语言。在这种形势逼迫之下，就必然要产生每个

---

① 《斯大林全集》第 11 卷，人民出版社，1955，第 294 页。
② 《斯大林全集》第 11 卷，人民出版社，1955，第 299 页。

民族的人民除了本民族的语言之外还应该有一种全世界的各族人民都通用的共同语言的要求和愿望。有了这种共同语言以后，不管是和哪一个民族的人民打交道，只用这一种共同语言就都可以应付了。对每个人来说，他一生只学会两种语言（一种是本民族的语言，一种是各民族共同使用的语言）就可以了，这就节省了由于各民族语言不通而需要学习许多种语言的时间，同时又克服了由于语言不通而需要各种翻译人员的困难。对于各民族的人民来说，只学会两种语言都是同样的方便。到了那个时候，产生一种全世界的各民族人民共同使用的共同语言，乃是势所必然。

但是，就在全世界的共同语言产生以后，各民族的民族语言还不会很快消亡，因为各民族的人民已习惯了本民族的语言，在各民族内部，使用本民族的语言还是比较方便的。因此民族语言和全世界的共同语言还要同时并存一个很长的历史时期。在这个历史时期，每个民族的人民同时学会和使用两种语言：对内使用本民族的语言，对外使用全世界的共同语言。一直到了每个民族的人民完全习惯了共同语言，在日常生活中已无使用民族语言的必要，完全由共同语言代替了民族语言的地位的时候，民族语言自然而然地就会逐渐消失。

全人类的共同语言究竟是什么样的语言？现在还很难说。有些人已经在那里摸索着创造"世界语"。斯大林在《马克思主义和语言学问题》一书中说：全世界的共同语言"既不会是德语，也不会是俄语，更不会是英语，而是吸取了各民族语言和各区域语言的精华的新语言"①。这是有道理的。因为全人类的共同语言，必须是比民族语言和区域语言更加科学、更加丰富、更加优美的一种语言，它才能取代一切民族语言和区域语言的地位。

区域语言，也是斯大林提出来的。他认为在全世界的共同语言形成以前，可能先要形成若干区域语言。他说："可能是这样，最先形成的将不是一个一切民族共同的、具有一种共同语言的世界经济中心，而是几个各自包括一批民族的、具有这一批民族的共同语言的区域经济中心；只有在这以后，这些中心才会联合为一个共同的、具有一切民族的一种共同语言

---

① 斯大林：《马克思主义和语言学问题》，人民出版社，1971，第47页。

的世界社会主义经济中心。"①

根据斯大林的论点，区域语言既不是某一民族的民族语言，也不是全世界一切民族的共同语言，而是介于两者之间的一批民族共同使用的共同语言。这种语言实际上在现在的世界上已经存在，例如英语、法语、西班牙语，就是现在世界上许多国家和民族共同使用的语言。在我们中国，汉语也不仅仅是汉族的民族语言，而是已被我国各民族共同使用，作为我国各族人民之间进行交际的工具，这已是大家所公认的事实。

某一种民族语言之所以发展成为一批民族共同使用的区域语言，这也不是人们可以自由选择的，而是由许多条件决定的。例如英语、法语、西班牙语被许多国家和民族所采用，这是近几百年来资本主义国家实行大量移民的情况所决定的。这些移民来自许多国家，语言非常复杂，他们必然需要一种对大多数人所熟悉的语言来作交际工具，于是英语、法语、西班牙语就适应了这种要求，发展成为一批民族共同使用的区域语言，这是一种情况。

另外的一种情况是：在多民族的国家里面，各民族由于政治、经济、文化发展的不平衡，有的民族比较先进，有的民族比较后进，后进民族的人民就感觉到学习先进民族的语文对自己民族的发展有很大关系，不学习就对自己非常不利，这就促使后进民族的人民主动学习先进民族的语文。汉语的情况就是这样。现在我国正处在社会主义建设的伟大新时代，汉族在飞速地发展，少数民族更需要飞速地发展，才能赶上汉族的发展水平。现在的汉文书籍里面，包括现代社会科学和自然科学的丰富知识，如果少数民族都要把现代的社会科学和自然科学的知识，先翻译成为本民族的文字，再去学习，这不仅缓不济急，而且对于许多人口很少，又没有本民族文字的少数民族来说，更是办不到的。因此，少数民族要迎头赶上汉族的发展水平，必须学习汉语文，直接从汉语文吸取本民族的发展所急需的科学、文化知识，才能迅速发展少数民族地区的政治、经济和文化，才能在一个不太长的历史时期内消灭各民族间存在的事实上的不平等。这就是推动我国少数民族的广大人民自觉自愿地学习汉语文的根本原因。

少数民族学习汉文汉语，并不排斥他们同时使用和发展本民族的语言

---

① 《斯大林全集》第11卷，人民出版社，1955，第300页。

文字。因为对于少数民族的广大劳动人民来说，民族语言还是日常生活中一时也不能离开的。所以学习汉文、汉语与发展少数民族的民族语文并不是对立的，而是互相辅助，共同发展的。这种情况一直存在到全世界建成共产主义社会，汉语和少数民族的语言都要被全世界的共同语言所代替的那个时候为止。

（三）

一切民族语言的消失、全人类的共同语言的形成、各民族人民融合成无民族差别的新人类，归根到底是由人类社会高度发展的生产水平所决定的，还必须有一个由量变到质变的历史发展过程。各民族人民之间的差别性越来越少，共同性越来越多，就是民族融合因素逐渐增长的具体表现，这就是量变的过程，它为将来共产主义在全世界胜利以后实现民族融合创造了条件。那时各民族的人民融合成无民族差别的新人类，就是事物发生了质变。

一切事物都是向着它的对立面转化的，民族的发展也是如此。人类从产生了民族差别的那个时候起，就为消灭民族差别而在创造条件。但是在古代，民族之间打交道的范围很小，因为那个时候自给自足的自然经济占统治地位，产品的交换，基本上在民族内部进行；只有在民族内部交换有了剩余的时候，才拿出去和别的民族进行交换。因此，在资本主义以前，全世界的一切民族基本上处于"闭关自守"的隔离状态。在人类历史上，各民族之间虽然也经常发生互相同化（包括自然同化和强迫同化）的现象，但是这种现象只发生在一部分民族之间，而且一般都是发生在一国范围之内。从全世界的角度看，民族同化的结果，只是由这一个民族变成了另一个民族，只是消灭了一部分民族的民族差别，对于全人类来说，民族差别还依然存在着。有人把历史上各民族之间发生的自然同化叫作"历史上的民族融合"，这也未尝不可。但是这种"民族融合"只是民族之间发生的局部融合，而不是全面融合。局部融合的结果是许多小民族融合成一个大民族，而不是一切民族融合成无民族差别的新人类。这是两码事，必须严格加以区别。

资本主义的产生，才从根本上打破了全世界的各民族长期处于"闭关自守"的隔离状态。资本主义由于商品生产的巨大发展,国内市场容纳不下,不得不找寻国外市场,不得不把剩余商品运到别的国家和别的民族地区去进行推销,这就逐渐形成了世界市场。世界市场的形成,在民族关系方面引起了巨大变化,它把全世界的各族人民从隔离状态中解放出来,迫使他们和过去从来没有接触过的人们彼此打起了交道。我国自从鸦片战争以后,"海禁大开",资本主义国家为了推销他们的剩余商品,压榨我国各族人民的血汗,挟着他们的商品、军舰和大炮,像海水一样涌了进来,他们不仅动员了各种肤色的、各个民族的人民来到我国,而且把我国各族劳动人民运送到缺乏劳动力的世界各个角落。我国几千年的"闭关自守"状态被粉碎了,而与全世界的各族人民有了往来,所谓"海波到处有华侨",就是说明我国各族人民的足迹踏遍了全世界。

由于世界市场的形成,全世界各族人民之间的联系日益密切,接触的机会越来越多,彼此学习的机会也越来越多,互相学习对方的好东西,从生产技术、文化艺术、语言文字,一直到服装饮食、生活习惯,等等,于是各民族间的共同性必然要逐渐增加,差别性必然要逐渐减少,这就是全世界的民族关系方面产生的一种新的历史趋向。正如列宁所指出的:"在资本主义的发展过程中,可以看出在民族问题上有两个历史趋向,第一趋向是民族生活和民族运动的觉醒,反对一切民族压迫的斗争,民族国家的建立。第二个趋向是民族之间各种联系的发展和日益频繁,民族壁垒的破坏,资本、一般经济生活、政治、科学等等的国际统一的形成。"[1] 列宁指出的民族问题方面的第二种历史趋向,就是自从资本主义产生以后,在全世界范围内出现的各民族之间共同性越来越多,差别性越来越少的这种情况。这也就是民族融合的因素逐渐增长的具体表现。从这里我们可以看出,正像资本主义的社会生产为社会主义社会的建立孕育了物质条件一样,资本主义破坏了民族壁垒,使各民族之间的各种联系日益频繁,这也同样为未来的共产主义在全世界胜利以后实现民族融合创造了物质条件。

但是,又正像资本主义社会存在着社会生产和私人占有之间无法克服的根本矛盾一样,资本主义社会的民族关系也存在着无法克服的根本矛盾。资产阶级为了推销大量的商品,掠取更大的利润,建立了世界市场,

---

[1] 《列宁全集》第20卷,人民出版社,1958,第10页。

破坏了民族壁垒，为各族人民的日益接近和融合创造了有利条件；但是另一方面，资产阶级又为了追求更大的利润，拼命争夺其他国家和其他民族的市场，拼命挤垮其他民族的资本家，拼命从其他民族的劳动人民身上榨取油水，因此，资产阶级又拼命制造和扩大民族矛盾。特别是资本主义发展到帝国主义阶段，由少数强大的压迫民族，奴役了全世界殖民地、半殖民地的被压迫民族，民族矛盾发展到了顶点，阻碍着各民族人民之间的友好往来，阻碍着民族融合因素的顺利增长。这就是资本主义社会在民族关系方面存在的根本矛盾。这个矛盾是资产阶级无法解决的，只有社会主义革命和无产阶级专政才能解决。

社会主义社会由于消灭了人压迫人、人剥削人的社会制度，从而也就消灭了一个民族压迫另一个民族的社会基础。正如马克思和恩格斯在《共产党宣言》中所指出的："人对人的剥削一消灭，民族对民族的剥削就会随之而消灭。民族内部的阶级对抗一消失，民族间的敌对关系就会随之消失。"① 由于社会主义革命和无产阶级专政从根本上消灭了产生民族矛盾的社会根源，从根本上消灭了各民族之间的敌对状态，这就给各民族人民之间日益接近和友好往来开辟了无限广阔的道路，必然使各民族之间的共同性日益增多，差别性日益减少，必然使民族融合因素迅速地增长。

但是，民族融合因素的增长和民族融合的实现还是两码事，不能混为一谈。因为民族融合实现的主要标志是一切民族的民族语言的消失和全人类的共同语言的形成，这是共产主义在全世界胜利以后还要经过很长很长的发展过程才能实现的事，离现在还是极其遥远的。因此，对于民族融合因素的增长与民族融合的实现，还要严格加以区别。

民族是一个历史范畴，有它的发生、发展和消亡的过程，也就是从无民族差别到有民族差别再到无民族差别的历史发展过程。最初，人类是没有民族差别的。后来，由部落发展成了民族，人类才有了民族差别。到全世界实现共产主义以后，民族语言逐渐消失，共同语言逐渐形成，各族人民逐渐融合成为一体，不再有民族差别了，那时全世界又恢复到无民族差别的状态。但这不是恢复到像史前时期那样的无民族差别的状态，而是在未来的文明的共产主义社会基础上恢复到无民族差别的状态，这是在高级

---

① 《马克思恩格斯全集》第 4 卷，人民出版社，1958，第 488 页。

形态上的恢复。

上面讲的是民族发展的远景,这一天是终将要到来的,但对目前来说,还是极其遥远的事情。现在,我们还生活在还存在民族差别和民族特点的人群当中,生活在从资本主义向共产主义过渡的历史时期。从世界范围来说,还有许多国家、许多民族的亿万人民遭受着帝国主义、社会帝国主义和本国统治阶级的压迫剥削,还没有获得解放。从我们国内来说,民族差别和民族特点的存在还是客观事实,我们必须重视民族问题,认真贯彻执行党的民族政策,彻底肃清"四人帮"全盘否定民族工作的伟大成就,否定社会主义时期民族问题的存在,破坏民族地区的社会主义革命和建设的流毒。进一步克服大民族主义和地方民族主义。增强民族团结,巩固祖国统一。为在20世纪末实现我国的四个现代化而作出更大的贡献。

(牙含章:《民族形成问题研究》,四川民族出版社,1980)

马克思主义民族理论与非洲民族形成问题*

中国非洲史研究会、中国非洲问题研究会、中国世界民族研究会、中央民族学院历史系联合有关单位，于1982年5～6月在北京连续举行了两次关于非洲民族形成问题的学术讨论会。到会人数之多和讨论气氛之热烈，都说明这个问题已引起大家的重视和关注。我对非洲情况了解甚少，但对民族形成问题有些兴趣，因而也被吸引参加了讨论。会上同志们的发言以及近来发表的论述，对我都有很大启发。同时，从中也可以看出，目前对于非洲民族情况的看法和提法，还存在一些分歧和混乱。这一方面反映出非洲民族本身的复杂状况，另一方面也说明对这种复杂状况还需要进一步深入探讨。我对非洲民族没有什么研究，本文只是从民族问题理论的角度谈一点不成熟的看法。

关于民族形成的理论问题，马克思和恩格斯早有明确论述：民族是从部落发展而来的。恩格斯在《劳动在从猿到人转变过程中的作用》一文中讲："从部落发展成了民族和国家"①；在《家庭、私有制和国家的起源》一书中说："最初本是亲属部落的一些部落从分散状态中又重新团结为永久的联盟，这样就朝民族（Nation）的形成跨出了第一步。"② 马克思在《摩尔根〈古代社会〉一书摘要》中也摘引了这样的话："部落联盟是与民族最近似的东西"；"'部落'和'民族'并不等同；在氏族制度下，只

---

* 本文根据牙含章同志在非洲民族形成问题学术讨论会上的发言，由李一夫同志整理而成。
① 《马克思恩格斯选集》第3卷，人民出版社，1972，第515页。
② 《马克思恩格斯选集》第4卷，人民出版社，1972，第89页。

有当联合在同一个管理机关之下的各部落融合为统一的人民时，民族方才产生。"① 这就是说，人们结成共同体有一个发展过程，大致是原始群→氏族→部落→部落联盟→民族。

马克思和恩格斯提出这样的理论，是研究了古代民族形成过程，尤其是研究了摩尔根的《古代社会》以后作出的，是有可靠的事实作基础的。据我所知，黑非洲在遭受欧洲人入侵之前，有些地方是相当落后的，似乎也处在原始社会的各个阶段，正像摩尔根在美洲印第安人中所见到的那样，人们共同体的形式基本上还是部落或部落联盟。当然，有的地方先进一些，已经由部落结合成了民族，甚至建立了国家。然而，西方殖民者的入侵，打断了非洲人民独立发展的进程，搅乱了非洲民族形成和分布的格局。再加上他们故意保持非洲的落后状态，挑动部落纠纷，阻止部落联合，致使非洲的氏族部落组织一直保留到现在。目前，绝大多数非洲国家已经独立，民族形成过程有的已经完成，有的正在进行之中。这更为我们观察和研究民族形成的具体步骤和环节，提供了极其宝贵的机会。我们研究这个课题，既要在马克思主义民族问题理论的指导下进行，同时又可以用非洲的事实来证明和检验这一理论，充实、丰富甚至发展这一理论。

关于从部落发展成民族的事实材料，马克思和恩格斯是非常重视的。所以他们对摩尔根《古代社会》一书评价很高，认为它"在北美印第安人的血族团体中找到了一把解开古代希腊、罗马和德意志历史上那些极为重要而至今尚未解决的哑谜的钥匙"②。而非洲由于特殊的历史条件，也像美洲印第安人一样，保存着人类社会发展早期阶段的许多特点。我们研究非洲，完全有可能为了解人类早期历史，尤其是了解早期民族形成过程，提供大量丰富、具体而多样的事实材料。

关于从部落形成为民族的过程，欧洲早在一千多年前便已完成。现代欧洲的大多数民族，都是在日耳曼人冲垮罗马帝国以后重新组合而成的，都是在民族大迁移过程中或以后互相融合而成的。至于中国，像汉族这样的民族，由部落结合为民族的过程，则发生得更早，可能追溯到4000多年以前。在汉民族的历史上，也曾遭到北方民族的多次冲击，但是没有被冲

---

① 《马克思恩格斯全集》第45卷，人民出版社，1985，第426页。
② 《马克思恩格斯选集》第4卷，人民出版社，1972，第2页。

垮，而是不断吸收异族成分，日益发展壮大。可见，亚洲和欧洲许多历史悠久的民族，源远流长。关于他们从部落发展成民族的时代，只有从神话和传说中才能找到一些痕迹。可是，在非洲，这样的过程正在我们眼皮底下进行，或者是不久以前刚刚完成。特别是在已经形成的民族的内部，仍然保存着明显的部落痕迹。这可能是非洲民族的一个特点。而这个特点，对于我们从事民族问题理论研究和从事非洲历史问题研究的同志们来说，都是同样重要的，都是应当重视的。

不过，在研究这样一种独具特点而又错综复杂的非洲民族情况时，我们一定要依据马克思主义关于民族形成的基本原理，注意民族形成的共同规律。比如，目前在对非洲民族情况的介绍、报道、译作和论述中，名词的使用就不统一，出现了"民族"和"部族"之分，从而在概念上产生矛盾，在理论上引起混乱。

前不久，我翻了翻《各国概况》，发现在介绍亚洲国家时，都说某国有多少"民族"；而介绍非洲国家时，却说某国有多少"部族"。其实，亚洲有些国家的民族和社会发展水平同非洲差不多，也用了"民族"，为什么非洲就一定要用"部族"呢？我国有些少数民族，解放前也很落后，有的处在农奴制或奴隶制社会，有的甚至处在原始公社制末期，同非洲的情况也差不多。但我们一律称他们为"民族"。解放前，有人不承认他们是民族，认为他们是"宗族"，他们非常反感。解放后，50年代初，在翻译斯大林《马克思主义和语言学问题》一书时，又出现了"部族"一词。有人主张：进入资本主义社会的才算民族，以前的都是"部族"。我认为"民族"和"部族"之分，在理论上是说不通的，在政治上是有害的。有人说，我们称少数民族为"民族"，是根据汉语里的习惯用法，这也是不对的。我们根据的不是习惯用法，而是马克思列宁主义关于民族问题的理论体系和科学术语。

马克思和恩格斯在《共产党宣言》中指出："资产阶级，由于一切生产工具的迅速改进，由于交通的极其便利，把一切民族甚至最野蛮的民族都卷到文明中来了。"①

列宁在《社会主义革命和民族自决权》中指出："帝国主义时代基本

---

① 《马克思恩格斯选集》第1卷，人民出版社，1972，第255页。

的、极其重要的和必然发生的现象：民族已经分成压迫民族和被压迫民族。"①

可见，马列主义经典作家是把"最野蛮的民族"和"被压迫民族"全都称为"民族"的。如果从这些概念中将资本主义以前的民族排除在外，那是非常荒谬的。因为马克思列宁主义关于民族问题的理论体系是完整的和统一的，并没有另外一套关于"部族"的理论。所以，对于非洲民族的用词最好统一起来。否则的话，就会在理论上陷于混乱。

例如，有些关于非洲的著述，在谈到民族解放运动、民族独立、民族经济、民族文化、民族语言时，用的都是"民族"；而谈到某国民族成分时，用的则是"部族"。这样，便给人以错觉和误解：好像在这些国家里，并没有民族，却进行了民族解放运动，取得了民族独立，正在发展民族经济和民族文化。从而使"民族"成为一个没有内容的空洞概念。这在理论上是讲不通的。再如，《各国概况》在介绍马里共和国时说："全国共有二十三个部族，主要有班巴拉……族。……班巴拉语为主要民族语言……"（第507页）就在这么几十个字的一段话里，概念也是矛盾的和混乱的：既说班巴拉族是主要"部族"，又说班巴拉语是主要"民族"语言。这就等于说是"班巴拉部族在讲班巴拉民族语言"。在文字上也是讲不通的。

再说，"部族"在《马克思主义和语言学问题》的旧译本中，是用来翻译俄文 Народностb 一词的。斯大林在这本书里 Народностb 表示的是部落以后到现代民族以前的不同历史发展阶段的民族。经过1962年有关单位开会讨论，统一了意见。为了更好地表达斯大林的原意，并适应我国汉文的特点，编译局出的新译本已经作了改动，不再使用"部族"一词。不管是资本主义以前的民族，还是资本主义以后的民族，统统译为"民族"。只是必须加以区分的时候，再加注解说明，并在词后括附原文。这样，在经典著作的翻译中便统一了。但在一般翻译和学术界还不统一，有的仍将 Народностb 译成"部族"；有的则将英文文中的部落（Tribe）也译成"部族"。于是，除了"民族"和"部族"的混淆不清以外，又增加了"部族"和"部落"之间的混淆不清。我认为，原文是部落就译"部落"，不要译为"部族"。

---

① 《列宁选集》第2卷，人民出版社，1972，第720页。

至于非洲的实际情况，我们应当具体分析。在黑非洲的一些落后地区，确实有氏族部落组织存在，如中非的俾格米人和南非的科伊桑人等，他们一般结成几十人、几百人或几千人的群体。然而，绝大多数非洲人都已结合成了更大规模的共同体：有的结成了比较松散的部落联盟，有的则结成了比较紧密的部落联盟；有的形成了小规模的民族，有的则形成了中等规模乃至更大规模的民族。最近，我看到一份1978年的统计材料，说非洲的民族，人口在百万以上的就有93个，其中人口超过千万的就有9个。这些民族的人数加在一起，将近3.9亿人，约占非洲总人口的88%。这就是说，非洲大陆已经是以大民族为主了，百万人口以下的小民族只占非洲总人口的12%（6000多万人）；而纯粹以氏族部落形式存在的共同体，总共只有20万人左右，不到非洲人口的0.05%。

仅就人数，也可以说明民族形成和发展的程度。因为人们共同体的规模是随着生产的发展而发展的，是随着社会的进步而逐渐扩大的。恩格斯说，易洛魁联盟在其鼎盛时期只达到2万人；已经结合成民族的日耳曼人，平均每个民族约有10万人，而在建立了国家的雅典人那里，连同奴隶和被保护民，则达到了50万人。① 可见，今天非洲的民族，有的人数已达几百万、几千万，其发展水平肯定已超过古代日耳曼人和雅典人。

至于某些非洲民族，在形成以后仍然保存着明显的氏族部落制度残余，这是由具体历史条件造成的，应该进行具体分析。一般来说，刚刚形成的民族保留的氏族部落痕迹最多；随着时间的流逝，这种痕迹则越来越淡薄。但是，由氏族制度向阶级社会过渡是一个漫长的过程。特别是由于氏族制度的民主性质和团结力量，常常在进入阶级社会以后还能作为残余保持数百年乃至上千年之久。恩格斯在谈到日耳曼人给垂死的欧洲注入新的生命力时，曾经多次提到这一点。他说："他们至少在三个最重要的国度——德国、法国北部和英国——以马尔克公社的形式保存下来一部分真正的氏族制度，并把它带到封建国家里去……"② "氏族制度还能够以改变了的、地区的形式……继续存在几个世纪……"③

---

① 《马克思恩格斯选集》第4卷，人民出版社，1972，第115、142页。
② 《马克思恩格斯选集》第4卷，人民出版社，1972，第152～153页。
③ 《马克思恩格斯选集》第4卷，人民出版社，1972，第166页。

如果联系到非洲的实际，可能还有这么一种情况：除了殖民者有意保存部落组织，实行分而治之以外，非洲人面对强大敌人，也只能以氏族部落作为现成的组织形式和团结纽带，用以抵抗殖民者的侵略和压迫。有些本来已经联合为民族的非洲人，可能在殖民者的冲击下重新解体，以部落为单位进行活动。只有那些文明程度比较高、团结得比较紧密的民族，经受住了殖民者的冲击。然而，到19世纪末非洲被瓜分以后，许多原来统一的民族和部落又被帝国主义所划分的殖民地疆界所分割。从而使非洲民族形成过程增加了一种新的因素：由不同部落和民族的人们重新组合为新的民族。这一情况，与欧洲中世纪的情况大体相似。所不同的是：在欧洲，从部落发展为民族的过程，以及由不同部落和民族成分重新组合为新民族的过程，在时间上大体是先后发生的，而在非洲，特别是在已经获得独立的国家，这两个过程几乎在同时进行。新形成的民族，便是现代民族。

非洲与欧洲不同，非洲的现代民族是在殖民地时代开始觉醒，在反殖反帝争取民族解放的斗争中日益成长，在独立建国后进一步发展和巩固的。这是非洲的特点，也是与列宁和斯大林关于现代民族形成问题的论述相符合的。列宁和斯大林主要是以欧洲的实例为依据，并区分出民族形成的两种不同情况：在西欧，"各民族形成的过程同时就是它们变为独立的民族国家的过程"；而在东欧，"却形成了多民族的国家"。[①] 非洲的情况可能要复杂一些，除了这两种情况以外，是否还有别的什么情况？这个问题，以及上面所提到的问题，都需要有志于研究非洲民族和历史的同志们进行探索，作出回答。

（《西亚非洲》1983年第1期）

[①] 《斯大林全集》第2卷，人民出版社，1953，第301页。

论社会主义时期的民族关系

（一）

胡耀邦同志代表十一届中央委员会向党的十二大作的报告中，对我国社会主义时期的民族关系作了重要的论述。他指出："进一步发展国内各民族之间平等、团结、互助的社会主义民族关系，是我国社会主义民主建设的一项重要内容。"并强调指出："民族团结、民族平等和各民族的共同繁荣，对于我们这个多民族的国家来说，是一个关系到国家命运的重大问题。"[①] 把我国的民族问题提到"关系到国家命运的重大问题"的高度，这是一个新的提法。

谈到民族问题关系到国家命运的重大意义，我认为主要应该从胡耀邦同志讲的民族团结、民族平等和各民族的共同繁荣三个方面去加深理解。

首先谈民族团结问题。在这个问题上有必要强调的是：我国是一个统一的多民族的国家；各民族不分大小，都是国家的主人翁。我国各民族的命运是共同的。现在，我国进入了全面开创社会主义现代化建设新局面的新时期，要在本世纪末把我国建成具有现代农业、现代工业、现代科学技术和现代国防的伟大的社会主义国家，这是一项光荣而艰巨的历史任务。只有我国各族人民更紧密地团结在一起，共同把这个历史任务担当起来，

---

① 《全面开创社会主义现代化建设的新局面》，《中国共产党第十二次全国代表大会文件汇编》，人民出版社，1982，第39页。

才有实现的可能。

要使我国各民族更紧密地团结起来,就必须在各族人民的头脑中,牢固地树立起谁也离不开谁的思想:汉族离开少数民族不行,少数民族离开汉族也不行。我们要搞四化建设,既要大力建设汉族地区,同时也要大力建设少数民族地区,这样才能使全国的四化建设取得全面的发展,也才能使我国各民族得到共同繁荣。因此,汉族地区要拿出大量的人力、物力、财力和技术,支援少数民族地区的四化建设;少数民族地区也要拿出丰富的物资和地下宝藏,支援汉族地区的四化建设。这些事实无可争辩地说明,我国的四化建设要靠汉族和少数民族的共同努力,汉族和少数民族是谁也离不开谁的。

同时,我们要搞四化建设,既需要国内的安定团结,也需要国际上的和平环境。现在我们还生活在帝国主义、霸权主义、殖民主义存在的世界上,我国各族人民不能不保持高度的警惕,这就需要建立一条巩固国防的新的钢铁长城。我国现有 55 个少数民族(国务院公布数字),整个边疆地区主要居住的是少数民族。这条新的钢铁长城能否建立,也要靠汉族和少数民族的紧密团结,共同努力。如果全国各民族的人民,都能团结得像一个人一样,齐心协力,保持高度的警惕,一旦发现敢于来犯之敌,就坚决配合人民解放军予以歼灭,我们的四化建设就有了坚强的保证。

由此可见,谁也离不开谁的思想,给民族团结赋予了具有新时期气氛的含义,只有理解这一点,才能更好地理解民族团结关系到国家命运的重大意义。

民族平等是马克思主义解决民族问题的根本原则,也是巩固民族团结的根本依据,民族平等与民族团结的关系,就像果树与果实的关系。有了彻底的民族平等,才能有巩固的民族团结,就像有了茁壮的果树,才能结出丰硕的果实一样。因此,民族平等越完善,民族团结就越巩固。反之,谁要是破坏了民族平等的原则,谁就犯了破坏关系到国家命运的民族团结的严重错误。

民族平等从政治上和法律上讲,在我国主要体现在两个方面(我只是说主要方面,而不是一切方面):一个方面是我国少数民族聚居区一律实行民族区域自治,由少数民族自己当家作主,自己管理自己的内部事务。

另一个方面是，我国各少数民族不分大小，都选出自己的代表，参加全国人民代表大会，讨论国家大事。他们的具有代表性的人士，还参加全国人大常委会，处理日常的国家大事。在条件具备的情况下，少数民族的领导干部，并担任国务院及各部委的领导职务。新中国成立以来我们党就是这样执行的，今后还会继续这样执行。所有这些规定，都是为了提高少数民族在全国的政治地位，体现出我国多民族国家的特点和全国各民族不分大小都是国家主人翁的政治面貌，它更大地激发了少数民族人民爱护伟大祖国的责任心，促使他们把实现四化看作与自己命运攸关的重大问题，自觉地把实现四化的历史任务担负起来。

各民族的共同繁荣，是实现民族平等与巩固民族团结的物质基础与精神基础。如果我国长期停留在贫穷、愚昧、落后的境地，各族劳动人民都感到日子不好过，在这种状态下，民族平等和民族团结就不会产生多大的吸引力，就会变成一句空话。只有把我国建成繁荣、昌盛、富强的社会主义国家，使全国各族人民都能早日过上高度物质文明与高度精神文明的幸福生活，这样美好的远景对各族人民才会产生巨大的吸引力，才能焕发起他们为实现这个崇高理想而奋斗的高度革命热情。这就是十二大提出的全面开创社会主义现代化建设新局面的基本精神在我国民族问题上的具体体现。因此也可以说，各民族的共同繁荣既是民族平等和民族团结的物质基础和精神基础，又是推动我国各族人民彻底实现民族平等、巩固民族团结、发挥高度积极性、共同把建设四化的历史任务担负起来的巨大动力。

因此，我们说民族团结、民族平等和各民族共同繁荣都是关系到国家命运的重大问题，是不可分割的统一整体，这个整体就是胡耀邦同志报告中提出的进一步发展各民族之间平等、团结、互助的社会主义民族关系。

但是，要进一步发展社会主义民族关系，还应该明确两个问题，一个是责任问题，另一个是实践问题。

从责任方面来说，要进一步发展社会主义民族关系，需要汉族与少数民族共同努力，汉族与少数民族都有责任，汉族应负主要责任，这是我国特定的历史条件所决定的。先从人口方面来说，汉族占全国人口的绝对多数；少数民族人口只有6700万，约占全国人口总数的6.7%。再从发展水平来说,在政治、经济、文化各方面,汉族比较先进,少数民族比较后进,这就是历史上遗留下来的事实上的不平等。因此,进一步发展社会主义民族关系,主要就是进一步发展汉族与少数民族的关系;而进一步发展汉族与少数民族的关系,一般地说,汉族方面,特别是在少数民族地区担负领导职务的汉族干部,应负更多更大的责任。这是义不容辞,责无旁贷的。

从实践方面来说,理论只是给实践指明了方向;要把理论变成现实,那就全靠实践。要进一步发展社会主义民族关系,要做大量的工作,要花很长的时间,要付出很多的劳动。特别重要的是,要对少数民族劳动人民的疾苦抱满腔的同情,一个一个地解决大量存在的迫切需要解决的实际问题。而且,旧的问题解决了,新的问题还会不断产生,因而需要我们做出不断的努力。

现在还常听到一种说法,似乎搞好民族工作,只是在少数民族地区工作的汉族同志和当地少数民族同志的事。这只说明了问题的一半,没有把问题说全。根据我国现行的政治、经济、文化体制,有许多具体问题不仅自治县、自治州不能解决,甚至自治区和有关的省也不能解决,必须提到中央和国务院有关的部才能解决。有些涉及国家体制的问题,有关的部也解决不了,必须提到中央,提到国务院才能解决。由此可见,搞好我国的民族工作,是全党的一件大事。

为了进一步发展社会主义民族关系,从理论上对社会主义时期的民族关系进行深入研究和探讨,也是非常必要的。这就必然要涉及马克思主义民族理论的许多基本原理,如社会主义时期民族关系的性质、社会主义时期民族关系的主要内容、社会主义时期民族问题与阶级问题的关系,等等。由于多年来在这些问题上存在着争论,有不同的看法,更有必要加以探讨和阐明。

(二)

从民族理论的角度来说,首先应该明确的是社会主义时期的民族关系的性质问题。在粉碎江青反革命集团以前,以至到党的十一届三中全会以前,由于"左"倾错误的影响,这个问题在理论上一度出现过混乱,在实践中也发生过一些令人痛心的曲折。

粉碎江青反革命集团以后，特别是十一届三中全会以后，中央提出了拨乱反正的伟大号召，民族理论战线也不例外，进行了拨乱反正的工作。当时有的文章就指出，中华人民共和国的成立，标志着我们民族关系发生了根本变化，因为压迫、剥削各民族的社会制度已经被推翻了，各民族实现了政治上的平等。民主改革和社会主义改造，使我国的民族关系进一步发生了变化。因为社会主义改造完成以后，消灭了生产资料私有制，各民族的剥削阶级作为阶级已被消灭了，我国的民族关系基本上由阶级关系变成了劳动人民之间的关系。因而，社会主义时期的民族问题基本上是各族劳动人民之间的关系问题。这便是社会主义时期民族关系的性质。在明确这个问题以后，为进一步落实党的各项民族政策，总结历史经验，进一步从理论上肃清"左"倾错误思想的影响，是完全必要的。

总结新中国成立30年以来的经验，有一个沉痛的教训值得记取，即在反对一种极端时，防止走向另一种极端。"文化大革命"前，在民族问题的理论方面流行的一种说法是："民族问题的实质是阶级问题。"这种观点认为：一切社会的一切民族问题的实质都是阶级问题，即使已进入了社会主义时期，各民族内部的剥削阶级作为阶级已经被消灭以后，民族问题的实质仍然是阶级问题，这就是一种极端的看法。

粉碎江青反革命集团以后，特别是在十一届三中全会以后，在民族问题方面进行拨乱反正的过程中，在一部分同志中又流行着另一种说法：一切社会的一切民族问题的实质都不能说是阶级问题，即使在阶级社会里，在民族压迫制度还存在的情况下，也不能说"民族问题的实质是阶级问题"。这是又走上了另一个极端。

这两个极端，不论是走向哪一个，都不是偶然的，而是由当时的许多因素造成的。

十一届三中全会以前，在我国民族理论方面，认为社会主义时期民族问题的实质还是阶级问题的这种观点，是和当时一度流行的认为社会主义社会始终存在阶级、阶级矛盾、阶级斗争的总的看法分不开的。民族问题是社会主义革命和社会主义建设总问题的一部分，既然社会主义社会始终存在着阶级、阶级矛盾和阶级斗争，社会主义时期的民族问题的实质是阶级问题，在逻辑上就是理所当然的。直到十一届三中全会提出拨乱反正的号召，指出我国已经经过社会主义改造，剥削阶级作为阶级已经消灭了，在这个总的前提下，民族理论战线才批判了那种认为社会主义时期的民族问题的实质还是阶级问题的错误观点，确立了社会主义时期的民族问题基本上是各族劳动人民之间的关系问题的正确观点。这是十一届三中全会所取得的伟大胜利在民族理论方面的具体表现。我们认识这个问题，几乎经历了20年的时间，付出的代价是无法计算的。

十一届三中全会以后，一部分同志在民族理论方面又走向另一极端，也是有原因的。因为他们认为："民族问题的实质是阶级问题"这种说法没有时间、地点、条件的限制，普遍适用于一切历史时期的一切民族问题。这种观点不是马克思主义的观点，是错误的，应该全盘否定。

现已查明："民族问题的实质是阶级问题"这个说法，是1958年中央在转发一个文件的批语中提出来的。中央批语的最后一段话是："要时刻记住，在阶级社会里，民族问题的实质是阶级问题，不把握阶级实质，是不能够彻底解决民族问题的。"中央文件的批语在"民族问题的实质是阶级问题"之前，有一个非常重要的限制词，即"在阶级社会里"。但是在过去公开发表的文章中，除个别的外，都是孤立地提出"民族问题的实质是阶级问题"，而省略了前面的"在阶级社会里"这一限制词，这就给读者造成了一种假象，似乎"民族问题的实质是阶级问题"这个说法，是没有时间、地点、条件限制的，是适用于包括社会主义时期在内的一切历史时期的一切社会的一切民族问题的。这是对中央批语的带有原则性的误解。我认为恢复中央文件批语的马克思主义的观点，用这种观点观察和分析阶级社会的民族问题的实质，处理阶级社会的民族关系，还是完全正确的。

为了说明中央文件批语的巨大意义，有必要对马克思主义关于民族关系问题的发生、发展和消亡的客观规律，做一概括和叙述。

（三）

社会主义时期的民族关系，是历史发展的产物，先有历史上一个民族压迫剥削另一个民族的不平等的民族关系，才有社会主义时期的平等、团结、互助的民族关系。所以对这个问题必须做历史的考察。

最初的民族问题（这里所说的民族问题的含义，指的就是民族关系，下同）究竟是怎样产生的？毛泽东同志讲过：差别产生矛盾，矛盾就是问题。因此，有的同志就说：民族差别产生民族矛盾，民族矛盾就是民族问题。这个说法对不对？我认为是对的。但是，这个说法只说明了问题的一半，还没有说明更重要的另一半。因为事物是千差万别的，不同的差别产生不同的矛盾，形成不同性质的问题，民族问题也是如此，民族差别也是多种多样的，不同的民族差别产生不同的民族矛盾，形成不同性质的民族问题。举例说吧，不同的民族有不同的语言，两个民族因为各有不同的语言差别，就产生语言不通的民族矛盾，这就形成了沟通语言的民族问题。如果不掺杂其他因素，单纯是这种情况的话，这种民族问题的实质就不是阶级问题。

在阶级社会里，构成民族之间最重要的差别是政治上的不平等：一个民族是压迫者、剥削者，另一个民族是被压迫者、被剥削者，这种差别就产生了民族之间政治上不平等的矛盾，构成了民族压迫与反对民族压迫的民族问题。各国共产党的政治纲领中讲的民族问题，就指的是这种民族问题。这种民族问题的实质才是阶级问题。解决这种民族问题的马克思主义的根本原则是：实现民族平等，废除一个民族压迫剥削另一个民族的政治上不平等的民族关系，建立各民族之间平等、团结、互助的民族关系。事实证明，只有社会主义社会才能真正建立这种民族关系。

为什么人类进入阶级社会以后，民族问题的实质就成了阶级问题呢？这是因为人类进入阶级社会以后，比较强大的民族的剥削阶级，不满足于只压迫剥削本民族的劳动人民，他还想要压迫剥削周围的其他民族的劳动人民。但是在任何一个民族内部，剥削阶级只占人口的极少数，劳动人民则占人口的绝对多数。因此，任何一个民族的剥削阶级，要想压迫剥削另一个民族的劳动人民，还必须依靠本民族的劳动人民的力量，利用他们掌握的政权，从本民族的劳动人民中，强征年轻人组成军队，去征服、统治、压迫、剥削另一个民族的劳动人民。从理论上讲，在任何一个历史发展阶段，各民族的劳动人民之间不存在压迫剥削的关系，他们之间不存在不可克服的利害冲突。但是在阶级社会里，各民族当家作主的不是劳动人民而是剥削阶级，政权掌握在剥削阶级手中，剥削阶级要本民族的劳动人民穿上军服，拿起武器，去屠杀另一个民族的劳动人民，这种违反各族劳动人民意愿的历史悲剧，还是不可避免的。

一个民族去征服另一个民族，必然要遇到另一个民族的暴力反抗。首先起来反抗异族的民族压迫的，是被压迫民族的劳动人民，因为他们是直接受害者。而直接作战的对方，也是异族的剥削阶级强迫征调来的穿着军服的劳动人民。所以在民族战争中，流血最多、死人最多、受害最惨的是两个民族的劳动人民，特别是被征服的那个民族的劳动人民，有时连老弱妇孺都不能幸免于难。这就是历史上各民族的劳动人民之间，特别是过去的压迫民族的劳动人民与被压迫民族的劳动人民之间，造成很深的民族隔阂，甚至民族仇恨的根本原因。

在历史上的民族战争中，被征服民族的剥削阶级，一般情况下是分化为两派的：一部分有正义感和爱国心的剥削阶级的当权派，站到劳动人民一边，共同抵抗异族的侵略和压迫；另一部分剥削阶级的当权派，则向敌人投降，充当了可耻的民族败类，其中的一部分还和征服民族的剥削阶级勾结在一起，共同压迫剥削本民族的劳动人民。

由于历史上的民族问题非常复杂，所以在马克思主义产生以前，全世界的历史学家都认为民族对民族的压迫剥削，是压迫民族的全体（包括统治者与劳动人民）与被压迫民族的全体（也包括统治者与劳动人民）之间的关系。这种看法是错误的，他们只看到了事物的现象，没有看到事物的本质。在阶级社会里，民族问题的实质是阶级问题，这才是事物的本质。

民族问题的实质是随着社会历史的发展，社会制度的变革而发生变化的。引起民族问题的实质发生根本变化的因素，是无产阶级及其政党领导下的社会主义革命和社会主义建设事业。因为社会主义社会消灭了人剥削人的制度，这是引起民族问题的实质发生根本变化的大前提。马克思和恩格斯在《共产党宣言》中早就预言："人对人的剥削一消灭，民族对民族的剥削就会随之消灭。""民族内部的阶级对立一消失，民族之间的敌对关系就会随之消失。"① 中国社会主义革命和社会主义建设的实践，充分证明了马克思和恩格斯科学预见的正确性。中华人民共和国的成立，标志着我

---

① 《共产党宣言》，《马克思恩格斯选集》第 1 卷，1972，第 270 页。

国的民族关系开始发生根本变化，随着社会主义改造的完成，废除了生产资料的私有制，剥削阶级作为阶级消灭以后，各民族的关系进入了一个崭新的阶段，由原来的敌对关系变成了劳动人民之间的关系，从而，社会主义时期的民族问题基本上变成了劳动人民之间的关系问题。在这种新的情况下，中央文件批语中提出的"在阶级社会里，民族问题的实质是阶级问题"的说法，在我国已不适用了，已经过时了，代替它的是"社会主义时期的民族问题，基本上是各族劳动人民之间的关系问题"这一新的提法。这个新的提法仍具有普遍意义。只要一切国家的一切民族都进行了社会主义革命，剥削阶级作为阶级都消灭了，那时的民族问题，同样都要转变为各族劳动人民之间的关系问题。

但是现在全世界还有1000多个民族、数十亿人口，仍然生活在以私有制为基础的剥削阶级占统治地位的国家里。在这些国家里，由于人剥削人的社会制度还存在，因而民族对民族的剥削也仍然存在；由于民族内部的敌对关系还未消失，因而民族之间的敌对关系也不可能消失。所以，中央文件批语中提出的"在阶级社会里，民族问题的实质是阶级问题"这一科学论断，今天在全世界的大多数国家里还完全适用，丝毫没有过时。这就是中央文件批语的科学论断目前还具有现实意义与普遍意义的客观依据。

到了全世界建成共产主义以后，一切民族差别都要逐渐消失，民族矛盾和民族问题当然也就要随之消失。

（四）

社会主义社会还有没有民族差别？有没有民族矛盾？有没有民族问题？回答是肯定的，但它和阶级社会里的民族差别、民族矛盾和民族问题有着本质上的区别。从我国的具体情况来说，在现阶段，我国各民族之间存在的民族差别，主要就是历史上遗留下来的事实上的不平等。这种民族矛盾是人民内部矛盾。这种民族问题，基本上是各族劳动人民之间的关系问题。在今后很长的历史时期，我国的民族问题基本上将包括如下四个方面的内容。

一是实行民族区域自治，巩固各民族民主平等的团结统一。

我们这个多民族的国家，没有民族区域自治，没有充分的民族自治权利，就没有民族平等，就没有各民族的大团结和祖国的统一。所谓民族区域自治，实际上就是让少数民族自己当家作主，自己管理自己民族的内部事务。现在有许多自治地方的人民政府的第一把手，已由实行自治的那个民族出身的干部担任了；有些自治地方的党委第一把手，也由实行自治的那个民族出身的共产党员担任了。这是贯彻民族区域自治政策，实行民族化方面的一大进步。但是还有许多民族自治地方没有做到这一点。要在全国民族自治地方贯彻执行，还有大量的工作等着我们去做。

这里还有必要指出，提拔大量的少数民族干部到领导岗位上，这只是培养少数民族干部的开始，而不是培养少数民族干部的完成。仅靠数字和百分比，还不能说明问题的全部。要使提拔起来的少数民族干部懂得马克思主义，懂得共产主义，有水平、有本领、有办法，做到真正能够当家作主，真正能够管好自己的内部事务，特别是能够把自治地方的四化建设搞好，在较短的时期内，赶上汉族地区的发展水平，并不是一件轻而易举的事，重要的问题是要帮助广大少数民族干部在政治上成熟，这是一项十分艰巨的历史任务。解决了这个问题，我们才可以说基本上消除了各民族间存在的事实上的不平等。

二是逐步消除各民族间经济、文化事实上的不平等。

由于我们这个国家是在半殖民地半封建的基础上建立起来的社会主义国家，我们必然要背一个历史遗留给我们的沉重包袱，这就是各民族间存在着的事实上的不平等。所以，要彻底实现民族平等，就要在尽可能短的历史时期内，大力帮助少数民族发展经济和文化，较快地赶上汉族的发展水平，使之真正跻身于先进民族行列之中。只有消灭了各民族间存在的事实上的不平等，才能说我们实现了各民族之间的彻底的民族平等。

关于消灭经济和文化方面的事实上的不平等，问题很多，不能在这篇文章中全面论述。这里只想谈谈两个目前民族自治地方的广大群众最关心的问题，一个是少数民族地区的国营企业在帮助当地少数民族发展经济、文化方面发挥更大作用的问题；另一个是如何较快地解决少数民族地区缺乏的本民族的专业技术干部的问题。

先谈第一个问题。新中国成立30年来，国家给了少数民族地区大量的投资，在少数民族地区建立了许多国营企业，如工厂、矿场、水库和水电站、国营牧场、国营林场等。这些建设事业不仅是我国四化非常必要的，是少数民族对我国四化的伟大贡献，同时还繁荣了当地的少数民族的经济，培养了少数民族出身的部分工人队伍，不同程度地提高了当地少数民族的经济、文化水平和生活水平。这些成绩都是应该肯定的。现在的问题是如何使民族地区的国营企业在帮助当地少数民族发展经济和文化方面，发挥更大的作用。例如国家有关部门现在规定：在这些国营企业每年的利润中，提出一定的比例，留给自治地方，用以发展自治地方的经济和文化。在国营企业的职工人数方面，尽可能留出较多的名额，以解决当地少数民族青年的就业问题，等等。这些经济措施完全符合我国的实际情况，是完全正确的。问题在于如何更好地贯彻国家有关部门的这些规定，落实这些经济措施，使国营企业带动当地少数民族的经济文化事业较快地发展起来，以便尽早地消灭民族之间经济、文化上存在的事实上的不平等。

再谈第二个问题。目前少数民族地区特别缺乏的是本民族出身的科学技术人员、医生、教员等专业干部，这方面的需要，主要靠汉族的大力支援。因此如何加速培养少数民族出身的专业技术干部，就成了少数民族地区四化建设中迫切需要解决的问题。由于少数民族地区历史上遗留下来的文化落后状态一时不能改变，所以每年虽给少数民族地区与汉族地区同等的招收大专学生的指标，但由于少数民族学生的水平低，达不到录取的分数，指标不是作废，就是让给了汉族学生。所以少数民族地区就缺乏足够数量的大专毕业生，缺乏专业技术干部，这既影响了少数民族地区文化水平的提高，也影响了他们经济水平和生活水平的提高。

解决这个问题的根本措施，当然是在大力发展少数民族地区经济的同时，努力普及教育，提高初等教育和中等教育的水平；但从近期来看，还需要采取一些临时性措施解决这一问题。例如，中央有关部门专门召开了民族教育会议，决定除了在录取少数民族大学生时，稍微降低录取分数，作适当的照顾之外，还决定在入学以后，先办补习班，把他们的文化水平提高到汉族学生的同等水平，再升入本科学习。这当然要给大专院校增加一些负担。但为了培养少数民族出身的专业技术干部，为了满足当地四化建设的需要，为了早日消灭文化上事实上的不平等，促进我国四化建设的全面发展，这也是各大专院校义不容辞的责任。只要我们努力去做，困难再大还是能够克服的。

要消除各民族间经济和文化方面事实上的不平等，我认为现阶段主要的就是采取这类措施，切实有效地帮助少数民族发展经济，使之早日赶上汉族的发展水平。1981年，胡耀邦同志接见少数民族参观团时指出：民族工作应把经济工作摆在首位，这是完全正确的。经济是基础，文化是上层建筑，经济上不去，文化更是上不去的。

三是承认民族差别，照顾民族特点，正确对待和处理民族矛盾。

在少数民族地区进行各项工作，必须坚决克服"一个样、一刀切"的做法。这一点也是非常重要的。现在中央一再强调要在一切工作中实事求是，因地制宜，发挥优势，这个精神在少数民族工作中也是完全适用的。在我国，不仅汉族与少数民族之间存在着各种差别，即使在少数民族之间，甚至在一个少数民族内部，也存在各种差别。这就是民族特点和地区特点。农区与牧区不同，牧区与林区又不同。只有承认这些差别，观照这些特点，我们的工作才能做得合乎客观规律，才会在较短的时间内，取得较大的成绩。如果把汉族地区的那一套硬搬到少数民族地区去，例如"文化大革命"时期，硬要西藏的老百姓种小麦，不让他们种青稞，结果西藏老百姓吃不上糌粑，引起了群众的很大不满（这种错误做法现已纠正），这就会好心办成坏事。因此，承认民族差别，照顾民族特点，克服民族工作中"一个样、一刀切"的工作方法，还是今后需要改进的一个重要问题。

四是正确认识和处理社会主义时期民族关系方面的阶级斗争和思想斗争问题。

说我国社会主义时期的民族问题，基本上是各民族劳动人民之间的关系问题，这并不排除在一定范围内还存在阶级问题。十二大通过的党章中明确指出："在剥削阶级作为阶级消灭以后，我国社会存在的矛盾大多数不具有阶级斗争的性质，阶级斗争已经不是主要矛盾。由于国内的因素和国际的影响，阶级斗争还在一定范围内长期存在，在某种条件下还有可能激化。"[1] 民族问题这个领域当然也不例外。

谈到民族问题方面的阶级斗争，首先就是对那些打着"民族"旗帜，进行各种反革命破坏活动的坏人的斗争。这种斗争的性质是敌我矛盾，因此应该用无产阶级专政的手段加以解决。这种斗争可能越来越少，但我们

---

[1] 《中国共产党章程》，《总纲》。

不能完全排除。这有国内的因素,也有国外的影响,特别是在国际上还存在帝国主义和霸权主义的历史条件之下。这个问题大家容易理解,这里不宜多谈。下面我想着重谈谈反对大汉族主义和反对地方民族主义的问题。

在"文化大革命"及以前的"左"倾错误时期,认为地方民族主义就是敌我矛盾,于是给许多少数民族干部和群众戴上了"地方民族主义分子"的帽子,把本来是人民内部矛盾当作敌我矛盾处理,这就是民族问题方面的阶级斗争扩大化。这是完全错误的。今后我们永远也不能再走这条老路。

大汉族主义和地方民族主义,是旧社会遗留下来的剥削阶级思想及其影响在我们头脑中的反映。这两种思想都是错误的,都是违反马克思主义的。只要有这两种错误思想存在,就不利于民族团结,就不可能更好地发展社会主义的民族关系。因此我们必须坚决反对,坚决与这些错误的思想作斗争。

但是具有这种思想的人,一般地说,还是汉族和少数民族中的干部和群众,他们的这种错误思想及其影响与马克思主义和无产阶级思想的矛盾,还是人民内部矛盾。因此,对这种矛盾应按处理人民内部矛盾的原则去处理。

我国汉族人口占全国总人口的93.3%。根据这一特点,反对民族主义的斗争,应该着重克服汉族的大汉族主义,但也要同时克服少数民族的地方民族主义。总结新中国成立30多年的经验,克服这两种民族主义思想及其影响,不宜采取搞运动的方法,而应采取各自进行自我教育的方法,即汉族干部和群众克服自己的大汉族主义思想和影响,少数民族干部和群众克服自己的地方民族主义思想和影响。

如果我们认真做好了以上四个方面的工作,进一步发展我国各民族之间平等、团结、互助的社会主义民族关系的历史任务,肯定是可以完成的。

(五)

要进一步发展社会主义时期的民族关系,对新中国成立以来民族工作中成功的经验与失误的教训是应该总结的。但这是一个很大的问题,不是一篇文章可以说清楚的。这里只想谈谈与这篇文章有关的两个问题。一个是新中国成立初期民族工作中的阶级斗争问题，另一个是社会主义建设时期民族问题方面的"左"倾错误。

先谈新中国成立初期民族工作中的阶级斗争问题。中华人民共和国成立以后，我们党在民族工作中执行了一条马克思主义、列宁主义、毛泽东思想的正确路线，获得了巨大的成绩。但是当时少数民族地区的社会主义改造还未完成，剥削阶级作为阶级还未消灭，因此阶级斗争还继续存在，有时还是很激烈的。1959年西藏地区发生的反革命武装叛乱事件，就是一个明显的例子。

中华人民共和国成立以后，民族压迫制度已被废除，在许多少数民族聚居地区都实行了民族区域自治的新的历史条件下，有的少数民族地区为什么会发生较大规模或局部的武装叛乱？道理也很简单，中华人民共和国的成立，只是废除了旧社会的民族压迫制度，并没有废除各民族内部的人剥削人的制度，少数民族内部还存在着奴隶主阶级、农奴主阶级、封建地主阶级，以及山官头人等形形色色的剥削阶级的统治。即使是实行了民族区域自治的地方，剥削阶级的头面人物还继续掌握着自治地方的部分权力。而任何剥削阶级都是不愿自动退出历史舞台，甘心放弃他们的"天堂"的，这是一条具有普遍意义的客观规律。因此，当民主改革和社会主义改造搞到他们头上，损害到他们切身利益的时候，他们是不会善罢甘休的。只要他们还有一些力量，就会不惜冒生命危险，同中国共产党领导下的各族人民和人民军队进行较量。这就是新中国成立初期少数民族地区发生反革命武装叛乱的阶级实质。中共中央文件批语中指出"在阶级社会里，民族问题的实质是阶级问题"，这个提法，在当时来说，是具有一定范围内的普遍意义的。正是由于中央文件批语一针见血地指出了问题的阶级实质，并制定了解决反革命武装叛乱的正确政策，才能比较迅速地平定了叛乱，并使已叛乱地区和未叛乱地区的剥削阶级，被迫接受民主改革和社会主义改造，逐渐由剥削者变成自食其力的劳动者。中央当时还决定，在少数民族地区进行民主改革，可以采取不同于汉族地区的办法，采用和平改革和赎买政策，这样做的结果，更顺利地促进了这些地区的民主改革和社会主义改造，完成了在少数民族中剥削阶级作为阶级被消灭的历史任务。

总结新中国成立以来民族工作中的经验教训，我之所以特别提出上述问题，是为了回答一些同志最近提出的一个新的问题。他们认为：中央当时（1958年）发出那个批语不是时候。因为那时全国已在进行社会主义革命和社会主义建设，从全国范围来说，民主改革和社会主义改造已经完成了，剥削阶级作为阶级已经被消灭了。那时还说"在阶级社会里，民族问题的实质是阶级问题"，显然是错误的。

我认为当时从全国范围来说（实际上是从汉族地区来说），的确已进入了社会主义革命和社会主义建设时期，可以说民主改革和社会主义改造已经完成，剥削阶级作为阶级已经消灭了。但是从大多数少数民族地区的情况来说，还远远落后于汉族地区。那里的民主改革和社会主义改造有的刚刚开始，有的还未开始，如西藏地区，那时还完整地保存着封建农奴制度。那些地区的剥削阶级作为阶级，不仅未消灭，而且还有相当大的势力。所以中央批语认为，那些地区的民族问题的实质还是阶级问题。这是符合马克思主义观点的，是完全正确的。但我在上面已经指出，中央文件批语在当时来说，只在一定的范围，只在剥削阶级还未消灭，还发生反革命武装叛乱的少数民族地区具有普遍意义，它并不是针对全国范围说的。这是非常清楚的，不应产生任何误解。如果认为中央文件批语当时对发生反革命武装叛乱的少数民族地区也不是时候，也是错误的，那就意味着：那些地区当时发生的武装叛乱不是阶级问题，而是人民内部矛盾问题。中央当时对那些地区的武装叛乱"定性"定错了，把人民内部矛盾当作敌我矛盾处理了，平叛就是制造了一大批的"冤案"，现在都得一一"平反"。这就不仅会在民族理论方面制造出新的混乱，而且会给发生过武装叛乱地区的民族工作带来许多新的困难。所以我认为：就从中央发出批语的时间来说，也正是时候，也是非常及时的。由此可见，我们总结民族工作三十多年的经验教训，必须坚持从实际出发，实事求是的原则，是就是是，非就是非，既不能把非说成是，也不能把是说成非，这是起码的态度。

下面我再谈谈社会主义时期的民族工作和民族理论方面的"左"倾错误。其实民族工作中的"左"倾错误在50年代后期已经开始萌芽，具体表现在平叛扩大化，误伤了一些好人。党的十二届三中全会以后，在落实党的各项民族政策时已经基本上得到纠正。

民族工作中的比较严重的"左"倾错误，大概发生在60年代初期，这也和当时的全国形势是分不开的。胡耀邦同志在党的十二大的报告中指出："'文化大革命'和它以前的'左'倾错误，影响很深广，危害很严重。"① 民族地区当然包括在内。

那时，为了要在少数民族地区推行"左"倾的那一套东西，有人就把中央批语中提出的"在阶级社会里，民族问题的实质是阶级问题"这一正确论断，删去了前边的"在阶级社会里"这一极其重要的限制词，只剩下了"民族问题的实质是阶级问题"，这就给人们造成了这样一种印象：似乎"民族问题的实质是阶级问题"这一说法，没有时间、地点、条件的限制，只要有民族问题，它的实质就是阶级问题。这就为我国社会主义时期在民族地区推行"左"的那一套东西，搞阶级斗争扩大化，制造了一条"理论根据"。

所谓"民族问题的实质是阶级问题"，是有它的特定含义的。总的说来，就是指剥削阶级、压迫阶级、反动派、卖国贼的问题。应用到我国社会主义时期的国内民族问题，就是指少数民族剥削阶级进行统治、压迫、剥削、破坏、捣乱、复辟的问题。尽管少数民族地区已经完成了社会主义改造，少数民族的剥削阶级作为阶级已经消灭了。但是有人还是硬要把人民内部矛盾说成是敌我矛盾，搞阶级斗争扩大化，于是在少数民族劳动人民（包括干部和知识分子）中，大抓"地方民族主义分子"，大抓"民族分裂主义分子"，制造了大量的冤、假、错案，造成了令人非常痛心的损失。

对于民族问题方面的这种"左"倾错误，我们党内有的同志早就有所察觉，进行了各种形式的抵制，于是这些同志又被扣上了在民族问题方面执行了一条"投降主义、修正主义路线"的大帽子，遭受了错误的批判和斗争。

粉碎了江青反革命集团以后，特别是党的十一届三中全会以后，在民族问题和民族工作方面进行拨乱反正，中共中央决定对"左"倾错误和"四人帮"的罪行进行批判，对他们制造的冤、假、错案一律进行平反，是完全正确的。在民族理论方面，指出社会主义时期的民族问题的实质已

---

① 《全面开创社会主义现代化建设的新局面》，《中国共产党第十二次全国代表大会文件汇编》，人民出版社，1982，第8页。

不再是阶级问题，而是各族劳动人民之间的关系问题，这就为我国的民族工作指明了正确方向，也给我们解放思想、总结经验创造了有利条件。

我谈这个问题的目的，也想说明我自己在这个问题上所犯的错误，以及自己认识错误、改正错误，是经过了十多年的漫长而曲折的过程的。我是从事民族理论研究工作的，由于自己的水平不高，过去在民族关系问题上受过一切社会的一切民族问题的实质都是阶级问题这种极端看法的影响，还曾写过文章，做过宣传。这篇文章，既是学习十二大对社会主义时期的民族关系的论述与探讨，也是对自己在民族关系问题上过去存在过的错误思想和错误言论的自我批评。这篇文章可能还有错误之处，欢迎广大读者批评指正。

（《中国社会科学》1983年第1期）

进一步发展社会主义民族关系
——庆祝新中国成立三十五周年

今年是我们伟大的社会主义祖国成立35周年。35年来我国各民族之间的关系发生了根本变化。为了庆祝我国的光辉节日，作者愿就社会主义民族关系问题再谈点自己的看法，并向对这个问题有研究的同志们请教。

自从党的十二大提出"进一步发展国内各民族之间平等、团结、互助的社会主义民族关系"，已经两年多时间了。实践证明，进一步发展社会主义民族关系，的确是一个"关系到国家命运的重大问题"。因此，对于社会主义民族关系，应该把它当作一门新学科来研究，这是我国四化建设的需要，也是开创民族研究新局面的需要。也正因为这是一门新学科，就不可避免地要碰到许多新问题，产生各种不同的看法，这是完全正常的现象。

我认为，社会主义民族关系是历史产物，它的形成有一个过程，有它自己特有的从开始形成到完全形成的历史发展过程。

社会主义民族关系的形成过程，与社会制度的根本改变，即人剥削人的社会制度的根本消灭有着密不可分的关系。这是马克思、恩格斯在《共产党宣言》中早就明确指出了的，他们说："人对人的剥削一消灭，民族对民族的剥削就会随之消灭。""民族内部的阶级对立一消失，民族之间的敌对关系就会随之消失。"这就说明，社会主义民族关系的形成，有两个大前提，一是人对人的剥削的消灭，二是民族之间的敌对关系的消失。这两个大前提实际上是一个问题，即各民族的剥削阶级作为阶级的消灭。这是社会主义民族关系形成的根本问题。而各民族的剥削阶级作为阶级的消灭，都要经历一场艰苦的斗争过程，这同时也就是各民族间平等、团结、互助的社会主义民族关系形成的过程。这个过程，在不同的国家，由于国情的不同，它所经历的过程也不可能完全相同。从我们国家来说，我国社会主义民族关系开始形成的上限，应该从中华人民共和国的建立算起。

为什么把我国社会主义民族关系开始形成的上限划到中华人民共和国的建立时期呢？这是因为中华人民共和国的建立，不仅推翻了国民党政府对中国各民族人民的反动统治，同时也从根本上推翻了在我国经历了数千年历史的剥削阶级掌握全国政权的政治制度，从而就从根本上推翻了在我国历史上长期存在的民族对民族的压迫剥削制度，我国各民族在法律上获得了完全平等的地位，我国各民族间开始了平等、团结、互助的社会主义民族关系的形成过程。

但是，在中华人民共和国成立以后的一段历史时期，在我国各民族的内部，还存在着人剥削人的社会制度。就拿汉族地区来说，中华人民共和国成立以后的最初几年，大部分地区还存在着地主对农民的剥削，资本家对工人的剥削，只有在进行了民主改革和社会主义改造以后，剥削阶级作为阶级才消失了，人对人的剥削制度也才随之而消失了。

至于我国很大一部分的少数民族内部，在中华人民共和国成立以后的一段历史时期，还基本上保存着原来的人剥削人的社会制度，还存在着地主阶级、农奴主阶级、奴隶主阶级，以及官头人等形形色色的剥削阶级。即使在一些实行了民族区域自治的地方，由于各种因素的制约，某些民族的剥削阶级代表人物还继续掌握着自治地方的不同程度的统治权力。

马克思主义的基本原理说明，任何民族的剥削阶级都是不甘心自动退出历史舞台的。因此，当民主改革和社会主义改造搞到他们的头上，损害他们的切身利益的时候，只要他们还有一些力量，就会冒生命危险，作最后的挣扎，和中国共产党及其领导的人民解放军进行一番较量，而其目的，无非就是为了保存人剥削人的社会制度。这就是中华人民共和国成立以后，我国某些少数民族地区发生武装叛乱的阶级实质。1959年西藏地区发生的武装叛乱，可以说是其中规模最大的一次。

与平定西藏地区武装叛乱的同时，西藏地区的百万农奴在党领导下，掀起了轰轰烈烈的推翻农奴制的民主改革运动，从根本上废除了人剥削人的社会制度，西藏劳动人民这才真正翻身当家做了主人。

在西藏地区废除农奴制的人剥削人的社会制度，也是我国少数民族地区进行大规模的民主改革的最后一次，因为在西藏进行民主改革之前，其他少数民族地区的民主改革已经完成了它的历史任务。

从中华人民共和国建立到西藏地区完成民主改革，前后经历了整整十个年头（1949~1959年），这是一场轰轰烈烈的革命斗争过程，是我国反封建的民主革命在少数民族地区的继续与进行社会主义改造的过程，同时也就是我国社会主义民族关系基本上形成的过程，是我国各民族劳动人民之间的关系基本上形成的过程。

根据以上的论述来看，从中华人民共和国成立之日起，我国的社会主义民族关系开始了它的形成过程，但还不能说已经实现了基本上形成的过程，因为当时少数民族内部还存在着剥削阶级，他们对共产党领导的、以工农联盟为基础的、人民民主专政的新中国政权，或明或暗地抱着敌视态度，而他们又在本民族内部不同程度地掌握着统治权力，这种情况反映到民族关系方面，就不能不承认是不同程度的敌对关系。只有经过了民主改革和社会主义改造，各民族的剥削阶级作为阶级消灭以后，各民族的劳动人民才真正当家做了主人，我国的民族关系才由不同程度的敌对关系基本上形成了各族劳动人民之间的关系，也就是我国的民族关系基本上形成了平等、团结、互助的社会主义民族关系。

为什么说，现在我国的民族关系还只是基本上形成了社会主义民族关系、基本上形成了各族劳动人民之间的关系呢？众所周知，由于国内和国际的各种因素，在我国，阶级斗争还将在一定范围内长期存在。这种情况，在我国民族问题方面也不例外。在民族问题上，也还存在着两种资产阶级民族主义的不良影响。应该强调指出的是：我国各民族之间仍然不同程度地存在着历史上遗留下来的事实上的不平等。这些都是进一步发展社会主义民族关系的不利因素。因此，社会主义民族关系的完全形成，需要一个相当长的历史发展过程。我们想要进一步发展社会主义民族关系，除了继续进行民族平等、民族团结、各民族共同繁荣的民族政策教育，继续克服大民族主义和地方民族主义的不良影响，更加完善民族区域自治之外,最重要的是要大力发展少数民族地区的经济和文化,切切实实地帮助少数民族早日消灭事实上的不平等,力争在不太长的历史时期内,赶上汉族人民的发展水平,使我国各民族都跻身先进民族的行列。

(《中央民族学院学报》1984年第3期)

做好民族工作，是关系到国家命运的重大问题
——学习贯彻"十二大"精神笔会

具有划时代意义的党的十二大的胜利召开，使每一个共产党员感到由衷的喜悦，受到巨大的鼓舞，同时也感到我们肩负的责任重大。

胡耀邦同志在十二大的报告中提出："民族团结、民族平等和各民族的共同繁荣，对于我们这个多民族的国家来说，是一个关系到国家命运的重大问题。"对此从理论上作进一步的阐述，是大有文章可做的。

如何理解改善和发展我国的民族关系，是关系到国家命运的重大问题，这有许多方面的因素，我认为主要的是以下两个方面的因素。

第一，改善和发展民族关系，对我国四化建设的成败具有关键意义。

我们常说，中国地大物博、人口众多。具体地讲，人口众多主要在汉族方面，它有9亿多人口；地大物博主要在少数民族方面，它们占有全国总面积的50%~60%。我国现在搞四化，就需要开发大量的资源。当然，汉族地区首先要开发，因为交通方便。但它毕竟有限。从长远来看，我国四化建设的资源，主要靠少数民族地区。可以说那里90%的地下资源我们还不清楚，还有待仔细地调查。至于大量开发，那还是若干年以后的事。这些事实无可争辩地说明，我们要建设现代化工业、现代化农业、现代化国防、现代化科学技术的伟大的社会主义强国，要靠汉族和少数民族的共同努力，汉族离开了少数民族不行，少数民族离开了汉族也不行。所以，必须进一步改善与发展平等、团结、互助的社会主义民族关系，共同建设伟大的祖国。

第二，改善和发展民族关系，对巩固我国的国防具有重要的战略意义。

我国有 55 个少数民族，它们分布的特点是：从东北到华北、西北、西南，全部边疆地区都有少数民族居住，一旦有外敌入侵，少数民族地区首当其冲。当然，巩固国防主要依靠我们的人民解放军。解放军是我国各族人民的子弟兵。但是，同时也要依靠居住在边疆地区的少数民族广大人民群众的大力支援与密切配合。这已是中国革命战争铁的历史事实证明了的。现在我们还生活在帝国主义、霸权主义、殖民主义存在的社会里，世界大战的危险由于超级大国的争夺而越来越严重，我国各族人民不能不保持高度的警惕。因此改善与发展民族关系，特别是汉族与少数民族的关系，就是建立一道新的巩固国防的钢铁长城。因而，改善与发展民族关系、加强民族团结，就是问题的关键所在。

既然社会主义时期的民族关系是关系到国家命运的重大问题，我国各族人民，特别是各民族的党员干部，就要重视民族问题，努力搞好民族工作。从责任方面来说，汉族与少数民族都有责任，但汉族应负主要责任；汉族与少数民族都要主动，但汉族更应主动。这是我国的特定条件所决定的。因为不仅从人口方面来说，汉族占全国人口的绝对多数；而且从发展的水平来说，在政治、经济文化各方面，汉族比较先进，少数民族比较后进，这就是事实上的不平等，是客观存在的。所以在我国，改善与发展民族关系的主要任务是改善与发展汉族与少数民族的关系。从搞好关系的责任来说，汉族应负更多更大的责任，这是义不容辞、责无旁贷的。

要改善与发展民族关系，不仅要有正确的理论，更要有实践。在实践过程中，不仅要花很长的时间，而且需要付出艰苦的劳动。特别重要的是要关心少数民族人民的疾苦，满腔热忱地帮助他们一个一个地解决大量存在的、迫切需要解决的实际问题，才能达到预期的目的。而且，旧的问题解决了，新的问题又会产生，因而需要我们不断地努力工作。

根据我国现行的政治、经济、文化体制，少数民族地区的许多具体问题，不仅自治县、自治州不能解决，甚至自治区和有关的省也不能解决，必须提到中央和国务院有关的部委才能解决。有些涉及国家体制的问题，有关的部委也解决不了，必须提到中央，提到国务院才能解决。由此可见，改善与发展民族关系，搞好我国的民族工作，是全党的一件大事。

1982 年 9 月 16 日

（《开创民族研究新局面——学习贯彻"十二大"精神笔会》，《民族研究》1982 年第 6 期）

加紧制定实施民族区域自治法的具体办法

民族区域自治法第 62 条规定："国家在民族自治地方开发资源、进行建设的时候，应当照顾民族自治地方的利益，作出有利于民族自治地方经济建设的安排，照顾当地少数民族的生产生活。"这一规定是完全正确的，但需要进一步完善。

国家在民族自治地方办工厂、矿山，修水库，建电站等，要占用大量少数民族祖祖辈辈赖以生存的田地和草场。特别是修水库、建电站，更要占用大面积良田。当然，国家也给了当地搬迁费，但少数民族也确实为国家建设付出了很大的代价。据我所知，国家在某自治州建立了一座大型水电站，使当地少数民族损失三四千万。这个问题多年来未彻底解决，影响不好。

民族区域自治法第 62 条还规定："上级国家机关隶属的民族自治地方的企业、事业单位在招收人员的时候，应当优先招收当地少数民族人员。"这一条也是完全正确的，但也有完善的必要。应具体规定出招收少数民族人员的最低比例数。

总之，要切实保障民族自治地方充分行使民族区域自治法所规定的各项自治权利，国务院有关部委应及时制定实施民族区域自治法的具体条文，使民族区域上下都能有所遵循，使自治法能够在实际工作中逐条落实。因此，加强民族区域自治法的法制配套工作，在当前深化改革中值得特别注意。

（《中国民族》1988 年第 2 期）

建国以来民族理论战线的一场论战
—— 从汉民族形成问题谈起

1954年，范文澜同志在《历史研究》杂志上发表了一篇文章，题目是《自秦汉起中国成为统一国家的原因》。范老在这篇文章中，提出了一个前人没有提过的新问题：汉民族的形成问题。范老认为秦汉时代的汉族，已具备了形成民族的四个条件。一是"书同文"，就是有了"共同的语言"。二是"长城以内的广大疆域"，就是"共同的地域"。三是"行同伦"，就是有了"表现于共同文化上的共同心理状态"。四是"车同轨"，"可以了解为相当于共同经济生活"。因此，范老得出的结论是：汉族"是在独特的社会条件下形成的独特的民族"①。

范文澜同志的这篇文章发表以后，不久就在我国学术界引起了一场历时数年的论战。有许多同志发表了文章，不同意范老提出的汉民族形成于秦汉时代的论点，认为这种论点违背了斯大林提出的关于民族形成的基本原理。

斯大林在《马克思主义和民族问题》一书中说："民族不是普通的历史范畴，而且一定时代即资本主义上升时代的历史范畴。"② 根据这一段话的表面意义来看，可以理解为汉民族只能形成于中国的资本主义上升时代，而不可能形成于秦汉时代。因为秦汉时代的中国，还处于封建社会的早期，还没有资本主义的萌芽。究竟中国的资本主义上升时代应从何时算起？有些人的看法也不完全一致，但大部分人的看法是，应从鸦片战争以

---

① 《汉民族形成问题讨论集》，三联书店，1957，第6~13页。
② 《斯大林全集》第2卷，人民出版社，1953，第300页。

后算起。这就是说,汉族是在鸦片战争以后才开始形成为民族的。

斯大林在《马克思主义和语言学问题》一书中又说:"至于语言的继续发展,从氏族语言到部落语言,从部落语言到部族语言,从部族语言到民族语言。"①

斯大林在这本书中接着又说:"往后,随着资本主义的出现,封建分割的消灭,民族市场的形成,于是部族就变成为民族,而部族语言就变成为民族语言。"②

反对范老的论点的同志们,根据以上的两条理论根据,一致认为鸦片战争以前的中国还没有资本主义,从而那个时候的汉族不可能是民族,而只能是"部族"。只有到了鸦片战争以后,中国有了资本主义的因素,汉族才由"部族"变成为民族。

这场论战的双方,都坚持自己的论点,而又都拿不出更多的足以说服对方的新的东西,因而这场论战进行了将近三年的时候,作为一个悬案而挂起来了。1957年,《历史研究》编辑部把论战双方的主要文章汇集成一本书,名为《汉民族形成问题讨论集》,由三联书店出版发行,以供关心这个问题的同志们继续深入研究。

这场论战虽然是由汉民族形成问题引起的,但它涉及的范围并不限于汉族的形成问题,而涉及了全世界一切民族的形成问题。因为斯大林在《马克思主义和民族问题》与《马克思主义和语言学问题》两本著作中讲的"民族"和"部族",并不是单指中国的汉族,而是泛指全世界的一切民族。这个问题的本质是民族的起源与形成的客观规律问题。这条规律应该是既适用于中国的民族,也适用于全世界的一切民族。因而把这个问题弄清楚就不仅具有中国一国的意义,而且具有全世界的普遍意义。这就不难理解,汉民族形成问题的论战发生以后,引起了许多国家的学术界的注意,并不是偶然的。

1958年,中国科学院成立了民族研究所。根据上级的指示,民族研究所一上马就承担了为我国50多个少数民族编写《简史》的任务。而在编写过程中,每一个少数民族都碰上了民族的起源和形成问题。如果按照斯

---

① 斯大林:《马克思主义和语言学问题》,人民出版社,1953,第9页。
② 斯大林:《马克思主义和语言学问题》,人民出版社,1953,第9页。

大林在《马克思主义和民族问题》与《马克思主义和语言学问题》两本著作中提出的基本原理，应用到中国各少数民族的历史上去，那就只能得出如下的结论：我国的少数民族没有一个够得上称为"民族"，全部都是"部族"。因为中国的少数民族解放以前几乎全部处于资本主义以前的历史发展阶段（大部分处于封建社会包括封建农奴制在内，少部分还处于奴隶制或原始公社制的末期），它们都还没有进入资本主义，当然都还没有发展成为"民族"，而只能说是"部族"。

对于上面讲的这种论点，在我国少数民族广大群众中，特别是在少数民族出身的干部和知识分子中，引起了强烈的反感。有人认为不承认历史上的少数民族是"民族"，而名之为"部族"这是对少数民族的歧视。由此可见，如果把解放前的少数民族称为"部族"，这就可能要影响汉族与少数民族的关系，影响国内的民族团结，这就不单纯是一个学术问题，而且是政治问题，不能不慎重考虑。

我们反复地、仔细地研究了这个问题。我们认为从事民族研究的同志不应回避这个问题，而应正确地解决这个问题。

在研究解决这个问题的过程中，我们认为斯大林的民族问题理论与马克思、恩格斯、列宁的民族问题理论是完整的、统一的。我们要弄清楚民族的起源与形成的客观规律，既要研究斯大林的理论，同时还必须研究马克思、恩格斯、列宁的理论，这样才不致对于经典著作中的片言只语发生误解。同时我们还考虑到马克思和恩格斯的原著是用德文写的，列宁和斯大林的原著是用俄文写的。把德文原著与俄文原著译为中文时，译文是否正确表达了原著的精神？翻译方面是否存在问题？这也是必须注意的一个方面。因此，我们在阅读马、恩、列、斯的中文译本时，同时动员了民族研究所的精通德文与俄文的同志，仔细阅读马克思恩格斯的德文原著和列宁斯大林的俄文原著，互相配合，进行外文原著与中文译本的对照。在上述查对过程中，民族研究所的许多同志，特别是查对德文原著与俄文原著的同志，是付出了大量的辛勤劳动的。

这项工作前后进行了约有五个年头。到1962年时，问题基本上才算搞清楚了。原来民族的起源与形成的客观规律，是马克思和恩格斯早就明确解决了的问题。恩格斯在《劳动在从猿到人转变过程中的作用》一文中说："由于手、发音器官和脑髓不仅在每个个别人身上，而且在社会里共同活动，人便有能力来进行日益复杂的活动，提出和达到越来越高的目的。劳动本身一代一代地变得更加复杂，更加完善和更加多面化。打猎和畜牧以外，又有了耕种业，以后又有了纺纱、织布、金属器具制造业、陶器制造业和航行。与商业和手工业一起，终于出现了艺术与科学。部落发展成了民族（Nation）和国家。法律和政治发展起来了，人的生活在头脑中的幻想的反映——宗教也一并发展起来了。"①

这一段文字非常明确地指出：民族（Nation）最初是由部落发展成的。而部落是原始社会时代的产物，说明民族最早起源和形成于原始社会的部落时代。

为了完整地表达恩格斯所提出的关于民族的起源与形成的客观规律，有必要作如下的补充说明。恩格斯讲的从部落发展成为民族，是指人类发展史上一般民族的起源与形成的规律。但在人类发展的过程中，旧的民族不断消灭，新的民族不断形成。当人类进入阶级社会以后，氏族部落制度消灭了，因而在阶级社会形成的新民族，就不是从部落发展成的，而是由旧的民族分化出来的一部分人与其他民族的一部分人同化在一起而形成的。恩格斯讲到英吉利民族的形成时说："英吉利民族是由德意志人和罗马人构成的。"② 这就是说，对每一个具体民族的起源和形成问题，都应作具体的分析，不能拿"从部落发展成为民族"这一公式，往各民族的头上去套。

这里就产生了一个矛盾，既然恩格斯认为"从部落发展成了民族"，而斯大林又说"民族是资本主义上升时代的历史范畴"，两种看法显然是不一致的。这究竟是怎么回事？我们查对的结果是：两种看法都是正确的。因为恩格斯讲的是一般民族的起源与形成问题，也就是在人类历史上，民族是在何时开始形成和如何形成的问题，而斯大林讲的是"现代民族"，亦即"资产阶级民族"形成的问题。这是斯大林自己在他的著作中，一再郑重声明的。

斯大林在1921年召开的联共（布）第十次代表大会上所作的政治报

---

① 《马克思恩格斯文选》（两卷集）第2卷，人民出版社，1962，第86～87页。德文原文与着重点是引者加的。
② 《马克思恩格斯全集》第1卷，人民出版社，1956，第658页。

告中明确指出:"现代民族是一定时代——资本主义上升时代的产物。"①

斯大林在1929年著的《民族问题和列宁主义》一书中,又详细作了如下的说明:"世界上有各种不同的民族。有一些民族是在资本主义上升时代发展起来的,当时资产阶级打破封建割据局面而把民族集合为一体并使它凝固起来了。这就是所谓'现代'民族。……这种民族应该评定为资产阶级民族……"。斯大林在《马克思主义和民族问题》小册子中说:"民族不是普通的历史范畴,而是一定时代即资本主义上升时代的历史范畴……这里指的正是这种资产阶级民族。"②

看了以上两段文字,就使我们弄清楚了他所说的在资本主义上升时代形成的民族,是有特定含义的民族,即"现代民族",也就是"资产阶级民族",这和恩格斯讲的"从部落发展成了民族"的理论不但丝毫没有矛盾,而且是对于马克思主义的民族问题学说作出了新的发展。

由资本主义以前的民族发展成为"现代民族"的观点,在马克思和恩格斯合著的《共产党宣言》中有如下的论述:"资产阶级已使乡村屈服于城市的统治……它同样使野蛮的半开化的国度屈服于文明的国度,使农民的民族(Völker)屈服于资产阶级的民族(Völker),使东方屈服于西方。"③(德文原文和着重点是引者加的)在这段文字中,马克思和恩格斯讲的"农民的民族",就是资本主义以前的民族;他们讲的"资产阶级的民族",也就是"现代民族"。说明由封建社会向资本主义社会过渡时期,也就是农民的民族向资产阶级的民族屈服的时期。斯大林的重大贡献就在于他对"现代民族"又在理论上作了新的发展,提出了著名的"现代民族"的四个特征,马克思、恩格斯、列宁都没有作过如此详细的论述。

于是,又提出了另一个尖锐的问题,既然马克思、恩格斯和斯大林的观点是完全一致的,那么为什么斯大林在《马克思主义和语言学问题》一书中又提出"部族"这样奇怪的名词,这又作何解释?为了弄清楚这个问题,我们不仅查对了斯大林的《马克思主义和语言学问题》的俄文原著,而且查对了列宁和斯大林有关民族问题的全部俄文原著,这才弄清楚原来

---

① 《斯大林全集》第5卷,人民出版社,1957,第14页。
② 《斯大林全集》第11卷,人民出版社,1955,第288~291页。
③ 《马克思恩格斯文选》(两卷集)第1卷,人民出版社,1962,第13页。

在俄文中，有几个词，如 Нация、Народ、Народность，都可以当作民族一词使用，这是俄文的习惯用语。在列宁和斯大林的前期的俄文原著中，他们讲到民族时，对这几个词一般是通用的。但略带有一点倾向性：即讲到现代民族时，多用 Нация 这个词，而讲到资本主义以前的民族时，多用 Народность 这个词。不论用哪一个词，俄文的含义都是民族，不会产生任何误解。

在列宁和斯大林的后期的俄文原著中，他们有时使用 Нация 和 Народность 这两个词时，赋予其比较严格的特定的含义，即 Нация 这个词只代表现代民族，而 Народность 这个词只代表资本主义以前的民族。这种用法在斯大林的《马克思主义和语言学问题》一书中最为典型。在这本著作中，斯大林就用 Народность 这个词代表资本主义以前的民族，而用 Нация 这个词代表现代民族。

如果当年翻译《马克思主义和语言学问题》一书的同志，把 Народность 这个词译作"资本主义以前的民族"，而把 Нация 这个词译作"现代民族"，那么，1954年我国学术界就不会发生"汉民族形成问题"的那场论战，不会产生鸦片战争以前的汉族究竟是"汉民族"还是"汉部族"的分歧。因为谁也不会否认鸦片战争以前的汉族是一个资本主义以前的民族。

至于汉民族究竟形成于秦汉时代，还是秦汉以前？这是另一个问题，可作进一步的研究。还有，鸦片战争以后，中国虽然有了资本主义的因素，但又沦为半殖民地半封建社会，汉民族究竟有没有发展成为"现代民族"亦即"资产阶级民族"？这又是另一个问题，也可作进一步的研究。

问题是，当年翻译《马克思主义和语言学问题》一书的同志，没有采用我们前面提出的那种译法，而采用了另外一种译法。他们把斯大林在这本书中使用的 Народность 这个词，没有按斯大林的原意译作"资本主义以前的民族"，而译成了"部族"。对斯大林在这本书中使用的 Нация 这个词，也没有按斯大林的原意译为"现代民族"，而直译成了"民族"。这样翻译的结果是，Нация 和 Народность 这两个词的中文译名在字面上的区别是有了，但这种译法没有正确地表达出斯大林的原意，因而在我国学术界和民族研究工作中引起了不必要的误解、混乱和论战。因为在汉语中，"民族"这个词，没有像德文和俄文那样的同义语。"民族"就只有"民族"这个词。有时,"族"这个词也可以作"民族"的同义语,那必须在前面或后边加上附加词才行,如"中国各族人民",如"汉族""蒙古族""藏族",等等。如果单独用"族"这个词时,就会产生各种误解,因为"贵族""氏族""种族""家族""水族",等等,后面都用的是"族"字,读者就弄不清究竟是什么"族"?至于"部族"这个词,在汉语中,在9亿多人的日常习惯用语中,从来没有人把它当作"民族"一词的同义语使用。只在《辽史》中有"部族"一词,《辽史》"部族上"中明白地说,"部落曰部,氏族曰族","部族"就是氏族与部落的简称。"部族"和"民族"根本不是同义语。当年翻译《马克思主义和语言学问题》一书的同志,把代表资本主义以前的民族的 Народность 一词译作"部族",既没有正确地表达斯大林使用这个词的原意,又没有照顾中国使用汉语的9亿多人的习惯用语,这种译法显然是不科学的。

我们从理论上弄清楚了"民族"与"部族"的争论,是由我国翻译方面用词不当而引起的这一症结所在以后,我们感到要彻底解决这个问题,还得和我国翻译界的同志共同协商,取得认识上的一致,是完全必要的。因此,我们写了一份报告,题目是《从汉民族形成问题的争论来看经典著作翻译方面存在的问题》,报了中国科学院哲学社会科学部和中共中央马恩列斯著作编译局,建议由这两个单位联名,召集北京有关部门的同志,开一次座谈会,广泛征求意见,以便统一认识,解决问题。

1962年春,哲学社会科学部和中央编译局采纳了我们的建议,召开了由北京有关的30多个单位的同志参加的座谈会,专门讨论了经典著作中"民族"一词的译名统一问题。与会同志一致认为:经典著作的中文译名,既要忠实于原著的精神,又要照顾我国汉语的特点,应该把"民族"一词的译名统一起来,建议今后只用"民族",不要再用"部族"。如果这样做有时在翻译方面会碰到一些困难时,可用加注说明,或用括弧中保留原文等办法,这些困难是可以克服的。

这次座谈会召开以后,《人民日报》在1962年6月14日的"学术动态"专栏内,发表了一篇报道,题目是《"民族"一词的译名统一问题的讨论》。《人民日报》还在同一版面发表了章鲁写的《关于"民族"一词的使用和翻译情况》的资料,以供全国广大读者对此问题继续开展讨论。

这次座谈会对经典著作中"民族"一词的译名统一问题,起了一定的促进作用。1962年冬，中央编译局出版了《斯大林文选》，其中包括了《马克思主义和语言学问题》一文。中央编译局接受了座谈会上大家一致提出的建议，对原来的译文进行修改时，把"部族"一词改为"［资本主义以前的］民族（Народность）"，把"部族"后边的"民族"一词，改为"［资本主义时期的］民族（Нация）"。这种译名从字面上看，似乎复杂一些，但它既正确表达了斯大林著作的原意，又照顾了汉语的特点，我们认为是一大改进，是值得称赞的。但《斯大林文选》还是内部发行，能看到这种版本的人是有限的。

1971年，中央编译局翻译的《马克思主义和语言学问题》一书，由人民出版社出版了单行本，在全国公开发行。单行本基本上根据的是《斯大林文选》的版本，但在文字上又作了进一步的修订，比《文选》本又前进了一步。下面摘引两段译文，以供参考。

> 至于语言的发展，从氏族语言到部落语言，从部落语言到［资本主义以前的］民族（Народность）语言，从［资本主义以前的］民族（Народность）语言到［资本主义时期的］民族（Нация）语言。
>
> 往后，随着资本主义的发展，封建分割的消灭和民族市场的形成，［资本主义以前的］民族（Народность）就发展成为［资本主义时期的］民族（Нация），而［资本主义以前的］民族（Народность）的语言也就发展成为［资本主义时期的］民族（Нация）的语言。①

我们认为中央编译局把斯大林的《马克思主义和语言学问题》一书重新翻译，并在全国公开发行，这是具有重大意义的一件好事。因为经典著作的译文是否正确，对于马克思主义在我国的正确传播，有很大的关系。解决了这个问题，不仅解决了汉民族的形成问题，同时也解决了中国50多个少数民族的形成问题，而且解决了全世界一般民族的形成问题。因为马克思主义关于民族的起源与形成的规律，是一条普遍真理，是放之四海而皆准的。

我们应该承认，Народность这个词的中文译名问题，虽然理论上是解

---

① 《马克思主义和语言学问题》，人民出版社，1971，第10页。

决了，但在实际工作中至今并未得到彻底解决。有的同志仍然认为这个词还应译作"部族"，而且在他们的文章中也是这样使用的。有些报刊上发表的文章中，特别是在讲到非洲新兴国家内部的部落或民族时，仍用"部族"这个名称。我们查了外文的原文，有的原文为部落，而译文译成了"部族"，有的原文为民族，译文也译成了"部族"。总之，在这个问题上还存在着译名不统一的情况，还有待我国翻译界的同志和从事民族理论研究的同志共同合作，争取经过一个时期的摸索过程，通过实践的检验，找出一个更为科学和更为满意的解决办法。

现在，党的十一届三中全会为了适应国内外形势的发展，把全党工作着重点转移到实现四个现代化的建设上来，民族理论研究工作也要适应全党工作着重点转移的新时期要求，要大胆地敢于去碰国内外民族理论战线存在的各种问题，这是我们应该努力的方向。但是由于林彪、"四人帮"的文化专制主义的流毒远未肃清，"怕抓辫子，怕扣帽子，怕挨棍子"的余悸在民族理论这条战线仍然存在，因而形成许多"禁区"，还有待于我们鼓起勇气，解放思想，去把它一一冲破。

目前摆在我们面前的民族理论方面的问题是很多的，Народность 译名问题，就是其中之一。因为这个问题涉及如何正确表达马克思主义关于民族的发生、发展和消亡的客观规律，是值得继续探讨的一个问题。把这个问题彻底予以解决，不仅具有一定的理论意义，而且具有一定的现实意义。

(《贵州民族研究》1980 年第 1 期)

民族形成问题示意图重要正误

编者按：1964年，我国学术界曾进行过民族形成问题的讨论，本文作者发表了题为《关于"民族形成问题"的一些意见》的文章，文中画了一份民族形成示意图。1980年出版的《民族形成问题研究》、1984年出版的《民族问题与宗教问题》收入了这篇文章，但文中所画的民族形成示意图出现了原则性错误。本文作者现对此作出重要正误，实事求是地分析问题，诚恳进行自我批评，体现了老一辈学者的胸怀和对科学事业、对读者高度负责的精神。

1964年，我在当时云南省出版的《学术研究》杂志第3期上，发表了一篇文章，题为《关于"民族形成问题"的一些意见》①，当时我国学术界正在进行民族形成问题的讨论，作者在这篇文章中，建议讨论的双方，应注意以下两个问题：一是讨论民族形成问题，固然应注意斯大林的民族形成理论，但应同时注意马克思和恩格斯的民族形成理论，使斯大林的民族形成理论与马恩的民族形成理论密切联系起来，不致两者发生对立；二是讨论斯大林的民族形成理论时，不要局限于斯大林在某一著作中的某一观点，而应同时注意斯大林在其他著作中对同一问题的有关论述，使其民族形成理论完整而不致自相矛盾。

为了使读者对上述建议有一简单明了的认识，作者在这篇文章中画了

---

① 作者在写作过程中，曾与中央民族学院浩帆同志合作，故发表时用了浩帆的署名。

如下的民族形成示意图①。

这张民族形成示意图（以下简称原图）把恩格斯的看法与斯大林的看法，作了明确的对比，着重说明以下几个问题。

一、说明在民族形成的起源与发展过程的根本问题上，恩格斯与斯大林的看法是完全一致的，都认为民族最初是由部落发展而形成的。

	原始社会						奴隶社会	封建社会	资本主义社会	社会主义社会
恩格斯的看法	蒙昧时代			野蛮时代			文明时代			
	低级阶段	中级阶段	高级阶段	低级阶段	中级阶段	高级阶段	奴隶制	中世纪的农奴制	近代的雇佣劳动制	
	氏族部落		蒙昧民族	野蛮民族			文明民族			
斯大林的看法	氏族部落			资本主义以前的民族（部族）					现代民族（民族）	
									资产阶级民族	社会主义民族

二、说明在叙述民族发展过程的表达方法上，恩格斯与斯大林是不同的。恩格斯根据摩尔根的社会分类观点，把原始社会分为"蒙昧"与"野蛮"两个时代，每一时代又分为低级、中级、高级三个阶段；而把人类进入阶级社会以后的时代，统称为"文明时代"。根据以上的分类法，恩格斯把"蒙昧时代"形成的民族称为"蒙昧民族"，把"野蛮时代"形成的民族称为"野蛮民族"，而把阶级社会的一切民族，统称为"文明民族"。

斯大林则把自部落发展成为民族以后，一直到资本主义以前各个不同历史发展阶段的民族，统称为资本主义以前的民族（有人称为"部族"），而把资本主义社会与社会主义社会的民族，称为现代民族（有人称为民族）。作者认为恩格斯与斯大林的基本观点并无不同，只是表达方法有所不同而已。

三、说明我国学术界有人对民族形成的过程确有另外一种看法，他们

---

① 《民族形成示意图》，《学术研究》（云南）1964 年第 8 期，第 16 页。

认为民族只是资本主义社会的产物，资本主义以前没有民族，只有"部族"。为了解决这个问题，我国学术界1962年召开过一次座谈会，会上一致的意见是：经典著作中的"民族"一词的译名应该统一，今后只用"民族"，不用"部族"。但是迄今为止，仍然有人不同意座谈会的意见，而坚持自己的意见。因为这是一个学术问题，根据党的百家争鸣的方针，可以继续进行讨论，不同意见均可保留，由广大读者去判断是非。这场讨论在"文革"期间被迫停止。

"四人帮"被打倒后，我国学术界又展开了民族形成问题的讨论，四川民族出版社约我编写一本阐述马克思主义关于民族形成问题的理论著作。我接受了这个建议，选择了过去在报刊上公开发表过的七篇文章，编成一本小册子，书名就叫《民族形成问题研究》，1980年公开出版了。在这本小册子中，收入了我在云南《学术研究》杂志1964年第3期发表的那篇文章，题目改为《从民族共同体的四种类型说起》，文字上略有修改，所画的民族形成示意图则原封未动。

不幸的是，《民族形成问题研究》这本小册子出版时，所画的民族形成示意图（以下简称新图）走了样子。乍看是看不出有什么问题的，细看才会发现有一系列的原则性的错误。现将新图复制如下。①

	原始社会						奴隶社会	封建社会	资本主义社会	社会主义社会
恩格斯的看法	蒙昧时代			野蛮时代			文明时代			
	低级阶段	中级阶段	高级阶段	低级阶段	中级阶段	高级阶段	奴隶制	中世纪的农奴制	近代的雇佣劳动制	
	氏族部落	蒙昧民族		野蛮民族			文明民族			
斯大林的看法	氏族部落			资本主义以前的民族（旧译"部族"）					现代民族（旧译"民族"）	
									资产阶级民族	社会主义民族

---

① 新图见《民族形成问题研究》，四川民族出版社，1980，第85页。

原图与新图都在最上面标明了社会发展的五个阶段，即：原始社会、奴隶社会、封建社会、资本主义社会与社会主义社会，恩格斯的看法与斯大林的看法均应严格受社会发展阶段的制约。新图的恩格斯的看法没有发生任何错误，就是因为完全受社会发展阶段的制约；而斯大林的看法则发生了一系列的原则性的错误，根本原因就在于没有受社会发展阶段的制约，自氏族部落以下，任意作了改动。现将主要错误分述如下。

一、原图标明资本主义以前的民族存在原始社会、奴隶社会与封建社会三个历史发展阶段，而新图则把资本主义以前的民族只画在原始社会与奴隶社会两个历史发展阶段。这与原图有很大出入，也不符合斯大林的资本主义以前的民族理论。这是第一个原则性错误。

二、原图标明资产阶级民族只是资本主义社会的产物，而新图则把资产阶级民族画成资本主义社会与封建社会的共同产物，并且主要画成封建社会的产物。这与原图有很大出入，也不符合斯大林的资产阶级民族理论。这是第二个原则性的错误。

三、原图标明社会主义民族只是社会主义社会的产物，而新图则把社会主义民族画成社会主义社会与资本主义社会的共同产物。这与原图也有很大出入，也不符合斯大林的社会主义民族理论。这是第三个原则性的错误。

谈谈发生上述一系列原则性错误的责任问题。四川民族出版社发稿时没有按原图排版，负责校对的同志又未及时发现错误予以改正，这是他们的责任。作为这本小册子的作者，作为民族形成示意图的绘制者，由于这个错误未早日发现，并且一错再错，我的责任更为重大。

《民族形成问题研究》公开出版后，在我国民族地区工作的朋友鉴于中国的民族问题与宗教问题有密切关系，建议可将四川民族出版社出的《民族形成问题研究》与上海人民出版社出的《无神论与宗教问题》两本书合在一起再版，这对读者在研究民族问题时，同时联系当地的宗教问题，至少是方便一些。我认为这些朋友的建议有一定道理。经与有关方面协商，就用四川民族出版社与中国社会科学出版社两家的名义，于1984年公开出版了《民族问题与宗教问题》。① 这本书除了将上述两本小册子合并在一起之外，又增加了原先没有收入的几篇文章，当然，也收入了载有民族形成示意图的那篇文章，由于事先未发现该图有原则性的错误，因此一字未动，又原封发表了②，犯了一错再错的严重错误，我应负完全责任。

但是错误毕竟是错误，不可能长期存在下去，即使自己没有发现，别人总会发现的。1987年4月19日，我收到湖南省益阳师专的黎建平同志来信，他严肃地指出拙著《民族问题与宗教问题》一书第67页的民族形成示意图有原则性的错误，他的批评意见完全正确。他的来信中说：民族形成示意图"在恩格斯的看法部分与您的原意是十分符合的，可在斯大林看法部分，那可与您的原意出入甚大了，就是与您引证的斯大林的《马克思主义与语言学问题》关于民族发展史的看法也相距甚远。"我给黎建平同志写了回信，诚恳地接受了他的批评，并表示衷心感谢。说实在的，倘若没有黎建平同志的批评，我自己是很难发现这个错误的。从这个问题上，使我感到高兴的是，我国年青一代已有一批同志对马克思主义的民族问题理论，在下功夫进行研究，态度非常认真，只要发现有问题，就紧紧抓住，非弄清楚不可，绝不马虎放过。这种坚持真理的精神，使我们老一辈的研究人员非常钦敬。我国民族问题研究工作不仅后继有人，而且定会后来居上。

问题既然提出来了，而且是关系到斯大林的民族问题理论的原则性的错误，毫无疑问，应该认真地进行自我批评，承认错误，改正错误，这是一个马克思主义者应有的起码态度。这个错误首先出现在《民族形成问题研究》一书，以后又重复出现在《民族问题与宗教问题》一书，两次印数虽然不多，但估计在我国少数民族地区，特别是在从事民族工作与民族理论研究的人员中，会有一定的不良影响。为了彻底肃清这种不良影响，最好的办法是由四川民族出版社出版《民族问题与宗教问题》的修订本。我把这个问题与建议向四川民族出版社正式提出，并复制了黎建平同志的来信供他们参考。四川民族出版社对他们出版的书籍中发现原则性的错误，

---

① 此书虽以两家出版社的名义出版，但实际上这本书的印刷、出版、发行均由四川民族出版社负责。
② 原图见《民族问题与宗教问题》，中国社会科学出版社、四川民族出版社，1984，第67页。

态度非常严肃认真，表示应坚决予以改正。但如何改正，尚未达成最后协议。我想即使出版修订本，在我国目前的出版条件下，也不是短期内可以实现的。为了向全国读者公开承认错误，特先写这篇短文进行自我批评，并向读者表示歉意。

（《云南社会科学》1988 年第 3 期）

关于"民族"一词的译名统一问题

（一）

马克思列宁主义经典著作的汉文译名是否正确，对于马列主义在我国人民中的传播，有很大的关系。全国解放以来，由于党和国家的重视，马克思、恩格斯、列宁、斯大林的全集和单行本，已在我国大量地陆续翻译出版，这对提高我国广大干部和人民的理论水平，起了巨大作用。但是我国各民族的广大干部和人民，在学习马克思列宁主义民族问题理论的过程中，发现过去翻译出版的经典著作中，特别是在斯大林的著作中，关于"民族"一词的译名很不统一，有的地方译成"民族"。有的地方又译成"部族"。由此在我国学术界引起了分歧和争论，发生了一场关于"汉民族形成问题"的论战。在各族的干部和人民群众中，在认识上也产生了一些不必要的混乱。这是一个必须研究解决的问题。

为了先从理论上弄清楚这个问题，我和中国社会科学院民族研究所的几位同志，仔细阅读了马克思、恩格斯、列宁、斯大林有关民族问题的著作，并逐一查对了他们的德文、俄文原著，这才大体上弄清楚了问题的症结所在。

原来在马克思和恩格斯的德文著作中，他们明确指出：民族最初是由部落发展而形成的，民族在资本主义社会以前就已存在。对于那些还处在资本主义以前的各个历史发展阶段的民族，马克思和恩格斯根据他们的不同的经济生活，一般称之为"狩猎民族""游牧民族""农业民族""商业民族"，等等。列宁、斯大林对于这些民族，一般称为"落后民族"。

对于已经进入资本主义社会的各民族，马克思和恩格斯一般称之为"文明民族"，列宁、斯大林一般称之为"现代民族"。

不论是资本主义以前的民族，或是资本主义时期的民族，在马恩列斯的德文原著和俄文原著中，都是统一称为"民族"，并没有"部族"这样的称呼。在毛泽东同志的著作中，在我们党和国家的文献中，对于我国的各民族，包括汉族和所有的少数民族，也都是统一称为"民族"，也没有"部族"这样的称呼。

"部族"这一名词，是我国从事翻译工作的一些同志，在翻译马克思、列宁著作时，由于译名翻译不确切而产生的一个问题。因为在德文和俄文中，有几个词都可以当作"民族"使用。例如在马克思和恩格斯的德文原著中，"民族"一词有的地方用 Nation，有的地方用 Völker。在列宁和斯大林的俄文原著中，"民族"一词有的地方用 Нация 或 Национальность，有的地方用有时用 Народ 或 Народность。我们在查对的过程中发现，马克思和恩格斯的德文原著中的 Nation 和 Völker，中文译本一般都译作"民族"，是没有问题的。列宁和斯大林的俄文原著中的 Нация、Национальность 和 Народ，中文一般也都译作"民族"，也是没有问题的。唯独 Народность 这个词，中文译文是不统一的，在列宁的著作中，这个词一般也都译作"民族"，但在斯大林的著作中，这个词却有两种不同的译名，多数地方译作"部族"，有的地方也译作"民族"。问题就发生在这里。

下面我们列举必要的材料，对上述问题作较详细的说明。

（二）

在马克思和恩格斯的德文原著中，凡是讲到"民族"的地方，一般都用 Nation、Völk、Völker，有的地方用 Völkerschaft、Nationalitat 和 Volkerchen，兹举几段文字为例（在"民族"一词之后，均附德文原著中的原文）。

恩格斯在《劳动在从猿到人转变过程中的作用》一文中说："由于手、发音器官和脑髓不仅在每个个别人身上，而且在社会里共同活动，人便有能力来进行日益复杂的活动，提出和达到越来越高的目的。劳动本身一代一代地变得更加复杂，更加完善和更加多面化。打猎和畜牧以外，又有了耕种业，以后又有了纺纱、织布、金属器具制造业、陶器制造业和航行。与商业和手工业一起，终于出现了艺术与科学。部落发展成了民族（Nation）和国家。法律和政治发展起来了，人的生活在人头脑中的幻想式的反映——宗教也一并发展起来。"①

恩格斯在《家庭、私有制和国家的起源》一书中说："美洲印第安人绝大多数没有超出过联合为部落的阶段。……亲族部落间的联盟，往往是因暂时的紧急需要结成，随着这一需要的消失即告瓦解。不过在个别地方，起初为亲族的、但彼此分散的部落又重新团结为长久的联盟，因而成为形成民族（Nation）的第一步。"②

马克思在《资本论》中说："在人类文化初期，在狩猎民族（Völker）或是在印度共同体的农业上，我们也看见有劳动过程上的协作盛行着。"③

马克思在《资本论》中又说："货币形态最先是在游牧民族（Völker）发展起来的。"④

马克思在《资本论》中又说："最先独立的大大发展了的商业城市和商业民族（Völker）的商业，是当作纯粹的贩运贸易，立足在诸生产民族（Völker）的野蛮状态上。他们在这些生产民族间起媒介人的作用。"⑤

马克思在《资本论》中还说："在考察共同的或直接社会化的劳动时，我们不必要回到一切文明民族（Völker）的历史初期，去追溯它的自然发生的形态。"⑥

马克思和恩格斯在《共产党宣言》中说："资产阶级既将一切生产工具迅速改进，并使交通工具极臻便利，于是就把所有一切以至最野蛮的民族（Nation）都卷进文明的漩涡了。……它迫使一切民族（Nation）都在灭亡的恐怖下采用资产阶级的生产方式，它迫使一切民族（Nation）都在

---

① 《马克思恩格斯文选》（两卷集）第 2 卷，人民出版社，1962，第 86~87 页。
② 《马克思恩格斯文选》（两卷集）第 2 卷，人民出版社，1962，第 248 页。
③ 《资本论》第 1 卷，人民出版社，1953，第 400 页。
④ 《资本论》第 1 卷，人民出版社，1953，第 75 页。
⑤ 《资本论》第 3 卷，人民出版社，1953，第 408 页。
⑥ 《资本论》第 1 卷，人民出版社，1953，第 60 页。

自己那里施行所谓文明制度，即变为资产者。"①

马克思和恩格斯在《共产党宣言》中又说："资产阶级已使乡村屈服于城市的统治……它同样使野蛮的半开化的国度屈服于文明的国度，使农民的民族（Völker）屈服于资产阶级的民族（Völker），使东方屈服于西方。"②

上述材料可以充分说明以下三个问题：

第一，民族最初是由部落发展成的。各部落结成联盟，是由部落形成民族的第一步。这说明民族在资本主义以前早就存在。

第二，从最初的"狩猎民族""游牧民族"一直到近代的"资产阶级的民族"，或者从"最野蛮的民族""开化民族"到现代的"文明民族"，这就是世界民族发展史的一个轮廓。

第三，在马克思和恩格斯的德文原著中，对于"民族"一词，有时用Nation，有时用Völker，虽然用词不同，但含义是相同的，都指的是民族。我国翻译的马克思、恩格斯著作的中文译本中，这两个词一般都译作"民族"，正确地表达了马克思和恩格斯的原意。

在列宁的俄文原著中，凡是讲到民族的地方，一般都用的是Нация、Национальный、Национальность和Народ（Народы），有的地方也用Народность。兹列举几段文字为例（在"民族"一词后面均附有俄文原文）。

列宁在俄共（布）第八次代表大会上所作的《关于党纲的报告》中说："我们说，必须考虑到这个民族（Нация）是处在从中世纪制度到资产阶级民主制或从资产阶级民主制到无产阶级民主制的道路上的那一个阶段。这是绝对正确的。"③

列宁在共产国际第二次代表大会上所作的《民族殖民地问题委员会的报告》中说："我们看到，目前帝国主义阶段的特点就是全世界已经划分为两部分，一部分是人数众多的被压迫民族（Народ），另一部分是拥有巨量财富和雄厚的军事实力的少数压迫民族（Народ）。"④

---

① 《马克思恩格斯文选》（两卷集）第 1 卷，人民出版社，1962，第 13 页。
② 《马克思恩格斯文选》（两卷集）第 1 卷，人民出版社，1962，第 13 页。
③ 《列宁全集》第 29 卷，人民出版社，1956，第 146 页。
④ 《列宁全集》第 31 卷，人民出版社，1958，第 210 页。

列宁在《社会主义与战争》一文中说:"被压迫民族(Нация)的社会党人则应当无条件地为被压迫民族和压迫民族(Народность)的工人的充分(包括组织上)的统一而斗争。主张一个民族同另一个民族(Нация)实行法权分立的思想(鲍威尔和伦纳的所谓'民族文化自治')是反动的。"①

列宁在《民族和殖民地问题提纲初稿》中说:"在封建关系或宗法关系和宗法农民关系占优势的比较落后的国家和民族(Нация)中,要特别注意以下各点:第一,各国共产党必须帮助这些国家的资产阶级民主解放运动;首先是落后民族(Нация)在殖民地关系或财政关系上所依赖的那个国家的工人,有义务进行最积极的帮助。"②

列宁在《全俄海军第一次代表大会上的演说》中说:"在讲到民族问题的时候,必须指出俄国民族的成分是特别复杂的。在俄国大俄罗斯人仅占40%左右,而其余的多数人口则属于其他民族。在沙皇制度下,对其他民族(Народность)的民族压迫是空前残酷和野蛮的,它使没有充分权利的民族(Народность)对君主政体积下了深仇大恨。"③

列宁在《民族问题提纲》中说:"……(二)是由于在俄国境内,尤其是在它的边疆有许多民族(Нация),这些民族在经济、生活习惯等方面的条件差别很大,而且这些民族〔除大俄罗斯人以外,也同俄国其他各民族(Нация)一样〕都受着沙皇君主政体的难以置信的压迫。"④

列宁在《答美国记者问》中说:"我们苏维埃共和国对阿富汗、印度等等伊斯兰教国家的态度,也同我们在国内对人数众多的伊斯兰教徒和其他非俄罗斯民族(Народность)的态度一样。比如我们让巴什基里亚人在俄国内部建立自治共和国,我们尽力帮助每个民族(Народность)得到独立自由的发展。"⑤

列宁在共产国际第二次代表大会上所作的《民族和殖民地问题委员

---

① 《列宁全集》第21卷,人民出版社,1959,第295页。
② 《列宁全集》第31卷,人民出版社,1958,第129页。
③ 《列宁全集》第26卷,人民出版社,1959,第321~322页。
④ 《列宁全集》第19卷,人民出版社,1959,第236页。
⑤ 《列宁全集》第29卷,人民出版社,1956,第472页。

会的报告》中说:"问题是这样的;对于目前正在争取解放而战后已经有了进步表现的落后民族(Народ),国民经济的资本主义发展阶段是不可避免的说法究竟对不对?我们的答复是否定的,如果革命胜利了的无产阶级对它们进行系统的宣传,各国苏维埃政府尽自己的能力给他们帮助,那末,说落后民族(Народность)无法避免资本主义发展阶段就不对了。"①

上述材料也可充分说明以下三个问题:

第一,列宁对民族发展史的看法和"民族"一词的用法,同马克思、恩格斯是完全一致的,不论是处在"中世纪制度"下的民族,"封建关系或宗法关系和宗法农民关系占优势"的民族,"落后民族""被压迫民族",或是"拥有巨量财富和雄厚的军事实力"的民族,"压迫民族","强大民族",列宁都是统一使用"民族"这个名词。

第二,在列宁的俄文原著中,"民族"一词有时用 Нация 或 Национальность,有时用 Народ 或 Народность,虽然用词不同,但含义是相同的,都指的是民族。我国翻译的列宁著作中文译本中,把上面这些不同的词都译作"民族"也是正确地表达了列宁的原意。

第三,列宁在文章中有时也用 Народность 这个词,一般是用在讲到资本主义以前的民族的场合,中文译本也都译作"民族",没有译作"部族",所以,在列宁著作的中文译本中,没有发生译名不统一的问题。

在斯大林的俄文原著中,凡是讲到民族的地方,也都用的是 Нация、Национальный、Национальность 和 Народ（Народы）,有些地方也用 Народность,所用的词与列宁完全相同。兹举几段文字为例(在"民族"一词之后,也附有俄文原文)。

斯大林在《民族问题和列宁主义》中说:"世界上有各种不同的民族(Нация)。有一些民族(Нации)是在资本主义上升时代发展起来的,当时资产阶级打破封建主义和封建割据局面而把民族(Нации)集合为一体并使它凝固起来了。这就是所谓'现代'民族(Нации)。……这种民族(Нации)应该评定为资产阶级民族(Нации)。例如法兰西、英吉利……

---

① 《列宁全集》第31卷,人民出版社,1958,第213页。

就是这样的民族（Нации）。……"在斯大林的《马克思主义和民族问题》小册子中说："'民族'（Нация）不是普通的历史范畴，而是一定时代即资本主义上升时代的历史范畴……这里指的正是这种资产阶级民族（Нации）。"①

斯大林在俄国社会民主工党（布尔塞维克）第七次代表会议（四月代表会议）的报告中说："决不容许把民族（Нации）有权利自由分离的问题和某一民族（Нация）在某一时期是否一定要实行分离的问题混为一谈。……我们承认被压迫民族（Народность）有分离的权利，有决定自己的政治命运的权利，但这并不是说这样我们就解决了某个民族（Нация）在目前是否应当和俄罗斯国家分离的问题。"②

斯大林在《论民族问题的提法》中说："第四个要点是给民族（Национальный）问题加进了新的因素，即加进了使各民族（Нации）在事实上（不只是在法律上）平等的因素［帮助和协助落后民族（Нации）提高到走在他们前面的民族（Нации）的文化水平和经济水平］，这是建立各民族（Нации）劳动群众之间兄弟合作的条件之一。……毫无疑问，落后民族（Народы）的劳动群众没有力量像先进民族（Нации）的劳动群众那样享有'民族权利平等'给他们的权利，因为某些民族（Нации）从过去继承下来的落后性（文化的、经济的）不是一两年内就能消灭的，人们还是能感觉得到。这种情况在俄国也可以感觉得到，这里有许多民族（Народы）还没有来得及经过资本主义，而有些民族（Народы）根本没有进入资本主义，没有或者几乎没有自己的无产阶级，这里民族权利平等虽然已经完全实现，但是，由于文化上和经济上的落后，这些民族（Национальность）的劳动群众还没有力量充分使用他们已经取得的权利。"③

斯大林在俄共（布）第十次代表大会上的报告中说："问题在于：有许多部族（Народности），主要是突厥语系各部族（Народности）……还没有经过或者还没有来得及经过工业资本主义时期，因此，它们没有或者几乎没

---

① 《斯大林全集》第11卷，人民出版社，1955，第288~291页。
② 《斯大林全集》第3卷，人民出版社，1955，第49~50页。
③ 《斯大林全集》第5卷，人民出版社，1957，第46页。

有工业无产阶级，它们必须越过工业资本主义，从原始经济形态转到苏维埃经济阶段。为了进行这项艰巨的但决不是不可能的工作，必须考虑到这些部族（Народности）的经济状况，甚至要考虑到它们过去的历史、生活习惯和文化的一切特点。把那些在俄国中部行之有效的有意义的措施搬到这些部族（Народности）里去，是不可思议的和危险的。"①

斯大林著作的中文译本中，"民族"一词在翻译方面的不统一，从以上材料中就可看出："民族"和"部族"两个译名同时存在。这里需要说明的有以下三点。

第一，在斯大林的俄文原著中，关于"民族"一词的用法和列宁是完全一致的，有时用 Нация 或 Национальность，有时用 Народ 或 Народность，并没有丝毫不同的地方。我国翻译的斯大林著作的中文译本中，Нация、Национальность 和 Народ，也都译作"民族"，唯独 Народность 这个词，有时译作"民族"，有时又译作"部族"，译名显然存在不统一的情况。

第二，据我们了解，"部族"这一译名，是全国解放初期翻译斯大林的《马克思主义和语言学问题》一书时开始采用的。斯大林在这本著作中指出语言有四个发展阶段：氏族语言、部落语言、资本主义以前的民族语言和资本主义时期的民族语言。为了区分资本主义以前的民族语言和资本主义时期的民族语言，斯大林用 Народность 这个词代表资本主义以前的民族，而用 Нация 这个词代表资本主义时期的民族。当时翻译这本书的同志，把 Нация 这个词简单地译作"民族"，而把 Народность 这个词译作"部族"，从文字上看，似乎有了区别，实际上，不仅没有正确地表达出斯大林的原意，反而在马列主义民族问题理论方面引起了不必要的混乱和争论。

"部族"这一名词，在我国史书中早就存在，它有明确的含义，指的是氏族和部落。例如《辽史》的"部族"记载中就说："部落曰部，氏族曰族"，所以称为"部族"②，说明"部族"就是部落与氏族的简称。这和斯大林讲的 Народность（资本主义以前的民族）的含义完全是两回事。

---

① 《斯大林全集》第 5 卷，人民出版社，1957，第 33 页。
② 《辽史》第三十二卷志第二。

因此，把 Народность 这个词译作"部族"，就把资本主义以前的民族和氏族、部落这些不同的概念混淆了。

第三，在斯大林著作的中文译本中，Народность 这个词在有的地方也译作"民族"，例如斯大林在《俄国社会民主工党（布尔塞维克）第七次代表会议上的报告》中，他讲"被压迫民族"时，就用 Народность 这个词，中文译本也译作"民族"，而没有译作"部族"。说明在斯大林著作的中文译本中，Народность 这个词也并不是都译作"部族"。

由此可见，为了使读者在学习马列主义民族问题理论时不再发生误解，以有利于马列主义民族问题理论在我国正确传播，经典著作中的"民族"一词的译名统一问题是必须解决的。

（三）

为了解决这个问题，1962年春天，北京有关单位的一些同志，举行了一次座谈会，专门讨论了马克思、恩格斯、列宁、斯大林著作中关于"民族"一词的译名统一问题。在座谈会上发言的大多数同志一致认为：马、恩、列、斯著作的中文译名既要忠实于原著的精神，又要照顾我国文字的特点。根据上述原则，他们一致认为：在马、恩、列、斯经典著作的中文译本中，"民族"一词的译名应该统一起来，即统一使用"民族"这一译名，不再使用"部族"这一译名，这样就可以消除"民族"与"部族"两个译名同时并存的不统一的情况。至于在特殊的个别的地方，在翻译方面碰到困难时，可以加注说明，或在括弧中保留原文，就可解决问题。

在座谈中，也有的同志主张用不同的汉文译名区别外文中的不同用法。他们认为：俄文的 Нация 和 Национальность，中文可译"民族"；俄文的 Народ，中文可译"各族人民"；俄文的 Народность，中文可译"族"。但是大多数同志认为这样的不同译名并不能解决什么问题，因为在讲到民族问题的场合，中文的"族"与"民族"并没有什么区别，例如"汉族"就是"汉民族"，"各族人民"就是"各民族人民"。

参加座谈会的同志共同认为：马、恩、列、斯经典著作中的"民族"一词的译名统一问题，是一个学术问题。根据党的"百花齐放、百家争鸣"方针，究竟哪一种译名更科学，应该继续进行讨论。

  座谈会召开以后，我在 1962 年 6 月 14 日《人民日报》的"学术动态"栏内，发表了一篇《"民族"一词的译名统一问题的讨论》的报道，同时发表了一篇《关于"民族"一词的使用和翻译情况》的资料，向全国关心这个问题的同志们作了介绍，以便引导大家对这个问题继续展开讨论，取得一致意见，彻底解决问题。

      （牙含章：《民族形成问题研究》，四川民族出版社，1980）

关于"民族"一词的使用和翻译情况[*]

（一）

在马克思和恩格斯的德文原著中，凡是讲到"民族"的地方，一般都用 Nation、Völk、Völker，有的地方用 Völkerschaft、Nationalitat 和 Völkerchen。兹举几段文字为例（在"民族"一词之后，均附德文原文）：

恩格斯在《劳动在从猿到人转变过程中的作用》中说："由于手、发音器官和脑髓不仅在每个个别人身上，而且在社会里共同活动，人便有能力来进行日益复杂的活动，提出和达到越来越高的目的。劳动本身一代一代地变得更加复杂，更加完善和更加多面化。打猎和畜牧以外，又有了耕种业，以后又有了纺纱、织布、金属器具制造业、陶器制造业和航行。与商业和手工业一起，终于出现了艺术与科学。部落发展成了民族（Nation）和国家。法律和政治发展起来了，人的生活在人头脑中的幻想式的反映——宗教也一并发展起来了。"［《马克思恩格斯文选》（两卷集）莫斯科外国文书籍出版局中文版，第二卷，第86~87页］

恩格斯在《家庭、私有制和国家的起源》中说："美洲印第安人绝大多数没有超出过联合为部落的阶段……亲族部落间的联盟，往往

---

[*] 本文发表时署名"章鲁"。

是因暂时的紧急需要结成,随着这一需要的消失即告瓦解。不过在个别地方,起初为亲族的,但彼此分散的部落又重新团结为长久的联盟,因而成为形成民族(Nation)的第一步。"[《马克思恩格斯文选》(两卷集)莫斯科外国文书籍出版局中文版,第二卷,第248页]

马克思在《资本论》中说:"在人类文化初期,在狩猎民族(Völker)或是在印度共同体的农业上,我们也看见有劳动过程上的协作盛行着。"(《资本论》,人民出版社,1953,第一卷,第400页)

马克思在《资本论》中又说:"货币形态最先是在游牧民族(Völker)发展起来的。"(《资本论》,人民出版社,1953,第一卷,第75页)

马克思在《资本论》中又说:"最先独立的大大发展了的商业城市和商业民族(Völker)的商业,是当作纯粹的贩运贸易,立足在诸生产民族(Völker)的野蛮状态上。他们在这些生产民族间,起媒介人的作用。"(《资本论》,人民出版社,1953,第三卷,第408页)

马克思在《资本论》中又说:"在考察共同的或直接社会化的劳动时,我们不必要回到一切文明民族(Völker)的历史初期,去追溯它的自然发生的形态。"(《资本论》,人民出版社,1953,第一卷,第60页)

马克思、恩格斯在《共产党宣言》中说:"资产阶级既将一切生产工具迅速改进,并使交通工具极臻便利,于是就把所有一切以至最野蛮的民族(Nation)都卷进文明的漩涡了……它迫使一切民族(Nation)都在灭亡的恐怖下采用资产阶级的生产方式,它迫使一切民族(Nation)都在自己那里施行所谓文明制度,即变为资产者。"[《马克思恩格斯文选》(两卷集)莫斯科外国文书籍出版局中文版,第一卷,第13页]

马克思和恩格斯在《共产党宣言》中又说:"资产阶级已使乡村屈服于城市的统治……它同样使野蛮的和半开化的国度屈服于文明的国度,使农民的民族(Völker)屈服于资产阶级的民族(Völker),使东方屈服于西方。"[《马克思恩格斯文选》(两卷集)莫斯科外国文书籍出版局中文版,第一卷,第13页]

从上述材料可以说明以下三个问题。

第一,恩格斯明确指出:民族最初是由部落发展成的,而各部落结成联盟，是由部落形成民族的第一步。这说明民族在资本主义以前早已存在。在毛泽东同志的著作里面，在我们党的历史文献当中，把我国的所有民族（不管它们在民主改革前处于哪一个社会发展阶段）一律称为民族，是科学的，是完全正确的。

第二，从最初的"狩猎民族""游牧民族"一直到近代的"资产阶级的民族"，或者是从"最野蛮的民族""开化民族"到现代的"文明民族"，这就是贯穿在马克思、恩格斯的著作中的民族发展史的一幅轮廓图画。很明显的，马克思、恩格斯对于前资本主义的民族或是现代资产阶级的民族，都统一称为民族。

第三，在马克思、恩格斯的德文原著中，对于民族一词，有时用Nation，有时用Völker。虽然词不相同，但含义是相同的，都指的是民族。我国翻译的马克思、恩格斯的经典著作中，这两个词一般都译作民族。

（二）

在列宁的俄文原著中，凡是讲到"民族"的地方，一般都用的是Нация、Национальный、Национальность和Народ（Народы），有的地方也用Народность。兹举几段文字为例（在"民族"一词后面附有俄文原文）：

列宁在俄共（布）第八次代表大会上所作的《关于党纲的报告》中说："我们说，必须考虑到这个民族（Нация）是处在从中世纪制度到资产阶级民主制或从资产阶级民主制到无产阶级民主制的道路上的哪一个阶段。这是绝对正确的。"（《列宁全集》，人民出版社，第二十九卷，第146页）

列宁在共产国际第二次代表大会上所作的《民族和殖民地问题委员会的报告》中说："我们看到，目前帝国主义阶段的特点就是全世界已经划分为两部分，一部分是人数众多的被压迫民族（Народ），另一部分是拥有巨量财富和雄厚的军事实力的少数压迫民族（Народ）。"（《列宁全集》，人民出版社，第三十一卷，第210页）

列宁在《社会主义与战争》一文中说："被压迫民族（Нация）的

社会党人则应当无条件地为被压迫民族和压迫民族（Народность）的工人的充分（包括组织上的）统一而斗争。主张一个民族同另一民族（Нация）实行法权分立的思想（鲍威尔和伦纳的所谓'民族文化自治'）是反动的。"（《列宁全集》人民出版社，第二十一卷，第295页）

列宁在《民族和殖民地问题提纲初稿》中说："在封建关系或宗法关系和宗法农民关系占优势的比较落后的国家和民族（Нация）中，要特别注意以下各点：第一，各国共产党必须帮助这些国家的资产阶级民主解放运动；首先是落后民族（Нация）在殖民地关系或财政关系上所依赖的那个国家的工人，有义务进行最积极的帮助。"（《列宁全集》，人民出版社，第三十一卷，第129页）

列宁《在全俄海军第一次代表大会上的演说》中说："在讲到民族问题的时候，必须指出俄国民族的成分是特别复杂的。在俄国大俄罗斯人仅占40%左右，而其余的多数人口则属于其他民族。在沙皇制度下，对其他民族（Народность）的民族压迫是空前残酷和野蛮的，它使没有充分权利的民族（Народность）对君主政体积下了深仇大恨。"（《列宁全集》，人民出版社，第二十六卷，第321~322页）

列宁在《民族问题提纲》中说："（二）是由于在俄国境内，尤其是在它的边疆有许多民族（Нация），这些民族在经济、生活习惯等方面的条件差别很大，而且这些民族［除大俄罗斯人以外，也同俄国其他各民族（Нация）一样］都受着沙皇君主政体的难以置信的压迫。"（《列宁全集》，人民出版社，第十九卷，第236页）

列宁在《答美国记者问》中说："我们苏维埃共和国对阿富汗、印度等等伊斯兰教国家的态度，也同我们在国内对人数众多的伊斯兰教徒和其他非俄罗斯民族（Народность）的态度一样。比如我们让巴什基里亚人在俄国内部建立自治共和国，我们尽力帮助每个民族（Народность）得到独立自由的发展。"（《列宁全集》，人民出版社，第二十九卷，第472页）

列宁在共产国际第二次代表大会上所作的《民族和殖民地问题委员会的报告》中说："问题是这样的：对于目前正在争取解放而战后已经有了进步表现的落后民族（Народ），国民经济的资本主义发展阶段是不可避免的说法究竟对不对。我们的答复是否定的。如果革命胜利了的无产阶级对它们进行系统的宣传，各国苏维埃政府尽自己的能力给它们帮助，那末，说落后民族（Народность）无法避免资本主义发展阶段就不对了。"（《列宁全集》，人民出版社，第三十一卷，第213页）

上述材料也可说明以下三个问题：

第一，列宁对民族发展过程的看法和对于民族一词的用法，与马克思、恩格斯是完全一致的，不论是处在"中世纪制度"的民族，"封建关系或宗法关系和宗法农民关系占优势"的民族，"落后民族""被压迫民族"，或是"拥有巨量财富和雄厚的军事实力的""压迫民族"和"强大民族"，列宁都是统一使用民族这一名词。

第二，在列宁的俄文原著中，民族一词有时用 Нация 或 Национальность，有时用 Народ 或 Народность，虽然是不同的词，但含义是相同的，都指的是民族。我国翻译的列宁著作中，把上面这些不同的词一律译作民族。

第三，以上材料也同时说明，列宁的文章也常用 Народность 这个词，一般都是用在讲到前资本主义民族的场合。这个词在斯大林的文章中也同样使用，一般也是用在讲到前资本主义民族的场合。但是这个词在列宁著作的中文译本中都译作民族，而在斯大林著作的中文译本中，一般却又译作"部族"。"民族"一词的译名不统一，正是从这里发生的。

（三）

在斯大林的俄文原著中，凡是讲到"民族"的地方，也都用的是 Нация、Национальный、Национальность 和 Народ（Народы），有的地方也用 Народность，所用的词与列宁完全相同。兹举几段文字为例（在"民族"一词之后，也附有俄文原文）：

斯大林在《民族问题和列宁主义》中说："世界上有各种不同的民族（Нации）。有一些民族（Нации）是在资本主义上升时代发展起来的，当时资产阶级打破封建主义和封建割据局面而把民族（Нации）集合为一体并使它凝固起来了。这就是所谓'现代'民族（Нации）……

这种民族（Нации）应该评定为资产阶级民族（Нации）。例如法兰西、英吉利……就是这样的民族（Нации）。在我国无产阶级专政和苏维埃制度建立以前的俄罗斯、乌克兰……也是这样的资产阶级民族（Нации）……在斯大林的《马克思主义和民族问题》小册子中说，'民族（Нация）不是普通的历史范畴，而是一定时代即资本主义上升时代的历史范畴，而是一定时代即资本主义上升时代的历史范畴'……这里指的正是这种资产阶级民族（Нации）。"（《斯大林全集》，人民出版社，第十一卷，第288~291页）

斯大林在俄国社会民主工党（布尔什维克）第七次代表会议（四月代表会议）的报告中说："决不容许把民族（Нации）有权利自由分离的问题和某一民族（Нация）在某一时期是否一定要实行分离的问题混为一谈……我们承认被压迫民族（Народности）有分离的权利，有决定自己的政治命运的权利，但这并不是说这样我们就解决了某个民族（Нация）在目前是否应当和俄罗斯国家分离的问题。"（《斯大林全集》，人民出版社，第三卷，第49~50页）

斯大林在《论东方民族大学的政治任务》中说："直到现在，情形是这样的：社会主义革命……唤起早先大家不知道或很少知道的许多新的民族（Национальность）去追求新的生活。谁能想到过去的沙皇俄国是一个至少有五十个民族（Нации）和民族（Национальный）集团的国家呢？可是十月革命打断了旧的锁链，把许多被遗忘了的民族（Народы）和部族（Народности）推上舞台，给了他们新的生活和新的发展。"（《斯大林全集》，人民出版社，第七卷，第117~118页）

斯大林在《论民族问题的提法》中说："第四个要点是给民族（Национальный）问题加进了新的因素，即加进了使各民族（Нации）在事实上（不只是在法律上）平等的因素［帮助和协助落后民族（Нации）提高到走在它们前面的民族（Нации）的文化水平和经济水平］，这是建立各民族（Нации）劳动群众之间兄弟合作的条件之一……毫无疑问，落后民族（Народы）的劳动群众没有力量像先进民族（Нации）的劳动群众那样享用'民族（Национальный）权利平等'给他们的权利，因为某些民族（Нации）从过去继承下来的落后性（文化的、经济的）不是一两年内就能消灭的，人们还是能感觉得到的。这种情况在俄国也可以感觉得到，这里有许多民族（Народы）还没有来得及经过资本主义，而有些民族（Народы）根本没有进入资本主义，没有或者几乎没有自己的无产阶级，这里民族（Национальный）权利平等虽然已经完全实现，但是，由于文化上和经济上的落后，这些民族（Национальности）的劳动群众还没有力量充分使用他们已经取得的权利。"（《斯大林全集》，人民出版社，第五卷，第46页）

斯大林在俄共（布）第十次代表大会上的报告中说："问题在于：有许多部族（Народности），主要是突厥语系各部族（Народности）……还没有经过或者还没有来得及经过工业资本主义时期，因此，它们没有或者几乎没有工业无产阶级，它们必须越过工业资本主义，从原始经济形态转到苏维埃经济阶段。为了进行这项艰巨的但决不是不可能的工作，必须考虑到这些部族（Народности）的经济状况，甚至要考虑到它们过去的历史、生活习惯和文化的一切特点。把那些在俄国中部行之有效的有意义的措施搬到这些部族（Народности）里去，是不可思议的和危险的。"（《斯大林全集》，人民出版社，第五卷，第33页）

从上述材料中也可以说明以下三个问题。

第一，斯大林讲的"民族"是"资本主义上升时代的历史范畴"，仅仅指的是"现代民族"，亦即"资产阶级民族"，而不是指一切民族。

大家都知道，斯大林在《马克思主义和民族问题》这本著作中说过："民族不是普通的历史范畴，而是一定时代即资本主义上升时代的历史范畴。封建制度消灭和资本主义发展的过程同时就是人们形成为民族的过程。"在不少同志写的文章中，常常引证斯大林讲的这一段话，并且加以引申，认为全世界的一切民族，都是在资本主义上升时代才形成的。但是，我认为这并不是斯大林的原意。

斯大林自己在《民族问题和列宁主义》这本著作中，对于他在《马克思主义和民族问题》这本著作中提出的民族是"资本主义上升时代的历史范畴"这一论点，又作了重要的补充和说明。他在《民族问题和列宁主义》中说："……在斯大林的《马克思主义和民族问题》小册子中说，'民族不是普通的历史范畴，而是一定时代即资本主义上升时代的历史范畴'……这里指的正是这种资产阶级民族。"斯大林在这段文字中讲得很清楚，他在《马克思主义和民族问题》这本著作中讲的"民族"，"正是这种资产阶级民族"，而不是一切民族。这就是说：只有"资产阶级民族"是"资本主义上升时代的历史范畴"，而不是一切民族都是"资本主义上升时代的历史范畴"。以上材料也同时说明：对于资本主义以前各个历史发展阶段的民族，斯大林一般都称为"落后民族"，以区别于"现代民族"。

第二，《斯大林全集》中文译本中的"部族"一词，是俄文Народность这个词的译名。这个词在《列宁全集》中文译本中，全都译作"民族"，只有在《斯大林全集》的中文译本中译作"部族"。

我国史书中的"部族"这一名词的含义，指的是"部落"和"氏族"。例如辽史"部族"记载中明确指出："部落曰部，氏族曰族"（《辽史》第三十二卷志第二），说明"部族"就是"部落"与"氏族"的简称，这和斯大林讲的Народность这个词的含义完全是两回事情。因此，斯大林著作中文译本中把Народность这词译作"部族"，容易把前资本主义的民族和部落、氏族的概念混淆，同时也不能正确地表达出斯大林使用这个词的确切含义。

第三，在《斯大林全集》中文译本中，Народность这个词在有些地方也译作"民族"，例如在《俄国社会民主工党（布）第七次代表会议上的报告》中，斯大林讲到"被压迫民族"时，就用Народность这个词，中文译本译作民族，没有译作"部族"。说明Народность这个词在斯大林著作中，译名也是不统一的。

由此可见，为了使读者在学习马克思主义经典著作（尤其是斯大林的著作）的民族问题理论时不再产生误解，"民族"一词的译名统一问题是必须解决的。

（《中国民族》1962年第7期）

关于民族形成的上限问题的两封来信

(一) 给本刊编辑部的信

《云南社会科学》编辑部：

　　云南历史研究所的杜玉亭同志给我寄来了贵刊1981年的第2期，上面刊登有他的一篇大作，提出了要和我商榷的一个问题——民族形成的上限问题。我给杜玉亭同志回了信，并建议把我的信在《云南社会科学》杂志上公开发表，不知他把我的信转给你们没有？现将我复杜玉亭同志的信的抄件，寄给你们一份，你们审阅后有何意见？盼示。

　　　　此致
敬礼

牙含章
1981.8.27

(二) 给杜玉亭同志的信

玉亭同志：

　　你好！寄来的《云南社会科学》杂志1981年第2期收到了，谢谢。同时也拜读了上面刊载的你的大作《基诺族族源问题试探——兼论族源和民族形成的上限》，很感兴趣。

你在这篇文章中，肯定民族形成的上限，应该上溯到原始社会的蒙昧时代，这个看法和我的看法是完全一致的。这也是马克思、恩格斯的基本观点，我们不过是捍卫了他们的正确观点，表示了一个马克思主义的信徒应该具有的起码态度而已。

但在一些具体问题上，我们的看法有些不同，愿提出来向你请教。

第一个问题，你在文章中说："牙含章同志既然肯定蒙昧时期中级阶段出现了'氏族部落'，那么，蒙昧时代高级阶段的社会组织也并没有发生历史的飞跃，实质上仍然是'氏族部落'。既然在社会组织上存在的都是'氏族部落'，为什么不可以以'氏族部落'的出现作为民族形成的上限呢？又怎么能说蒙昧时代高级阶段的'氏族部落'是'蒙昧民族'，而中级阶段的'氏族部落'又不能成其为'蒙昧民族'呢？"

从这段文字来看，你认为人类社会出现了"氏族部落"，就是出现了"民族"，这就把"氏族部落"和"民族"混为一谈了。

恩格斯在《劳动在从猿到人转变过程中的作用》一文中说："从部落发展成了民族和国家"，他说是从部落"发展成了"民族，而没有说部落就是民族。马克思在《摩尔根〈古代社会〉一书摘要》中说"部落联盟是与民族最近似的"，又说"'部落'和'民族'并不等同"。马克思同意摩尔根的看法，认为"部落"与"民族"是"近似"，而不是"等同"。

因此，我认为你把"氏族部落"和"民族"实际上是等同起来了，这是不符合马克思和恩格斯的基本观点的。

现在，在民族理论方面，有一种奇怪的说法，认为"氏族部落"也是"民族"，是"广义的民族"，而认为资本主义社会的"现代民族"是"狭义的民族"。因为这是一个学术问题，是允许"百家争鸣"的，可以发表与马克思、恩格斯不同的观点，甚至反对的观点（他们认为这是对马克思主义的民族理论的"发展"）。但我的思想可能是还没有"解放"吧，我还接受不了这种看法。所以我在这个问题上，至今还坚持马克思、恩格斯的基本观点，不敢有所"发展"。

第二个问题，"部落"与"民族"究竟在哪些方面是"近似"的呢？马克思在这本书中只讲了一段话，他说："'民族'这一称号适用于许多印第安部落，因为他们的人数虽然不多，却独特地拥有一定的方言和地域。"

从这段话来看,"民族"和"部落"都拥有独特的方言和地域,这是它们的"近似"之处。那么,又有什么不同呢?马克思没有谈这个问题。但我们从恩格斯的《家庭、私有制和国家的起源》一书来看,部落是由若干不同的氏族组成的,而氏族又是以氏族内部不许通婚为特征的。因此,我认为氏族部落"是以血缘关系为纽带而结成的"。而民族呢?斯大林给民族下的定义虽然是对"现代民族"而言的,但它的基本精神也适应于前资本主义的民族。斯大林指出:民族具有"共同的地域"、"共同的语言"、"共同的经济生活"和"共同的心理素质"等四个特征。我所说的"地缘关系的基础",就是指形成民族的"共同地域"。因为我认为民族不能在天上形成,它只能在地上形成,因此,民族形成必须先有一块"共同的地域",这是民族形成的"基础"。

你不同意我的上述看法,认为根据我的看法,民族只能形成于原始社会历史发展阶段的农村公社时期,即野蛮时代中级阶段的后期,因为只有到了那个时候,"真正的打破血缘关系的地缘关系的组织……才开始出现",氏族部落的血缘关系才被地缘关系所取代。我仔细琢磨我们之间的看法的分歧,在于对"地缘关系"的含义理解不同。你认为"地缘关系"出现在野蛮时代中级阶段的后期,而且有一定的"组织",我不知你说的"组织"是什么意思,我只说民族是在"地缘关系的基础"上形成的,我没有用"组织"这个词,而用了"基础"这个词,所谓"基础"即指形成民族的"共同地域"。如果我当时不用"地缘关系"这个词,而用"共同地域"这个词,我们之间可能就不会产生这种分歧。

我不知经典著作中对"地缘关系"是否有详细论述?你说"地缘关系"出现在野蛮时代的中级阶段的后期是否有理论根据?如果经典著作中确有如上的论述,那我应该声明,我当时用"地缘关系"一词是欠妥的,应该以"共同地域"一词代替。如果经典著作中没有上述论述,只是你个人的不同看法,那么我们之间只是对"地缘关系"一词的含义有不同的理解而已,不存在理论上的原则分歧。

考虑到上面讨论的问题,是涉及马克思主义关于民族形成的一个带有原则性的理论问题,你的文章在《云南社会科学》杂志上公开发表以后,一定会引起关心这个问题的许多读者的兴趣,因此我冒昧地建议,可否把我的这封信也在《云南社会科学》杂志上发表，让关心这个问题的读者看看。如果能在云南学术界发生一点"抛砖引玉"的作用，那就是我的更大的愿望。

  此致

敬礼

牙含章
1981.8.14

（《云南社会科学》1981 年第 4 期）

谈点民族研究的感想

今年是中华人民共和国成立40周年，我国的民族问题研究工作也随之经历了40年的历史，作为民族研究的一名"老兵"，谈点感想。

实际上，我们党的民族问题研究工作今年是整整经历了50周年。它应该从1939年党中央在延安成立西北工作委员会时算起。

对于延安时期党的民族问题研究工作，李维汉同志在他的《回忆与研究》一书中，作了全面而又深刻的论述。我只想着重指出，当时党在陕甘宁边区的关中、陇东、三边等地的回族与蒙古族居住区，就已开始实行了民族区域自治，并在《陕甘宁边区施政纲领》中明文规定："依据民族平等原则，实行蒙、回民族与汉族在政治经济文化上的平等权利，建立蒙回民族的自治区。"这就为全国解放以后，党在少数民族地区实行区域自治，在政策上奠定了基础。

中华人民共和国成立以后，我们党成了执政党，担负起了建设一个多民族的社会主义大国的历史任务。面对着全国许多少数民族，又接受了旧中国遗留下来的民族压迫、民族隔阂与各民族间事实上不平等的"烂摊子"。摆在我们面前需要解决的民族问题是成堆的，我们党根据马克思主义民族理论的基本原理，坚持民族平等、民族团结、共同发展、共同繁荣的根本原则，制定了各项具体政策，而以在统一的国家里面实行民族区域自治作为基本政策。我们党的民族问题研究工作也随之进入了一个新的历史时期。

为了实行民族区域自治，必须对全国许多少数民族进行识别，以便确定我国究竟有多少少数民族，其中哪些少数民族具备实行民族区域自治的条件。在调查研究过程中，我们继承了延安时期的民族研究工作必须从中国实际出发的优良传统，比较顺利地解决了我国的民族识别问题。

毋庸讳言，过去有一段时间党内产生了"左"的倾向，特别是"四人帮"横行时期，严重破坏了我国少数民族工作的顺利开展，也阻碍了我国民族问题研究工作的逐步深入。"四人帮"被打倒以后，全国各项工作进行了拨乱反正，上面讲的不正常的情况已成为历史。

现在，我国又进入了一个新的历史发展时期。我国正在进行物质文明与精神文明的两大建设，实行改革、开放、搞活一系列新的政策，从而，我国少数民族地区也提出了许多新的、重大的理论问题与现实问题，需要我们去探讨、去研究、去解决。1984年，全国人大六届二次会议通过的《中华人民共和国民族区域自治法》是新时期的一项重要成果，它总结了新中国成立以来实行民族区域自治和民族立法工作的经验，充分考虑了我国民族自治地方的特点和需要，是一部适合中国民族地区实际情况的法律。现在的问题是，应该在这部法律的基础上，使它的内容更加具体、更加充实、更加完善。

民族区域自治的核心思想是：实行民族区域自治的少数民族，在中国共产党的领导下，在自治地方充分行使当家作主的权利。在《民族区域自治法》中明确规定：各级民族自治地方的政府首长，应由实行自治的少数民族干部担任。这是在当家作主问题上大大前进了一步。但是，我们并不以此满足，还需要继续提高。现在，经历了40年的培养，少数民族出身的共产主义干部，不仅数量上大量涌现，政治上也日益成熟了。这就为在民族自治地方提拔由当地的少数民族出身的共产主义干部创造了条件。

由于这是一个比较大的理论问题与现实问题，应该提到我国民族研究的日程上，慎重地加以探讨，提出可行的建议，提供领导上参考。我认为是非常必要的。

（《中国民族》1989年第10期）

略谈少数民族社会历史调查研究中的资料积累问题

地方志是以行政区划为范围，记载自然和社会各个方面的现状与历史的综合性、资料性著述，所含一定的历史、天文、地理、政治、经济、文化、风俗的调查研究，无疑是有着巨大的现实意义和历史意义的。我国对于地方志的编纂独具传统，其历史之悠久、内容之丰富、数量之多、普及之广，在世界上可以说无与伦比，是我国一份优秀的文化遗产。但过去地方志书的内容偏重于记述汉族的情况。边远地区的少数民族情况，或则无志，或则所录不详，而且存在大民族主义的思想影响。全国地方志指导小组为加强少数民族志书的编纂工作，召开这次会议，讨论修志的指导思想、篇目、体例和工作开展问题，这无疑将会改变历史上志书修纂忽略少数民族的不平衡状况，使全国各少数民族的特点、地方优势、历史贡献，在四化建设中的重大作用等都能得到充分的记载，成为我国新编地方志这套宏伟"百科全书"的重要组成部分。

新编少数民族地方志的修纂重务是相当繁重的。我国有960万平方公里的面积，同整个欧洲的面积差不多相等，少数民族地区约占60%。在30个省市自治区中，除台湾外截至现在，已建立有5个民族自治区、31个民族自治州，80个民族自治县（旗）。由于历史上多次民族迁徙、屯田、移民戍边、朝代更迭等原因而引起的人口变动，使我国的民族分布，形成了各民族有杂居、有聚居互相交错居住的状况。有些少数民族既有一块或几块聚居区，又散居在全国各地。大约有1000万少数民族人口散居在全国各省、市的大小城镇和乡村。各少数民族在经济、政治和文化生活方面，不仅相互影响，而且都和汉族有着密切的联系。这就是我们这个统一的多民族的伟大祖国的历史和现状。因此新编地方志书，要照顾到我国是一个多民族的民族大家庭的特点，把聚居的和散居的少数民族的情况，一无遗漏地、正确地反映出来。

新中国成立以来，党和国家组织的少数民族社会历史调查研究，包括民族学的调查研究是与地方志的积累资料和调查研究工作相通的，在许多方面是一致的。地方志的资料工作，民族研究、民族学的资料工作，都要进行艰苦细致的调查采访。对调查资料必须经过去伪存真、去粗取精、核实鉴定之后提供我们的党和政府在制定方针政策时作参考的依据，一个目的是为我国社会主义的四个现代化服务。这对于进行民族团结的教育、革命传统教育、爱国主义教育、共产主义教育，都是有着现实的、深远的意义的。

由于地方志的资料积累工作与少数民族调查研究工作具有共同的性质，作为一个民族研究工作者，要向地方志的工作者学习，因此我们把解放后的少数民族的社会历史调查工作做一个汇报，以资交流，以求教正。这个发言没有经过充分讨论，错误在所难免，请指正。

新中国成立以来，党和国家在解决我国民族问题方面进行了巨大的工作，获得了伟大的成就。少数民族社会历史调查研究是党的民族工作的一部分。随着民族工作的发展，少数民族的社会历史调查研究，就日益凸显出它的重要性与必要性。党和国家为了彻底解决国内民族问题，必须进行周密的调查研究。毛泽东同志说过："中国幼稚的资产阶级还没有来得及也永远不可能替我们预备关于社会情况的较完备的甚至起码的材料，如同欧美日本的资产阶级那样，所以我们自己非做搜集材料的工作不可。"毛主席的"调查就象'十月怀胎'，解决问题就象一朝分娩；调查就是解决问题"，"没有调查就没有发言权"等名言，都深刻地说明各项工作需要调查研究，民族问题、民族工作更迫切需要进行调查研究。

解放前，国民党对我国少数民族采用的是压迫和歧视的政策，对少数民族是不承认的。所以从解放初期起，为了贯彻党的马克思主义民族政策，特别是贯彻民族平等和民族区域自治政策，民族识别成为一项刻不容缓的调查研究工作。弄清民族成分，以便帮助他们充分享受民族平等和民族区域自治的权利，发挥各民族人民在祖国社会主义革命和社会主义建设中的积极性。

民族识别工作是根据马克思列宁主义关于民族问题的理论和党的民族政策进行的。在工作中充分地照顾到各民族的特点和各民族的意愿，几年前在调查研究中识别民族的工作成绩是很大的。迄至现在经过大量的调查研究，我国已正式确定的有 55 个少数民族，比原来人们知道的增加了好多倍。包括民族识别工作在内的少数民族社会历史调查研究工作，也获得了显著成绩。例如解放初期在社会性质和汉族社会性质大体相同的少数民族地区胜利地完成了土地改革，调查研究工作曾起了一定的作用。

党中央和毛主席对于少数民族社会历史调查研究工作是极为关心的。1956 年，党提出了必须及时地、迅速地完成对我国各少数民族社会历史情况进行深入调查研究的任务。当时全国少数民族地区正处于民主改革、社会主义改造和社会主义建设的高潮中，各民族的面貌即将发生深刻的变化，必须不误时机地、广泛而深入地开展少数民族的社会历史调查工作，才能尽快地、更好地把少数民族旧的社会情况和存在的历史资料搜集起来。无疑这是宝贵的丰富的资料。在大变革的年代，怎样把这些材料搜集起来、整理出来，传诸后代，丰富祖国的民族文化和历史宝库呢？

1956 年在彭真同志亲自指导下，由全国人大民族委员会负责组织了内蒙古、新疆、西藏、四川、云南、贵州、广东、广西等 8 个少数民族社会历史调查组，要在 4 年到 7 年内基本弄清各少数民族在前资本主义的诸社会形态和在各个发展阶段上的具体材料。调查的方针是：首先调查社会生产力、社会所有制和阶级状况，然后尽可能地搜集历史资料和上层建筑的各个方面，包括风俗习惯等。在蒙古、藏、维吾尔、壮、傣、彝、黎、景颇、佤、鄂伦春等 20 个少数民族地区广泛地开展调查研究工作。

我国少数民族，在解放前由于历史上的种种原因，社会发展是极不平衡的。在解放以来历次调查基础上，对我国有 5600 多万人口的 50 多个少数民族的社会性质作出了科学的结论，截至解放时为止，大部分少数民族接近或者基本接近汉族的发展水平（个别少数民族在某些方面甚至还超过了汉族的发展水平）。有 400 多万人口的藏族、傣族、哈尼族等民族地区还保存着封建农奴制度。约 100 万人口的大小凉山彝族地区还停留在奴隶制阶段。另外还有景颇、傈僳、独龙、怒、布朗、佤、基诺、鄂伦春、鄂温克、珞巴和部分黎族等十多个少数民族（全部或者一部分），共 70 多万人口，还保留着更为原始的面貌，尚未完全进入阶级社会。

我们党在少数民族地区进行社会改革，就是根据各个民族的发展特点而决定的。例如对于那些原始公社残余比较浓厚，阶级分化虽已开始，但还不很明显的少数民族地区，党和国家采取大力帮助发展生产，进行经济文化建设，经过必要的社会改革，建立合作社，并实现人民公社化，直接向社会主义过渡。对那些已经进入阶级社会的少数民族，党和国家首先领导这些民族的劳动人民进行民主改革，废除奴隶制度与封建制度，然后进一步进行社会主义改造，过渡到社会主义社会。

1958年5月，国务院科学规划委员会成立了少数民族研究组，加强了对民族研究工作的领导。在同年6月23日成立的中国科学院民族研究所和中央民族学院共同召开了一次全国性的民族研究工作科学讨论会。在讨论会上，对过去两年的少数民族社会历史调查工作，做了检查和总结，肯定了成绩，由中国科学院民族研究所制定出在今后一年内民族研究工作的跃进规划。目标是一年内完成全国少数民族社会历史调查和编写50个民族的简史、简志，加上由地方编写的"民族自治地方概况"称为三种民族问题丛书，向国庆十周年献礼。

这样庞大而艰巨的任务，动员了中央与地方的有关机关、高等学校和科研机构的工作人员与学生数百人，除了扩大原来的八个调查组以外，又增设了青海、甘肃、宁夏、湖南、湖北、辽宁、吉林、黑龙江等8个调查组。各调查组人员，最多时达到1000人。这种包括专业研究人员、高等院校的有关师生、地方工作干部和民族工作干部的调查队伍，在16个省区的广大国土上，所进行的普遍的调查研究工作，其规模之大，在中外历史上，应该说都是空前的。

调查研究取得了以下主要成果：已经整理出的调查资料共有191种，1400多万字；整理完毕尚未付印的调查资料有154种，1500多万字；整理付印的档案资料和文献摘录32种，750多万字。在调查的基础上，编写并印出了少数民族简史、简志和简史简志合编初稿57部。

中国少数民族社会历史科学纪录影片，是少数民族社会历史调查研究的一个重要组成部分，它以电影艺术手段，根据调查材料的科学论证，系统地记录和复现了我国各少数民族民主改革前的历史和不同类型的社会形态，为民族学、人类学、社会学、历史学、考古学等学科的研究和教学，为普及社会科学知识，进行历史唯物主义、爱国主义和民族团结教育，提供了形象化的科学材料。从1957年开始摄制以来，已经完成21部影片。大部分影片在一定范围内放映后，曾受到有关部门领导的重视，得到观众和学术界的好评。这些影片尽管还有某些不足之处，但仍然是研究人类社会极为难得的资料。

与此同时，搜集了一定数量的民族文物。这些影片和文物都是珍贵的文化遗产。

总之，从1956年到1962年以及粉碎林彪、江青反革命集团以后所进行的少数民族社会历史调查研究工作，在党的领导下，群策群力，成绩斐然。在工作中尽管没有完成三套丛书的出版任务，存在着这样那样的不足，而贡献还是不小的，是历史上任何时期都不能比拟的。

事实证明，一方面，我们以社会生产力、社会所有制和阶级状况为重点的调查方针是正确的。马克思说："社会的物质生产力发展到一定阶段，便同它们一直在其中活动的现存生产关系或财产关系（这只是生产关系的法律用语）发生矛盾。于是这些关系便由生产力的发展形式变成生产力的桎梏。那时社会革命的时代就到来了。随着经济基础的变更，全部庞大的上层建筑也也慢或快地发生了变革。"马克思的另一个论断说："人们的生活从远古以来即建立在生产的基础上，建立在这种或那种社会生产的基础之上……"正是坚持了以经济基础为重点的调查方针，我们把50多个少数民族的社会性质，一个一个地作出了科学的答案。

另一方面，我们在批判西方资产阶级民族学、社会学在中国的影响，在调查组的影响时，对那种不要经济基础，用唯心主义形而上学的方法猎奇取异的倾向进行了批评和纠正，这是必要的。但是马克思主义对待前人的东西，对待旧的东西是要有分析、有批判的。我们认为对于西方资产阶级的东西，既不能一律信从、奉为圭臬，也不宜全盘否定、一棍子打死，而是要具体问题、具体分析，批判地而又是审慎地吸取其有益的部分。也就是说贯穿在他们调查中的为殖民主义、帝国主义服务的政治目的和唯心主义世界观的偏见，我们是要批判的，而他们在调查中积累的事实材料、某些经验，取得的某些成果，则要有分析、有批判地弃其糟粕、取其精华。这是一个复杂的问题。任何简单的否定或简单的肯定，都不是历史唯物主义和辩证唯物主义的态度。

由于"大跃进"的总的形势,我们对资产阶级民族学、社会学的批判,是受到了"左"的干扰的。致使一部分同志,不愿接触上层建筑的调查,或者这方面的调查多了一点,家庭婚姻、风俗习惯的调查多了一点,就心有余悸,怕犯错误,怕受批判。因此在整个调查材料中,上层建筑的材料比较少,留下的空白比较多。加上十年"文化大革命",把我国的民族学、社会学,干脆取缔,贬为资产阶级的伪科学,使人们对许多调查项目,望之生畏,不敢着手进行。

十年浩劫给少数民族社会历史的调查研究工作所造成的极大损失,是难以弥补的,研究工作者的积极性受到极大的挫伤,有的改行转业了。尚未整理的调查资料,许多散失了。个人积累的不少调查研究资料也散失了。特别是在大变革、大动乱的年代,许多原来的东西,倏忽即逝。加上20世纪五六十年代的许多历经沧桑的老人、历史的见证人,由于自然法则和十年浩劫的摧残已离开了人世,许多情况,年青一代不知道了。粉碎"四人帮"以后,我们再去西藏作调查时,和30多岁的人谈起来,什么是农奴、什么是谿卡(庄园),他们都恍若隔世。在1959年3月平息西藏叛乱时,他们只是八九岁、十多岁的孩子,农奴制度是个什么样子,怎么说得清楚呢?少数民族社会历史调查工作的迫切性、抢救性,至今仍是突出的,并非危言耸听,不能再漠视了。

在五六十年代大规模的社会历史调查中所积累的经验是丰富的。首先是贯彻了党的领导。由于有党的领导,才有可能出现由党和政府机关、科研机构、高等院校师生和广大群众相结合的群众路线的工作方法;调查研究工作才有可能在参加与配合当地的中心工作中进行,从而获得了广泛的、比较翔实的材料。

从调查方法说,正是按毛主席说的"向社会作调查"的方法,即深入各民族群众中,以甘当小学生的精神去做实地调查研究。着重从现状出发,调查各民族所处的社会发展阶段和社会结构方面的特点,而后追溯他们的族源,研究他们的形成、发展和消亡的规律,同时充分利用历史文献和其他有关学科的资料,以补充现状调查的不足。再如在调查中采取点面结合、调查与研究相结合、现状调查与历史追溯相结合等方法的经验,都是值得肯定和发扬的。

但是不论是点的或面的调查、综合的还是专题调查,下去之前都要做好准备工作。首先要明确调查任务和所要解决的问题，搜集有关的文字资料和口头资料，而后在这个基础上写出一份比较详尽的调查提纲。提纲经过充分的讨论之后，在调查中还可以修订或增减。只要根据各人所长进行适当的专题分工，在调查中互相协作补充，就会获得较好的成果。如果不重视搜集和熟悉已有的材料，没有一个切合实际的调查提纲，调查人员下去以后，茫茫然漫天撒网，那就会费时甚多，所得甚少，甚至无从掌握确切的材料。

有提纲，又要不被提纲所囿。要从实际出发，发现什么问题，就调查什么问题，举一反三，根据对象所熟悉的东西提问弄清楚问题。找个别人谈，或找两个人一起谈，或三五人、六七人开座谈会，对象都要经过选择，按问题的需要穿插进行。一般是几个人在一起的座谈会为好。

当天调查的材料，最好当天用大卡片的形式整理出来，这样就不会遗漏，容易发现问题，及时查对补充。事实证明，大卡片的方法是很好的。一个问题、一件事情写一张大卡片或两张大卡片，不打草稿，就可以收放起来，过一个阶段，归一下类，整理材料时就比较方便，可以说事半功倍。这对调查者来说是不太辛苦的。切忌把调查笔记放几周、几个月，甚至成年累月，才去整理材料，那就要翻天书了，吃这种亏的人，恐怕不是个别的。

对一个调查工作者的要求是比较多的。如懂得一种民族语言，有一点语言学知识，有一点考古学、人类学、人种学知识，有一点地理学、动植物学知识，有一点文学艺术素养，有一定的历史知识素养，对我们的调查研究都是有裨益的。因为在与群众的调查生活中，几乎每一天都会碰到新颖有趣的现象和问题。在这些广阔的社会现象和问题面前，总要求自己得出答案。书到用时方恨少，实地调查需要逼着我们学着干，干着学。如果某一方面的知识薄弱，在那里就会留下空隙。

这些肤浅的体会，集中到一点，对一个参加实际调查研究的工作人员，必须和基本群众建立深厚的感情。在民主改革中，在对敌斗争中，在风餐露宿的生活中，许多参加过调查的同志是有深刻体会的。你没有取得群众的信任，你没有甘当小学生的态度，这个调查，很难说是符合实际的。历史上大民族主义所造成的民族隔阂，没有完全消除之前，对于一个外族的陌生人，人家愿意吐心里话吗？不行的。

历史的经验证明，在少数民族社会历史调查研究的工作中，必须坚持共产党的领导，坚持社会主义，坚持无产阶级专政，坚持马克思主义、毛泽东思想的指引，才能做到在复杂的社会现实中不迷失方向。在我们的调查研究工作中，特别是要继续坚持党的领导，努力学习马列主义、毛泽东思想，并以之为我们在调查研究工作中的指针，我们的调查研究工作，才能在四个现代化的建设中发挥应有的作用，为社会主义物质文明和精神文明的建设做出应有的贡献。

这个发言，是我们在参加少数民族社会历史调查工作期间的一些认识和体会，认识很不全面、很不深入，加上不是集思广益讨论出来的东西，所以片面性，甚至错误都是难免的。这里还有曾经参加过少数民族社会历史调查组的前辈和同志，特别是有搞地方志多年经验丰富的同志，请给予批评指正。

(《新疆地方志》1984年第4期)

从婚姻丧葬来看风俗习惯的改革问题

（一）

最近，作者到北京市东部地区了解了一下农村风俗习惯的改革情况。

风俗习惯是社会上流行的人们在衣、食、住、行、婚姻、丧葬等方面的风尚和习惯。不同的民族有不同的风俗习惯。在一个民族内部，由于地区的不同，风俗习惯也不是完全相同的。北京市东部地区主要居住的是汉族人民，只有少数的回族、满族以及其他的少数民族人民。这篇文章着重以汉族人民在婚姻和丧葬这两方面的风俗习惯为例来谈风俗习惯的改革问题。

用历史唯物主义观点看，风俗习惯是社会的上层建筑，有怎样的生产力和生产关系就有怎样的风俗习惯。同时，上层建筑中的政治制度对于风俗习惯又有决定性的影响。

风俗习惯对于社会的经济和政治制度也有一定的反作用：它是从人们的日常生活方面，把当时的社会制度稳定下来。这对于巩固统治阶级的统治地位，是非常重要的。因此，我国历代的统治阶级，对于风俗习惯问题从来就非常重视。

在我国封建时代，在统治阶级的提倡和影响下，社会上长期形成了一整套反映封建宗法制度的风俗习惯，这种风俗习惯同时又受到宗教（主要是道教和佛教）和封建迷信的巨大影响。

自从鸦片战争以后，由于资本主义国家对我国的侵略，原来的封建经济结构遭到破坏，我国社会逐渐沦于半殖民地半封建状态，与社会制度方面的上述变化相适应，风俗习惯也发生了一些变化，而这种变化是与所谓"西方文明"的输入分不开的。

我国广大人民在风俗习惯方面规模比较大的改革，是和五四运动同时开始的。五四运动时期提出的"反对旧礼教"的斗争，实际上就包含了风俗习惯方面的改革。例如在婚姻方面，反对父母包办，争取婚姻自主，就是对于几千年的旧的婚姻制度的改革。又如反对丈夫死后妻子必须"守节"的斗争，也同样是对于几千年的婚姻制度的改革。这种改革，性质上是属于民主革命的范畴。

（二）

中华人民共和国成立以后，党领导我国广大人民进入了无产阶级社会主义革命的伟大历史时期。与社会制度方面的变革相适应，我国广大人民的风俗习惯也正在经历着一场巨大的变革。其规模之大、影响之深，在我国历史上是空前的。农业合作化和农村人民公社化使农村风俗习惯的改革发展到了一个高潮。几年来风俗习惯的巨大变革是我国社会主义革命的一个组成部分，同时也包含有继续完成民主革命的内容。在北京东郊农村可以具体地观察到，我国农村这些年来风俗习惯（特别是在婚姻和丧葬方面）所发生的巨大变化。

（1）自中华人民共和国成立，颁布了《婚姻法》以后，几千年相沿下来的"父母之命、媒妁之言"的那一套旧的婚姻制度，在一切先进地区的农村中，已经彻底被推翻了。特别是人民公社化以后，男女青年天天在一起劳动，一起学习，彼此很容易相识和了解，谈婚论嫁已经没有通过"媒人"的必要了。在这些农村中，广大青年已经获得了真正的婚姻自主。

（2）由于父母包办的婚姻制度的废除，几千年沿袭下来的父母把子女（特别是女儿）当作买卖对象，想从子女身上发一笔财的买卖婚姻，在一切先进地区的农村中，也已经彻底被推翻了。

（3）几百年相沿下来的男女在订婚前，由双方的父母把子女的生辰年月日，请"算命先生""合婚"的封建迷信，在一切先进地区的农村中，也已经彻底被破除了。

（4）结婚仪式也发生了巨大的变革。在一切先进地区的农村中，结婚"坐花轿"、用"吹鼓手""拜天地""入洞房"等旧的一套结婚仪式，已经废除了，而由新的、朴素的、文明的结婚仪式所代替。这种新仪式是：如果路途较远，新娘子就由生产队派大车送去；如果路途很近，新娘子自己就走去了。结婚一般是选择农闲时间或节日举行，根本不管什么"黄道""黑道"。结婚时，先由新郎新娘向毛主席像行三鞠躬礼，随后由大队支部书记或大队长讲几句祝贺和勉励的话，然后大家吃一顿饭（也有吃糖果的）就算"婚礼告成"了。第二天一早，新郎和新娘同大家一块下地干活去了，也没有"回门"那一套了。这就是我在北京市东部地区的农村中所了解的新的结婚的风气。

（5）丧葬方面，最显著的变化是，在一切先进地区的农村中，死了人都不再请和尚、道士念经"超度"了。现在一般是：死了人做一口棺材，在家停放一天尸体，接受亲友们的祭吊。穿"孝衣"的已经没有了，只有亲子女和儿媳妇在头上和脚上戴一点"孝"（蒙一块白布）。死了人做"纸活"（如纸人、纸马、纸房屋等）的也没有了。埋葬时既不用"杠"和"棺罩"，也不用"吹鼓手"了。出殡也不再看"黄道吉日"，一般是第二天就埋掉，也有当天就埋掉的。埋葬以后，做"百日""一周年""二周年""三周年"的也没有了，只是在每年"清明节"，上坟添一次土。这就是我在北京市东部地区的农村中所了解的新的丧葬的风气。

（6）在一切先进地区的农村中，埋葬死人也不再请"风水先生"看"风水"了。现在死了人，如果是有老坟的，就埋在老坟里；如果没有老坟，就找寻一块不能耕种的荒废地，在那里搞一个新坟。有人要在耕地里面埋死人，搞新坟，必须事先经过生产队领导的批准才行。因为现在土地都归集体所有了，任何人要随便在耕地里埋死人，"风水先生"要在耕地里选择埋死人的地方，生产队都是不准许的。

（7）在风俗习惯的其他方面，在一切先进地区的农村中，也都在发生变化。旧的奢侈的风习正在废除，新的朴素的风习正在建立。例如生了孩子"吃满月"，给老人"做生日"，盖了新房子要"暖房"等，一般都废除了。有人要办这些"喜事"的，也很俭朴，例如给老人"做生日"，蒸几个"寿桃"，吃一顿"寿面"，也就过去了。给孩子"吃满月"，送一点"茶汤面"也就算了。

这些改革究竟解决了哪些问题？它对社会生产力的发展又有哪些好处呢？

第一，在婚姻丧葬等方面，几千年遗留下来的铺张浪费的奢侈现象开始被废除了，而新的俭朴的风气正在建立起来。在1900年以前，王充就尖锐地批判了当时丧葬方面"空家以送终"的铺张浪费现象，他主张人死以后应该实行"薄葬"（《论衡·薄葬篇》）。但是只有在社会主义的中国，薄葬才可能成为社会上崇尚的风气。

废除丧葬以及其他方面的铺张浪费现象以后，我国广大人民把有用的人力、物力、财力集中使用到发展生产上面，就能促进社会生产力更迅速地发展。

第二，广大青年男女从封建婚姻制度下解放出来，这也就从婚姻方面解除了社会生产力发展道路上的阻力。封建婚姻制度所造成的不幸事件和痛苦，曾经是阻碍生产发展的因素；而新的婚姻制度则是有利于生产发展的因素。

第三，在婚姻丧葬方面，革除几千年来遗留下来的封建迷信的毒害，而由科学和无神论思想开始占领风俗习惯这个阵地，这对于迅速发展社会生产，有很大的好处。因为封建迷信不仅造成人力、物力、财力的巨大浪费，而且严重地束缚着人们的思想，使人们在命运面前低头。只有破除了封建迷信思想，人们才能解放思想，才能更有力地发展生产。

（三）

必须指出，风俗习惯方面的改革，是一个长期的斗争，不可能通过一两次运动就全部完成。这场革命现在正在继续进行，正在向更多的方面深入。有些旧的风俗习惯在一些比较落后的地区和比较落后的人们当中还存在着。值得注意的是，在有些地区，某些已经废除了的旧的风俗习惯，在一定的气候和条件下还可能恢复，新的风俗习惯还可能被挤掉。这是社会主义和资本主义的两条道路的斗争、无产阶级和资产阶级的阶级斗争在风俗习惯这个领域的具体反映。

现在，特别值得注意的是这样一些问题。

第一，必须在风俗习惯的各个方面进一步贯彻勤俭建国、勤俭持家的革命精神。据我了解，在一些比较落后的农村中，有些人在结婚的时候还"坐花轿"、用"吹鼓手""拜天地""入洞房"；丧葬方面还有用"杠"抬棺材、用"吹鼓手"、做"纸活"的。办"红白事"还有收"份子"大办筵席的现象，这种种铺张浪费现象，和勤俭建国、勤俭持家的精神是矛盾的。党的八届十中全会指出："全国城乡人民必须注意勤俭建国、勤俭持家，注意节约，注意保留一定的储备，以便逐步富裕起来，并且为天灾或者其他意外事故的需要而有所准备。"最近闭幕的第二届全国人民代表大会第四次会议的新闻公报中再一次强调指出，"所有的企业、事业单位、人民公社和机关、团体、学校的全体人员，要更好地树立起勤俭建国、勤俭办企业、勤俭办事业、勤俭办社、勤俭持家的良好风气"。反对风俗习惯方面（尤其是在婚姻丧葬方面）的铺张浪费，就是贯彻勤俭持家的这种革命精神的具体表现。由于最近两年粮食收成好，农民家中多少有了一些余粮，也有了猪羊，手中也有了钱，因而铺张浪费现象有继续发展的趋势，这是应该引起注意的一个问题。

第二，必须按照《婚姻法》的精神继续大力提倡新的风尚，反对买卖婚姻的残余。现在在有些比较落后的农村中，父母包办的买卖婚姻或多或少地还残存着。而在已经废除了旧的父母包办的买卖婚姻的农村中，有少数地方又出现了一种在结婚前由女方向男方索取大量财物的现象，这也是一种旧习俗的残余。这两种现象都是和我国的婚姻法的精神矛盾的。《婚姻法》中明确规定"禁止任何人借婚姻关系问题索取财物"，这就是说，我们既反对由父母包办的买卖婚姻，也反对由女方向男方索取大量财物的变相的买卖婚姻，因为前者是封建主义思想在婚姻方面的反映，后者是资本主义思想在婚姻方面的反映。我们要提倡的是真正以爱情为基础的婚姻，这才是社会主义的婚姻。恩格斯说过："结婚的充分自由，只有在资本主义生产与它所造成的财产关系底消灭，把今日对选择配偶尚有巨大影响的一切派生的经济顾虑消除以后，才能普遍达到。到那时候，除了相互的爱慕以外，再也没有别的动机存在了。"（《家庭、私有制和国家的起源》，人民出版社，1957，第77页）这就是我国青年男女对待婚姻问题的唯一正确的态度。

第三，必须在风俗习惯方面继续进行反对封建迷信的斗争。现在在一些比较落后的农村中，仍然有"看风水"的活动。这种活动对于广大人民的思想，有很大的毒害，它诱导人们把争取幸福的希望，不是寄托于发展生产，寄托于社会主义的道路，而是寄托于坟地的"风水"好坏上面，寄托于死去的祖先尸骨对于活着的子孙的保佑上面。这对于调动群众建设社会主义的积极性是很不利的。

这里还要谈一下，由于1000多年来"风水"迷信的毒害，死了人乱找地方，到处占用耕地埋葬死人，给我们留下了一个比较麻烦的问题。自从建立高级社以来，土地已经归集体所有了。但是在原来土地上的坟墓，还是归原主所有，他家死了人，还有权在老坟地里继续埋葬，而且可以为了埋葬死人而继续占用耕地面积。这里实际上就存在着一个死人和活人争夺耕地的问题。要解决这个矛盾，可能有几种办法，如提倡火葬、在不宜耕作的土地上建立公墓、提倡平埋深葬等。提倡这些办法，都要反对"看风水"等封建迷信。同时，由于这个问题关系到广大农民与其祖先的感情问题，绝不能采用行政命令的办法，只能教育广大农民由他们自己去认识这个问题，自己去解决这个问题。

（四）

改革风俗习惯，并不是把旧的风俗习惯统统去掉，而是去掉其中的封建的、资本主义的、迷信的、不好的部分。我们应该以阶级观点、生产观点、政策观点、科学观点为依据来对待风俗习惯的改革问题。凡是对于劳动人民有利或者无害，对于发展生产有利或者无害，符合或不违反党和国家的政策法令的精神，符合科学观点或不宣传迷信的风俗习惯，就是可以提倡或保留的；凡是有利于剥削阶级不利于劳动人民，不利于生产，违反政策精神，宣扬迷信思想的，就是应该抛弃的。风俗习惯的改革不能单纯依靠政府的行政命令来进行，而应该由各民族广大人民群众，根据各民族的、各地区的不同情况，由他们自己去作选择，自己去作决定。因而，必须在广大人民群众中反复进行关于风俗习惯改革问题的教育。除了要经常进行婚姻法等政策的教育之外，还应经常进行阶级观点的教育（也就是阶级斗争的教育）、生产观点的教育、科学观点的教育（也就是无神论教育），从各个方面进一步提高广大人民的政治水平和觉悟程度，以便使广大人民自己能够识别哪些风俗习惯是好的、哪些是不好的，从而自觉地对风俗习惯进行变革。

在向广大人民群众进行"移风易俗"的宣传教育的时候，表扬一些新事新办的典型事例，可以起很大的作用。在农村中，干部和社员是生活在一起的，天天要见面。干部在婚姻丧葬以及其他生活习惯方面采取什么态度，群众是很注意的，而且是跟着学样的。因此，在风俗习惯的改革方面，干部的以身作则，起带头作用，也是很重要的。

在风俗习惯的改革中，虽然主要应该使用反复进行宣传教育，表扬好人好事，干部以身作则的方法，但是这并不排斥在一定的时候、一定的场合下，也需要使用行政命令的强制手段。凡是问题涉及违犯国家法律的时候，政府就必须依法处理。

总起来说，风俗习惯的改革，是一个很长期的斗争过程，既不能操之过急，也不能放任自流。只有在党的正确领导之下，通过广大人民的自觉自愿，积极地、稳步地进行工作，才能收到好的效果。

（《前线》1964 年第 1 期）

无神论与宗教研究

关于无神论教育的几个问题

（一）

无神论教育，是社会主义革命和社会主义建设中需要长期进行的一项重要工作，也是实现四个现代化不可缺少的一项重要工作。

无神论教育问题，从实质上讲，就是共产党领导全国各族人民，同有神论和宗教进行斗争的问题。列宁在《论工人政党对宗教的态度》一文中指出："我们应该同宗教作斗争。这是整个唯物主义的起码原则，因而也是马克思主义的起码原则。但是马克思主义不是停留在起码原则上的唯物主义。马克思主义更前进了一步。它认为必须善于同宗教作斗争，为此要善于用唯物主义观点来说明群众信仰宗教的根源。"① 同宗教迷信进行斗争，不仅和党的宗教政策没有矛盾，而且正是全面地、正确地体现了党的宗教政策。

现在的问题在于：究竟采用什么方法，才符合列宁讲的"善于"同宗教作斗争的精神？毛泽东同志在《关于正确处理人民内部矛盾的问题》中说："我们不能用行政命令去消灭宗教，不能强制人们不信教。"可见用行政命令同宗教作斗争，不是正确的方法。

究竟采用什么方法，才是同宗教作斗争的唯一正确的方法？列宁早就作了正确的回答。他在《社会主义和宗教》一文中说："我们要求教会与

---

① 《列宁全集》第15卷，人民出版社，1959，第379页。

国家完全分离,用纯粹的思想武器,而且仅仅是思想武器,用我们的书刊、我们的言论来跟宗教迷雾进行斗争。"① 这就是说,我们向广大人民宣传无神论,进行无神论教育,就是共产党领导人民同宗教迷信作斗争的唯一正确方法。因为宗教信仰对广大人民来说,是个思想问题、认识问题、世界观问题。我们只能用正确的思想克服错误的思想,用正确的认识克服错误的认识,用正确的世界观克服错误的世界观,所以只能"用纯粹的思想武器,而且仅仅是思想武器,用我们的书刊、我们的言论来跟宗教迷雾进行斗争",不能用别的任何方法代替它。

列宁不仅向我们指出了同宗教迷信进行斗争的正确方法,同时用他的革命实践,为我们做出了同宗教迷信作斗争的光辉榜样。

十月革命以后,列宁亲自领导了向苏联广大人民进行无神论教育、反对宗教迷信的斗争。1922年,苏联办了一个杂志,名叫《在马克思主义旗帜下》。列宁在这个刊物的第三期上写了一篇文章,题为《论战斗唯物主义的意义》,给这个刊物规定了两条任务:一是捍卫唯物主义与马克思主义,二是宣传无神论。列宁认为这个刊物"应该是一个战斗的无神论的机关刊物","这个以担当战斗唯物主义机关刊物为己任的杂志,就要不倦地进行无神论的宣传和斗争,这一点是非常重要的。要密切注意用各种文字出版的一切有关文献,把这方面一切多少有些价值的东西翻译出来,或者至少应该摘要介绍"。②

在列宁的倡导下,苏联当时还办了一份通俗的周报,名叫《无神论者》,专门供苏联广大农民阅读。雅罗斯拉夫斯基写的《圣经是怎样的一本书》,先作为短篇文章,在《无神论者》周报上连续发表,后来又把它辑印成单行本,前后重版十次,在苏联农村中发生很大的影响(该书在我国已有中文译本,三联书店出版)。

列宁当时还亲自动员有理论修养的老布尔什维克编写宣传无神论的著作。斯切潘诺夫著的《上帝的起源》(此书在我国也有中文译本,三联书店出版),就是在列宁的指示下写成的。列宁为了鼓励斯切潘诺夫继续编写无神论的著作,1922年3月19日还给他写了下面这封亲切的信:"请您

---

① 《列宁全集》第10卷,人民出版社,1958,第64页。
② 《论战斗唯物主义的意义》,《列宁全集》第33卷,人民出版社,1957,第200页。

再写这样一本（先好好地休息一下）关于宗教历史和反对一切宗教（包括康德主义的宗教和精致的唯心主义的或精致的不可知论的宗教）的书，并且概述无神论的历史和关于教会同资产阶级联系的材料。"①

当时苏共中央为了开展无神论教育的需要，在斯维尔德洛夫共产主义大学中专门开办了"反宗教训练班"，在各级党校中也增设了"反宗教"的课程，培养了一批宣传无神论的专职干部。

上面这些事实，就是列宁给我们做出的"用纯粹的思想武器，而且仅仅是思想武器，用我们的书刊、我们的言论来跟宗教迷雾进行斗争"的光辉榜样，我们应该很好学习。

（二）

在林彪、"四人帮"横行时期，宗教问题方面流行过如下的看法：认为政治运动可以代替无神论教育，可以"消灭"宗教；从而有人认为，政治运动成了同宗教迷信进行斗争的最有效的方法，不仅宣传无神论成了多余的事情，而且列宁讲的"用纯粹的思想武器，而且仅仅是思想武器，用我们的书刊、我们的言论来跟宗教迷雾进行斗争"的原则，也已经"过时"了，应该"修正"了。这是一个宗教理论上的大是大非问题，值得加以探讨，值得把它搞清楚。

首先应该指出：社会主义社会不是宗教消亡的时期。因为在社会主义社会，人们对许多自然灾害还不能完全控制，还存在着自然力量对人们的支配。同时，社会主义社会还存在着阶级斗争，还存在着社会力量对人们的支配。这就是社会主义时期还有宗教存在的客观根源。在自然力量和社会力量对人们的支配都还存在的历史条件下，企图过早地、人为地"消灭"宗教，这是不可能办到的事情。

我国的革命实践证明，经过每次政治运动，宗教势力总是有所削弱，这是不可否认的事实。下面我只举一个突出的例子。

全国解放以后，在我国某些少数民族地区，进行了一场废除宗教封建

---

① 《给伊·伊·斯克沃尔佐夫－斯切潘诺夫》，《列宁全集》第36卷，人民出版社，1959，第592页。

主的压迫和剥削的斗争。在这场斗争中，由于彻底揭开了寺庙内部的黑幕，揭开了寺庙内部阶级斗争的盖子，暴露了宗教封建主的狰狞面目，使广大翻身农奴和牧民，看清了宗教封建主是披着羊皮的狼，是靠吃人肉、喝人血过日子的，认识到寺庙里供的神佛并不能真正解除人民的痛苦，只有在共产党的领导下，团结起来，向跟披着宗教外衣的大农奴主作斗争，推翻他们的反动统治，彻底废除宗教的封建压迫和封建剥削制度，才能解放自己。经过这场斗争，这些地区的少数民族人民群众的政治觉悟有了显著提高，僧侣的人数比以前大大减少。当寺庙封建主的反动统治被打倒以后，那些从小就被迫送进寺庙的僧侣，不仅获得了人身自由，同时也获得了真正的宗教信仰自由，他们才有权利根据自己的意愿，选择自己的信仰。他们既可以继续留在寺庙过自己的宗教生活；也可以回到自己的家乡，作一个社会主义的劳动者。经过这场反对宗教封建压迫和封建剥削斗争的少数民族地区，宗教势力显然是削弱了。

这次反对宗教界的封建压迫和封建剥削的斗争，可以说是对宗教势力削弱很大的一次政治运动。但是我们看到，经过这次政治运动以后，在这些少数民族地区，宗教继续存在着，继续获得许多虔诚的信教者的信仰，只是它的势力有所削弱，却并没有"消灭"。

在政治运动中，宗教势力受到削弱，这是群众斗争的结果，而不是政治运动代替了无神论教育。因为要把有神论者和宗教信徒改造成为无神论者，不仅要用辩证唯物主义和历史唯物主义阐明有神论和宗教的起源，阐明有神论和宗教的发展和消亡的规律，阐明宗教同阶级和阶级斗争的关系，阐明无产阶级及其政党对待宗教的态度，等等；而且要向广大的宗教信徒普及科学知识，阐明天体构造及其运行的规律，地球的形成和发展的规律，生物（包括人类）的起源与发展的规律，人类社会的发展规律，等等。所有这些科学知识的教育，都是政治运动不能代替的。政治运动本身不能传授这些科学知识。

宗教信仰对于广大人民来说，是思想问题、认识问题、世界观问题。要改变一个人的世界观，特别是要改变一个虔诚的宗教信徒的信仰问题，绝不是经过几次政治运动就可以解决的，而是需要做长期的、细致的、艰苦的思想工作，包括普及科学知识的教育。以为经过几次政治运动，有神论观念和宗教迷信就可以"消灭"，这是对宗教信仰问题缺乏正确认识的一种表现，也是对思想问题、认识问题一种简单化的看法。

特别值得指出的是，在政治运动中，对宗教的态度，往往容易出现逾越思想斗争的界限，而采取简单粗暴的拆毁庙宇、砸烂神像的过火行动。这是因为在一部分不信教的干部和群众中，容易产生如下的思想：宗教是"人民的鸦片"，应该让它消灭得越快越好。凡是发生上述情况的地方，从表面上看，宗教活动暂时是停止了，这就使有的人误认为宗教已经"消灭"了，但实际上，宗教活动不仅在暗中继续进行，而且信教者对宗教的信仰更虔诚了，宗教职业者在信教者中更受到尊敬，从而宗教在信教者的精神世界里的地位更巩固了。这就是恩格斯批判布朗基主义时所指出的："迫害是推行不惹人喜欢的信念的最好方法！这是靠得住的：今天唯一还能替上帝效劳的事，就是宣布无神论为钦定信条，以一般地禁止宗教来压倒俾斯麦反教会文化斗争的法令。"① 当年的布朗基主义者主张由国家下一道命令，强迫一切宗教信徒都成为无神论者。恩格斯认为他们干的是"替上帝效劳"的蠢事。恩格斯对布朗基主义的批判，今天仍有巨大的现实意义。

从以上的论述来看，政治运动虽然对宗教势力起到了一定的冲击作用，但终究不能代替无神论教育，更不能"消灭"宗教。因此，列宁提出的"用纯粹的思想武器，而且仅仅是思想武器，用我们的书刊、我们的言论来跟宗教迷雾进行斗争"的原则，是一条普遍真理，不仅过去适用，现在适用，就是到了将来，社会主义革命在全世界胜利以后，如果还有人信仰宗教，列宁的上述原则还是适用的。那种认为列宁的教导已经"过时"了，需要"修正"的看法，是不正确的。

(三)

向广大人民宣传无神论、进行无神论教育，是一项长期的、细致的、艰苦的思想工作。我们要充分认识到，有神论和宗教（包括原始社会的"自发宗教"和阶级社会的"人为宗教"），在世界上已经存在了若干万年，现在还在数以亿计的劳动人民的精神世界里居于统治地位。在许多国

---

① 《布朗基派公社流亡者的纲领》，《马克思恩格斯论宗教》，人民出版社，1955，第112页。

家和民族中,世世代代是全民信教和全家信教。要改变这种情况,绝不是轻而易举的事情。所以列宁在《论战斗唯物主义的意义》一文中指出宣传无神论的重大意义时说:"一个马克思主义者如果认为,被整个现代社会置于愚昧无知和偏狭昏暗境地的广大人民群众(特别是农民和手工业者)只要单纯受些马克思主义教育,就能摆脱昏暗的境地,那就是最大的而且是最坏的错误。"[①] 列宁的这一段话很值得我们深思。

我国是一个社会主义国家。无神论在我国已取得了公开合法的地位。但宣传无神论、进行无神论教育的工作还得有人去做。在我们国家里,混在宗教界的那些反动分子还会千方百计地进行破坏活动,反对社会主义制度。国外的阶级敌人也不会放弃利用宗教进行侵略和颠覆活动。因此,在社会主义国家的宗教领域里,还会存在着复杂的有时甚至是很尖锐的斗争。

对于社会主义国家的广大人民群众来说,宗教信仰是世界观问题。要转变这种错误的世界观,不是一件容易的事情,必须进行长期的、细致的、艰苦的无神论教育。

有神论和宗教还有很大的反复性,如有的人,在一个时期看来,似乎问题已经解决了,但是到了另一个时候,在另一种情况下,例如在遇到严重的自然灾害的时候,在生活中遇到各种不易克服的困难的时候,在家庭中发生惨痛的不幸事件的时候,有神论观念和宗教迷信就很容易复活。因此,无神论教育是一项长期的、细致的、艰苦的思想工作,需要持久地、广泛地、深入地进行下去。

我们向广大人民宣传无神论,进行无神论教育,有几个问题值得特别注意。

(1)无神论教育必须和科学普及教育密切结合起来。

无神论教育,就是用辩证唯物主义和历史唯物主义,分析有神论观念和宗教的起源、发展和消亡的规律,分析它们和阶级、阶级斗争的关系,阐明无产阶级及其政党对待有神论和宗教的态度,使广大人民群众对有神论和宗教的本质有一个正确的认识,对党的宗教政策有一个正确的理解,从而提高广大人民群众的政治觉悟,逐渐地把他们从有神论和宗教的桎梏

---

① 《列宁全集》第33卷,人民出版社,1957,第200~201页。

下解放出来。但仅仅进行这些教育，还是非常不够的。还必须同时进行科学普及的教育，如前面讲到过的关于天体构造和运行规律的教育，地球的形成及其发展规律的教育，生物（包括人类）的起源及其发展规律的教育，人类社会发展规律的教育，以及其他自然科学和社会科学基本知识的教育。从某种意义上讲，这些都是无神论教育。因为我们要把一个人改造成自觉的无神论者，没有各方面的科学知识作基础是不行的。这些科学知识可以从各个方面说明：世界是客观存在的，有它自己的客观规律，自然界根本不存在什么灵魂、鬼神和上帝。

（2）宣传无神论，千万注意不要伤害信教者的感情。

从理论上讲，无神论和有神论是水火不相容的。但是拿具体的人来说，无神论教育的主要对象是信教的人民群众，我们的目的是帮助他们，提高他们的认识水平，要他们自觉自愿地放弃宗教信仰，转变成无神论者。如果我们进行无神论教育而不注意方式方法，不讲究用词用句，这就会有意或无意地伤害对方的宗教感情，使他们和我们对立起来，那你讲的道理再对，他也听不进去。搞得不好，还会引起相反的效果。十月革命以后，列宁在领导苏联共产党（布）同宗教作斗争时就严肃地指出："党力求完全摧毁剥削阶级和宗教宣传组织之间的联系，同时使劳动群众实际上从宗教偏见中解放出来，并为此组织最广泛的科学教育和反宗教的宣传工作。同时必须注意避免伤害信教者的感情，因为伤害他们的感情只会巩固对宗教的盲目信仰。"① 列宁在别的文章中，也一再提到这个问题。说明无神论教育不仅要求动机好，而且更要求效果好。如果进行无神论教育时有意或无意地伤害了信教者的感情，就不可能有好的效果。

在"四人帮"横行时期，时常听到这样的说法，认为宗教是"反动的"。这种说法在理论上首先是错误的。因为现在世界上有若干亿宗教信徒，其中90%以上是工人、农民及其他劳动者。这些人都是我们的阶级兄弟。他们信仰宗教，当然是一种错误的世界观。但这是人民内部矛盾问题。对于劳动人民的错误的世界观，绝不能说它是"反动的"。因为"反动的"与"反革命的"是同义语，把劳动人民的宗教信仰说成是"反动的"，这就混淆了人民内部矛盾和敌我矛盾。

---

① 《俄共（布）党纲草案》，《列宁全集》第29卷，人民出版社，1956，第109页。

正是因为有人把劳动人民的宗教信仰说成是"反动的",把广大的信教群众推到敌人一边,这不仅伤害了信教者的感情,又制造了信教者与不信教者之间的紧张关系。特别是在现在的新时期,如不肃清这种流毒,更不利于安定团结,不利于调动广大的信教群众参加四个现代化建设的积极性。

(3) 宣传无神论应当充分利用人类历史上遗留下来的珍贵遗产。

列宁说:"恩格斯早就嘱咐过现代无产阶级的领导者,要把 18 世纪末叶战斗的无神论的文献翻译出来,广泛地传播到人民中去。我们惭愧的是,直到今天还没有作这件事(这是证明在革命时期夺取政权要比正确地运用这个政权容易得多的一个例子)。……18 世纪老无神论者所写的那些锋利的、生动的、有才华的政论,机智地公开地打击了当时盛行的僧侣主义。那些政论在唤醒人们的宗教迷梦方面,往往要比充斥在我们出版物中的常常歪曲(这是不容讳言的)马克思主义的文字更适合千百倍,因为这些文字写得枯燥无味,仅仅是转述马克思主义,几乎完全没有选择适当的事实来加以说明。"[①]

恩格斯和列宁评价很高的 18 世纪的老无神论者,就是梅叶、拉梅特里、爱尔维修、狄德罗、霍尔巴赫等人,他们都是 18 世纪法国杰出的无神论者。梅叶的《遗书》(已由商务印书馆出版),拉梅特里的《人是机器》(已由三联书店出版),狄德罗的《哲学思想录》(已由三联书店出版),霍尔巴赫的《自然的体系》(已由商务印书馆出版),爱尔维修的《精神论》(此书在 1933 年上海辛垦书店有中译本,但翻译质量不好,有重译的必要)等,都是这些老无神论者的代表作,是宣传无神论的世界名著。

18 世纪老无神论者的著作也不是没有缺点的。列宁早就指出:"在 18 世纪革命家的无神论著作中有不少不科学的和幼稚的地方。但是,谁也不会阻止出版者把这些作品加以删节和附以短跋,指出人类从 18 世纪末叶以来用科学态度批评宗教所取得的进步,指出有关的最新著作等等。……担心旧无神论和旧唯物主义在我国没有用马克思和恩格斯所提出的修正意见来加以补充,那是没有任何根据的。"[②] 全国解放以后,由于党和国家的重

[①] 《论战斗唯物主义的意义》,《列宁全集》第 33 卷,人民出版社,1957,第 200~201 页。
[②] 《论战斗唯物主义的意义》,《列宁全集》第 33 卷,人民出版社,1957,第 200~201 页。

视，我国翻译界和出版界在这方面已做了不少工作，但还有许多工作在等待着我们去做。我们应该继续积极翻译出版18世纪老无神论者的著作，同时要用马克思主义对这些著作中的"不科学"和"幼稚的地方"，进行分析批判，取其精华，去其糟粕，就可以使18世纪老无神论者的著作，在我国起到更好地宣传无神论的作用。

在充分利用历史珍贵遗产方面，我认为更应该强调要充分利用中国自己的无神论的珍贵历史遗产。

我国是一个具有极其丰富的无神论珍贵历史遗产的国家。春秋战国之际的公孟子，就有"无鬼神"的言论。战国时的荀子，著有《天论》《解蔽》等篇。汉朝的王充，在《论衡》中著有《论死》《死伪》《订鬼》《薄葬》等篇。南北朝的范缜著有《神灭论》。唐朝的柳宗元著有《天说》《天对》《答刘禹锡天论书》等文，刘禹锡也著有《天论》等文。清朝的熊伯龙著有《无何集》，如此等等，都是中国无神论的不朽名著。如果我们把我国历史上的无神论史料汇集整理出来，在此基础上编写出版一部《中国无神论史》，作为向我国广大人民宣传无神论的材料，我想和18世纪老无神论者的著作比较起来，并无逊色。现在我国已有许多单位的同志在从事这项工作，已有了一定的成绩，可望在不久的将来，在这方面做出应有的贡献。

（4）要明确无神论教育的主要对象是广大劳动人民，特别是广大农民（这是就我国的情况而言）。

过去我国的无神论教育主要在城市进行，接受教育的主要对象是干部、学生、知识分子、工人等，广大的农民和牧民一般很难受到无神论教育。但是，我国宗教信徒中占绝大多数的是广大的农民和牧民。农村和牧区是宗教活动最活跃的地方。这就向我们提出了一个要求：无神论教育的重点，应该由城市逐渐转移到农村和牧区，到那里去夺取阵地和占领阵地。

（5）无神论教育的方式方法应该多种多样，应该利用一切可以利用的宣传工具。

列宁讲的"思想武器"，我认为不仅包括书籍、杂志、报纸、报告会、讲演会等，而且包括戏剧、电影、小说、诗歌、电视、广播、幻灯片、连环画等。我们应该利用可以利用的一切宣传工具。在这方面值得注意的是，在我国历史上，历代统治阶级非常重视利用戏剧大量宣传有神论和宗教迷信,例如所谓"鬼戏""神戏"等,其目的就是向广大人民进行有神论教育。而历史上的无神论者,也同样用戏剧宣传无神论,进行破除迷信的斗争,例如以西门豹破除"河神娶妻"迷信为题材而编写的剧本,就有好几种。

社会主义社会应不应该提倡继续演出"鬼戏",20世纪60年代在我国戏剧界还进行过历时数年的争论。遗憾的是,在"四人帮"被打倒以后,"鬼戏"又在我国社会主义的戏剧舞台上、电影院里活跃起来了,"李慧娘"这出鬼戏还得到社会上某些人的捧场和赞扬,而宣传无神论的戏剧和电影就很少见到,有的人还认为演出无神论的戏剧和电影,会引起宗教信徒的抗议和反对,会影响党的宗教信仰自由政策的贯彻执行,这种认识是不正确的。我们不反对适当地演一些人民喜爱的"鬼戏"(如"李慧娘"),但更应当多演一些宣传无神论的、富有教育意义的戏剧和电影。例如西门豹反对"河神娶妻"的戏,在我国农村中上演,对于反对巫婆、神权的封建迷信还是有一定的现实意义的。当然,我们在演出时也应向群众说明,我们党虽然是反对封建迷信的,但是对于搞封建迷信的人,我们党的政策不是肉体上消灭,而是教育他们从事正当的职业,由寄生者变为自食其力的劳动者。这就是联系中国实际的生动的无神论教育。

(6)为了长期的、有计划、有领导地向全国各族人民进行无神论教育,我们认为还应建立一定的机构把这项工作主管起来,坚持下去。如果认为宣传无神论是件小事,只要写几篇文章,出几本书,搞一阵子就行了,就可以解决问题,那就要犯列宁讲的"最大的而且是最坏的错误"。

(牙含章:《无神论和宗教问题》,上海人民出版社,1964)

各种无神论学说简介（代序）

（一）

无神论有好几种：有古代的无神论，有"自然神论"的无神论，有"百科全书派"的无神论，有费尔巴哈的无神论，有马克思主义的无神论。马克思主义的无神论，是最彻底的无神论。

古代的无神论，主要就是中国古代的无神论和古希腊的无神论。根据我国的历史记载，春秋战国时代已有人公开宣传无神论了，公孟子说"无鬼神"（见《墨子·公孟篇》），他是我国自有文字的历史记载以来第一个举起无神论旗帜的人。我国后来的无神论学说，就是从这个传统发展下来的。

古希腊的无神论，以伊壁鸠鲁的学说为其代表。恩格斯说："希腊古典哲学的最终形式（尤其是伊壁鸠鲁学派），发展为无神论的唯物主义。"①

古代的无神论，不论是中国的还是希腊的，或者是简单地否定鬼神的存在，或者还不敢公开，而是拐弯抹角地否定鬼神的存在。既然鬼神是不存在的，为什么在人们的思想中又会有鬼神观念呢？古代无神论没有回答也不可能回答这个问题。因此，古代无神论只是一种朴素的唯物的世界观，还谈不上是一门科学。

---

① 《布鲁诺·鲍威尔和早期基督教》，《马克思恩格斯全集》第19卷，人民出版社，1963，第392页。

作为世界观来说,古代的无神论是一种正确的、进步的思想。因为一方面,它正确地反映了世界的本来面目(世界上本来就没有什么鬼神);另一方面,它又同错误的有神论观念进行了斗争。这种斗争,在人类历史上早就存在,一直没有间断过。这种斗争,一方面是正确的世界观与错误的世界观之间的斗争。另一方面,因为一切国家和一切民族的统治阶级都利用有神论和宗教麻醉广大人民的思想,以巩固剥削阶级对被剥削阶级的统治。这样,反对有神论和宗教的斗争就必然要触犯统治阶级的利益,遭到统治阶级的镇压和迫害。因此,无神论与有神论之间的斗争,又是意识形态领域里的阶级斗争。

"自然神论"的无神论,是以17世纪的荷兰唯物主义哲学家斯宾诺莎(1632~1677)为代表。他认为,自然界是存在的实体,除了自然界本身外,不存在超自然的任何东西。这就实际上否定了灵魂、鬼神、上帝等超自然物的存在。但是,"自然神论"又认为,自然界就是神,神就是自然界。"自然神论"的无神论在形式上还承认有神,这就决定了它的不彻底性。它同宗教的神学还没有实行彻底决裂。

"自然神论"的无神论,是在基督教支配西方国家达1800年之久,无神论者在"宗教裁判所"和火刑的死亡威胁下经历了漫长的艰苦岁月之后,才产生的。在当时的历史条件下,为了避免基督教的迫害,恢复伊壁鸠鲁的无神论学说的传统,争取无神论在社会上能够公开存在下去的合法地位,它不得不和宗教的神学进行一些妥协。"自然神论"的历史功绩主要在于它在西方国家中重新点燃了无神论的火炬,为18世纪的"百科全书派"无神论学说的产生开辟了道路。

18世纪"百科全书派"无神论,以法国的"百科全书派"为其代表。18世纪的老无神论者不仅直截了当地、完完全全地否定了灵魂、鬼神、上帝的存在,而且还尖锐地指出,一切有神论观念和宗教迷信,都是"骗子们"为了麻醉人民的思想而编造出来的谎言,广大人民则由于"愚昧无知",轻信了"骗子们"编造的谎言,上了他们的当。18世纪老无神论者的这种理论,如果用一个公式列举出来的话,就是后来人们常说的"傻子遇上了骗子"。"傻子"指的是广大人民,"骗子"指的是统治阶级豢养的宗教职业者。

18世纪的老无神论者都是当时杰出的民主主义革命的伟大战士。他们把反对宗教的斗争同反对封建专制主义的革命运动密切地联系在一起，把反对宗教迷信的斗争同当时的阶级斗争密切地联系在一起，号召人们起来革命，推翻宗教的和世俗的封建专制统治，把全人类从宗教封建主和世俗封建主的压迫剥削下解放出来。这是他们在当时的伟大贡献。

但是，18世纪的老无神论者把有神论和宗教的起源，简单地归之于"骗子们"的谎言，这是不科学的。毫无疑问，有神论和宗教在它们的发展过程中，经过宗教职业者的不断加工，使其更加条理，更加系统，更加完善，这是事实。特别是宗教变成统治阶级的工具以后，统治阶级以巨大的人力、物力、财力扶植宗教势力的发展，更起了重大的作用。但是，所有这些还不是有神论和宗教产生的真正原因。要找寻有神论和宗教产生的真正原因，必须抛开"傻子遇上了骗子"这个公式，从社会的物质生活条件和与此相适应的人类的认识水平方面，才能找到真正的原因。18世纪"百科全书派"的无神论虽然对人类作出了伟大贡献，但它毕竟还只是一种进步的、唯物的世界观，没有发展成为一门科学。

费尔巴哈的无神论，在理论上比18世纪"百科全书派"的无神论大大前进了一步。费尔巴哈在上帝观念和宗教起源问题上，完全抛开了"傻子遇上了骗子"那个公式，提出了一个新的比较科学的见解。费尔巴哈认为，上帝这个观念，是古代的人们对于世界和人类的起源缺乏正确的认识而产生的。那个时候的人们认为，世界和人类是由一个"至高者"创造的，这个"至高者"就是上帝。而人们在创造这个上帝的时候，是按人自己的形象仿制的，所以上帝的形象是"拟人的"。

费尔巴哈又认为，"宗教是人类精神之梦"，是人们生活于其中的现实世界的"迷人的假象"。人们生活的现实世界是什么样子，宗教所反映的也必然是什么样子。显然，费尔巴哈对上帝观念和宗教起源的认识，都远远超过了18世纪"百科全书派"的水平，已经接近科学地说明这个问题的程度。

费尔巴哈的无神论也有他的缺点，因为他的无神论是人本主义的。费尔巴哈正确地认为上帝是人们按照自己的形象仿制的，但是人们究竟是按照什么人的形象仿制上帝的呢？费尔巴哈没有进一步说明这个问题。恩格斯批评费尔巴哈时说，他讲的这个人，是一个"抽象的人"，不是"现实的人"。而"现实的人"都是有阶级性的，不是剥削阶级的人，就是被剥削阶级的人。在阶级社会里，"抽象的人"是不存在的。费尔巴哈没有认识到这个深度。

费尔巴哈又认为，宗教是现实世界的反映，这也是正确的。但是宗教反映的这个"现实世界"是一个什么样的现实世界？费尔巴哈也没有进一步说明这个问题。在阶级社会里，现实世界也是由剥削阶级和被剥削阶级组成的、存在着阶级斗争的世界。费尔巴哈也没有认识到这个深度。

因此，费尔巴哈的无神论虽然比18世纪"百科全书派"的无神论大大地前进了一步，但是他的无神论还有不科学的地方，他没有把无神论发展成为一门完整的、成熟的科学。

马克思主义的无神论一方面继承了人类历史上的一切无神论思想的优良传统，特别是直接继承了费尔巴哈的无神论思想的优良传统；另一方面，马克思主义的无神论学说又批判了各派无神论学说的错误的和不科学的部分。它既批判了18世纪"百科全书派"无神论的"傻子遇上了骗子"的错误公式，又批判了费尔巴哈的无神论的人本主义。马克思主义把辩证唯物主义和历史唯物主义的基本原理，具体应用到有神论观念和宗教迷信的研究领域，科学地阐明了有神论观念和宗教的起源问题，正确地反映了有神论观念和宗教的客观发展规律，建立了一个完整的无神论学说的思想体系，从而才把无神论发展成为一门科学。

（二）

马克思主义的无神论学说，是马克思主义的不可分割的一个组成部分。

马克思主义的无神论把辩证唯物主义和历史唯物主义的基本原理具体应用到有神论观念和宗教迷信这个领域，科学地阐明了有神论和宗教是怎样产生的？是在怎样的历史条件下产生的？它的发展和消亡的客观规律又是怎样的？无产阶级及其政党应该如何正确对待有神论和宗教问题？这些就是马克思主义无神论学说的研究对象。

马克思主义无神论不只是要正确地说明有神论和宗教，重要的是善于领导全世界的人民同有神论和宗教进行斗争，以便把广大群众从有神论观念和宗教迷信的桎梏之下解放出来，把全人类逐步改造成为具有科学的共产主义世界观的无神论者。这就是马克思主义无神论学说所担负的历史任务。这个历史任务是伟大的、长期的，同时又是十分艰巨的。

因此，马克思主义无神论学说同马克思主义的其他组成部分一样，是一门战斗的科学、实践的科学，是无产阶级和劳动人民进行社会主义革命和社会主义建设的一个锐利武器。我们学习、研究、宣传马克思主义无神论学说，是要用这个武器同我国的有神论观念、宗教迷信和封建迷信进行斗争，用这个武器同国内外阶级敌人利用宗教进行的反革命活动进行斗争；为我国各族人民的革命事业服务，为巩固我国的无产阶级专政服务；为正确地解决我国的有神论观念、宗教迷信和封建迷信问题服务。马克思主义无神论学说既是思想斗争的锐利武器，又是阶级斗争的锐利武器。

马克思主义无神论学说同马克思主义的其他组成部分一样，也是处在不断发展的过程中的。马克思主义的无神论学说和各个国家的革命实际结合起来，就必然要碰到许多从前没有碰到过的新问题。例如在我国解放以后，就碰到了一个废除宗教封建主的压迫剥削的新问题。还有，我国除了存在着各种宗教之外，同时还存在着许多封建迷信（驱鬼治病、求神问卜、相面、算命、看风水，等等），这又是一个新的问题。中国共产党运用马克思主义无神论学说的基本原理，制定了解决我国宗教界的封建压迫剥削问题和解决我国封建迷信问题的不同方针和政策，胜利地解决了我国革命实践中提出来的这些新问题，这就进一步丰富和发展了马克思主义的无神论学说。

（三）

马克思主义无神论学说的发展过程，同时就是同形形色色的资产阶级的和修正主义的宗教"理论"进行斗争的过程。全国解放以后，我国学术界在宗教问题的研究方面进行的争论，实际上就是马克思主义无神论同资产阶级"宗教学"的斗争。

资产阶级"宗教学"是19世纪中叶产生的。它的创始人是法国人孔德（1798～1857）。后来，经拉布克、斯宾塞、泰洛尔、金氏、施密特等人的发展，形成了一套可以暂时迷惑一部分群众的"理论"。

资产阶级"宗教学"以殖民地的"土著民族"的原始宗教为其研究的

对象。实际上，它是为英、法、德等帝国主义殖民政策服务的工具，它为殖民当局搜集殖民地"土著民族"的宗教信仰的情况资料，并献计献策，供殖民当局"治理"殖民地人民作参考。

资产阶级宗教学家为了完成后台老板交给他们的任务，的确做了不少调查工作，搜集了殖民地的"土著民族"（当时这些民族大部分还处于原始社会的氏族部落阶段）的有关原始宗教的许多生动的资料，并出版了大量的著作，传播到全世界。但是宗教是社会的上层建筑，是意识形态的一种表现形式，它的发生、发展和消亡，归根到底，是由社会的物质生活条件所决定的。这是历史唯物主义的基本原理。作为资产阶级的宗教学家，他们不可能是马克思主义者，它的创始人孔德还是马克思主义的死敌，这样的人怎么能够真正懂得宗教的发生、发展和消亡的客观规律？所以他们虽然搜集了不少关于原始宗教的资料，但是不能正确地研究分析这些资料。他们只是根据事物的现象，得出了一些荒谬的结论。例如孔德认为"实物崇拜"是人类最原始的宗教，斯宾塞认为"祖先崇拜"是人类最原始的宗教，泰洛尔认为"万物有灵论"是人类最原始的宗教，金氏又认为"巫术"是人类最原始的宗教。他们就像瞎子摸象一样，各摸着象的一个部分，就以为是象的全体，自以为是，咬住不放。实际上，他们把有神论观念和宗教混为一谈，认为有神论观念就是宗教，宗教就是有神论观念。这样，就必然要得出宗教和迷信是一回事，一切迷信都是宗教的错误结论。

资产阶级"宗教学"在全世界传播很广，在我国也有不小的影响。特别是由于有人给它的某些论点贴上了红色标签，它还有一定的市场。但是真理仅有一个，真理是客观存在的。

究竟真理在哪一边，相信广大读者是会做出正确判断的。

（牙含章：《无神论和宗教问题》，上海人民出版社，1964）

《中国无神论史》导言

编者按：《中国无神论史》是中国社会科学"六五"期间国家重点项目之一，将由中国社会科学出版社出版。牙含章同志为这部书写了长篇序言。本刊因限于篇幅，只选用了其中的一部分，反映了导言的基本观点。

中国无神论史，自古以来，比较突出的问题是"形神"关系问题，也就是有鬼与无鬼的斗争问题。

在中国历史上，第一个提出"无鬼神"的是公孟子。公孟子是战国时人，与墨子生于同一时代。公孟子本人并没有著作留传下来，他的"无鬼神"的观念是在《墨子》一书的《公孟篇》中保留下来的。公孟子是儒家，这是无疑问的。而儒家的创始人是孔子。

研究孔子对鬼神的态度，历代都重视《论语》中的记载。在《论语》中，孔子对鬼神问题采取回避的态度。而在《礼记》（郑玄注）中，孔子对鬼神究竟是怎么回事却明确地作了答复。

宰我曰：吾闻鬼神之名，不知其所谓。子曰：气也者，神之盛也；魄也者，鬼之盛也。合鬼与神，教之至也。众生必死，死必归土，此之为鬼。骨肉毙于下，阴为野土，其气发扬于上为昭明，焄蒿凄怆，此百物之精也，神之著也。因物之情，制为之极，明命鬼神，以为黔首则。百众以畏，万民以服。圣人以是为未足也，筑为宫室，设为宗祧，以别亲疏远迩，教民返古复始，不忘所由生也。众之服自

此，故听且速也。(《礼记》祭义第二十四)

《礼记》记载的孔子论鬼神的文章，可以分为以下五点。

第一，《礼记》这部书和《论语》同样是十三经之一，经过历代的考证，没有人怀疑它是伪书。

第二，孔子在这一段对话中，仍然承认有鬼神。但他对鬼神的看法，与当时社会上流行的看法完全不同。孔子认为："众生必死，死必归土，此之为鬼。"根据孔子的这种说法，鬼不是什么超自然的神秘之物，而是人死后埋在土中的尸体。

第三，孔子又说："骨肉毙于下，阴为野土，其气发扬于上为昭明，焄蒿凄怆，此百物之精也，神之著也。"根据孔子的这种说法，神也不是超自然的神秘之物，而是人死后从坟墓中蒸发出来的臭气。

第四，当时社会上为什么又流行鬼神是超自然的神秘之物的看法呢？孔子认为："因物之情，制为之极，明命鬼神，以为黔首则。百众以畏，万民以服。"用现在的话说，就是当时的统治者（孔子称为"圣人"）为了使老百姓（黔首）服从他们的统治，就把鬼神抬出来，而且抬到很高的地位，使老百姓非常害怕，乖乖地服从他们的统治。

第五，孔子又说："圣人以是为未足也，筑为宫室，设为宗祧，以别亲疏远迩，教民返古复始，不忘所由生也。众之服自此，故听且速也。"孔子认为只叫老百姓害怕鬼神还不够，又给鬼神修了庙宇，定期祭祀，加深影响，就会使老百姓很快地听从"圣人"的"教言"，服从"圣人"的统治。

孔子当时虽然没有公开说出"无鬼神"的结论，但从他对鬼神的看法，以及鬼神观念之所以得到统治者（圣人）大力支持的原因充分说明，超自然的神秘的鬼神是根本不存在的，鬼神观念之所以流行，完全是由于统治者（圣人）统治人民的需要而制造出来的。

公孟子是孔子学说的忠实信徒，他的伟大贡献在于他根据孔子对鬼神的看法，得出了"无鬼神"的结论，是对孔子的无神论思想的提高与发展。应该承认公孟子在当时是一个伟大的无神论者。

孔子与公孟子之后，经过了五六个世纪，到了东汉时期，王充对"无鬼神"的观念，在理论上又作了新的补充与发展。

一、王充认为世界是由万"物"构成的，人本身就是万"物"的一种。世界上其他的"物"死后都不为鬼，人死后当然也不能为鬼。

二、王充认为人的"精气"是依附于人的肉体而存在的，人死后肉体腐烂了，人的"精气"当然也消失了。

王充以后，在"形神"关系问题上，范缜在"神灭论"中又作了进一步的阐述，在理论上又提高了一步。清初的熊伯龙著了一本《无何集》，主要内容是分类汇集了王充《论衡》中的无神论的精华，也补充了王充《论衡》中所没有的历代无神论方面的论述。这本书总结了中国古代无神论的成果，是他的重大贡献。

到了 20 世纪初期，中国发生了反帝反封建的旧民主主义革命运动，从孔子、公孟子这一条线留传下来的无鬼论，作为反封建的一个武器，参加了反对有鬼论的斗争。有代表性的是 1903 年（清光绪二十九年）发表在《浙江潮》杂志上的署名陈榥的《续无鬼论》。陈榥的《续无鬼论》用生理学的知识，在理论上对我国古代的无鬼论作了新的补充。我们从他的文章中看到，他的无鬼论与孔子说的人死以后尸体埋葬土中为鬼的思想，是一脉相承的。所以无鬼与有鬼的斗争史，在《中国无神论史》的"形神"关系方面，形成比较完整、比较系统的思想体系。

中国无神论史，自古以来，另一个比较突出的问题是"天人"关系问题，也就是"天命"与"反天命"的斗争问题。

中国无神论史的"天人"关系问题，是从两条线索发展下来的，一条是儒家的线索，另一条是老子的线索，虽然都讲"天人"关系问题，但其观点并不相同。

儒家的创始人孔子是承认"天命"的，孔子的"天命"观，实际上是当时在世间流行的、在人们的精神世界里占统治地位的传统观念，而他则有所修正。如有人认为孔子所说的"命"不能解释为神所预定的宿命，而是自然界中的一种必然性。对这种必然性的制御，只有尽其在我，是人力无可如何的。

突破了孔子的"天命"观的，是儒家后起之秀的荀子。荀子是战国时人，荀子并没有明确地否定鬼神的存在，但他认为"天"并不能干预"人事"。荀子对"天人"关系问题上的重大贡献，就在于"明于天人之分"。用现代的话说，就是"天"只管自然界的事情，不能管人类社会的事情。

人类社会的事情,由人们自己行为的好坏所决定。他不但"非命",还要"制天命",即主张用人力去左右那种必然性。

到了唐朝,柳宗元与刘禹锡又在荀子的"天人之分"的思想基础上,作了新的发展。柳宗元认为:人间的吉凶祸福,是由人们自己决定的,希望由"天"主持公道,"赏功罚过",那是极大的错误。刘禹锡也认为:人世间的治乱兴衰,完全是由人事决定的,与"天"毫无关系。

刘禹锡在"天人"关系问题上,突出"天与人交相胜,还相用"的观点。用现代的话说,就是要发挥人的主观能动性,只要充分发挥人们的主观能动性,"天"的某些安排,也是可以改变的,可用四个字归纳为"人定胜天"。这是儒家在"天人"关系问题上,在理论上所达到的最高峰。

但是,在"天人"关系问题上的最根本的问题:世界究竟是上帝创造的,还是自然存在的?对这个问题第一个提出与旧的观念根本不同的新观念的,乃是老子。

老子是什么时候的人?其说不一。有人根据"孔子问礼于老子"的传说,认为老子与孔子是同时代人。

老子的《道德经》对世界的形成,有他自己的一套独特的见解。《道德经》是2000多年以前的人写的,由于当时的生产水平与科学水平的限制,他不可能懂得世界就是物质与运动这个道理,但他的基本观点是近似的。

一、老子认为:世界是由一种东西形成的("有物混成,先天地生"),这种东西他不知道应当叫什么名字,勉强地叫它"道"吧("吾不知其名,故强字之曰道")。

二、老子讲的这种东西("道"),从时间上说是无始无终的("故能长生")。

三、老子讲的这种东西("道"),从空间上说是无边无际的("道"生"万物")。

四、老子认为:"道"和"自然"是一回事("道法自然")。

五、老子的"道"生"万物"的观念,在当时来说,是在"天人"关系问题上的一大突破,一大革命。因为当时统治人们精神世界的是"天命"观,认为世间的万事万物是由上帝(造物主)创造与安排的。老子敢把上帝抛在一边,另外提出了一个"道",代替了"天"和"天命"的统治地位。

在"形神"关系方面,老子虽然也承认有鬼神,但他认为"以道莅天下者,其鬼不神;非其鬼不神,其神不伤人;非其神不伤人,圣人亦不伤人。夫两不相伤,故德交归焉"(《六十章》)。在老子看来,鬼神也是由"道"产生的,并不是什么超自然的神秘之物。

自从汉武帝"罢黜百家,独尊儒术"以后,老子的学说被贬低了,并产生了较大的变化。一方面是老子提出的"道"字,被中国的宗教职业者拿了过去,作为一面旗帜,创立了中国土生土长的人为宗教——"道教"。另一方面,老子的无神论思想由儒家继承下来,并加以改造,成为儒家的无神论思想的一个组成部分。所以后来,老子的"道"的观念与儒家的"气"的观念结合起来,形成了一种混合的"天人"观念。而把它发展成为一套比较完整的理论,是由宋朝的张载完成的。

张载的无神论思想,可以归纳为以下六点。

一、张载所说的"太虚",就是我们现在所说的世界、宇宙。

二、张载认为整个"太虚"(世界)是由"气"形成的,万物是由"气"产生的。

三、张载又把"气"分为"阴阳二气",并且认为"屈伸无方","运行不息"。也就是说:"气"在时间上说是永恒的,在空间上说是无限的。

四、张载认为:"气"之所以能产生万物,并无外力的推动,而是本身的运动("动非自外也")。

五、张载所说的"气",也就是"自然"("莫非自然")。

六、张载在"形神"关系问题上,也承认有鬼神,他说:"鬼神者,二气之良能也"(《正蒙·太和》),这和他的"气"的观念是统一的,他认为鬼神是阴阳二"气"的属性,并不是超自然的神秘之物。

张载虽然是儒家,但他把老子的"道"的观念,与儒家的"气"的观念合而为一,创造了一套比较系统的"气"的"天人"观。这是他在中国无神论史上对"天人"关系方面的一大贡献。因为他排除了上帝创造世界的传统观念,而坚持了世界是自然存在的观念。

总起来说,在"天人"关系问题上,中国历史上的无神论没有形成一个统一的、完整的思想体系。从老子的"道"到张载的"气",虽然在中国无神论史上在"天人"关系方面写下了光辉的篇章,但是真正在中国无神论历史上,在"天人"关系问题上,2000多年来占统治地位的,还是儒家的"天人相分"的思想,即轻"天命",重"人事","人定胜天"的思想。

中国无神论史已有了2000多年的历史,经历了许多朝代,在各个不同的朝代,各有其不同的思潮,又各有其不同的代表人物。

先秦时期(包括秦代在内),是中国无神论史有文字记载的开始。这个时期的无神论与有神论斗争的思潮,主要表现在以下三个方面:一是"天命"与反"天命"的斗争,二是"有鬼"与"无鬼"的斗争,三是反对世俗迷信的斗争。无神论方面的代表人物是孔子、公孟子、老子、荀子和西门豹等人。

我国史学界有人把春秋战国时期,作为中国由奴隶社会向封建社会过渡的时期,那个时期的无神论思想,是代表新兴地主阶级的思想。它是在新的生产力与生产关系的经济基础上产生的新的意识形态的一个组成部分。从其性质来说,是进步的、革命的。

两汉时期是中国无神论的理论形成时期,同时也是中国有神论的新的理论形成时期,主要表现在以董仲舒为代表的"天人感应"神学与谶纬迷信。这两个方面的斗争,成为这一时期的无神论与有神论斗争的主要思潮。无神论方面的代表人物是:王充、杨王孙、桓谭、张衡和仲长统等人。

魏晋南北朝时期,中国无神论与有神论的斗争出现了新的情况。这一时期,中国土生土长的道教产生了,从国外输入的佛教也兴盛起来了,于是"神不灭"与"神灭"的斗争,成为这一时期无神论与有神论斗争的主要思潮。无神论方面的代表人物是:范缜、杨泉、阮瞻、阮修、鲁褒、鲍敬言、何承天、范晔、刘峻、邢邵、樊逊等人。

隋唐时期(包括五代时期),无神论与有神论的斗争,以反"天命"为主体,以反佛、道为两翼,成为这一时期的主要思潮,特别是在反"天命"方面,又有了新的发展与突破。无神论方面的代表人物是柳宗元、刘禹锡、傅奕、吕才、李华、李筌、林蕴、皮日休等人。

宋元明时期(包括辽、金、西夏在内),无神论与有神论的斗争,特别是在"天人"关系方面,产生了张载的"气"的"天人"观,这在理论上说,是一个新的发展,是这一时期无神论与有神论斗争的主要思潮。

同一时期，反对世俗迷信的斗争，特别是反对"风水"迷信的斗争，出现了相当激烈的局面，也成为这一时期无神论与有神论斗争的另一思潮。无神论方面的代表人物是张载、李觏、王安石、欧阳修、司马光、陈亮、叶适、谢应芳、储泳、王廷相、吕坤、唐顺之等人。

清代（截至鸦片战争以前）的无神论与有神论斗争的中心乃是宋元明时期的继续，其特点则是：具有中国古代无神论的总结性与向新时期的无神论的过渡性。既标志着中国古代无神论发展到了它的顶峰，也标志着中国古代无神论的终结，并构成这一时期无神论与有神论斗争的主要思潮。无神论方面的代表人物是王夫之、黄宗羲、熊伯龙、陈确、方以智、王清任、洪亮吉等人。

近代（自鸦片战争至五四运动），西方的自然科学与社会科学逐渐输入我国，西方的无神论思想也包括在内，这就给我国的无神论与有神论的斗争增添了新的内容，也给中国无神论者带进来了新的思想武器。

这一时期，也是中国历史的一个新时期的开始。由于帝国主义的入侵，中国开始由封建社会沦为半殖民地半封建社会。同时，由于资本主义的产生，中国也产生了资产阶级与无产阶级，中国兴起了旧民主主义的革命运动，中国无神论作为反封建的思想武器，也参与了旧民主主义的革命运动，因而中国无神论与有神论的斗争成为中国旧民主主义革命的一个组成部分，也成为这一时期无神论与有神论斗争的主要思潮。无神论方面的代表人物是：严复、章炳麟、朱执信、胡适、蔡元培、陈独秀、李大钊等人。

中国无神论是世界无神论的一个组成部分，中国无神论史是世界无神论史的一个组成部分。我们要研究中国的无神论及其发展史，并作出适当的评价，就必须与世界其他国家的无神论及其发展史作一比较，才能恰当地指出中国无神论在世界无神论发展史上占有什么样的地位？作出了哪些贡献？现在又处在什么样的状态？这些是研究中国无神论史应该回答的重大问题。

从世界范围来说，无神论这门学科早就有了，但是对这门学科的研究，目前还很薄弱。外国有关无神论及其发展史的研究成果，我们看到的还不多。考察和比较一下中国与西方无神论思想的发展脉络是有一定意义的。

西方各国的无神论，见诸文字史料记载的，最早出现于古代的希腊，代表人物是伊壁鸠鲁。

伊壁鸠鲁生于公元前341年，卒于公元前270年，相当于我国战国时期的周显王二十八年到周赧王四十五年。我国第一个提出"无鬼神"的人是公孟子，他和墨子是同时代人。墨子约生于周贞定王元年，约卒于周安王二十六年，相当于公元前468年到公元前376年。墨子比伊壁鸠鲁早生100多年，公孟子当然也比伊壁鸠鲁早生100多年。从现有的史料来看，全世界第一个提出"无鬼神"观念的，是中国人公孟子。中国无神论在当时来说，居于领先地位。如果我们把中国无神论的创始人定为孔子，孔子生于春秋时的周灵王二十一年，卒于周敬王四十五年，相当于公元前551年到公元前479年，孔子比伊壁鸠鲁早生210年，中国无神论在世界无神论历史上更居于领先地位。

在伊壁鸠鲁之后，有六七个世纪，即从公元前3世纪到公元4世纪，是西方无神论比较顺利发展的时期。这时西方无神论的基地逐渐由希腊转移到罗马，在罗马帝国产生了许多杰出的无神论者，最著名的就是卢克莱修，他生于公元前99年，相当于我国汉武帝天汉二年，卒于公元前55年，相当于我国汉宣帝五凤三年。卢克莱修是伊壁鸠鲁的忠实信徒，他用诗歌形式，对伊壁鸠鲁的原子说作了系统的宣传。

在卢克莱修逝世后的82年，我国也产生了一位杰出的无神论者王充。王充生于汉光武帝建武三年，卒于汉和帝永元九年，相当于公元27年到公元97年。这一时期，可以说是西方无神论与中国无神论都处于比较顺利的发展时期。

公元5~17世纪，在西方历史上称为"中世纪黑暗时期"，前后1300余年。这一时期，基督教成为西方许多国家的"国教"，基督教的"教义"统治了人们的精神世界，凡是不符合基督教"教义"的学说，一律被称为"异端"，受到残酷的迫害，无神论当然列为"异端"的一种。后来，意大利、西班牙、比利时、法国等国还成立了"宗教裁判所"（也叫"异端裁判所"），在1619年，即我国明神宗万历四十七年，意大利的"宗教裁判所"把哲学家瓦尼尼以"宣传无神论"的罪名，用火刑烧死了。在这么残酷的迫害之下，西方的无神论者只有转入地下，不可能有公开的无神论著作留传下来。因此，这一时期西方无神论从形式上说，是中断了。偶尔有人发表一些带有无神论倾向的片断言论留传下来,当时也被人们认为是"怀疑论",或"不可知论"。

与西方的"中世纪黑暗时期"同一时期,中国的无神论却处于比较正常的发展状态。这一时期,中国产生了许多杰出的无神论者,留传下来了许多不朽的无神论著作。如阮修的《无鬼论》、鲁褒的《钱神论》、范缜的《神灭论》、何承天的《达性论》、柳宗元的《天说》、刘禹锡的《天论》、张载的《正蒙》、谢应芳的《辨惑编》、王廷相的《雅述》,等等。比较起来说,西方无神论的中断时期,正是中国无神论的发展时期。

为什么这一时期西方无神论史与中国无神论史处于迥然不同的境地?这是由中国与西方不同的历史条件所决定的。

在中国境内,虽然佛教与道教都得到统治阶级的扶植与利用,但都没有取得基督教在西欧各国所取得的只有基督教可以存在、其他宗教都不允许存在的那种垄断地位。所以在中国的任何朝代,都没有设置过"宗教裁判所",更没有制定过"异端"处以火刑的法律。所以中国的无神论者或具有无神论思想倾向的人,都没有受到像西方无神论者所遭受的那么残酷的迫害。

问题的实质在于,在中国,自汉武帝宣布"罢黜百家,独尊儒术"以后,历代统治者都把儒家的思想列为"治国平天下"的正统思想,并得到历代统治阶级的越来越高的待遇。而中国的无神论者或具有无神论思想倾向的人物,除个别人外,几乎全部是儒家,他们把无神论思想也认为是儒家的思想,因而儒家的外衣对中国无神论者起了很重要的保护作用。再加上中国的无神论者或具有无神论思想倾向的人,大都是当时的思想家、哲学家、政治家、军事家、教育家、史学家、文学家,等等,无神论思想只是他们思想的一个组成部分。这些人在当时,在社会、政治上,一般都有较高的地位。因此,虽然中国历代的统治者对无神论并无兴趣,但因为它披着儒家学说的外衣,不得不在一定的范围内,给予其合法存在的地位。这就是在"中世纪黑暗时期",中国无神论与西方无神论走了迥然不同的道路的根本原因。

14～16世纪,在西方也称为"文艺复兴时期",也就是资本主义生产方式的酝酿时期。西方的无神论思想作为代表新兴的资产阶级民主革命的一种意识形态,开始进行恢复活动,担负起这个艰巨的历史任务的代表人物是 17 世纪的荷兰人斯宾诺莎。由于新兴资产阶级需要发展商品生产，它就需要科学，而要发展科学，就必须冲破基督教神学的束缚。而在当时，一方面是资产阶级的力量还很弱小，另一方面是封建主义与教会势力还很强大。无神论与有神论的斗争，显然有神论占有绝对优势，因而斗争是激烈的又是艰苦的。

斯宾诺莎出生的前 13 年，即 1619 年，意大利的无神论者瓦尼尼被处以火刑。在当时的政治形势之下，要恢复无神论必须与教会势力和基督教神学采取某种妥协的策略，才有可能在社会上逐步站住脚跟。所以斯宾诺莎创立了一种新的学说，他认为宇宙间只有一个实体存在着，这就是自然，而自然也就是神。他把自然与神说成一回事。因此，他的新学说被称为"自然神论"。

但是教会势力仍然不放过他，把斯宾诺莎开除出了教会，把他在 1670 年匿名出版的《神学政治论》列为"禁书"，禁止流传。他本人被迫在农村以磨镜为生，45 岁就被肺病夺去了生命。

继斯宾诺莎之后，为恢复西方无神论而作出巨大贡献的，是法国人梅耶。他出生在斯宾诺莎逝世的前 13 年，他的处境比斯宾诺莎好不了多少。他本人的职业是牧师，他生前没有讲过一句不敬上帝的任何言论。但他死后，却发现了《遗书》三大卷，完全是无神论的观点。他认为上帝和灵魂都是不存在的。世界是由运动的物质构成的，在时间上是永恒的，在空间上是无限的。

到了 18 世纪，西方各国的政治形势发生了根本变化，资产阶级在西方各国形成了巨大的社会力量，各国先后爆发了民主主义革命运动，无神论在这场革命中起了启蒙作用。由于封建主义与教会势力日益削弱，无神论也由秘密活动转为公开活动，并涌现出一批恩格斯和列宁所称赞的"老无神论者"，他们创作了大量的列宁誉之为"锋利的、生动的、有才华的"无神论著作。著名人物与著名著作如拉梅特里的《人是机器》、狄德罗的《哲学思想录》、爱尔维修的《精神论》、霍尔巴赫的《自然的体系》，等等。他们的无神论著作都是在他们生前出版的。他们公开否定上帝的存在，公开否定灵魂的存在。

到了 19 世纪，德国人费尔巴哈又把西方无神论在理论上提高到一个新的水平。费尔巴哈的无神论为马克思主义的无神论的产生开辟了道路。从此西方无神论思想在世界无神论思想发展史上，代替中国无神论而居于领先地位，对比起来看，中国无神论是落后了。当然，这和帝国主义势力侵略我国，我国沦为半殖民地半封建社会的落后状态是分不开的，和这一时期的历史背景是分不开的。

与此同时，西方的自然科学和社会科学大量输入我国，马克思主义的无神论也随之输入我国，于是我国的无神论与有神论的斗争史，进入了一个新的历史发展时期。

（《社会科学战线》1988 年第 2 期）

中国无神论史初探

（一）

社会主义国家，在人民民主专政下，向各族人民系统地宣传无神论，是同有神论和封建迷信进行斗争的唯一正确的方法。这个斗争将存在于从资本主义过渡到共产主义的整个历史时期。

我们党在粉碎了"四人帮"以后，领导全国各族人民为把我国建设成为现代农业、现代工业、现代国防、现代科学技术的社会主义国家而努力奋战，我国的社会主义革命和社会主义建设又跨进了一个新的历史时期。在新的历史时期，继续深入开展无神论的宣传教育，是我国社会主义革命的需要，具有很重要的现实意义。

宣传无神论有许多方面的内容。整理和宣传人类历史上遗留下来的无神论的珍贵历史遗产，就是宣传无神论的重要内容之一。"恩格斯早就嘱咐过现代无产阶级的领导者，要把18世纪末叶战斗的无神论的文献翻译出来，广泛地传播到人民中去"。① 虽然18世纪老无神论者的著作中，还有许多不科学的地方，这并不妨碍我们另写文章加以批判。我国是一个具有丰富的无神论珍贵历史遗产的国家。我们应该遵循毛泽东同志制定的"古为今用"的方针，继承和整理这一份珍贵的历史遗产，在广大人民中进行宣传，使它充分发挥应有的作用，使之成为同我国的有神论、宗教迷信、

---

① 《列宁全集》第33卷，人民出版社，1957，第200页。

封建迷信进行斗争的锐利武器，更好地为我国的社会主义革命和社会主义建设事业服务。

从历史的角度来说，整理和宣传我国无神论的珍贵历史遗产，是中国资产阶级在民主革命的过程中就应该进行的。但是，中国的资产阶级没有完成这项历史任务。正如毛泽东同志所指出的："中国幼稚的资产阶级还没有来得及也永远不可能替我们预备关于社会情况的较完备的甚至起码的材料、如同欧美日本的资产阶级那样。"① 在无神论这个领域的情况也是如此。实际上，中国资产阶级不仅没有写出一本中国无神论史，而且连一本关于中国无神论思想的史料汇编也没有搞出来。因此，这项历史任务就完全落到中国无产阶级的肩上。我们现在要进行我国无神论的历史遗产的研究工作，没有一本现成的史料汇编可以利用，我们自己非作搜集材料的工作不可。全国解放以后，我国的史学工作者和哲学工作者，在这方面已作了不少的工作，对我国历史上杰出的无神论者——如王充、范缜及其著作，也进行了比较深入的研究，并且写了一些论文，出版了一些小册子，这对于整理中国无神论的珍贵历史遗产来说，当然提供了一些有益的启示。

我国无神论的珍贵历史遗产是极其丰富的。但是，由于历代封建统治阶级的摧残，无神论专著保留下来的并不多。有的人虽然著有《无鬼论》《无鬼神论》等专著，却早已佚失了。现在保留下来的关于无神论的史料，是散存于经史子集、诸子百家以及稗官野史的著作之中，而这些著作之多，真可以说是"浩如烟海"。要把这些书通读一遍，也不是一个人的一生精力可以办得到的。这项工作必须由有关的部门主管起来，作为一项任务，组织一批专人去搞，先把资料收集起来，分批分集出版。这一步工作做好了，就为下一步的研究工作提供了条件。

对于整理和研究我国古代文化，毛泽东同志早就明确地指出："中国的长期封建社会中，创造了灿烂的古代文化。清理古代文化的发展过程，剔除其封建性的糟粕，吸收其民主性的精华，是发展民族新文化提高民族自信心的必要条件；但是决不能无批判地兼收并蓄。必须将古代封建统治阶级的一切腐朽的东西和古代优秀的人民文化即多少带有民主性和革命性

---

① 《毛泽东选集》第 3 卷，人民出版社，1953，第 749 页。

的东西区别开来。""中国现时的新文化也是从古代的旧文化发展而来，因此，我们必须尊重自己的历史，决不能割断历史。但是这种尊重，是给历史以一定的科学的地位，是尊重历史的辩证法的发展，而不是颂古非今，不是赞扬任何封建的毒素。"① 毛泽东同志的这一段话，也正是我们整理和宣传我国无神论珍贵历史遗产的唯一正确的指针。由于历史条件的限制，我国历史上的许多杰出的无神论者的著述，也有它的不科学的地方。例如有的人否认有鬼，但又不敢否认天命；有的人敢于否认天命，却又承认有鬼。看起来，这似乎是矛盾的，但又是真实的。我们的工作，就在于既要肯定他们的正确的东西，又要批判他们的错误的东西，这就是取其精华，弃其糟粕。

整理和研究中国无神论史，对于我们来说，还是初学。这篇文章仅仅是一个尝试，只是根据我们掌握的有限材料，给中国无神论史（从春秋战国到五四运动）描绘了一个大致的轮廓。拿出来的目的，完全是"抛砖引玉"，希望引起更多的同志对这个问题的注意和兴趣，共同进行研究，以便使整理、研究和宣传我国无神论珍贵历史遗产的工作更加深入地开展起来。

（二）

从我国遗留下来的文字史料来看，明确地否定鬼神的无神论思想是在春秋战国时期产生的。但是这种思想不可能突然产生出来，它必须有一个历史的发展过程。《诗经》中的怨恨上帝的思想，就是这种思想的萌芽。

《诗经》这本书，大约编成于春秋时代，它收集了300多首诗歌，其中有许多民歌，相传是西周王朝派出的官员到各地搜集的。这部分民歌，反映了当时受压迫受剥削的奴隶们对奴隶主的黑暗统治和腐朽生活的揭露和批判，也对"昊天上帝"的不公正发泄了不满和怨恨的情绪。例如：

---

① 《毛泽东选集》第2卷，人民出版社，1955，第667~668页。

瞻卬昊天，则我不惠。①

疾威上帝，其命多辟。②

不吊昊天，乱靡有定。式月斯生，俾民不宁。③

浩浩昊天，不骏其德。降丧饥馑，斩伐四国。旻天疾威，弗虑弗图。舍彼有罪，既伏其辜。若此无罪，沦胥以铺。④

从这些民歌所反映的思想来看，它虽然还承认有"旻天"，有"上帝"，但认为"旻天""上帝"对受苦受难的奴隶大众是不仁慈的、不公正的，而且是糊里糊涂的。我国的无神论就是从这种思想中孕育的。

明确地否定上帝，否定鬼神，反对迷信的思想，产生于春秋战国时期。

春秋战国时期（从公元前770年到公元前221年），是我国由奴隶社会向封建社会过渡的时期，是新旧势力激烈斗争的时期。适应这个时期的各阶级的需要，意识形态领域里的斗争，也是极其错综复杂的，各种各样的思潮纷纷涌现，形形色色的学术派别不断产生。无神论思想就是在这个时期，作为代表进步势力的一种思潮，登上了我国的历史舞台。

无神论在我国历史舞台上一出现，就具有强烈的战斗性。它的斗争锋芒直接指向当时在社会上居于统治地位的神权思想。当时的奴隶主阶级的反动统治和神权思想是紧密地结合在一起的，即所谓"君权神授"和"受命于天"。当时的神权思想大体上可以概括为三个内容：一是宗教迷信，即对"昊天上帝"和日月山川等神祇崇拜，政府里设有一种官职叫作"祝"，他的主要任务就是主管宗教祭祀。二是对鬼魂，主要是对祖先鬼魂的崇拜，由他的子孙们主持经常的祭祀。三是对巫觋卜筮等迷信的崇拜，那时政府里设有一种"卜人"的官职，他的任务就是主管日常的占卜；而巫觋则几乎包揽了对一切人的疾病的医治。在那个时期，上面讲的这些迷信不仅在人们的精神世界里居于统治地位，而且每个人办任何事，都要和这些迷信打交道。

春秋时期的无神论者，还不敢公开否定鬼神，但对这些迷信开始采取

---

① 《诗经·大雅·瞻卬》。
② 《诗经·大雅·荡》。
③ 《诗经·小雅·节南山》。
④ 《诗经·小雅·雨无正》。

了保留态度。这一类的记载很多，下面我只举几个例子。

管仲（前？～前645年，生年不详，卒于周襄王七年），春秋时齐国人，在齐桓公时曾任过卿；因他进行改革，使齐国富强起来。《管子》一书中说："凡物之精，此则为生，下生五谷，上为列星，流于天地之间，谓之鬼神。"① 管仲虽然还没有否定鬼神，但他认为鬼神是"物之精"，也就是形成世界万物的物质。

子产（前？～前522年，生年不详，卒于周景王二十三年），名公孙侨，春秋时郑国人，郑简公时为卿，进行过改革。当时有一个卜者裨灶说："不用吾言，郑又将火。"有人就请子产用"瓘斝玉瓒"祭神，子产不从。他说："天道远，人道迩。非所及也，何以知之？灶焉知天道？是亦多言矣，岂不或信。"② 子产认为天道与人事不相关及，卜者的话是不可信的，有时说对了，那只是碰巧而已。

晏婴（前？～前500年，生年不详，卒于周敬王二十年），春秋时齐国人，齐灵公、齐景公时为卿。《晏子春秋》中说："景公病久不愈，欲诛祝史以谢，晏子谏。""且夫祝直言情，则谤吾君也，隐匿过，则欺上帝也。上帝神则不可欺，上帝不神祝亦无益。"③ 晏婴对上帝究竟神不神是持保留态度的。

孙武，生卒年不详。春秋时齐国人，后来到吴国，吴国阖闾（执政时期为前514～前496年）任为将，率军攻破楚国。《孙子兵法》中说："故明君贤将，所以动而胜人，成功出于众者，先知也。先知者，不可取于鬼神，不可象于事，不可验于度，必取于人，知敌之情者也。"④ 孙子认为打胜仗是不能依靠鬼神的。

到了春秋战国之际（公元前5世纪），中国无神论思想的发展跨进了一个新的阶段，即公开否定鬼神的阶段。这是我国无神论思想发展史上的一次跃进。

在现有的文字史料中，首先否定鬼神的是公孟子。公孟子自己没有著作留传下来，他的生卒年代和生平事迹均无从考证。《墨子》中有一篇文

---

① 《管子·内业》第四十九。
② 《左传》昭公十八年。
③ 《晏子春秋》内篇谏上第一。
④ 《孙子兵法》《用间》篇。

章叫《公孟》，记载了公孟子的一些言论。《公孟》篇中几个地方提到："公孟子谓子墨子曰"，或是"子墨子谓公孟子曰"，从公孟子与墨子的对话证明，公孟子和墨子是同时代人，即春秋战国之际人。

"公孟子曰：无鬼神。"① 这是我国有文字记载的最早而又最明确的无神论观点。但在当时来说，并不是只有公孟子一人，而是有相当多的人，都有这种观点。《墨子》中几个地方都提到"今执无鬼者曰"，可见当时社会上有许多人都否认有鬼。

公孟子的无神论也有他的局限性。他虽然否认鬼神的存在，但对"天命论"还是相信的。他说："贫富寿夭，齰然在天，不可损益。"② 而在这个问题上，墨子的观点和公孟子截然相反。

墨子名翟，春秋战国之际人，生卒年代的说法不一，一说他生卒年代是公元前500年到公元前416年（周敬王二十年到周威烈王十年），一说他生卒年代是公元前468年到公元前376年（周贞定王元年到周安王二十六年）。墨子原来是鲁国人，在宋国当过大夫，他开始是学"儒"的，后来另立新说，成为"墨家"之祖。墨子的无神论突出地表现在他的"非命"论。他公然对当时盛行的"天命论"提出挑战。他说："命者暴王所作，穷人所术（述），非仁者之言也。""必使饥者得食，寒者得衣，劳者得食，乱者得治，遂得光誉令问于天下，夫岂可以为命哉？故以为其力也。"③ 墨子的这种观点在反对"天命论"方面来说，有积极意义的一面，但是墨子虽然"非命"，但并不"非天"。他甚至认为"天"是有意识的，能赏善罚恶，能爱人憎人。所以他认为"顺天意者，兼相爱，交相利，必得赏；反天意者，别相恶，交相贼，必得罚"④。

墨子还认为鬼神是存在的，他对当时持有"无鬼论"观点的人，深恶痛绝。他说："今执无鬼者曰，鬼神者，固无有旦暮以为教诲乎天下，疑天下之众，使天下之众，皆疑惑乎鬼神有无之别，是以天下乱。"⑤ 说明墨子的思想中，既有无神论的一面，又有有神论的一面。

---

① 《墨子·公孟》。
② 《墨子·公孟》。
③ 《墨子·非命》下。
④ 《墨子·天志》上。
⑤ 《墨子·明鬼》下。

西门豹，生卒年不详，战国时魏国人，与魏文侯同时（魏文侯执政时期为前446～前397年）。他在任邺令时，为了破除"河伯娶妇"的迷信，把三个巫婆和"三老"投入河中，又组织人民开渠、引漳河水灌溉民田。从西门豹反对"河伯娶妇"的迷信来看，他不仅痛恨巫婆杀害民女的这种野蛮行为，在他的思想中，也不相信真有什么"河伯"。所以他才敢于同这种迷信进行坚决斗争。

屈原（约前340～前278年，生于周显王二十九年，卒于周赧王三十七年），战国时楚国人。楚怀王时曾任三闾大夫、左徒等官。楚顷襄王时被放逐，后投汨罗江自杀。屈原在他著的《天问》中，对世界万物是如何形成的提出了一系列的疑问。

曰：遂古之初，谁传道之？上下未形，何由考之？冥昭瞢暗，谁能极之？冯翼惟象，何以识之？

圜则九重，孰营度之？惟兹何功，孰初作之？

九天之际，安放安属？隅隈多有，谁知其数？

天何所沓？十二焉分？日月安属？列星安陈？

以上几段"天问"中，可以看出屈原对于世界万物形成的持怀疑态度。实际上就是不相信世界万物是"昊天上帝"创造的。

屈原在《天问》中还说：

皇天集命，惟何戒之？受礼天下，又使至代之？

他认为上帝既然使某姓为王而受天下礼敬，为什么又使异姓灭亡他，而取代之呢？这实际上就是不相信当时统治者所宣扬的"天授王权""受命于天"的"天命论"。

荀子，名况，战国时赵国人。生卒年代不详，他的社会活动年代一说是在前313～前238年（赵武灵王十三年到赵悼襄王七年），一说是在前298～前238年（赵惠文王元年到赵悼襄王七年）。荀子开始游学于齐国，曾任过祭酒。后来到楚国，曾任兰陵令。荀子反对"天命论"，不承认"天"有意志。他说："天行有常，不为尧存，不为桀亡。应之以治则吉，应之以乱则凶。彊本而节用，则天不能贫；养备而动时，则天不能病；修道而不贰，则天不能祸……故明于天人之分，则可谓至人矣。"荀子把"天"看作自然界，它有一定的规律，它和人世间的治乱没有关系，"天"道不能决定"人"事的吉凶祸福和贵贱寿夭。所以他主张应该把"天"道和"人"事分开。

荀子也认为鬼是根本不存在的，人之所以认为有鬼，是由于人们在精神恍惚时的胡思乱想。他说："夏首之南有人焉，曰涓蜀梁。其为人也，愚而善畏。明月而宵行，俯见其影，以为伏鬼也；卬（仰）视其发，以为立魅也；背而走，比至其家，失气而死。岂不哀哉！凡人之有鬼也，必以其感忽之间，疑玄之时正之，此人之所以无有而有无之时也。"① 荀子对鬼的观念的产生，从认识上找了原因，这是荀子把无神论思想向前推进了一步。但是，他这样解释鬼的观念产生的原因，毕竟还是不科学的，这是他的无神论思想的局限性。

韩非（约前280～前233年，生于周赧王三十五年，卒于秦王政十四年），战国末期韩国人，荀况的学生。他曾建议魏王实行改革，不见用，乃著书立说，秦王政邀他至秦，后死于狱中。韩非的著作中，有许多地方继承了荀况的无神论思想。例如他说："用时日事鬼神，信卜筮而好祭祀者，可亡也。"② 他认为迷信鬼神，有亡国的危险，可见他是不相信有鬼神的。

上面讲的这些无神论者或具有无神论思想倾向的人，只是举例而言，并非定论。下面讲的从两汉、魏晋南北朝、隋唐宋元明清以迄近代的无神论者或具有无神论思想倾向的人，都是举例而言，也非定论。

（三）

汉朝是我国封建社会的上升时期。为了适应封建统治阶级的需要，有神论和宗教迷信均比春秋战国时期有所发展，除了原有的那些神权迷信之外，汉朝又增加了三种新的内容：一是"谶纬迷信"，二是佛教，三是道教。佛教是汉明帝时（约公元1世纪）从印度传入中国的。道教是汉顺帝

---

① 《荀子·解蔽》。
② 《韩非子·亡征》第十五。

时（约公元2世纪）在我国产生的。这两种宗教的传入和产生都在汉朝的后期，而且一个刚从外国输入，一个刚产生，均不可能迅速取得广大人民的信奉，还不能替封建统治阶级充当有力的工具。因此，汉朝统治阶级就大力提倡"谶纬迷信"。"谶"是图谶，是巫师或方士制作的隐语或预言，作为吉凶的符验和征兆。"纬"是对经而言，是方士化的儒者编集起来附会儒家经典的各种著作。汉章帝建初四年（公元79年），纠集了一批御用学者在白虎观开会，会后由班固等人编写了一本书，名为《白虎通义》，由皇帝"钦定"为全国人民必信的宗教教义。所以汉代的无神论者的战斗任务就比他们的前辈更加繁重了，他们除了反对原来就有的对"昊天上帝"和"天命论"的迷信，对祖先灵魂崇拜的鬼神迷信，以及巫觋卜筮等等迷信之外，还必须反对当时盛行的"谶纬迷信"。

杨王孙，是汉朝前期的一位著名的无神论者。他的生卒年均不可考。他和汉武帝是同时代人（汉武帝执政时期为前140～前87年），家庭很富有，但他不愿作官。他的无神论著作叫《臝葬书》，即《报祁侯书》。据说他临终前告诉他的儿子们，对他的遗体应实行"裸葬""死则为布囊盛尸，入地七尺，既下，从足引脱其囊、以身亲土"①。他的儿子不愿这样作，就告诉给他的朋友祁侯，祁侯写信劝他不要"裸葬"。他给祁侯的回信中说："且吾闻之，精神者，天之有也；形骸者，地之有也。精神离形，各归其真，故谓之鬼，鬼之为言归也。其尸块然独处，岂有知哉？"②祁侯同意他的看法，就实行了"裸葬"。从这段文字来看，杨王孙肯定人死以后是没有鬼的，因此他坚决反对当时社会上盛行厚葬的风气。

桓谭（？～公元56年，生年不详，卒于汉光武帝建武中元元年），两汉之际人。汉光武帝时，曾任议郎，给事中。汉光武帝要用"谶"（即"谶纬迷信"）来决定疑难问题，桓谭极力反对，"极言谶之非经"。光武帝大怒，斥为"非圣无法"，几乎杀头，后来贬为六安郡丞，在路上病卒。桓谭在他著的《新论》中说："王翁（即王莽——引者注）刑杀人，又复加毒害焉。至生烧人，以醯五毒灌死者肌肉。及埋之，复荐覆以荆棘。人

---

① 《汉书》卷六十七。
② 《汉书》卷六十七。

既死，与木土等，虽重加创毒，亦何损益？"① "又草木五谷，以阴阳气生于土，及其长大成实，实复入土，而后能生，犹人与禽兽昆虫，皆以雄雌交接而生，生之有长，长之有老，老之有死，若四时之代谢矣。而欲变易其性，求为异道，惑之不解者也。"② 桓谭认为人和草木昆虫是同样的，人死与草木腐朽都是自然现象，根本不承认人死以后有鬼。所以他讽刺王莽对死者尸体加以"创毒"的可笑行为。

王充（约 27~97 年，生于汉光武帝建武三年，卒于汉和帝永元九年）。据他自己说："在县位至掾功曹，在都尉府位亦掾功曹，在太守为列掾五官功曹行事，入州为从事。" "贫无一亩庇身"，"贱无斗石之秩"。"年渐七十"，"仕路隔绝"，"贫无供养"，"志不愉快"，"命以不延"，"吁叹悲哉"！③ 从王充的"自纪"来看，他当时的社会地位是比较低下的，也是很贫穷的，因此他和劳动人民比较接近，对劳动人民受剥削受压迫的状况是比较同情的。

王充是汉代最杰出的无神论者。他肯定地认为人死以后"无鬼""无知""不能害人"。他在《论衡》中说：

> 世谓人死为鬼，有知能害人。试以物类验之，人死不为鬼，无知不能害人。
>
> 人，物也；物，亦物也。物死不为鬼，人死何故独能为鬼？
>
> 人之所以生者，精气也，死而精气灭。能为精气者，血脉也。人死而血脉竭，竭而精气灭，灭而形体朽，朽而成灰土，何用为鬼？④

王充在这里提出了哲学上的根本问题：即物质是第一性的，精神是第二性的。王充认为整个世界是由"物（质）"构成的，人本身就是构成世界的"物（质）"的一部分。"精气（精神）"是随着人的存在而存在的，人在"精气（精神）"在，人亡"精气（精神）"亡。王充当时虽然不知道什么是唯物主义，但他对整个世界的看法，对人与自然界关系的看法，

---

① 《新论》卷上。
② 《新论》卷中。
③ 《论衡·自纪》。
④ 《论衡·论死》。

对物质与精神的关系的看法，是符合世界的本来面目的，是唯物的。

王充对于鬼这个观念产生的原因，也作了如下的分析。他认为："凡天地之间有鬼，非人死精神为之也，皆人思念存想之所致也。致之何由？由于疾病。人病则忧惧，忧惧见鬼出。凡人不病则不畏惧。故得病寝衽，畏惧鬼致，畏惧则存想，存想则目虚见。"①

王充认为人在生病的时候，精神往往不正常，这时就容易想起死了的人，有时甚至可以看见模模糊糊的人形，就以为是鬼。其实并不是真正有鬼。这也是从认识论的角度，阐明了产生鬼的观念的原因。但是他的这种分析还是不科学的。

王充根据他的人死无鬼的论点，提出了"薄葬"的主张。他说："今著论死及死伪之篇，明死无知，不能为鬼，冀观览者将一晓解约葬，更为节俭。斯盖论衡有益之验也。"②

王充主张的"薄葬"与当时社会上盛行的"厚葬"正是相反的。而"薄葬"与"厚葬"对当时社会生产力的发展有直接影响。当时人们在死者的身上浪费许多财富，这对生产力的发展，肯定起着破坏作用。"薄葬"则可以节约许多财富，用到扩大生产上面去，就可使社会生产力得到比较快的发展。由此可见，王充提出的"薄葬"主张，在当时来说，也是一场移风易俗的斗争。

王充在《论衡》中对于当时统治阶级所提倡的"谶纬迷信"以及社会上流传的巫、觋、卜、筮等迷信，都进行了尖锐的批判，因限于篇幅，不在此一一论述。

由于历史条件的限制，王充的无神论也不是彻底的，他虽然否定鬼神的存在，但并不否定天命。他在《论衡》中说：

> 凡人遇偶及遭累害，皆由命也。有死生寿夭之命，亦有贵贱贫富之命。③

> 命当夭折，虽禀异行，终不得长；禄当贫贱，虽有善性，终不

---

① 《论衡·订鬼》。
② 《论衡·对作》。
③ 《论衡·命禄》。

得遂。①

从以上论点来看，王充的无神论还没有摆脱"死生有命，富贵在天"的"天命论"的束缚。

仲长统（180~220年，生于汉灵帝光和三年，卒于汉献帝建安二十五年），是汉朝末期的无神论者。曾任过尚书郎，后参丞相曹操的军事。"敢直言，时人以为狂生。"他著了一部书，名叫《昌言》。

他在《昌言》中说："唯人事之尽耳，无天道之学焉。然则王天下，作大臣者，不待于知天道矣。所贵乎用天之道者，则指星辰以授民事，顺四时而兴功业，其大略吉凶之祥，又何取焉？故知天道而无人略者，是巫医卜祝之伍，下愚不耻之民也。信天道而背人事者，是昏乱迷惑之主，覆国亡家之臣也。"②

仲长统这里所批判的"天道之学"，即当时盛行的"谶纬迷信"。他认为这种迷信和巫医卜祝是一类货色。如果有人相信这种东西就非走上"昏乱迷惑""覆国亡家"的道路不可。所以他坚决主张"人事为本，天道为末"。

（四）

两晋、南北朝时期，中国虽然还是封建社会，但是意识形态领域里的变化很大。汉朝是"谶纬迷信"盛行的时期，但是到了两晋、南北朝，"谶纬迷信"已经不吃香了，代之而起的是佛教的宗教迷信。

佛教自从汉明帝时传入中国以后，经过历代统治阶级的大力扶植，在人民中逐渐有了很多信徒。尤其是到了南北朝，统治阶级拿出全国的人力、物力和财力，在各地普遍修建庙宇，供养僧尼，以致达到了"州郡事佛者，十室而九"的程度。当时皇帝和后妃带头信奉佛教，北魏有三个皇后出家当了尼姑，南朝的梁武帝三次"舍身"同泰寺，陈武帝也"舍身"大庄严寺。至于王公、大臣、士大夫之流，信奉佛教的更是不计其数。这

---

① 《论衡·命义》。
② 《群书治要》卷四十五。

样,两晋、南北朝时期的有神论与无神论之间的斗争,就突出地表现在信佛教与反佛教的斗争上面,其他方面的斗争都退居次要的地位。

杨泉,晋时人,生卒年不详。原来是三国时吴国的处士。晋灭吴后,晋武帝太康元年(280年)诏拜杨泉为郎中,不就。所著《物理论》十六卷,今只存一卷。

杨泉《物理论》说:

> 人含气而生,精尽而死。死犹澌也,灭也。比如火焉,薪尽而火灭,则无光矣。故灭火之余,无遗炎矣。人死之后,无遗魂矣。①

杨泉以火作为比喻,证明人死以后,犹如"薪尽火灭",是同样的,根本不存在什么鬼魂。

宗岱,晋惠帝(执政时期是290~306年)时人,生卒年不详。《晋书》孙旗的"列传"说:"孙旗……永熙中征拜太子詹事。……及齐王冏起义,四子皆伏诛,襄阳太守宗岱承同檄斩旗,夷三族。"②《太平御览》说:"宗岱为青州刺史,著无鬼神论。"③宗岱著的《无鬼神论》一书早已佚失,但上述记载证明,宗岱在当时也是一个著名的无神论者。

鲁褒,晋惠帝时人,生卒年不详,《晋书》中有他的"列传"。说他"好学多闻,以贫素自立,元康以后,纲纪大坏,褒伤时之贪鄙,乃隐姓名、而著钱神论以刺之"④。

鲁褒著的《钱神论》说:"谚云:钱无耳、可暗使,岂虚也哉?又曰:有钱可使鬼,而况于人乎?子夏云:死生有命,富贵在天。吾以死生无命,富贵在钱。何以明之,钱能转祸为福,因败为成,危者得安,死者得生,性命长短,相禄贵贱,皆在乎钱,天何与焉?"⑤

鲁褒所说的钱,就是货币。他用"钱"代替了"天",这就把上帝完全否定了,把"天命论"也完全否定了。

---

① 《物理论》。
② 《晋书》卷六十,列传第三十。
③ 《太平御览》第八八二,神鬼部四。
④ 《晋书》卷九十四,列传卷六十四。
⑤ 《全晋文》卷一百一十三。

阮修，晋时人，生卒年不详。晋惠帝时曾任太傅行参军，太子洗马等职。《晋书》"列传"说：阮修"避乱南行，至西阳期思县，为贼所害，时年四十二"。"修字宣子。好易老，善清言。尝有论鬼神有无者，皆以人死者有鬼，修独以为无，曰：'今见鬼者云着生时衣服，若人死有鬼，衣服有鬼邪？'论者服焉"①。阮修所讲的衣服无鬼的论点，是王充在《论衡》中首先提出来的，见《论衡》"论死"篇。由阮修的传记来看，他在当时是一个著名的无神论者。

阮瞻，西晋时人，生卒年不详。晋怀帝时，曾任太子舍人。《晋书》"列传"说："瞻素执无鬼论，物莫能难，每自谓此理足可以辩正幽明。忽有一客通名诣瞻，寒温毕，聊谈名理。客甚有才辩，瞻与之言，良久及鬼神之事，反复甚苦。客遂屈，乃作色曰：'鬼神，古今圣贤所共传，君何得独言无？即仆便是鬼。'于是变为异形，须臾消灭。瞻默然，意色大恶。后岁余，病卒于仓垣，时年三十。"② 这段记载是不真实的，但可证明阮瞻在当时是一个著名的无神论者。

何承天（370～447年，生于东晋废帝太和五年，卒于南北朝宋文帝元嘉二十四年），宋武帝时任尚书祠部郎，历官衡阳内史、御史中丞等职，世称"何衡阳"。后因"漏泄密旨免官，卒于家"。

何承天是当时有名的无神论者，他著的《达性论》说："至于生必有死，形毙神散，犹春荣秋落，四时代换，奚有于更受形哉？"③

何承天认为生死是自然现象，不承认人死有鬼。当时颜延之反对他的论点，写了几篇文章进行辩论。何承天说："谓鬼宜有质，得无惑天竺之书，说鬼别为生类故邪？"④ 所谓"天竺之书"，就指佛教的经典。可见何承天的无神论的斗争锋芒，主要指向当时盛行的佛教迷信。

范晔（398～446年，生于东晋安帝隆安二年，卒于南北朝宋文帝元嘉二十三年），宋文帝时曾任尚书吏部郎，宣城太守，太子左卫将军等职。后与孔熙先等谋立彭城王义康一案被杀。《宋书》"列传"中说："晔常谓死者神

---

① 《晋书》卷四十九，列传卷十九。
② 《晋书》卷四十九，列传卷十九。
③ 《弘明集》卷四。
④ 《弘明集》卷四。

灭，欲著无鬼论。""又语人寄语何仆射，天下决无佛。"①

可见范晔当时是一个既不承认有鬼，又反对佛教迷信的无神论者。由于他48岁时即被杀害，他的《无鬼论》可能没有写成。

范缜（约450～510年，生于南北朝宋文帝元嘉二十七年，卒于梁武帝天监九年），在齐明帝时作过宜都太守，齐和帝时又作过晋安太守，梁武帝时作过尚书左丞、中书郎等职。

范缜是南北朝时期最杰出的无神论者。他在齐朝时就同佛教的宗教迷信展开了激烈的斗争。当时齐朝的宰相是竟陵王萧子良，他是一个虔诚的佛教徒。范缜就和萧子良进行过一场很尖锐的辩论。《梁书》中说：

> 子良精信释教，而缜盛称无佛。子良问曰："君不信因果，世间何得有富贵，何得有贫贱？"缜答曰："人之生如一树花，同发一枝，俱开一蒂，随风而堕，自有拂帘幌坠于茵席之上，自有关篱墙落于粪溷之侧。坠茵席者，殿下是也，落粪溷者，下官是也。贵贱虽复殊途，因果竟在何处？"子良不能屈，深怪之。缜退论其理，著神灭论。②

所谓"释教"，即释迦牟尼教，也就是佛教。佛教认为每一人都有一个灵魂，人死以后灵魂继续存在，这就叫作"神不灭"论。范缜认为人死以后灵魂不可能继续存在，因此叫作"神灭论"。从他和萧子良辩论的观点来看，他不仅反对佛教的"神不灭"论，同时还反对佛教的"因果报应"论。这在当时来说，是有其一定的进步意义的。但他以"树花同发"，因坠落的地方不同，遭遇各异，来解释人世间产生富贵贫贱的原因，毕竟是不科学的。

范缜在他的《神灭论》中，比较系统地阐明了他的无神论思想。他说："或问予云：神灭，何以知其灭也？答曰：神即形也，形即神也，是以形存则神存，形谢则神灭也。"③ 他所说的"形"，就是人的肉体，"神"

---

① 《宋书》卷六十九，列传第二十九。
② 《梁书》卷四十八，列传第四十二。
③ 《梁书》卷四十八，列传第四十二。

就是人的精神。范缜认为肉体与精神是分不开的。肉体存在，精神也存在，肉体消失了，精神也随之消失。这也是提出了哲学上的根本问题，他认为"形"（肉体、物质）是第一性的，"神"（即精神或称灵魂）是第二性的。说明范缜的无神论是建立在唯物主义的正确基础之上的，尽管他自己当时还不知道什么是唯物主义。

范缜在《神灭论》中，还用了刀与刃的关系，来说明肉体与精神的关系。他说："问曰：名既已殊，体何得一？答曰：神之于质，犹利之于刃，形之于用，犹刃之于利。利之名非刃也，刃之名非利也，然而舍利无刃，舍刃无利。未闻刃没而利存，岂容形亡而神在？"①

范缜认为肉体与精神的关系，就像刀刃与锋利的关系，有刀刃才有锋利，没有刀刃，就谈不上什么锋利，用很形象的比喻说明了问题。

范缜的《神灭论》发表以后，在当时的社会上引起了很大的震动。因为南北朝的统治者都是大力扶植和利用佛教的，范缜反对佛教，实际上就是反对当时的统治阶级，就是直接触犯了统治阶级的利益，统治阶级岂能让它存在？所以当时竟陵王萧子良就召集了一批佛教的"高僧"，和范缜进行辩论，"子良集僧难之，而不能屈"。后来到梁武帝时，把佛教宣布成为"国教"，在京城内修建了佛寺500余所，豢养的僧尼达10万余人。梁武帝为了肃清范缜的《神灭论》在社会上的影响，于天监六年（公元507年）命令王公、朝贵、僧正60余人又对范缜发动了一次大围攻。梁武帝亲自下了一道"手诏"，诬蔑范缜的《神灭论》是"违经""背亲"。梁朝的佛教首领法云和尚也写了一封《与王公朝贵书》，煽动他们起来围攻《神灭论》。据说他共收到62封回信，都骂范缜是"异端""曲学"；《神灭论》是"妨政""乱俗"。在这场斗争中，范缜的许多好朋友也都和他宣布"绝交"，并且都写了又臭又长的文章，对《神灭论》进行诋毁。如萧琛、曹思文、沈约等人写的"难神灭论""重难神灭论""难范缜神灭论"等。这是我国历史上罕见的一次无神论与有神论之间的大论战。就在这种围攻面前，范缜也始终没有屈服。但只过了三年，即到梁武帝天监九年（510年）范缜就逝世了。实际上，范缜是被封建统治阶级迫害致死的。

刘峻（462～521年，生于南北朝宋孝武帝大明六年，卒于梁武帝普通

---

① 《梁书》卷四十八，列传第四十二。

二年），梁天监初，召入西省，与学士贺踪典校秘书。后迁荆州户曹参军。《梁书》有他的"列传"，说他"不能随众浮沉""故不能用"。"峻乃著《辩命论》以寄其怀。"

《辩命论》说："夫道生万物，则谓之道；生而无主，谓之自然。自然者，物见其然，不知所以然；同焉皆得，不知所以得。""荡乎大乎，万宝以之化；确乎纯乎，一化而不易。化而不易，则谓之命。命也者，自天之命也。定于冥兆，终然不变。鬼神莫能预，圣哲不能谋。"① 这段文字认为世界上的万物都是自然产生的，他不相信"天命论"。

《辩命论》还说："为善一，为恶均，而祸福异其流，废兴殊其迹，荡荡上帝，岂如是乎？"② 他认为行为相同的皇帝，而有不相同的结局，证明没有什么上帝。

邢邵，南北朝时北朝人（生于496年，即北魏孝文帝太和二十年，卒年不详），在北魏孝庄帝（执政时期为528～530年）时曾任中书侍郎。北魏节闵帝（执政时期为531年）时为给事黄门侍郎、散骑常侍。北齐文宣帝（执政时期为550～559年）时累迁太常卿、中书监、国子祭酒。《北齐书》有他的"列传"。《文苑英华》载有杜弼著的《与邢邵议生灭论》一文中说："邵云：死之言澌，精神尽也。""邵云：神之在人，犹光之在烛，烛尽则光穷，人死则神灭。"③ 可见邢邵认为人死以后，是没有什么鬼魂的。他的观点和范缜的"神灭论"的观点是一致的。

樊逊，南北朝时北朝人（？～565年，生年不详，卒于陈文帝天嘉六年）。在东魏孝静帝（执政时期为534～551年）时，曾任梁州刺史的录事参军，后任颍州长史、员外散骑侍郎等职。北齐文宣帝（执政时期为550～559年）时，他在《举秀才对策》中说："又问释道两教，逊对曰：臣闻天道性命，圣人所不言。""淮南成道，犬吠云中，子乔得仙，剑飞天上，皆是凭虚之说，海枣之谈，求之如系风，学之如捕影。""又末叶已来，大存佛教，写经西土，画像南宫，昆池地黑，以为烧劫之灰，春秋夜明，谓是降神之日，法王自在，变化无穷……而妖妄之辈，弃家出

---

① 《梁书》卷五十，列传第四十二。
② 《梁书》卷五十，列传第四十二。
③ 《文苑英华》卷七五八论二十。

家。……"① 从他的《举秀才对策》来看，樊逊在当时也是一个反对佛教迷信的无神论者。

（五）

从唐朝到清朝前期（鸦片战争以前），中国基本上还是封建社会，但是有神论和无神论这个领域的变化还是很大，斗争还是很激烈的。从有神论这个领域来看，从唐朝到清朝，历代统治阶级还是大力扶植与利用佛教和道教。唐朝的统治者，开始偏重于扶植道教，下令在全国设立"玄元皇帝庙"（因道教的始祖姓李，故封为玄元皇帝）。宋、元两朝，是道教在我国最盛行的时期。北宋时期，下令全国各地修建道教的寺观，京城设立了管理全国道教的专门机关，宋徽宗还自称"教主道君皇帝"。元朝统治者也对道教的教主加封许多尊号，如把丘处机封为"长春真人"。此外，元朝时期由于西域信仰伊斯兰教的许多人民移居我国，因而伊斯兰教也在我国有了一定的发展（当时称为"回回教"或"清真教"），但在汉族中却很少有人信奉。基督教在唐时开始传入我国，当时称为"景教"，信徒多为外国居民，中国人也很少有人信奉。

从唐朝到清朝前期，在我国社会上还发展起来了形形色色的封建迷信。除了原来就有的巫、卜之类的迷信（"谶纬迷信"除外）之外，新增加的有相面的、算命的、看风水的等迷信，习惯上，我们把这些迷信统称为封建迷信。算命也叫"信八字"，它根据每个人出生的年、月、日、时，来推断每个人的富贵贫贱与吉凶祸福。因为它用天干、地支的两个字作为符号，来代表每个人出生的年月日时，共八个字，所以称为"信八字"。"风水"也称"堪舆"，它根据人们死后埋葬尸体的墓地的风水好坏，来推断他的子孙的富贵贫贱与吉凶祸福。隋唐以后，"风水"这种迷信在我国社会上流传很广，危害很大。

因此，从隋唐到清朝前期，有一千二三百年，我国无神论同有神论的斗争，除了继续反对鬼神迷信和宗教（主要是对佛教和道教）迷信之外，更多的斗争锋芒是指向封建迷信的。而在反对封建迷信的斗争中，主要又

---

① 《北齐书》卷四十五，列传第三十七。

是反对"风水"迷信。有许多无神论者,写了反对"风水"迷信的很精彩的文章,更丰富了我国无神论思想的内容。

吕才(? ~665年,生年不详,卒于唐高宗麟德二年),唐太宗时曾任太常博士,太常丞。奉命修《阴阳书》,颁行天下。在这本书中,他反对了当时盛行的"禄命""宅经""葬书"等封建迷信。唐书有他的"列传"。他认为"宅经""事不稽古,又理乖僻者也"。"葬书""各说吉凶,拘而多忌……至于丧葬之吉凶,乃附此而妖妄"。他在《叙禄命》中说,"长平坑卒,未闻共犯三刑,南阳贵士,何必俱当六合。……今时亦有同年同禄,而贵贱悬殊,共命共胎,而寿夭各异"。① 吕才是唐初著名的反对封建迷信的无神论者。

李华(715~766年,生于唐玄宗开元三年,卒于唐代宗永泰二年),曾任监察御史,右补阙等官。《旧唐书》的"列传"中说:"华著论言龟卜可废,通人当其言。"② 李华在《卜论》一文中又说:

> 由是言之,则卜筮阴阳之流,皆妄作也。……专任道德以贯之,则天地之理尽矣,又焉假夫蓍龟乎?又焉征夫鬼神乎?③

李华是唐时突出的反对卜筮封建迷信的无神论者。

柳宗元(773~819年,生于唐代宗大历八年,卒于唐宪宗元和十四年),唐德宗时曾任监察御史,后贬为永州司马,迁柳州刺史。柳宗元是唐代大文学家、"唐宋八大家"之一。他同时又是一位杰出的无神论者。他的《天说》《天对》《答刘禹锡天论书》三篇文章,是他的无神论的主要著作。

柳宗元说:"天地,大果蓏也;元气,大痈痔也;阴阳,大草木也;其乌能赏功而罚祸乎?功者自功,祸者自祸,欲望其赏罚者大谬;呼而怨,欲望其哀且仁者,愈大谬矣。"④ 柳宗元认为"天"就是自然界,它是无意识的,不能决定人事的吉凶,这就根本否定了上帝的存在。

---

① 《旧唐书》卷七十九,列传第二十九。
② 《旧唐书》卷一百九十下,列传一百四十下。
③ 《文苑英华》卷七五〇论十二。
④ 《柳宗元集》卷十六。

刘禹锡（772~842年，生于唐代宗大历七年，卒于唐武宗会昌二年），唐德宗时任监察御史，后贬为郎州司马，迁连州刺史等职。刘禹锡的无神论思想集中表现在他的《天论》上、中、下三篇中。

刘禹锡在《天论》中说：

> 天之道在生植，其用在强弱；人之道在法制，其用在是非。天恒执其所能以临乎下，非有预乎治乱云尔；人恒执其所能以仰乎天，非有预乎寒暑云尔。生乎治者，人道明，咸知其所自，故德与怨不归乎天。生乎乱者，人道昧，不可知，故由人者举归乎天。非天预乎人尔。①

刘禹锡把他的无神论应用到政治斗争领域，指出国家的治乱完全在于人事，和"天"道毫无关系，根本否定了"受命于天"的"天命论"。

林蕴，唐宪宗（执政时期是806~820年）时人，生卒年不可考，曾任西川节度使韦皋的推官。刘辟叛乱，以杀头要挟林蕴归顺，林蕴宁死不从。刘辟失败后，"蕴名重京师"，迁史部员外郎，邵州刺史等职。后来被"杖流"到儋州而卒。《新唐书》列传中说：林蕴"撰无鬼论"②。可见林蕴也是一个无神论者。可惜的是他的《无鬼论》早已佚失了，没有留传下来。

张载（1020~1077年，生于宋真宗天禧四年，卒于宋神宗熙宁十年），曾任云岩县令，崇文院秘书，不久告退回家讲学，世称"横渠先生"。

张载是讲理学（也称道学）的，但他的著作中有无神论的思想倾向。他说："今言鬼者不可见其形，或云有见者，且不定，一难信。又以无形而变有形之物，世不可以理推，二难信。""今更就世俗之言评之，如人死皆有知，则慈母深爱其子者，一旦化去，独不日日凭人言语，托人梦寐存恤之耶？言能福善祸淫，则或小恶反遭重罚，而大憝反享厚福，不可胜数。又谓人之精明者能为厉，秦始皇独不罪赵高，唐太宗独不罚武后耶？又谓众人所传不可全信，自古圣人独不传一耶？圣人容或不传，自孔孟以

---

① 《刘宾客文集》卷五。
② 《新唐书》卷二百，列传一百二十五儒学下。

下，荀况、扬雄、王仲任、韩愈学术未能及圣人，亦不见略言者，以为有，数子又或偶不言。今世之稍信亦未尝有言亲见者"。① 这段文字说明张载是不相信人死有鬼的。

王安石（1021～1086年，生于宋真宗天禧五年，卒于宋哲宗大安二年），宋神宗时为宰相，进行改革。王安石有三句名言："天变不足畏，祖宗不足法，人言不足恤。"天就是上帝。他不怕上帝的惩罚，证明他对"天命论"是不相信的。王安石在《行述》一文中说："子路曰：君子之仕，行其义也，道之不行，已知之矣，盖孔子之心云耳。然则孔子无意于世之人乎？曰：道之将兴欤、命也，道之将衰矣，命也！苟命矣，则如世之人何？"② 这段文字也说明王安石是反对"天命论"的。

司马光（1019～1086年，生于宋真宗天禧三年，卒于宋哲宗元祐元年），宋神宗时拜枢密副使，因反对王安石变法，不就，退居洛阳著《资治通鉴》，人称"涑水先生"。宋哲宗时任尚书左仆射，兼门下侍郎。为相八月病死。

司马光在《事神》一文中说："或问迂叟事神乎？曰事神。或曰何神之事？曰：事其心。或曰：其事之何如？曰：至简矣，不黍稷、不牺牲，惟不欺之为用，君子上载天，下履地，中函心，虽欲欺之，其可得乎？"③ 他认为"事神"就是"事心"，不承认有什么神。

司马光特别反对"风水"迷信。他著的《葬论》中说："今之葬书，乃相山川冈畎之形势，考岁月日时之干支，以为子孙贵贱贫富寿夭贤愚皆系焉，非此时，非此地，不可葬也，举世惑而信之。……呜呼，可不令人深叹愍哉！……吾尝疾阴阳家立邪说以惑众，为世患，于丧家尤甚。顷为谏官，尝奏乞禁天下葬书，当时执政莫以为意。"④

谢应芳，元朝人，生卒年不详。元惠宗（执政时期为1333～1368年）时曾荐授上衢清献书院山长，阻兵不能赴，明洪武中，归隐横山，自号"龟巢老人"。他著的《辩惑论》一书，共分死生、疫疠、鬼神、祭祀、淫祀、妖怪、巫觋、卜筮、治丧、择葬、相法、禄命、方位、时日、异端等

---

① 《性理拾遗》。
② 《临川先生文集》卷六十七。
③ 《司马温公文集》卷之十四。
④ 《司马温公文集》卷之十三。

十五篇，搜集了古人对这些问题的许多言论，每篇前面都有他自己的看法。如择葬篇说："择地以葬其亲，亦古者孝子慈孙之用心也。但后世惑于风水之说，往往多为身谋，其亲之骨肉不得已时归土，又不若不择之愈也。"可见他也是反对"风水"迷信的。从《辩惑论》① 这本书的全部观点来看，谢应芳是元代比较杰出的无神论者。

刘基（1311～1375 年，生于元武宗至大四年，卒于明太祖洪武八年），元末曾任江西高安县丞等官，因不满元朝统治，弃官归田。明初辅佐朱元璋推翻元朝统治，官至御史中丞兼太史令，封诚意伯。

刘基有无神论思想倾向。他在《郁离子·神仙》一文中说："管豹问曰：人死而为鬼，有诸？郁离子曰：是不可以一定言之也。夫天地之生物也，有生则必有死。自天地开辟以至于今几千万年，生生无穷、而六合不加广也，若使有生而无死，则尽天地之间不足以容人矣。故人不可以不死者，势也。既死矣，而又皆为鬼，则尽天地之间不足以容鬼矣。故曰人死而皆为鬼者，罔也。"② 这段文字说明刘基是不相信人死有鬼的。

唐顺之（1507～1560 年，生于明武宗正德二年，卒于明世宗嘉靖三十九年），曾率领兵船抵御倭寇，以功升右佥都，御史，代凤阳巡抚，人称"荆川先生"。

唐顺之对"风水"迷信深恶痛绝。他说："诸家之中，其尤炽者，曰堪舆。……堪舆吾不知其所自始，吾意其初，本以候土验气，测量水脉，以宁死者，而赞慈孝，如是而已，盖未始有鬼神之说也。自兹说之行，致使子孙露其先人不葬，或取土中数十年之陈胔，非有山崩水啮而好数移之。甚者，豫章饶兴之间，盗地以葬，往往至于杀人而不止。然则堪舆家之说，吾惧其不为祥，而为孽也。"③ 这段文字不仅痛斥了"风水"迷信对人民的毒害，而且根本不承认有什么"鬼神之说"。

吕坤（1536～1618 年，生于明世宗嘉靖十五年，卒于神宗万历四十六年），累官山西巡抚、刑部侍郎。曾著书批判朱熹，临终焚毁。他在他的家乡创办"井田葬法"，类似现在的公墓。他在《莹训》一文中说：

---

① 《辩惑论》卷二。
② 《诚意伯文集》卷四。
③ 转引自《无何集》卷之七。

"余既作井田葬法以贻来世,恐来世不能守也,乃谢阴阳家流无入吾兆,又为俚语以寐子孙。曰:呜呼! 天生蒸民,各有分定,造化之权在人,天将安用? 我闻为恶降殃,作善获福,奈何舍我本身,求之枯骨!"①

吕坤不仅反对"风水"迷信,而且认为"造化之权在人,天将安用",从根本上否定了上帝。

王廷相(1474~1544年,生于明宪宗成化十年,卒于明世宗嘉靖二十三年),曾任兵科给事中、巡抚陕西、左都御史等官。

他在《答何柏斋造化论》一文中说:"今执事以神为阳,以形为阴,此出自释氏仙佛之论,误矣。夫神必借形气而有者,无形气则神灭矣。纵有之,亦乘夫未散之气而显者,如火光之必附于物而后见,无物则火尚何在乎?"② 这段文字说明王廷相继承了范缜的"神灭论"思想,同时也反对佛教迷信(即"释氏仙佛之论")。

王廷相反对"风水"迷信更为坚决。他说:"地理风水之术,三代以上原无是论,观周礼族葬皆在北郊之外,可知矣。后世如唐吕才、宋程子、司马公、张南轩皆以为谬而不信,独朱子酷以为然。葬书曰乘生气也,儒者皆以为有理。且夫死者气已散为清风、体已化为枯腐,于生者何所相涉? 而谓其福荫于子孙,岂非荒忽谬悠无著之言乎?"③

陈确(1604~1677年,生于明神宗万历三十二年,卒于清圣祖康熙十六年),早年曾受业于蕺山夫子(刘宗周)之门,与黄宗羲同学。晚得拘挛之疾,终身不仕。

陈确的无神论,突出地表现在反对"风水"迷信方面。在他著的《葬书》中的《葬论》中说:"物之材不材,自为荣枯焉,非天有意荣枯之也。地承天施,亦犹是耳。人之善不善,自为祸福焉,非天与地能祸福之也,何不善地之有?""而世莫之悟,争地而仇乡党,争利而仇同气,速狱连祸,破家亡身者有之。异端之害未有过此之毒者也,不亦痛哉?!"④

陈确在《葬书》中的"与同社书"中又说:"某迂愚之性不通时俗,

---

① 《去伪斋文集》。
② 《内台集》。
③ 《雅述》下篇。
④ 《遗书别集》。

至于葬师之说,尤夙所痛心。"①

他在《葬书》的《甚次》一文中进一步指出:"今天下异端之为害多矣,葬师为甚,佛次之,老又次之。""故凡书之言祸福者,皆妖书也,而葬书为甚。"②

从这几段文字中可以看出:陈确既不相信"天命论",认为"天"不能决定人的祸福,"地"(风水)更不能决定人的祸福;也反对"风水"迷信,认为"风水"对人民危害最毒,比佛教与道教更有过之。

黄宗羲(1610~1695年,生于明万历三十八年,卒于清圣祖康熙三十四年),明末清初时人。明末时曾任鲁王的左金都御史。明亡后在家隐居著书,人称"南雷先生"。黄宗羲也是坚决反对"风水"迷信的。他在《读葬书问对》一文中说:"昔范缜作神灭论,谓神即形也,形即神也,形存则神存,形谢则神灭。……释家所言人死为鬼,鬼复为人者,即神不灭之论也。古今圣贤之论鬼神生死,千言万语,总不出此二家。而鬼荫之说,是于二家之外。凿空言死者之骨骼,能为祸福穷通,乃是形不灭也,其可通乎?"③ 黄宗羲认为"风水"迷信比佛教迷信更为荒唐。

方以智(1611~1671年,生于明神宗万历三十九年,卒于清圣祖康熙十年),明末清初人。明崇祯时曾官检讨,清朝进关以后,他当了和尚。但他不相信人死有鬼。他认为人"有生必有死","生寄也,死归也"。"形神离则死"。④ 方以智实际上是一个无神论者。

熊伯龙(1617~1669年),生于明神宗万历四十五年,卒于清圣祖康熙八年。清初顺治时进士(清顺治帝执政时期是1644~1661年),曾任秘书院侍读学士,国子监祭酒等职。他写了一本无神论专著,名《无何集》。他在这部书中汇集了王充《论衡》中有关无神论的全部言论,分门别类,编为12卷,每卷后面写了他的"总评",并把王充以后我国历代名人有关无神论的言论,也搜集在这部书里面,虽然不全,但对研究我国无神论史,还是有一定贡献的。

熊伯龙在《无何集》的"自述"中说,"钟陵(他的别号——引者

---

① 《遗书别集》。
② 《遗书别集》。
③ 《南雷文集》。
④ 《物理小识》。

注）自幼不信神仙鬼怪祸福报应之说……尝作'鬼辨'，言人死之后如未生之前。……是时尚未读《论衡》也。后越数年，京师购得《论衡》读之，喜曰：'余言有征矣'。……读至'论死篇'云，'人未生无所知，其死归无知之本'，与'鬼辨'同义。……因欣然自喜，又爽然自失。自喜者，喜其言之竟合于古也，古人先得我心，其信然矣。自失者，恨其论之不逮于古也。……因废……'鬼辨'诸篇"①。我们从《无何集》来看，熊伯龙不愧为清代前期的一位杰出的无神论者。值得一提的是，熊伯龙的这部《无何集》在他生前未敢出版，在他逝世100余年以后，才在他的故乡湖北汉阳刻版问世，但流传也不广，这和当时清朝统治阶级执行的"文字狱"的反动政策是分不开的。

（六）

鸦片战争以后，由于西方资本主义—帝国主义的侵入，我国社会开始沦为半殖民地半封建社会。又由于外国资本在中国开办近代机器生产的工矿企业，招收中国工人进行剥削，这就产生了中国无产阶级。同时中国的民族资产阶级产生了，他们也开办工矿企业，招收中国工人进行剥削，这又使中国无产阶级更加壮大起来。

由于中国社会产生了近代工业，产生了中国的无产阶级和资产阶级，从而就产生了代表中国民族资产阶级利益的政党——孙中山先生领导的同盟会——国民党，同时也产生了无产阶级的先锋队——中国共产党。

随着西方资本主义—帝国主义的侵略，传教士也把天主教和基督教大量地输入我国，并在我国各地普遍地设立了教堂，采用各种方法，吸收我国各族人民（不少人）加入天主教和基督教。这样，就使我国的宗教除了原来的道教、佛教、伊斯兰教之外，天主教和基督教也滋长起来。我国的宗教势力又有了新的发展。

这一时期，我国的无神论领域的情况也产生了新的变化。由于中国民族资产阶级的产生，我国无神论与有神论之间的斗争，也被赋予了新的内容。中国民族资产阶级及其革命政党，为了完成反帝反封建的历史任务，

---

① 《无何集》自述三。

必然也要同有神论和宗教迷信开展斗争,这是西方资产阶级民主革命历史已经证明了的一条规律,18世纪法国杰出的老无神论者,都是当时民主革命的伟大战士。在孙中山先生领导中国旧民主主义革命那个时期,我国无神论者也提出了"毁鬼庙、弃鬼像、绝鬼祀"的激进口号,并把反对有神论和宗教迷信的斗争与争取资产阶级民主革命的斗争联系起来,认为争取"平等",必须反对有神论。这一方面可作代表的是章炳麟。

章炳麟(1869~1936年,生于清同治八年,卒于民国二十五年)字叔权,号太炎,早年因参加维新运动被通缉,流亡日本,1903年回国,被捕入狱。1906年出狱后又赴日本,主编《民报》,参加孙中山领导的同盟会。1911年辛亥革命后回国,任孙中山的总统府枢密顾问,并主编《大共和日报》。1913年因参加"讨袁"被袁世凯禁锢,至袁死始被释放。1917年参加孙中山的护法军政府,任秘书长。1924年脱离国民党,回家讲学为业,1936年在苏州病死。

章太炎在《无神论》一文中说:"惟物之说,犹近平等,惟神之说,崇奉一尊,则与平等绝远也。"①

这就是中国资产阶级在民主革命斗争中,把争取平等与反对有神论和宗教迷信的斗争密切联系起来的一个明证,在当时是有一定的进步意义的。

章太炎在《无神论》一文中又说:"若万物必有作者,则作者亦更有作者,推而极之,至于无穷。然则神造万物,亦必被造于他,他又被造于他,此因明所谓犯无穷过者。以此断之,则无神可知已。"② 这是章太炎的最明确的无神论思想。而他的这篇《无神论》文章的矛头,主要针对的是基督教的宗教迷信。

章太炎一方面提倡无神论,另一方面又主张要建立宗教。他在《建立宗教论》中主张:"立教以惟识为宗,识之实性,即是真如。"③ 这又反映了在反对宗教迷信方面,中国资产阶级是不彻底的。

由于帝国主义的侵略压迫和封建专制主义的残酷统治,阻碍了中国资

---

① 《章氏丛书》太炎文录初编·别录三。
② 《章氏丛书》太炎文录初编·别录三。
③ 《章氏丛书》太炎文录初编·别录三。

本主义的顺利发展，这就决定了中国民族资产阶级的软弱无力，这种情况反映在无神论与有神论的斗争方面，也显得贫乏和空虚。中国资产阶级民主派的代表人物不仅没有写出一本中国无神论史的专著，甚至也没有编出一本中国无神论史的资料汇编。值得一提的，倒是中国的翻译界，在把17~19世纪的西方无神论的世界名著翻译成为中文，介绍给中国读者方面，作了不少工作。像17世纪的斯宾诺莎的自然神论著作，18世纪法国老无神论者爱尔维修和霍尔巴赫等人的著作，当时有些著作已翻译成中文出版，这是第一次把西方的无神论思想介绍到中国来，这一历史功绩是必须承认的。

由于中国民族资产阶级及其政党没有完成宣传无神论、反对宗教迷信的历史任务，这个历史任务就全部落到中国无产阶级及其政党——中国共产党的肩上。

伟大的十月革命以后，中国无产阶级登上了历史舞台，从此中国历史开始了一个新纪元。1919年，五四运动爆发了。毛泽东同志指出："五四运动是反帝国主义的运动，又是反封建的运动。""五四运动是当时无产阶级世界革命的一部分"。① 五四运动的主力军还不是工人和农民，而是革命的知识分子，但是"五四运动是在思想上和干部上准备了1921年中国共产党的成立"②。

中国共产党的成立和马克思主义输入中国是分不开的。由于马克思主义的无神论是最彻底的无神论，因而中国共产党人就必然是最彻底的无神论者。中国共产党人在马克思主义、列宁主义、毛泽东思想的指引下，不论是在我国的资产阶级民主革命（新民主主义革命）时期，还是在社会主义革命时期，都是把宣传无神论，及其同有神论、宗教迷信、封建迷信的斗争，作为中国革命的一个组成部分而进行的。因此，中国无神论史也进入了一个崭新的历史时期。这一新的历史时期的特点是：中国无神论走出了知识分子的书斋，同工人和农民的革命运动结合起来，成为广大工农群众同有神论、宗教迷信、封建迷信进行斗争的有力武器。

---

① 《毛泽东选集》第2卷，人民出版社，1955，第692~693页。
② 《毛泽东选集》第2卷，人民出版社，1955，第693页。

（七）

　　上面描述的，就是中国无神论史的一个大致的轮廓。由于这个问题还是一个前人没有探讨过的新领域，我掌握的资料极其有限，因此这个大致的轮廓只能是粗线条的，很不准确。但把它勾画出来，以供研究这个问题的同志们参考之用。

　　根据我所描述的中国无神论史的这个大致的轮廓来看，就有许多问题是需要大家共同来探讨的。这里我只提三个比较大的问题。

　　第一个问题是中国无神论史的分期问题。中国无神论史如果从春秋战国时期算起，到五四运动时期，前后经历了两千多年之久。这两千多年总得分为几个时期。这并不是我们主观上想要分期，而是中国无神论史在它自己的发展过程中，分期问题是客观存在的事实，我们不承认是不行的。问题在于如何分期才符合客观实际情况，才正确反映了中国无神论史的发展规律？

　　有的同志建议就用中国的不同朝代进行分期，也有的同志建议用中国社会的不同发展阶段进行分期。用这两种办法解决中国无神论史的分期问题，当然是比较现成的，也是比较省事的。但是我觉得这两种方法都不能反映出中国无神论史的内部联系及其规律。当然，中国无神论史是中国思想史的一个重要组成部分，它是中国社会意识形态的一个重要组成部分，因而完全抛开中国社会发展的各个不同阶段而谈中国无神论史，那是不正确的。同样，中国无神论史上的所有无神论者，都生活在中国历史上的各个不同的朝代，和当时的历史事件密切联系，因而完全抛开中国的各个朝代而谈中国无神论史，这也是不正确的。

　　根据以上的理由，我认为划分中国无神论史的分期问题，主要看中国无神论在它的发展史上，在同有神论和宗教迷信进行斗争的过程中，在一定的时期里，最突出的问题是什么？最主要的矛盾是什么？最尖锐的斗争是什么？这一时期和它的上一时期有什么显著的不同？这一时期和它的下一时期又有什么显著的不同？根据这些线索，同时结合中国社会不同的历史发展阶段和中国各个不同的朝代，来划分中国无神论史的分期问题，似乎比较合乎实际一些。

根据上面提出的这个设想，我把中国无神论史大体上划分为五个时期：春秋战国为第一个时期，这个时期是我国由奴隶社会向封建社会演变时期，也是无神论思想的产生时期。这个时期的无神论与有神论之间的斗争，最突出地表现在反对天神（昊天上帝）、人鬼和巫觋卜筮等原始迷信方面。两汉为第二个时期，这个时期是我国封建社会的上升时期，也是有神论和宗教迷信的发展时期，主要表现在佛教开始传入和道教开始建立。但这一时期无神论与有神论的斗争，突出地表现在反对"谶纬迷信"方面，因为汉朝的统治阶级当时大力扶植这种迷信。魏晋南北朝为第三个时期，这个时期中国社会还是封建社会，但意识形态领域里的变化很大，突出的变化是佛教在我国有了巨大发展，在某一朝代甚至成为"国教"，因而无神论与有神论之间的斗争，突出地表现在反佛教迷信方面。从唐朝到清朝为第四个时期，这一时期中国封建社会已由发展逐渐转向衰败。中国封建统治阶级仍在大力扶植佛教与道教。但这一时期中国社会上最突出的迷信是以"风水"为代表的封建迷信，因而无神论与有神论的斗争，也在这方面表现最尖锐。自从鸦片战争到五四运动为第五个时期（近代时期），这一时期由于帝国主义的侵入和中国资本主义的产生，中国社会开始沦为半殖民地半封建社会。以孙中山为代表的中国资产阶级民主革命运动产生了，反对宗教迷信的斗争与中国民主革命运动结合起来，成为中国民主革命的一个组成部分。这就是这一时期无神论与有神论的斗争的突出表现。

这样划分中国无神论史上的分期问题是否正确，希望大家来共同研究。

第二个问题是中国无神论史的人物选择标准问题，究竟哪些人是无神论者？哪些人不是无神论者？哪些人应该写进中国无神论史？哪些人不应该写进无神论史？这是需要大家来共同研究的问题。

当然，对于某些人，如荀子、王充、范缜、柳宗元、刘禹锡、熊伯龙等人，我国学术界、思想界一致公认是我国历史上的伟大的无神论者，是没有什么争议的。对这些人物及其著作，在中国无神论史中应该大书特书，占一个显著的重要位置，是完全应该的。

但是对于另外的一些人，就可能有不同的看法。例如春秋战国时候的公孟子，他只说了"无鬼神"的一句话，再没有其他著作。这个人算不算是一个伟大的无神论者？应不应该写进中国无神论史？又如两晋的阮修、阮瞻，《晋书》都有他们的"列传"，承认他们都是当时有名的"无鬼论"者。但是他们并没有什么著作。他们究竟算不算是伟大的无神论者？应该不应该写进中国无神论史？还有晋朝时期的宗岱，《太平御览》说他"著无鬼神论"，但现在这部书早已佚失了。南北朝时期宋朝的范晔，《宋书》"列传"说他"欲著无鬼论"，他究竟著了没有不清楚，即使著了，也早已佚失了。唐朝的林蕴，《新唐书》"列传"说他"撰无鬼论"，这部书也早已佚失了。像这样的人算不算是伟大的无神论者，应不应该写进中国无神论史？

我的看法是：评价这些历史人物，都不能离开这些人当时所处的历史条件。公孟子是春秋战国时人，那个时代是有神论在社会上占统治地位的时代，他第一个高举起"无鬼神"的旗帜，这在当时来说，就是进行了思想界的一场革命，是了不起的。他没有著作留传下来，是中国的奴隶主和封建领主的残酷统治没有给他著书立说的条件，而不是他的过错。对这个人，我认为应该肯定是中国历史上的一位伟大的无神论者，他应该在中国无神论史上占有显著地位。

阮修、阮瞻生活的那个时代，是中国统治阶级倡导"谶纬迷信"同时又大力扶植佛教的时代。他们都出身于士大夫家庭，当时在社会上是有名望的人物，而敢于坚持"无鬼论"，敢于同统治阶级唱对台戏，在当时的历史条件下，也是很难得的，是了不起的。因此，我认为应该承认他们是我国历史上的伟大的无神论者，是应该写进中国无神论史的。

宗岱、范晔、林蕴，都是中国官方"钦定"的史书中，承认他们是著"无鬼论"（或"无鬼神论"）的。他们的著作没有留传下来，是被中国黑暗、残酷、野蛮的封建统治所埋没了，他们不能负责。对于这样的人，同样应该承认是我国历史上的伟大的无神论者，是应该写进中国无神论史的。

在中国历史上，还有一些人并不以无神论者出名，但是在他们的著作中，有反对当时社会上盛行的"风水""禄命""占卜""宅经"等封建迷信的精彩文章。这种文章在当时来说，它所起的作用，是同各种封建迷信进行了尖锐斗争，在当时社会上产生过很大影响，应该承认他们的这种著作具有一定的无神论思想，他们应该在中国无神论史上占有一定地位。其中有些人在当时政治上是反对改革的，例如：司马光。但他反对"风水"迷信方面却是很坚决的。他的著作中反对"风水"迷信的这种斗争，应该认为是无神论与有神论斗争的一个侧面，应在中国无神论史上予以肯定。

在中国历史上，还有一些人是以反对佛教出名的，例如唐朝的韩愈。但他是一个地地道道的有神论者，他写了一篇题为《原鬼》的文章，承认鬼神是存在的。他反对佛教是出于别的动机和目的，实质上是有神论阵营内部的不同派系之间的斗争。这种斗争在各种宗教之间和各种宗教内部也是存在的。对这种斗争就不能认为是无神论与有神论之间的斗争，因而不应写入中国无神论史。

以上只是举了一些例子，这样来确定中国无神论史上的人物选择的标准，是否正确？也希望大家来共同研究。

第三个问题是中国无神论史的中国特色问题。由于我占有的材料极其有限，对许多人的无神论思想没有进行深入的研究，因而还很难对这个问题提出比较成熟的意见。但这个问题是客观存在的，是必须研究的。

从上面描述的中国无神论史的大致轮廓来看，中国无神论学说有三个特色，是比较突出的，是非常明显的。

一是"无鬼"与"有鬼"的斗争。中国历史上有许多无神论者突出地肯定人死以后无鬼。这种观点在中国历史上称为"无鬼论"。而"无鬼论"的对立面就是"有鬼论"，就是肯定人死以后有"鬼"。这种斗争在两晋南北朝时期也称为"神灭论"与"神不灭论"的斗争。"神灭论"也就是"无鬼论"，"神不灭论"也就是"有鬼论"。"无鬼"与"有鬼"的斗争，或"神灭"与"神不灭"的斗争，从春秋战国一直贯穿到五四运动，两千多年没有停止过，堪称中国无神论学说的一大特色。

二是"天人"关系的斗争。在这个问题上也有尖锐对立的两种不同观点。一种观点认为"天"就是"昊天上帝"，"天"是有意识的，它是宇宙的"造物主"，"人"间的治乱兴衰，改朝换代，每个人的富贵贫贱、寿夭穷通，都是由"天"（昊天上帝）在那里安排的、决定的。

另一种观点认为："天"就是自然界，"天"是无意识的，"人"间的治乱兴衰、改朝换代，每个人的富贵贫贱、寿夭穷通，与"天"是毫无关系的。

这两种观点的斗争，就叫作"天人"关系的斗争。这种斗争自春秋战国一直贯穿到五四运动。在这种斗争中，战国时代屈原的《天问》与唐朝时代柳宗元的《天对》，是最有名的代表作。因而"天人"关系的斗争，也是中国无神论学说的一大特色。

三是反对各种迷信的斗争。这种斗争也从春秋战国一直贯穿到五四运动，没有停止过。在中国的各个不同的历史发展阶段，在各个不同的朝代，都有比较杰出的反对迷信的无神论者的光辉史迹留传下来。在我国历史上，大家最熟悉的要算西门豹了。他在任邺令时，为了打击当地每年为"河伯娶妇"而杀害民女的野蛮、黑暗、残酷的迷信，把三个巫婆和一个"三老"投入河中的故事，流传了两千多年，成为中国历史反对封建迷信斗争的一个光辉的榜样。而在明清两代，我国的无神论者为了反对当时在中国社会上盛行的"风水"迷信，也写了许多很精彩的文章，从而更丰富了中国无神论学说的内容，也构成了中国无神论学说的一大特色。

中国无神论史是一个空白的领域，也是一个广大的领域。在这个领域里，有许多问题需要大家共同探讨，共同研究。只靠一两个人的力量是完成不了这个任务的。而在探讨和研究的过程中，产生各种不同的看法，发生一些争论，那是难免的，也是正常的。只有经过争论，才会把中国无神论史的研究引向深入。因此我诚恳地希望读者看了我的这篇"初探"的文章以后，提出自己的不同看法，写出自己的心得体会，并争取在报刊上公开发表，将来汇集起来，就可产生一本《中国无神论史论文集》，为将来编写《中国无神论史》作些思想准备，还是有一定意义的。

1978年7月

（《中国无神论思想论文集》，江苏人民出版社，1980）

孔子学说与中国无神论思想的关系
——中国无神论史初探续篇

1980年3月12日的《光明日报》，发表了一篇题为《关于孔子再评价问题》的文章，报道了自粉碎"四人帮"以后，我国学术界提出了重新评价孔子的问题。据统计有30多家报刊发表了50多篇文章，就孔子的政治立场、仁学、哲学思想、经济思想、文学思想、教育思想和教学方法等问题，各抒己见，展开了讨论。其中关于"孔子的世界观是唯心主义还是唯物主义？"这一部分，涉及孔子的学说与中国无神论的关系问题。

对于这个问题，讨论中有两种不同的看法。一种认为孔子是唯心主义者，把"天"看成活灵活现的上帝，相信"天命"，认为人的死生富贵、事的成败兴废，都由天命决定。持这种看法的同志中，对孔子的唯心主义又有不同评价。有的认为孔子的唯心主义是反动的思想体系；有的认为孔子的哲学体系是唯心主义的，但是，他的哲学思想的确反映了一些客观实际，吸收了一些当时唯物主义和无神论的思想资料，具有进步性；也有的认为孔子的哲学具有由客观唯心主义向主观唯心主义转化的倾向。

另有一种看法认为孔子的哲学思想是开始摆脱宗教唯心主义转向朴素唯物主义的一种哲学形态，对宗教唯心主义持怀疑态度。关于"天"，孔子基本上采取回避态度。对于鬼神孔子实际上是不相信的。孔子也讲"天命"或"命"，这是在自然、社会力量盲目作用面前无力改变而产生的消极宿命论；但是孔子不甘心受命运摆布，要发挥能动性去"知天命"。在认识论中，既有先验论的因素，又有经验论的因素，从总的倾向来说，唯物主义反映论的思想占主导地位。虽然孔子没有一套完整的哲学思想体系,但他却是我国以注重"人事"为特点的朴素唯物主义传统的开创者。

我不是研究中国哲学的,对于孔子的哲学思想没有发言权。但我对中国无神论有一些兴趣,既然孔子的哲学思想与中国无神论有关系,这个问题就很有研究的价值。

在研究孔子的哲学思想与中国无神论的关系问题时,我想先从公孟子谈起。因为公孟子是我国学术界公认的一位伟大的无神论者。这一点,在侯外庐、杜国庠、赵纪彬等同志合著的《中国思想通史》中,是作了明确肯定的。

《中国思想通史》中说:"百家学说中公孟子首言'无鬼',这自是古代的光辉命题;但他和'无鬼'相平行,同时又肯定了'君子必学祭祀',显然仍未脱离孔子'焉能事鬼'与'祭之以礼'的二律背反的支配。在这一点上,公孟子的无鬼论的战斗性就显得特别脆弱;无怪被墨子运用了类比的矛盾律所攻击。"(《中国思想通史》第三卷,第328页)

这段文字给我们要研究的问题指明了两条重要的线索:一是它指明了中国"首言"无鬼的是公孟子,说明公孟子是中国无神论思想的第一个伟大的先驱者。二是它指明了公孟子的无神论思想与孔子的学说有密切关系。虽然使我们感到不足的是,它只指出了受了孔子学说的消极方面的影响,而孔子学说的积极方面的影响,它却忽略了,一字没有提及。

公孟子是中国古代史上第一个高举"无鬼神"鲜明旗帜的伟大的无神论者,这是没有人否认的。现在我们要弄清楚的是,公孟子和儒家是什么关系。公孟子本人没有著作留传下来,现在能看到的有关公孟子的思想和身世的唯一著作,就是《墨子》。

据《墨子闲诂》一书《公孟篇》的注释中说:"惠栋云:公孟子即公明子,孔子之徒。宋翔凤云:孟子公明仪、公明高,曾子弟子。公孟子与墨子问难,皆儒家之言。孟与明通,公孟子即公明子。其人非仪即高,正与墨翟同时。诒让案:《潜夫论》志氏姓篇,卫公族有公孟氏。《左传》定十二年,孔疏谓,公孟絷之后,发字为氏。《说苑》修文篇,有公孟子高见颛孙子,莫及曾子。此公孟子疑即子高,盖七十子之弟子也。"(《墨子闲诂》卷十二,《公孟》第四十八)。

这一篇注释,可说是对公孟子的身世的重要考证:公孟子可能是"孔子之徒",也可能是"曾子弟子"或是"七十子的弟子"。不管怎么说,公孟子是儒家这一点是可以肯定的。

再从《墨子·公孟篇》的正文来看，公孟子见墨子时的服饰有如下的记载："公孟子戴章甫，搢忽、儒服，而以见子墨子曰……"。说明公孟子见墨子时，穿的衣服是"儒服"。我们不知当时的"儒服"是什么样子，但可以肯定当时儒家穿的衣服是有一定特色的，穿这种服装的人别人一看就知道他是儒家。从公孟子穿"儒服"上证明，公孟子肯定是儒家。

"公孟篇"中还有一段公孟子称赞孔子的言论："公孟子谓子墨子曰：昔者圣王之列也；上圣立为天子，其次立为卿大夫。今孔子博于诗书，察于礼乐，详于万物，若使孔子当圣王，赋岂不以孔子为天子哉？"这段话出自公孟子之口，说明他把孔子吹捧到了极点，认为孔子完全有资格当"天子"。这更证明公孟子是孔子的忠实门徒。

从以上几个方面来看，在春秋战国时代，儒家和墨家斗争非常激烈，而且两家都被称为"显学"的那个时代，公孟子显然是一个儒家的学者，因而其就成为受墨家批判的一个对象。因此，在《墨子》一书中，为我们保存下来了有关公孟子的无神论思想一些光辉言论。

我们说公孟子的无神论思想是不彻底的，是脆弱的，这是用20世纪的水平来衡量的，是以马克思主义的无神论学说作比较的。但是，公孟子是生活在两千多年以前的一个人，是生活在天命和鬼神观念在一般人民的精神世界里占据统治地位时代的一个人。在那样的时代，敢于公开讲出"无鬼神"的言论，打出无神论的旗帜，这在当时不能不承认他是一个伟大的思想家，不能不承认是一个大无畏的革命家。这样一个伟大的思想家和革命家不产生于诸子百家中的别的学派，而产生于以孔子为创始人的儒家学派，这就和孔子的学说挂上了钩，因为谁都知道，孔子就是儒家的创始人。而在儒家的学派中，产生了我国的第一位伟大的无神论者，这不仅是儒家的光荣，也是我国无神论的光荣。因为西方的无神论，最早是以伊壁鸠鲁为代表人物的，而伊壁鸠鲁生于公元前341年，卒于公元前270年。公孟子和墨子是同时代人，墨子约生于公元前468年，卒于公元前376年，可以算出，公孟子比伊壁鸠鲁早生100多年。在有文字记载的世界历史上，公孟子是全世界第一个打出"无鬼神"光辉旗帜的伟大的无神论者。而这位伟大的无神论者是孔子的门徒，学派属于儒家，这就是我们研究孔子学说与中国无神论的关系首先应该搞清楚的一个问题。

（二）

古今中外的无神论思想，主要包含两个问题：一个是"天人"关系问题；另一个是"形神"关系问题。所谓"天人"关系，用通俗的话讲，就是世界上的万事万物究竟是上帝创造的，还是自然存在的？有神论者认为，世界上的万事万物都是由上帝（造物主）创造的、安排的、决定的和支配的。无神论者认为世界上的万事万物是自然存在的，是按事物本身的法则运动的、发展的和变化的。

所谓"形神"关系，用通俗的话讲，就是人死以后有鬼还是无鬼？有神论者认为：每个人都有一个灵魂，人死以后，灵魂离开了肉体，在另一世界（阴间）继续存在。无神论者认为，人的精神是依附于肉体而存在的，人在精神在，人亡精神亡。不存在人死以后还有鬼魂的问题。

根据现在我们掌握的史料来看，在"天人"关系问题上，孔子的思想基本上是承认有"上帝"的，承认世界上的万事万物是由"天"意（用孔子自己的话说就是"天命"）安排的。这可由以下的史料作为证明：

"子曰：吾十有五而志于学，三十而立，四十而不惑，五十而知天命，六十而耳顺，七十而从心所欲，不逾矩。"（《论语·为政篇》）

"王孙贾问曰：与其媚于奥，宁媚于灶，何谓也？子曰：不然。获罪于天，无所祷也。"（《论语·八佾篇》）

"伯牛有疾，子问之，自牖执其手，曰：亡之，命矣夫！斯人也而有斯疾也！斯人也而有斯疾也！"（《论语·雍也篇》）

"子见南子，子路不说。夫子矢之曰：予所否者，天厌之！天厌之！"（《论语·雍也篇》）

"子曰：天生德于予，桓魋其如予何？"（《论语·述而篇》）

"子畏于匡，曰：文王既没，文不在兹乎？天之将丧斯文也，后死者不得与于斯文也；天之未丧斯文也，匡人其如予何？"（《论语·子罕篇》）

"颜渊死。子曰：噫！天丧予！天丧予！"（《论语·先进篇》）

"子曰：不怨天，不尤人，下学而上达。知我者其天乎！"（《论

语·宪问篇》)

"子曰：道之将行也与，命也；道之将废也与，命也。公伯寮其如命何！"（《论语·宪问篇》）

"子曰：君子有三畏：畏天命，畏大人，畏圣人之言。小人不知天命而不畏也，狎大人，侮圣人之言。"（《论语·季氏篇》）

"子曰：予欲无言。子贡曰：子如不言，则小子何述焉？子曰：天何言哉？四时行焉，百物生焉，天何言哉？"（《论语·阳货篇》）

"孔子曰：不知命，无以为君子也；不知礼，无以立也；不知言，无以知人也。"（《论语·尧曰篇》）

从以上引述的孔子的言论来看，他对"天""天命""命"是完全肯定的，并无任何怀疑的含义。因此，我有足够的理由认为，在"天人"关系问题上，孔子的思想是有神论观念，而不是无神论观念。

也有同志持相反的看法。他们认为孔子所谓的"天"就是自然界，孔子所谓的"天命"，就是自然界的发展规律。由于当时自然科学的水平十分低下，还没有发现自然界的发展规律，所以孔子就给自然界披了一件有神论——"天"的外衣，给自然界的规律披了一件有神论——"天命"的外衣。实际上，孔子的"天人"关系的观点是无神论的。

我认为上述看法只是一种主观的分析和判断，而缺乏客观的事实根据。我倒可以找到相反的证明。孔子的弟子子夏有句名言，载在《论语》里面，他说："商闻之矣：死生有命，富贵在天。"（《论语·颜渊篇》）这句名言虽然不是孔子自己讲的，而是他的弟子讲的，但我们没有看见孔子反对这种观点的言论。说明至少这种观点是孔子所默认的。而且我们还有理由认为，子夏的这种观点，可能就是孔子传授给他的。因为孔子对他的弟子的言行，是很严格的。如果有人违背了他的教导，孔子是很不客气的，他就会发动他的其他弟子"鸣鼓而攻之"。他对子夏就没有采取这种态度。因此，我们有足够的理由认为，子夏的观点就是孔子的观点。

子夏的观点明确地认为："天"和"天命"直接决定着一个人的富贵贫贱和寿夭穷通。也就是说：天命直接干预人事。这就很难解释说，孔子所说的"天"是自然界，"天命"是自然界的规律。因为自然界的发展规律和人类社会的发展规律是两码事。人世间的富贵贫贱是属于人类社会的范畴，和自然界是毫不相干的。子夏的观点证明，孔子在"天人"关系问题上，认为世间的万事万物（包括人世间的富贵贫贱、寿夭穷通），是由"天"和"天命"安排的和决定的。

值得指出的是：公孟子对于"天人"关系的看法，和子夏的观点是完全一致的，丝毫没有摆脱孔子的天命论思想的支配。《墨子》公孟篇说："公孟子曰：贫富寿夭，齰然在天，不可损益。"可见公孟子仍然认为一个人的富贵贫贱与寿夭穷通，是由"天"决定的，任何人无法改变。可见这是儒家的共同认识。

但在"形神"关系问题上，孔子不仅有怀疑鬼神存在的思想，而且有从根本上否定鬼神存在的思想。

在《论语》一书中，记载的多是孔子回避鬼神问题的言论。或是含糊其辞，令人不容易揣摩他的真实思想的言论。如：

"祭如在，祭神如神在。子曰：吾不与祭，如不祭。"（《论语·八佾篇》）

"子曰：非其鬼而祭之，谄也。"（《论语·为政篇》）

"樊迟问知。子曰：务民之义，敬鬼神而远之，可谓知矣。"（《论语·雍也篇》）

"子不语怪、力、乱、神。"（《论语·述而篇》）

"季路问事鬼神。子曰：未能事人，焉能事鬼？曰：敢问死。曰：未知生，焉知死？"（《论语·先进篇》）

从以上的这些言论来看，孔子既没有肯定确有鬼神，也没有肯定没有鬼神。在鬼神思想占统治地位的那个时代，孔子自己又是在社会上有一定身份的官吏，他对鬼神问题采取回避态度，是和他的处境有一定的关系的。但从这里可以看出，他并没有像后来的墨子那样，明确鬼神是存在的。

《说苑》一书中，记载有孔子和他的弟子子贡关于有鬼无鬼的一篇问答，对研究孔子对于"形神"关系的看法，是很有价值的。

子贡问孔子：死人有知无知也？孔子曰：吾欲言死者有知也，恐孝子顺孙妨生以送死也；欲言无知，恐不孝子孙弃亲不葬也。赐欲知死人有知将无知也，死后自知之，犹未晚也。(《说苑》卷十八《辨物篇》)

《说苑》一书，是西汉时代的刘向编辑的，这部书中，收集了当时社会上流传的孔子与其弟子讨论问题的许多言论，而这些言论是在《论语》等书中所没有的。刘向"数上封事，以阴阳休咎论时政得失，语甚切直"。可见刘向本人是相信迷信的，丝毫没有无神论思想的成分。考虑到西汉距离春秋战国的时间并不很久，这部书中收集的有关孔子的言论是比较可信的。刘向本人是相信迷信的，他对无神论思想肯定是不感兴趣的，因此伪造的可能性更低。

《说苑》记载的孔子与子贡关于人死有知无知的问答是很有趣的。孔子根本回避了死人究竟有知无知这个主题，也就是回避了人死以后究竟有鬼无鬼这个主题，而是考虑讨论这个问题的社会效果如何。如果肯定人死以后无知，他怕以后父母死了，子女"弃亲不葬"，那就很不好。如果肯定人死以后有知，他又怕"孝子顺孙妨生送死"，那又很不好。因此，他干脆不回答这个问题，而是很幽默地说，究竟人死以后有知无知，你自己死后就会慢慢地知道，不必着急解决这个问题。

对孔子与子贡讨论人死以后有知无知这个问题，我国东汉时期伟大的无神论者王充在《论衡》一书中，发表了他的看法。王充在《论衡》中说：

孔子非不明死生之实，其不分别者，亦陆贾之语指也。夫言死无知，则臣子倍（背）其君父，故曰丧葬礼废，则臣子恩泊，臣子恩泊则倍（背）死亡先，倍（背）死亡先，则不孝狱多。圣人惧开不孝之源，故不明死无知之实。(《论衡》卷二十三《薄葬篇》)

照王充的这种分析，孔子显然是一个无鬼论者。清朝初期，早就有人看出了这个问题。王清给熊伯龙的《无何集》作的序文中说："《论衡》一书，发明孔子之道者也。何以发明孔子之道？曰：不信妖异，不信鬼神也。"(《无何集序》) 可见远在清朝初期，已经有人从王充《论衡》的言论中,作出了孔子"不信鬼神"的结论。

《礼记》(郑玄注)一书中,还记载有孔子不信鬼神的一段更有理论性的言论。

> 宰我曰:吾闻鬼神之名,不知其所谓。子曰:气也者,神之盛也;魄也者,鬼之盛也。合鬼与神,教之至也。众生必死,死必归土,此之为鬼。骨肉毙于下,阴为野土,其气发扬于上为昭明,焄蒿凄怆,此百物之精也,神之著也。因物之精,制为之极,明命鬼神,以为黔首则。百众以畏,万民以服。圣人以是为未足也,筑为宫室,设为宗祧,以别亲疏远迩,教民反古复始,不忘所由生也。众之服自此,故听且速也。(《礼记》祭义第二十四)

《礼记》记载的孔子论鬼神的这段文字,对于研究孔子的无神论思想,是非常有价值的。宰我是孔子的弟子。宰我问孔子,究竟什么叫作鬼神?孔子回答说:"众生必死,死必归土,此之为鬼。"用现在的话说,就是凡人必定要死的,死了以后尸体要埋到土里面,这就叫作"鬼"。孔子又说:"骨肉毙于下"(尸体埋在土里面),"阴为野土"(郑玄注:阴读为依荫之荫,言人为骨肉,荫于地中为土壤),"其气发扬于上为昭明,焄蒿凄怆,此百物之精也,神之著也"(郑玄注:焄,谓香臭也,蒿谓气蒸出貌也)。大意是说,死人的尸体埋在土里面以后腐烂了,臭气蒸发出来,这就叫作"神"。从这段话的意思来看,孔子根本不相信人死以后有鬼、有知那一套世俗的说法。那么社会上为什么又有"鬼神"一说呢?孔子认为:"因物之精,制为之极,明命鬼神,以为黔首则,百众以畏,万民以服。"(郑玄注说:"明命"犹尊名也,尊极以鬼神,不可复加也。"黔首"谓民也,"则",法也,为民作法,使民亦事其祖祢,鬼神,民所畏服。)意思是说,鬼神一说是"圣人"制造出来的,目的是要百姓(黔首)害怕,要他们听"圣人"的话,不敢胡来。孔子接着又说:"圣人以是为未足也,筑为宫室,设为宗祧,以别亲疏远迩,教民反古复始,不忘所由生也。众之服自此,故听且速也。"郑玄注说:"自,由也,言人由此服予圣人之教也。听,谓顺教令也。速,疾也。"孔子所说的"圣人"就是尧舜禹汤文武周公,就是夏商周三代的统治者。他认为"圣人"感到只叫老百姓害怕鬼神还不够，又给鬼神修了庙宇，定期举行祭祀，这样就使老百姓很快地听从"圣人"的"教"言，乖乖地服从统治者的统治。孔子的这段言论虽然没有明白说"无鬼神"，但从这段言论中必然要得出"无鬼神"的结论。公孟子的"无鬼神"的结论显然就是从孔子的这种言论中推论出来的。

由于公孟子是孔子的忠实信徒，他不敢比孔子走得更远，所以他不仅在"天人"关系问题上，还相信孔子的天命论，就是在"形神"关系问题上，他虽然认为"无鬼神"，但"又曰：君子必学祭祀"（《墨子·公孟篇》）。因为对于祭祀，孔子还是很强调的，认为祭祀就是对鬼神的上供，这和"无鬼神"的观点显然是矛盾的。因此，墨子抓住了公孟子的辫子，"子墨子曰：执无鬼而学祭祀，是犹无客而学客礼也，是犹无鱼而为鱼罟也。"（《墨子·公孟篇》）。墨子的批评是有道理的，这也暴露了公孟子的无鬼神的不彻底性与脆弱性。而这个不彻底性与脆弱性，正是公孟子从儒家的创始人孔子那里继承下来的。

总的来看，孔子的思想中，既有有神论的一面，又有无神论的一面。在"天人"关系问题上，孔子是有神论者。在"形神"关系问题上，孔子又是无神论者。孔子的这种思想不仅影响了春秋战国时代的公孟子，而且影响到汉代的中国伟大的无神论者王充。王充在"形神"关系问题上，是明确的无鬼论者。他认为："世谓：人死为鬼，有知，能害人。试以物类验之，人死不为鬼，无知，不能害人。人，物也，物亦物也，物死不为鬼，人死何故独能为鬼？"（《论衡·论死篇》）但是讲到"天人"关系时，王充又说："凡人遇偶及遭累害，皆由命也。有死生寿夭之命，亦有贵贱贫富之命。"（《论衡·命禄篇》）又说："命当夭折，虽秉异行，终不得长；禄当贫贱，虽有善性，终不得遂。"（《论衡·命禄篇》）这和孔子弟子子夏讲的"死生有命，富贵在天"并无本质上的区别。可见在"天人"关系问题上，王充也没有摆脱孔子的"天命论"的束缚。但我们不能由此否认王充在我国历史上是一个伟大的无神论者。

王充的《论衡》中有"问孔""刺孟"两篇，前几年批孔时，有人硬说王充是"反儒"的，是法家。其实从《论衡》的整个著作来看，王充是正统的儒家，他反对的是"愚儒""腐儒"，就是书呆子、道学先生的那一套假"儒"，他认为自己才是真儒。

有的同志问我，你一方面说孔子在"天人"关系问题上是有神论，另一方面又说孔子在"形神"关系问题上是无神论,一个人既是有神论,又是无神论,岂不矛盾?这在道理上能讲得通吗?我认为提出这个问题的同志,是用20世纪的水平,是用马克思主义的无神论的标准,提出这个问题的。可是在两三千年以前的人,认为"天人"关系与"形神"关系是两码子事,是两个并无直接关系的问题,一个人在"形神"关系问题上,可以认为人死无知,不能为鬼。但在"天人"关系问题上,他又可以认为有"天",有"天命"。那时的人觉得这两个问题并无矛盾。所以我们不能以20世纪的水平,以马克思主义无神论的标准来要求两三千年以前的古人。

(三)

儒家的思想是有发展的,中国无神论思想也是有发展的,而两者的发展又有密不可分的关系。战国时期的无神论者,对孔子的无神论思想,有其继承的一面,又有批判的一面。在"形神"关系问题上,基本上是继承了孔子—公孟子的"无鬼神"的思想。在"天人"关系问题上,则是批判了孔子—公孟子的"天命论"的思想。这就叫作"青出于蓝而胜于蓝"。

真正继承了孔子的无鬼论,又批判了孔子的"天命论"的一位伟大人物,是战国后期的荀子。前些年批孔时有些人硬说荀子是法家,理由无非两条,一是他是反对孟子"性善说"的,是反"儒"的。二是他的学生韩非是法家,认为他必定也是法家。其实历代学者一致认为荀子是儒家。

荀子在"形神"关系问题上,是继承了孔子—公孟子的无鬼论思想,不相信人死以后有鬼。《荀子》一书中有如下的一段记载:

> 夏首之南有人焉,曰涓蜀梁,其为人也愚而善畏。明月而宵行,俯见其影,以为伏鬼也;卬(仰)视其发,以为立魅也;背而走,比至其家,失气而死。岂不哀哉!凡人之有鬼也,必以其感忽之间疑玄之时正之。此人之所以无有而有无之时也。(《荀子·解蔽篇》)

荀子所谓的"感忽"就是精神恍惚,所谓"疑玄",就是神志不清,所以就认为有鬼在跟着他,被吓死了。荀子认为一个人在精神恍惚、神志不清的时候，容易认有为无，认无为有。这是荀子从认识论的角度，分析了"鬼"这个观念产生的客观原因。当然从马克思主义的角度看，这种无神论观念还是不科学的。但在两千多年以前的人，就有这种思想，却是了不起的。

在"天人"关系问题上，荀子就比孔子—公孟子大大地前进了一步，从根本上反对"天命论"的观点。认为"天"和"人"是互不相干的。《荀子》中说："天行有常，不为尧存，不为桀亡。应之以治则吉，应之以乱则凶。彊本而节用，则天不能贫；养备而动时，则天不能病；修道而不贰，则天不能祸。故水旱不能使之饥，寒暑不能使之疾，祅怪不能使之凶。本荒而用侈，则天不能使之富；养略而动罕，则天不能使之全；倍（背）道而妄行，则天不能使之吉。故水旱未至而饥，寒暑未落而疾，祅怪未至而凶。受时与治世同，而殃祸与治世异，不可以怨天，其道然也。故明于天人之分，则可谓至人矣。"（《荀子·天论篇》）

荀子所谓的"天行"就是指世界上的一切变化而言，"有常"是说有一定的规律。"人世"的治乱是由人们的行为自己决定的，与"天行"并无必然的关系。这就把"死生有命，富贵在天"的"天命论"完全否定了。这是中国无神论思想的一大发展。

荀子以后，在中国无神论思想发展史上，在儒家学说发展史上，在"天人"关系和"形神"关系两大问题上，继承了孔子、公孟子、荀子的无神论思想，并把它推向更高一级发展阶段的，汉朝有王充，南北朝有范缜，唐朝有柳宗元和刘禹锡，清朝有熊伯龙，这些人都对中国无神论思想的发展，各有各的贡献，而把中国古代的无神论思想，包括"天人"关系和"形神"关系两个方面作了历史性的总结的是熊伯龙，这部总结性的著作，就是他写的《无何集》。

熊伯龙是湖北汉阳人，生于明朝万历四十五年（1617年），卒于清朝康熙八年（1669年）。他在清顺治时，曾任过国子监祭酒、内秘书院侍读学士等官。在儒释道"三教"统治旧中国的精神世界的那个时代，熊伯龙是坚决反对释教（即佛教）和道教的宗教迷信的。他是儒家创始人孔子和孟子的狂热崇拜者。因此，他认为王充《论衡》中的"问孔""刺孟"两篇，不是王充的原著，而是"小儒伪作"。理由也很简单，他认为王充是"大儒"，他不会对儒家的创始人孔子和孟子的学说提出批评。在这一点上,他还没有达到王充的水平。

熊伯龙对中国古代无神论并没有发表什么独特的新的见解。他对中国无神论的伟大贡献在于他把儒家的无神论思想作了综合,使之成为一个完整的思想体系。这是前人没有作过的一项艰巨的工作。

熊伯龙的无神论著作《无何集》这个书名,就是从《荀子》中取来的。熊伯龙在《无何集》的"自述一"中自称:"庚子初夏、灯窗读荀子,有曰:雩而雨,何也?曰:无何也,犹不雩;而雨也。"他的意思是说:天为什么下雨?天该下雨就下雨,要不该下雨就不下雨,这和人的"求雨"与"不求雨"没有任何关系("雩"就是"求雨"的迷信活动)。从这一书名上,就明显地反映了熊伯龙认为"天道"和"人事"是毫不相干的,这也正是荀子的"天人"关系的基本观点。

熊伯龙把儒家关于"形神"关系的无神论观点(他主要搜集了王充《论衡》中的无鬼论),又把儒家关于"天人"关系中批判"天命论"的观点(他主要是继承了荀子的"天行有常,不为尧存,不为桀亡"的无神论),两者汇总在一起,形成了一套完整的无神论思想体系,这就是他的伟大贡献。

熊伯龙生活在明末清初这一时期,正是 16 世纪到 17 世纪这一时期。这时西方已开始了资本主义的发展,但是基督教的专制主义当时还相当强大,无神论思想在西方还处于"地下"时期,如有人宣传无神论,就有被关进"宗教裁判所",处以火刑的危险。而熊伯龙的《无何集》正写作于这一时期,这不仅是对中国无神论思想的伟大贡献,对世界无神论思想的发展,也是有一定意义的。

熊伯龙在《无何集》的"自述"中说:"钟陵自幼不信神仙鬼怪祸福报应之说,有言之者,辄举圣经贤传破之。……作'适逢说',言今天下之事皆适逢耳。又尝作'鬼辨',言人死之后如未生之前。作'神论',言山神之形宜似山,水神之形宜似水。是时尚未读《论衡》也。后越数年,京师购得《论衡》读之,喜曰:'余言有征矣'。读至'幸偶篇'云'有幸有不幸,有偶有不偶',与'适逢说'同义。又读至'论死篇'云:'人未生无所知,其死归无知之本',与'鬼辨'同义。读至'纪妖篇'云:'大山有神,宜象大山之形',与'神论'同义。因欣然自喜,又爽然自失。自喜者,喜其言之竟合于古也,古人先得我心,其信然矣。自失者，恨其论之不逮于古也，古之为文浑灏，今之为文浅露，不可同日语矣。因废'适逢'、'鬼辨'诸篇，取《论衡》之辟虚妄者选为一编，简当精要，且广集他说，以补其不足。"（《无何集·自述三》）

可见熊伯龙在未读王充的《论衡》以前，已有了比较成熟的无神论思想，而且已写了《适逢说》《鬼辨》《神论》三篇著作。后来，他读了《论衡》，觉得王充的观点不仅和他完全相同，而且比他高明得多，于是他就成了王充的忠实信徒，并把自己写的三篇无神论著作毁掉了。可见他的无神论思想早在读《论衡》以前已经形成，正因为如此，他对王充的无神论思想既有继承的一面，又有批判的一面。

对于"形神"关系问题，熊伯龙基本上继承了荀子，特别是继承了王充的无鬼论。他认为："鬼者，疑心所生也。心怯胆寒，闻鸟兽声、见树木影，皆谓是鬼。夜行迷路，则谓鬼设帐，草木皆兵，疑团未破耳。"（《无何集·鬼神类》）

这个观点是从《荀子》那里继承来的。他在《无何集》中对有鬼论者进行了非常有趣的质疑。他说：

死果为鬼，则人人愿为鬼，不愿为人也。生而寿夭不齐，或骨肉离散，亲朋分别。死则父子聚首，夫妻同偕。且前见古人，后遇来者。比人世之乐相悬万万，又何必畏死耶？人死当贺而歌之，何必哀耶？（《无何集·鬼神类》）

他又用以敌攻敌的巧妙手段，用佛教的轮回论驳斥了有鬼论的谎言，他说：

今之信鬼者，言人死见十王，又见祖宗于地下。夫十王中有转轮司，人死转为人，或为禽。祖宗而为恶也，已托生而为禽类矣；为善也，已转而为人矣。何故地下尚见祖宗耶？设死后果见祖宗，则不转为人禽；使死后转为人禽，则不能见祖宗之面目矣。总之，凡言神言鬼，姑勿辨其妄，就其说而诘之，其理必穷。（《无何集·委宛续貂集》）

就从以上的几段文字来看，熊伯龙是不相信人死有鬼的。在"形神"关系问题上，是比较彻底的无神论观点。但由于历史条件的限制，对于灵魂（鬼）观念产生的真正原因，还没有说到点子上。

对于"天人"关系问题，熊伯龙基本上继承了荀子、柳宗元、刘禹锡的观点，是比较彻底的反对天命论的。他在《无何集》中批判王充《论衡》中的天命观点时说：

> 友曰：然则仲任无过乎？曰：亦有之。言命近于星家。如言忠臣见杀，子胥、屈原、箕子、比干辈命当自讫。果如此，则昏主无过矣。又言韩信、张良辅助汉王，高祖命当自立，韩信、张良之辈适相遭遇。信斯言也，则忠臣无补天之功矣。且言命当自立，是又信禄命之说也。又言世之所以乱者，不以盗贼兵革，由谷食乏绝。此言是矣。然又曰：贤君偶在当治之时，无道之君偶生当乱之日，非恶所致也。试问仲任，何为当治之时？何为当乱之日？是又信气运之说矣。（《无何集·读论衡说》）

在《无何集》中，熊伯龙还记载了王逢原的一段文字，因为他们两人的观点是相同的。王逢原的这篇文章是驳斥佛教的"因果报应"论的：

> 王逢原说："借释氏阴阳之言然，则是人无死非命也。人无死非命则死者命之由然，而不在人。则桀杀龙逢，桀非有罪也，龙逢之命之然也，桀顺天而致命者也；纣杀比干，纣非有罪也，比干之命之然也，纣顺天而致命者也；则当死者不死，不得以义责，命之由然也；当生而死之，不得以义正，命之由然也。如是则上无暴诛，诛之者命其时也；下无暴死，死者命其时也。夫然，则乌是尧舜，乌非桀纣哉！呜呼，其亦不可思矣！"（《无何集·杂家类》）

以下几段文字都是熊伯龙批判天命论的。他说：

> "夫天诚恶君之虐民，何不使暴君死而贤君寿乎？且赋畀由天，何不使凡为君者皆有尧舜之性乎？今天不能使，是无知矣。如谓天可

使而不使,是天未尝爱民也。天而不爱民也,更无谴告之事矣。"(《无何集·灾祥类》)

"知天不故生人物,则人之智愚贤否?人之自禀如是,非天故生之也。"(《无何集·天地类》)

"合观二篇,则善者遇福,非因积德;不善遇祸,非因作恶,皆偶然也。报应之说,岂可信哉?"(《无何集·灾祥类》)

"灾异非因失政,则祥瑞非德化所致矣。"(《无何集·灾祥类》)

"精气有厚薄,故生死不同,然则人之生死,由于神气厚薄。"(《无何集·杂家类》)

"苟知富贵贫贱,皆偶然之遭遇,则神不灵,鬼无知矣。"(《无何集·鬼神类》)

但是,同样由于历史条件的限制,熊伯龙对于人类社会何以产生富贵贫贱的差别,还是不了解真正的原因,所以他只能停止在范缜的"树花同发"因坠落的地方不同而有差异的水平上面。并且据熊伯龙自己讲,他也受了王充《论衡》中的"幸偶篇"的影响。他说:

钟陵尝作适逢说,其大略,言自古及今,富贵贫贱,以及寿夭之不齐,勋业文章与夫贤愚之传世与夫,皆适逢耳。及读幸偶篇,喜古人先得我心,因废适逢说。(《无何集·幸偶篇》)

熊伯龙虽说赞赏《论衡》的"幸偶篇"的观点,但对王充的天命论,他还是作了深刻的批判,在这一点上,他又超过了王充。

以上就是我对孔子学说,也就是我国的儒家学说与我国无神论思想的关系的一个大致的看法,同时也作为我在前年写的《中国无神论史初探》一文的重要补充。看法是否正确?欢迎读者批评指正。

(《社会科学战线》1980 年第 1 期)

无神论教育和"鬼戏"问题

在1962年到1964年，我国戏剧界就"鬼戏"问题展开了一场辩论。对于戏剧，我们是门外汉，本来是没有发言权的，但因为这场辩论涉及鬼神问题，这和无神论教育有直接关系，所以我们愿意从这个角度，为辩论的双方提供一些意见，以供参考。

（一）关于"鬼戏"

对于历史上遗留下来的"鬼戏"，我们也认为是有好坏之分的。这是阶级斗争在戏剧领域里的反映，是客观存在的事实。

在我国历史上，作为阶级斗争工具的戏剧来说，历代统治阶级都是很重视的。这不单纯是为了他们的享受，更重要的是为了宣扬"劝善惩恶"，利用戏剧这个工具，向广大人民演出对统治阶级有利的剧本，其中就包括了宣传有"鬼"有"神"，有"天堂地狱"，有"因果报应"等迷信戏剧，向广大人民灌输毒素，用以麻醉劳动人民的思想，巩固剥削阶级的统治。我国戏剧中的"坏鬼戏"（如《黄氏女游阴》之类的戏）就是封建文人们编写出来的，为封建统治阶级的利益服务的。

同样，在我国历史上，被压迫阶级在可能的条件下，也不放弃戏剧这个工具，用它来揭露统治阶级的罪恶，鼓舞被压迫人们的斗志，同统治阶级进行斗争。有时，为了避免统治阶级的干涉和禁演，他们往往把人间的现实用非人间的形式表现出来，这就是我国戏剧中出现了一些有一定反抗性的所谓"好鬼戏"的由来。例如《女吊》这出戏，就表现了被压迫的妇女不甘死亡的复仇意志。

所以，在一定的时代、一定的意义上讲，"坏鬼戏"代表了反动的统治阶级的利益，"好鬼戏"是曲折地反映被压迫者的意志和愿望的。因此，我们同意有些同志的意见，对于历史上遗留下来的各种"鬼戏"，应当进行具体分析和评价。

但是，从马克思主义无神论的观点来看，就是在历史上，用"好鬼戏"同反动的统治阶级进行斗争，也不是好的斗争方法，因为它有很大的副作用。

首先，它宣传了有神论观念和宗教迷信思想，承认人有"灵魂"，承认人死以后有"鬼"，承认还有另一个世界——"阴间"。这就肯定了有神论和宗教讲的那一套是真实的，从而在广大人民的思想中，深深地扎下了迷信的根子。

其次，它把解脱现实痛苦的希望，寄托于死后，寄托于"鬼魂复仇"，这就引导被压迫的人们走上一条错误的道路：不是引导被压迫的人们在生前同统治阶级进行斗争，而是引导他们在死后同统治阶级进行斗争，而这种斗争根本是一种幻想。

由于以上的原因，历代统治阶级对于"好鬼戏"也能接受。虽然它对统治阶级也有伤害，但是，因为它是引导人们相信有"鬼"，相信死后"鬼魂"可以"复仇"，这对统治阶级的现实威胁并不大，而好处却很多。因此，历代统治阶级才允许一些"好鬼戏"陆续上演，使它得以保存下来。

由此可见，对于历史上遗留下来的"好鬼戏"，必须进行全面分析。一方面，我们承认它在当时的历史条件下、在一定的意义上，代表了被压迫被剥削人们的情绪和愿望，有一定的进步作用，有一定的人民性；另一方面，它也有很大的副作用，它用宗教迷信毒害了被压迫被剥削人们的思想。如果从客观效果方面来看，好、坏"鬼戏"都起了宣传宗教迷信的作用，在这一点上是没有什么区别的。

现在，我们的国家正处在社会主义建设的伟大时代。过去受压迫和受剥削的劳动人民，成了国家的主人。我国的戏剧，是劳动人民进行自我教育的有力工具，是进行思想斗争的锐利武器，如何对待戏剧遗产中的"鬼戏"是迟早要提出来讨论的一个问题。对于"坏鬼戏"应该全盘否定，看来大家的意见是一致的，没有什么分歧；对于"好鬼戏"应如何看待，大家的意见不一致，有了分歧。"鬼戏"问题上的这场辩论，就是从这里引起的。

我们认为，对于历史上遗留下来的好坏"鬼戏"如何评价，这是一回事；社会主义的戏剧舞台应不应该演出"鬼戏"，这是另一回事，二者不能混为一谈。尽管历史上遗留下来的"鬼戏"有好坏之分，但是在今天社会主义新中国的戏剧舞台上，演出"坏鬼戏"固然应该反对，演出"好鬼戏"也是不能赞成的，因为它对社会主义建设事业不利，特别是对广大人民进行无神论教育更为不利。

有的同志认为，今天我国人民的政治觉悟已经大大提高了，演出"好鬼戏"不会有什么副作用；如果认为演出"好鬼戏"会助长迷信思想，那就是过低估计了我国人民的政治觉悟程度，就是不相信人民。我们认为这种说法有一半对，一半不对。我国人民在党的英明领导下，经历了伟大的新民主主义革命和社会主义革命，政治觉悟有了空前的提高，这是事实。否认这一事实，就是过低估计人民的政治觉悟程度，不相信人民。但正因为我国广大人民的政治觉悟提高了，所以广大人民才认识到演出"鬼戏"（不管是"好鬼戏"还是"坏鬼戏"）有副作用，会助长迷信思想的传播，才发出了反对继续演出"鬼戏"的呼声。这种呼声并不是哪一个人忽然想出来的，而是反映了我国广大人民的意愿和要求。

有的同志又说，一切"坏鬼戏"是应该反对的，但是有些"好鬼戏"还可以用来教育人民，鼓舞人们的斗志，为社会主义建设事业服务，因此有些"好鬼戏"还应该继续上演。我们认为，在我国历史上，在封建专制主义的残酷统治下，被压迫的人们为了同统治阶级进行曲折隐蔽的斗争，写了一些"好鬼戏"的剧本，演出了一些"好鬼戏"，这在当时的历史条件下，是不得已而采用的斗争方法。现在，我国封建专制主义的残酷统治早已被推翻了，劳动人民当家作了主人，现在是不是还有必要采取这种曲折隐蔽的斗争方法呢？显然是用不着了。现在的戏剧工作者们，可以放手写作和演出反映现实斗争的剧本；放手写作和演出在社会主义革命和建设中涌现的工农兵英雄人物和英雄事迹的剧本；放手写作和演出我国人民在党的领导下，经历了艰苦的革命斗争，获得了伟大的革命胜利的剧本；放手写作和演出一切可以鼓舞人们斗志的现代剧本、历史剧本以及其他剧本。这是党和广大人民极其欢迎的。在今天的社会主义新中国，如果还有些剧团向广大人民演出"好鬼戏"，还有些剧作家在改编"好鬼戏"上费脑筋，还有些戏剧评论家为演出"好鬼戏"进行辩护，还提倡用"好鬼戏"来鼓舞人们的斗志，即使都是出于好的动机，也是主观思想落后于客观实际太远了，对于在戏剧工作中进一步贯彻"百花齐放""推陈出新"方针显然是不利的。

需要强调指出的是，不论是演出"坏鬼戏"还是演出"好鬼戏"，都是同党和国家的无神论教育唱对台戏的。因为无神论教育是向广大人民宣传世界上根本没有"鬼"，而我们的戏剧却向人民宣传世界上有"鬼"，这就不能不大大地削弱无神论教育的效果。必须说明，戏剧和宗教是不同的。在社会主义国家，宗教信仰是自由的，宗教信徒在一定的场合，有宣传有神论和宗教教义的自由。但是戏剧是在中国共产党领导下，作为教育人民的工具，作为思想斗争的武器，为社会主义革命和社会主义建设服务的。马克思主义是我们行动的指导思想。我们的戏剧也应该是宣传无神论的工具，至少是不应该成为宣传有神论的工具。如果我们一方面向广大人民进行无神论教育，另一方面又向广大人民演出"鬼戏"（即使是"好鬼戏"），这不是自己拆自己的台吗？

还有必要指出，同有神论和宗教进行斗争，不仅是从事无神论教育的人们的任务，而且是全党全民的任务。从事戏剧工作的同志们，同样有宣传无神论的任务。因为宣传无神论、反对有神论的斗争，是从资本主义过渡到共产主义的整个历史时期的任务，是思想战线的一个重要方面。戏剧工作者应该用戏剧这个武器，大力宣传无神论，为反对宗教迷信的斗争作出贡献。这是义不容辞、责无旁贷的。如果我们的戏剧不去宣传无神论，反而宣传世界上有"鬼"，就是不自觉地使社会主义戏剧为宗教迷信服务，客观上成了宣传有神论的工具，替有神论和宗教迷信帮了忙。

由此可见，在社会主义的新中国，应该把"鬼戏"从戏剧领域中清洗出去，即使是"好鬼戏"，也应"割爱"。

（二）关于"神戏"

我们既然反对在社会主义新中国的戏剧舞台上演出一切"鬼戏"，那么，我们对"神戏"又应抱什么态度呢？这里，首先需要讲一下马克思主义对待"鬼神"问题的基本看法。大家都知道，有神论观念包含三个内容：一是承认每个人都是一个"灵魂"，人死以后，"灵魂"就离开了肉体，变成了"鬼"；二是承认世界上有各种各样的"神"，有些"神"是古代英雄人物死后的"灵魂"（例如《封神榜》中出现的那些"神"），有些"神"是大自然物的"灵魂"（例如"天神""地神""水神""火神"，等等）；三是承认世界上还有一个最高的主宰，那就是"上帝"（道教称为"玉皇大帝"）。有神论观念是由于那个时候人类社会的生产水平和科学水平极端低下，人们对自然、社会、人类自身缺乏正确认识而产生的。

在有神论观念的思想基础上，形成了各种各样的宗教。有的叫"多神教"，有的叫"一神教"。我国的道教既有一个最高之神（"玉皇大帝"），又有许多"天兵天将"，是"一神教"和"多神教"的成分兼而有之。一切宗教，都是由于那个时候的人们，在"自然力量"和"社会力量"的压迫下，找不到一条正确的解脱痛苦的出路，于是就把希望寄托在"鬼神"和"上帝"的保佑上，寄托在死后"灵魂"升入"天国"上，寄托在"来世"幸福上而产生的。

一切民族的剥削阶级，为了维护他们的统治，除了依靠暴力（军队、警察、法院、监狱等）之外，都要辅之以宗教，用它来麻醉人民的思想，瓦解人们的斗志，巩固他们的统治。所以列宁说："所有一切压迫阶级，为了维持自己的统治，都需要有两种社会职能：一种是刽子手的职能，另一种是牧师的职能。"① 这是一条普遍的规律。

在我国历史上，自汉以后，历代统治阶级都是利用佛教和道教来麻醉人民思想的。两晋、南北朝时期，统治阶级主要是扶植和利用佛教。南北朝，是佛教在我国的极盛时期。从唐以后，历代统治阶级除了继续利用佛教以外，也同时大力扶植与利用道教。北宋，是道教发展史上的极盛时

---

① 《第二国际的破产》，《列宁选集》第 2 卷，人民出版社，1972，第 638 页。

期。虽然自汉以后儒家思想在士大夫中始终居于统治地位,但是在广大人民的思想中,佛教和道教的影响是巨大的。特别是在广大农民的精神世界中,佛教和道教的思想长期居于统治地位,"天堂地狱""六道轮回""来世幸福""因果报应"等宗教观念,可以说是家喻户晓,深入人心,支配了相当多的人民群众的世界观。我国历史上的许多民间艺人(戏剧工作者)的世界观,当然也不可能例外。

我国的戏剧在古代已有了萌芽,正式形成于宋元时代,并有了很大发展。正是在这个时候,佛教和道教在我国社会上已经形成了很大的力量,产生了深刻的影响,因而宗教迷信观念侵入我国的戏剧领域,是不可避免的。在元代的戏剧中,就专门有一种"神仙道化"的剧目,基本上就是指"神戏"而言的。

"神戏"的产生,不外有两个来源,一个来源是统治阶级御用的封建文人,为了利用戏剧宣传宗教迷信,麻醉人民的思想,为封建统治阶级的利益服务,编写了许多"神戏"剧本。另一个来源是,由于有些民间艺人受到当时盛行的宗教迷信思想的影响,自觉地或不自觉地采用宗教迷信的观念和题材,编写了一些"神戏"剧本。不论是哪一种来源,从客观效果上讲,都是把宗教观念灌输到我国戏剧里面,把我国的戏剧变成宣传宗教迷信的工具。由于我国戏剧在历史上受宗教的毒害很深,所以不仅产生了大量的"鬼戏"(特别是"坏鬼戏"),也产生了大量的"神戏"。

"神戏"有一个共同点,就是承认宇宙有一个最高统治者——"上帝"(老天爷、造物主),世间的万事万物,都是由它创造、安排、决定和支配的。人们的"寿夭穷通""富贵贫贱"也是由它安排和决定的,是"命里注定了的"。富贵的人,"命"里注定应该富贵;贫贱的人,"命"里注定应该贫贱。这种观念就叫作"宿命论"。我国历代统治阶级就利用这种"神戏"来麻醉劳动人民的思想,瓦解劳动人民的斗志,使他们驯顺地忍受剥削阶级的压迫剥削,不敢造反,不敢革命,而把解脱现实痛苦的希望寄托于死后"灵魂"升天,得到"来世"幸福。这是有利于巩固封建统治阶级的统治的。由此可见,"神戏"对于劳动人民的思想的毒害,如果不比"鬼戏"(特别是"坏鬼戏")更坏,也是不亚于"鬼戏"的。

因此,对于马克思主义者来说,根本不存在什么"厚神薄鬼""对神从宽、对鬼从严",以及"神'出'鬼'没'"的问题。马克思主义者对待"鬼""神"是一视同仁的,对于"鬼戏"是什么态度,对"神戏"也是什么态度。

(三)关于"神话戏"

"神话戏"和"神戏"不是一回事,这是首先需要说明的。

谈到"神话戏",先谈一下什么叫作"神话"。马克思和恩格斯对希腊神话给予了很高的评价。他们认为:神话是人类童年时期的产物,它同人类那个时候的"未成熟的社会条件"是分不开的。神话之"神"虽然随着生产水平和科学水平的不断进步而逐渐消失,但是神话将作为人类童年时期的美丽的回忆永远保存下来,它对人民群众"永远发生吸引力"。

"神话戏"就是以神话为题材编写成的戏剧。它和神话一样,也具有"在想象中并通过想象去征服、支配和形成自然力"(马克思)的那种魅力,鼓舞人们永远同自然界、同压迫人们的现实进行斗争。"神话戏"不仅在历史上起过积极的作用,就是在社会主义社会,也同样可以鼓舞人们的斗志,为劳动人民的利益服务,为社会主义建设事业服务。所以我们对于"神话戏"一般应采取肯定的态度。"一从大地起风雷,便有精生白骨堆,僧是愚氓犹可训,妖为鬼蜮必成灾,金猴奋起千钧棒,玉宇澄清万里埃,今日欢呼孙大圣,只缘妖雾又重来。"毛泽东同志写的这首七律,就是以"三打白骨精"那出"神话戏"为题材的,这为我们如何评价"神话戏"树立了光辉榜样。

现在的问题在于:有些同志把"神话戏"和"神戏"混为一谈。这里也有两种情况:一种情况是把"神话戏"当作"神戏"看待,一律加以否定;另一种情况是把"神戏"当作"神话戏"看待,一律加以肯定。这就产生了分歧和争论。这些同志把"神话戏"和"神戏"混为一谈,也是有原因的,因为"神戏"中有"神","神话戏"中也有"神",从表面上看起来似乎都是"神",因而就弄不清哪些是"神戏",哪些是"神话戏",以及两者的区别究竟在哪里。

必须指出,"神话戏"里面的"神"和"神戏"里面的"神"不是一回事。"神话戏"里的"神"是"神话之神","神戏"里面的"神"是"宗教之神",这是有本质上的区别的。这种区别,突出地表现在对待命运的态度上面。"神话之神"（例如《三打白骨精》里面的孙大圣）不肯屈服于命运，并在幻想的形式中征服命运。而"宗教之神"则宣传"宿命论"，宣传"因果报应"，宣传世间一切都是"命里注定"的，要被压迫的人们在命运面前屈服。这是"神话之神"与"宗教之神"的本质区别，也是"神话戏"和"神戏"的本质区别。凡是不肯屈服于命运，并在幻想形式中征服命运的"神"，就是"神话之神"，这种戏就是"神话戏"。凡是宣传"宿命论"，宣传"因果报应"，宣传世间一切都是"命里注定"的，要人们在命运面前屈服的"神"，就是"宗教之神"，这种戏就是"神戏"。有了这样一个明确的概念，"神话戏"和"神戏"的界限就清楚了。

现在的问题还在于：在我国戏剧遗产中，纯粹的"神话戏"并不多，在较多的"神话戏"中都夹杂着"宗教之神"，从而使"神话之神"和"宗教之神"混在一起。例如《大闹天宫》这出戏，是一出比较好的"神话戏"，这出戏里面的孙大圣，就是一个不肯屈服于命运，并在幻想形式中征服命运的"神话之神"，但是这出戏里面的"玉皇大帝""天兵天将"等又都是"宗教之神"，他们都是凶恶地强迫孙大圣屈服于命运，对他在天宫的造反行为给予严厉惩罚的。类似的情况，在《天仙配》《宝莲灯》《追鱼》等"神话戏"中也都存在。

我国"神话戏"中大量混入"宗教之神"，是宗教迷信对我国"神话戏"产生很大影响及其毒害的必然结果。大家都知道，我国的许多神话（例如盘古开天辟地、女娲炼石补天、嫦娥奔月、牛郎织女、天河配等）很早以前就已有了，至少是在我国戏剧产生以前就已有了，但是用神话的题材编写成为剧本，是在我国戏剧产生以后才出现的。而我国的戏剧形成之日，正是宗教在我国社会上已有了很大影响之时，所以戏剧不可避免地受到了宗教观念的侵蚀，"宗教之神"就渗入了戏剧领域，因而也就不可避免地打进了"神话戏"中，于是在我国"神话戏"里就出现了"神话之神"与"宗教之神"同时并存的局面，这就给我们现在继承"神话戏"遗产带来了许多麻烦。如果我们把凡是"神话之神"与"宗教之神"混在一起的"神话戏"一律作为"神戏"而加以否定，那是不正确的，就像不能因为要泼脏水，而把婴儿也泼出去是一个道理。因此，我们认为凡是"神话之神"与"宗教之神"同时并存的"神话戏"，都应该看它的主题思想如何。只要主题思想基本上是正确的，是宣传不肯屈服于命运，并在幻想形式中征服命运，而把"宗教之神"在戏中作为反面的形象来处理的，那就应该承认是"神话戏"，首先把它肯定下来。因为它在戏剧效果上打破了那种"神"主宰人们命运的宗教观念和"宿命论"。

当然，"神话戏"也是要批判地继承的。"神话戏"也同样应该不断地"推陈出新"。对于"神话戏"中夹杂着的那些宗教迷信的成分，应该在"推陈出新"的过程中逐步地加以缩小，以便使"神话戏"更好地为祖国的社会主义革命和社会主义建设事业服务，这一工作还有待我国戏剧界的同志们共同努力。

（四）尾声

根据以上的论述来看，戏剧界的同志们在"鬼戏"问题上的这场争论，实际上已经不限于"鬼戏"，而是涉及"神戏""神话戏"等几个方面。因而，这场争论实质上是对我国戏剧与宗教的关系进行一次彻底的清算，以便从我国的戏剧领域中把宗教迷信的影响完全清除出去，而由马克思主义无神论代替宗教迷信的地位，占领我国的戏剧阵地。这在我国戏剧发展史上，是有划时代的意义的。

这样的争论在我国的历史上是不可能发生的。因为在地主资产阶级统治旧中国的时期，统治阶级是绝不会放弃戏剧这个阵地，而让无神论去占领的，他们也不会允许人民从戏剧领域中把宗教迷信的影响清除出去的。因而这场争论只能在共产党领导下的社会主义新中国发生。这是毛泽东同志提出的"百花齐放""推陈出新"方针在戏剧工作中进一步贯彻的具体体现，它完全符合社会主义戏剧本身的发展规律。

我们还认为，彻底清算戏剧与宗教迷信的关系，把我国戏剧从1000年来所受宗教迷信的影响中完全解放出来，把"鬼"和"神"从社会主义的舞台上赶走，从而使我们的戏剧不再成为宣传有神论的工具，不再为宗教迷信服务，这只是走了第一步，只是实现了最低限度的要求，是远远不够的。我们的戏剧还应该更进一步地使社会主义的戏剧成为党和国家向广大人民进行无神论教育的工具，成为无神论同有神论进行斗争的有力武器。这是社会主义的戏剧应该担负起来的历史任务之一。

要完成这一历史任务，我国戏剧工作者还需要作很多工作，需要挖掘、编写和演出大量的宣传无神论的剧本。在我国历史上，产生过许多反对迷信的民间故事，已经有人把它们编写成为剧本，用它进行无神论教育。这类剧本现在在我国农村中恰恰是很需要而又缺乏的。我们估计，我国有这么多的剧种，如果仔细挖掘一下，可能有许多被埋没了的宣传无神论的剧目被发掘出来。另外，我国戏剧工作者根据当前现实生活中的人民群众反对宗教和封建迷信的活生生的事实，创作出一批新颖的宣传无神论的剧本，这应该是主要的努力方向。经过我国戏剧界的同志们的共同努力，我国戏剧在向广大人民进行无神论教育方面，一定能够发挥巨大的作用，取得辉煌的成绩。

（《中国戏剧》1964 年第 5 期）

论宗教信仰自由

(一)

宗教信仰自由，是我们党和国家对待宗教问题的基本政策，也是一项长期的政策。只要有人信仰宗教，我们就要执行这个政策。1982年第五届全国人民代表大会通过的《中华人民共和国宪法》中规定："中华人民共和国公民有宗教信仰自由。任何国家机关、社会团体和个人不得强制公民信仰宗教或者不信仰宗教，不得歧视信仰宗教的公民和不信仰宗教的公民。国家保护正常的宗教活动。任何人不得利用宗教进行破坏社会秩序、损害公民身体健康、妨碍国家教育制度的活动。宗教团体和宗教事务不受外国势力的支配。"这就是国家根本大法对公民的宗教信仰自由的保证。

对宗教信仰自由的全面解释是：宗教信仰是个人的事情，信教或不信教是个人的自由；每个公民既有信仰宗教的自由，也有不信仰宗教的自由；有信仰这种宗教的自由，也有信仰那种宗教的自由；在同一宗教里面，有信仰这个教派的自由，也有信仰那个教派的自由；还有，过去不信仰宗教，现在信仰宗教有自由；过去信仰宗教，现在不信仰宗教也有自由。既承认任何人都有信仰宗教的自由，又承认任何人都有不信仰宗教的自由，这是我们党的宗教政策的不可分割两个方面。只承认一方面而否定另一方面，就是对宗教信仰自由政策的曲解。

有人问：共产党人既然是无神论者，是不信仰宗教的，为什么又主张宗教信仰自由呢？我们党和国家对宗教采取信仰自由政策，是根据马克思列宁主义、毛泽东思想对于宗教问题的科学分析、根据宗教本身的客观发展规律决定的，同时也是从无产阶级革命和社会主义建设的利益出发的。这两者是统一的，凡是符合客观发展规律的政策，必然是符合无产阶级的利益的。

宗教属于社会意识形态之一。宗教对于广大人民来说，是认识问题、思想问题、世界观问题。它是由于那个时候的人们对宇宙、对社会、对人类本身的客观发展规律的不可理解，在自然力量和社会力量的压迫和支配下产生的一种错误的世界观。由于那个时候还没有马克思主义，还没有工人阶级及其政党，所以人们还找不到一条解除痛苦、获得解放的正确出路，只好向冥冥之中的神灵乞求，把解脱现实痛苦的希望寄托于"来世"幸福，寄托于死后灵魂升入"天国"。因此，马克思认为宗教是"苦难者的呻吟"，"它是人民的鸦片"。

宗教的产生，反映了在一定的历史时期，人们对于现实世界的运动、发展、变化的内在规律的一种错误认识，是客观存在的现实世界被思维以幻想的形式所歪曲。

一切剥削阶级为了维护自己的阶级利益，尽量利用并发展宗教，麻醉广大人民的思想，要他们甘心忍受剥削阶级的压榨和奴役，使宗教成为统治、压迫和剥削劳动人民的一种工具。一般说来，宗教之所以能够发展起来，以至于拥有完整的机构、强大的势力和众多的信徒，这是和各个时代的统治阶级的大力扶植分不开的。特别是到了近代，帝国主义者把宗教当作侵略殖民地和落后国家的有力武器，每年拿出大量的金钱补贴宗教团体，利用传教士深入殖民地和落后国家的各个角落，不仅在思想上麻醉当地居民，还通过宗教活动收集情报、收买特务、建立据点，进行各种反革命活动，为帝国主义的侵略政策服务。因而宗教同剥削阶级建立了不可分割的密切关系。

但是在历史上，宗教有时也被被剥削阶级——主要是农民阶级用来作为团结自己、反抗地主阶级压迫的旗帜。这是由于那个时候人民群众的意识长期被宗教观念所支配，他们的革命思想往往只能采取宗教的形式或隐藏在宗教形式之中。在世界上，只有当觉悟的无产阶级登上历史舞台的时候，革命人民的思想，才能逐步摆脱宗教观念的束缚，在无产阶级的领导下，团结起来，组织起来，自觉地进行革命斗争。在斗争的实践中，他们愈来愈觉悟到，他们是有能力自己解放自己，自己掌握自己的命运。无产阶级革命获得胜利以后，由于推翻了地主资产阶级的统治，彻底废除了人压迫人、人剥削人的不合理的社会制度，劳动人民不会再有失业、破产、变成乞丐、沦为娼妓、死于饥寒的威胁，人们开始摆脱了社会力量的奴役，对宗教的信仰也就日益淡薄下来。

但是在社会主义社会，由于还存在着阶级斗争，社会力量对人们的支配还未完全解除；人们对于自然力量也还远远不能完全控制。在广大人民群众中进行无神论教育，普及关于自然和社会的科学知识，也是一个相当长的历史过程。而且，宗教的发展已有很久的历史，宗教信仰在千百万人民群众中还有相当深厚的影响，不是短时期内可以消灭的。因此，在社会主义社会，还会有人在一个相当长的时间内信仰宗教。

宗教同其他事物一样，最终也是要消亡的。当共产主义在世界范围内胜利以后，随着阶级和阶级斗争的消灭，随着社会生产力和科学技术的巨大发展，随着人们的政治觉悟和科学文化水平的空前提高，人类全体逐渐认识了自然和社会的发展规律，逐步发现了它的奥秘，不仅不再感到自然力量和社会力量陌生、可怕，而且人们能够掌握自然和社会的发展规律，使之为人类服务，从而全人类在自然力量和社会力量面前完全摆脱了被奴役的状态。到了那个时候，宗教自然而然就会消亡。

我们党和国家的宗教信仰自由政策，就是基于马克思主义、列宁主义、毛泽东思想对宗教的发展规律的上述认识而制定的。

宗教信仰对于广大人民群众来说，是一个认识问题、思想问题、世界观问题。毛泽东同志说过："我们不能用行政命令去消灭宗教，不能强制人们不信教。"无产阶级政党必须尊重信教的人民群众的信教自由，只要他们接受共产党的领导，遵守政策法令，走社会主义道路，党和国家就允许他们继续保持固有的宗教信仰，别人不得进行任何强迫和干涉。只有这样，才有利于把信仰宗教的人民群众和不信仰宗教的人民群众都团结在自己的周围，共同向国内外阶级敌人开展斗争，共同进行民主革命和社会主义革命，共同巩固无产阶级专政，共同建设社会主义和共产主义。由此可见，宗教信仰自由政策完全符合无产阶级的根本利益。它既能团结信教的人民群众，又能团结不信教的人民群众，使他们不至于因为无神论和有神论这种思想认识上的不同,而妨碍在进行共同事业上的团结。

还需要指出,党的宗教信仰自由政策和反对宗教迷信的斗争并不是对立的。宗教信仰自由政策规定不信教的人们有不信教的自由,这就包括了不信教的人们有宣传无神论、同宗教迷信进行斗争的自由。这是唯物主义的起码原则,也是马克思主义的起码原则。因为宗教就国家而言,是私人的事情;宗教就我们的党而言,也不是私人的事情。

列宁在《社会主义和宗教》一文中说:"应当宣布宗教是私人的事情。这句话通常是用来表示社会主义者对待宗教的态度的。但是,这句话的意义必须正确地说明,以免引起任何误解。就国家而言,我们要求宗教是私人的事情,但是就我们自己的党而言,我们无论如何也不能认为宗教是私人的事情。"①

就国家而言,我们要求"宗教是私人的事情",这是什么意思呢?列宁的回答是:"国家不应当同宗教发生关系,宗教团体不应当同国家政权发生联系。任何人都有充分自由信仰任何宗教,或者不承认任何宗教,就是说,像通常任何一个社会主义者那样做一个无神论者。在公民中间,完全不允许因为宗教信仰而产生权利不一样的现象。在正式文件里应当根本取消关于公民某种信仰的任何记载。"②

但是,宗教就我们的党而言,不是私人的事情。因为"我们的党是觉悟的先进战士争取工人阶级解放的联盟。这样的联盟不能够而且也不应当对宗教信仰这种不觉悟、无知和蒙昧的表现置之不理。我们要求教会与国家完全分离,用纯粹的思想武器,而且仅仅是思想武器,用我们的书刊、我们的言论来跟宗教迷雾进行斗争。我们建立自己的组织,即俄国社会民主工党,也正是为了要反对任何通过宗教来愚弄工人的行为。从我们来说,思想斗争不是私人的事情,而是全党的、全体无产阶级的事情"。③

承认任何人有信仰宗教的自由,又承认任何人有不信仰宗教的自由,

---

① 《社会主义和宗教》,《列宁全集》第 10 卷,人民出版社,1958,第 63 页。
② 《社会主义和宗教》,《列宁全集》第 10 卷,人民出版社,1958,第 63 页。
③ 《社会主义和宗教》,《列宁全集》第 10 卷,人民出版社,1958,第 64 页。

这就是无产阶级及其政党对待宗教的正确态度和正确方法。

全国解放以后，我们党和国家采取了一系列具体措施。中央和各省、区、市人民政府都设置了管理宗教事务的机构，各种宗教的寺院、庙宇、文物、古迹都受到保护，正当的宗教活动都照常进行。西藏和平解放以后，僧俗官员照常供职，中央代表每年还拿出专款，给三大寺庙的僧众发放布施。为了照顾信仰伊斯兰教的少数民族人民的风俗习惯，人民政府批准在他们的重要宗教节日额外放假，并免征节日自己食用的牛羊屠宰税。党和人民政府在基督教和天主教的信徒中，深入地进行爱国主义教育，提高了他们的政治觉悟，正是在这个基础上，我国的基督教徒发动了"三自"（自治、自养、自传）爱国运动，自觉地同帝国主义进行斗争，把我国的基督教和天主教从帝国主义的控制下解放出来。我国的报刊上还不断发表一些宣传无神论的文章，出版了一些宣传无神论的小册子。与此同时，也在我国陆续翻译出版了18世纪老无神论者的许多著作。所有这些，都是贯彻执行党和国家宗教政策的具体体现。

（二）

必须说明，宗教信仰自由和利用宗教进行封建压迫剥削，是不能混为一谈的。

在封建社会里，除了世俗的封建主（农奴主和地主）利用宗教为自己的阶级利益服务，对劳动人民（农奴和农民）进行压迫剥削之外，还有一批披着宗教外衣的封建主，他们也像世俗封建主一样，通过他们占有的大量土地和其他生产资料，对广大的农奴和牧奴进行残酷的封建压迫和剥削，并且利用宗教特权，假借宗教名义，对农奴和牧奴进行敲诈勒索。这种社会现象，在古今中外的许多民族中，都曾经存在过。恩格斯讲到16世纪德国社会的阶级关系时，就曾指出，那时德国的宗教封建贵族压迫剥削德国人民的残酷程度，比世俗封建贵族有过之而无不及。恩格斯说："僧侣中的封建特权阶层形成贵族阶级，包括主教和大主教，修道院长、副院长以及其他高级僧侣。这些教会显贵或者本身就是帝国诸侯，或者是在其他诸侯的麾下以封建主身分控制着大片土地，拥有许多农奴和依附农。他们不仅象贵族和诸侯一样肆无忌惮地榨取自己属下的人民,而且在办法上还更加无耻得多。除了使用残酷的暴力而外,一切宗教上的诡计也都施用了,除了刑具的威吓外,一切驱逐出教和拒绝赦罪的威吓也实行了,此外还滥用忏悔牧师进行一切诡计图谋,总之是要从所属人民身上敲出最后一文钱,以增添教会的产业。伪造文书是这些尊严的人们经常喜用的欺骗手段。虽然他们除通常的封建征课和贡赋而外还要抽取什一税,但是所有这些收入还是不够挥霍。制造灵异的圣象和圣徒遗物,组织超渡礼拜场,贩卖赦罪符,这些都被用为重重榨取人民的手段,而且在长时期内收到最好的效果。"①

我国某些少数民族内部,在民主改革以前,也曾存在过这样的宗教封建主。这些宗教封建主和世俗封建主互相勾结,构成了这些少数民族的统治阶级。在民主改革以前,这些披着宗教外衣的封建主占有大量的土地、牲畜、森林和草场。如在西藏地区,寺院占有的土地即占全区土地总面积的 1/3 以上,直接剥削着数十万农奴和牧奴。宗教封建主对农奴和牧奴压迫剥削的残酷程度,比世俗封建主更为严重。劳役地租往往占去了农奴全年 3/4 以上的劳动时间;实物地租一般都占收获量的 50% 以上,有的高达 70%~80%;对农奴的高利贷剥削也非常苛重,年息一般都在 50% 以上,有的甚至是借一还二,还不起的,往往就成了世世代代的"子孙债",或由保人代还的"连保债"。广大的农奴和牧奴在宗教封建主的残酷压榨下,过着极其悲惨的生活。

不少宗教封建主统治迫害农奴和牧奴的残酷程度,达到骇人听闻的地步。他们在寺院内私设监狱和法庭,任意侵犯人权,奸淫民间妇女。对于反抗他们统治的人民,随意施以酷刑:如鞭笞、割鼻、割舌、割耳、挖眼、抽筋、砍去手脚,甚至挖心剥皮,残忍至极。在西藏民主改革运动中,在一些反动的寺院和宗教封建主的住宅中,竟发现许多被害者的人皮、人头、人手和人心。他们的毒辣残忍真是惨绝人寰,完全是赤裸裸、血淋淋的中世纪的残暴统治。显然,这不是什么宗教信仰问题,而是阶级压迫的问题,是宗教封建主对劳动人民的封建压迫和剥削问题。它和一般的封建压迫和剥削所不同的,只是在于这些封建主披着一层宗教的外衣

---

① 《德国农民战争》,《马克思恩格斯全集》第 7 卷,人民出版社,1959,第 391~392 页。

而已。

在无产阶级专政的社会主义国家里，是允许宗教长期存在的。但是，绝不允许人压迫人、人剥削人的社会现象长期存在下去，因为这是和我们的社会主义制度不相容的。

因此，我们党一方面坚决主张宗教信仰自由，另一方面又要坚决废除宗教封建主的压迫剥削。而废除宗教封建主的压迫剥削，就必须采取民主革命的方法，由党和人民政府领导被压迫、被剥削的劳动人民起来推翻那些披着宗教外衣的封建主的统治，废除他们对劳动人民的一切封建压迫和封建剥削。因此，从实质上讲，这场废除宗教封建主的压迫剥削的斗争，是农奴阶级反对农奴主阶级的阶级斗争，是农奴阶级起来推翻农奴主阶级的反动统治的斗争。

在实行民主改革的过程中，我们党严格地把封建压迫剥削问题同宗教信仰问题区别开来。在废除封建压迫剥削的斗争中，坚决执行了宗教信仰自由的政策，并且在具体工作中充分注意群众的觉悟程度。例如在西藏自治区，人民群众因为受了宗教封建主的长期欺骗和迷惑，一时不容易认清这些人的阶级本质和丑恶面目。我们党为了照顾人民群众的宗教感情和觉悟程度，在西藏和平解放的初期，对于封建农奴制度，没有勉强地去废除它，而是让西藏人民群众有充分的时间，根据他们的亲身体验，去逐步认识和解决这个问题；同时也使那些宗教封建主同样有充分的时间，了解党的各项政策，考虑自己的改造问题。西藏广大人民群众在党的正确路线指引下，通过解放后的社会实践，阶级觉悟不断提高，日益感到宗教封建主和世俗封建主的压迫剥削制度处处阻碍和妨害着社会主义建设事业，成为西藏发展的严重绊脚石。加上宗教封建主和世俗封建主中间的一些反动分子看到人民群众日益觉醒，他们不是考虑自己的改造问题，却更加拼命地压制群众，公然进行反党、反人民、反社会主义的破坏活动，甚至发动武装叛乱，这就不能不激起广大人民群众的无比愤怒，更加使人民群众认清了这些反动分子的真正面目，再也不能忍受这种反动、残酷、野蛮的统治了。他们纷纷要求党和人民政府领导他们彻底废除这种封建农奴制度。西藏百万农奴的革命运动就轰轰烈烈地发动起来了。在粉碎反革命武装叛乱的过程中，首先开展了"三反对"（反对叛乱、反对乌拉差役、反对奴役）、"双减"（减租、减息）斗争，接着就进行了民主改革。在推翻了西藏噶厦政府和封建贵族的反动统治的同时，也推翻了寺院和宗教封建主的反动统治，把噶厦政府、贵族、寺庙所占有的土地、牧场、牲畜、房屋、农具以及其他生产资料，全部分配给翻了身的农奴和牧奴所有。这是西藏和平解放后发生的一次翻天覆地的伟大的群众革命运动，是我们党的路线和政策在西藏自治区的伟大胜利。这就充分说明，在无产阶级专政的社会主义国家，一切形式的人压迫人、人剥削人的社会现象，是不可能长期存在下去的。

在西藏民主改革运动中，西藏寺庙内部的数十万受压迫受剥削的贫苦僧侣也同时获得解放，这也是西藏历史上没有过的伟大创举。在民主改革以前，寺庙内部也存在着两个对立的阶级：一方面是由少数寺庙上层组成的剥削阶级，这些人既压迫剥削寺庙所属的广大农奴和牧奴，又压迫剥削寺庙内部的广大的贫苦僧侣；另一方面是由广大贫苦僧侣组成的被剥削阶级，这些人是穿着袈裟的农奴和牧奴，他们都出身于农奴和牧奴的家庭，在幼年时，被寺庙上层采取种种手段拉入寺庙当了僧侣。他们在寺庙内没有人身自由，吃的是猪狗食，干的是牛马活，一直到被折磨死去为止。西藏民主改革的胜利，使长期禁锢在寺庙内部的数十万贫苦僧侣也得到了解放。他们不仅得到了人身自由，也得到了真正的信仰自由，他们既可以根据自己的意愿，继续留在寺庙，从事正当的宗教生活；也可以返回家园，参加生产劳动，做社会主义的新农民和新牧民。民主改革以后，对于继续留在寺庙的一般僧侣，除照常进行他们的正当的宗教活动外，党和政府组织他们进行生产，自食其力，有困难时，人民政府还给予适当的补助。

在西藏民主改革中，对那些没有参加叛乱，拥护民主改革的宗教上层人士和世俗贵族，党和人民政府对他们在政治上、生活上都做了适当的安排。这些宗教上层人士在放弃了封建压迫剥削以后，他们的宗教信仰和正当的宗教活动，仍然受到政府的保护。在平叛和民主改革过程中，对于西藏地区的寺院、庙宇、文物、古迹，党和国家仍和过去一样，一律坚决予以保护，没有受到任何损害。

（三）

国内外反动派对我国少数民族地区进行废除宗教封建压迫剥削制度的这场斗争，进行造谣诬蔑，胡说"中国没有宗教信仰自由了"。这是不值一驳的。事情恰好相反，只有废除了宗教封建主的压迫剥削制度以后，由于党的宗教信仰自由政策得到全面而彻底的贯彻，人民群众才真正享受到了宗教信仰自由的权利。

在我国某些少数民族内部，过去在反动的宗教上层的把持下，劳动人民实际上是没有宗教信仰自由的。宗教封建主不仅干涉本族人民的宗教信仰，而且利用宗教特权，干涉人民生活的各个方面，如婚姻、丧葬、学校教育，甚至娱乐、服饰，等等。人们在幼年，甚至在刚出生的时候，就已经命定地要成为某种宗教的信徒。一个人如果根据自己的意愿而放弃这种宗教信仰，那就犯了"叛教"的"大罪"，就要受到绳索捆绑、非刑吊打，或罚以巨款等"教法"的处分。如果有人进行反抗，那就会受到更残酷的刑罚甚至被杀害。全国解放以前，在这些少数民族内部，这一民族与那一民族之间，往往为了一个人或一部分人放弃这一种宗教（或教派）而改信另一种宗教（或教派），经常发生"争教门"的械斗，有时酿成流血事件，结下血海深仇。不难设想，在这种残酷的压迫下，这些少数民族的人民群众，哪里还谈得上什么宗教信仰自由呢！

这是因为，在这些少数民族内部，宗教封建主和世俗封建主勾结在一起，利用宗教的特权，对广大人民实行野蛮、黑暗、残酷的封建专制统治。他们为了达到永远奴役和压榨他们统治下的劳动人民的目的，采取了强迫信教的手段，把宗教当作一种无形的枷锁，套在广大劳动人民的脖子上，绝不让人民群众自己决定自己的宗教信仰问题。这种不准人民有宗教信仰的自由，强迫人民信教的野蛮制度，是封建专制制度在宗教领域的反映。

由此可见，宗教信仰自由与封建专制制度是势不两立的。哪里还存在着封建压迫和封建剥削，哪里的人民群众就不可能真正获得宗教信仰的自由。只有彻底摧毁了封建专制制度的统治，人民群众才可以根据自己的意愿来决定自己的宗教信仰问题。

从历史上说，争取宗教信仰自由，是资产阶级民主主义革命的任务。在资本主义上升时期，欧洲各国新兴的资产阶级自由主义者就提出了"信教自由"的口号，用以发动人民群众共同进行反对封建专制统治的斗争。但是对于"信教自由"的含义的理解，资产阶级和无产阶级是不同的。马克思在《哥达纲领批判》中说："'信仰自由'！如果现在，在进行'文化斗争'的时候,要想提醒自由主义者记住他们的旧口号,那末只有采用下面这样的形式才能做到这一点:每一个人都应当有可能实现自己的宗教需要,就象实现自己的肉体需要一样,不受警察干涉。但是工人党本来应当乘此机会说出自己的看法:资产阶级的'信仰自由'不过是容忍各种各样的宗教信仰自由而已,而工人党却力求把信仰从宗教的妖术中解放出来。"①

当时资产阶级自由主义或提出宗教"信仰自由",其基本要求只是实现政教分离:国家不应干涉每个人的宗教信仰;宗教团体不应当和政权联结在起;国家不应当对教会和宗教团体有任何出自国库的支出;在公民之间,完全不允许因宗教信仰的不同而有权利方面的任何差别;等等。所有这些,显然都是反对当时西方国家政教不分的封建专制统治的。但是资产阶级反对封建专制制度,是为了建立资产阶级的统治。资产阶级一旦夺取了国家政权,他们很快就把宗教掌握在自己手中,把宗教当作麻醉、欺骗人民以及进行侵略的工具。

我国的少数民族,在解放前大多数停滞在封建社会。某些少数民族的劳动人民,长期遭受着本民族的宗教封建主的压榨和奴役,实际上根本没有宗教信仰的自由。全国解放以后,党和人民政府领导这些少数民族的劳动人民进行了民主改革,废除了封建农奴制度,把这些少数民族的劳动人民从宗教的和世俗的封建主的压迫剥削下解放出来,在这些少数民族地区,才能够切实全面地贯彻党的宗教信仰自由的政策,使这些少数民族的劳动人民第一次获得了真正的宗教信仰自由。他们才有权利根据自己的意愿,选择自己的宗教信仰,既可以信奉原来的宗教(或教派),也可以改信别的宗教(或教派)。他们还可以放弃固有的宗教信仰,做一个无神论者。人民群众才能根据自己的意愿,享受宗教信仰自由的权利。

当然,在废除了宗教封建主的压迫剥削制度以后,为了全面地贯彻执行党的宗教信仰自由政策,还要做许多工作。应该切实做到每个人的宗教信仰问题由他本人根据自己的意愿去作决定,不受任何人的干涉和强迫。与此同时,也要教育不信教的人们,尊重别人的宗教信仰,尊重那些爱国

---

① 《马克思恩格斯选集》第3卷,人民出版社,1972,第23~24页。

守法的宗教信徒和宗教职业者进行正当的宗教活动的自由，坚决制止对别人的宗教信仰采取粗暴的干涉。只有这样，才有利于人民内部的团结，有利于信教的人民群众和不信教的人民群众之间的团结，有利于巩固无产阶级专政，有利于社会主义革命和社会主义建设事业。

（牙含章：《无神论和宗教问题》，上海人民出版社，1964）

和资产阶级"宗教学"划清界限

（一）

1959～1964年，我在报刊上发表了几篇宣传无神论的文章。虽然这几篇文章的水平不高，但我认为它还是正确阐述了马克思主义无神论学说的基本原理，理论上没有原则性的错误。我的文章发表以后，游骧、刘俊望在1963年到1964年，也发表了几篇文章，对我的文章中的观点提出了反对意见，于是在宗教问题的理论方面，挑起了一场论战。

游骧、刘俊望的几篇文章中，贯穿着一个基本观点：他们认为"宗教和迷信是一回事"。而在我的文章中，则贯穿着另外一个基本观点：认为"宗教是迷信，但并不是一切迷信都是宗教"。两种观点的分歧是显明的。

游骧、刘俊望提出的"宗教和迷信是一回事"的论点，其含义可以引申出两个方面的结论。从一个方面讲：可以引申出"一切宗教都是迷信"的结论，这是正确的，也是一般常识，谁也不会否认。但从另一方面讲，又可以引申出"一切迷信都是宗教"的结论，这就不正确了。因为我国除了宗教迷信之外，还有许多其他的迷信，尤其是有许多封建迷信（如驱鬼治病、求神问卜、相面、算命、看风水、会道门，等等）。如果认为"一切迷信都是宗教"，那么就得承认"一切封建迷信都是宗教"。

游骧、刘俊望还宣称：他们的观点是"马克思列宁主义宗教观"，而我的观点则是"已经离开了马克思列宁主义基本原理的轨道，形成了自己的宗教体系"。这就涉及究竟谁的观点符合马克思列宁主义基本原理的大问题。看来，这场论战是不可避免的，也是很有意义的。

在游骧、刘俊望的文章中，他们为了说明"宗教和迷信是一回事"的论点是"马克思列宁主义宗教观"，是唯一正确的宗教理论，而涉及马克思主义无神论学说的许多方面。我为了答复他们的论战，也不能不跟着他们涉及马克思主义无神论学说的许多方面。而理论斗争归根到底是为现实政治斗争服务的，因此不能不联系到我国的实际，特别是不能不涉及党对宗教和对封建迷信的政策问题。这就不单纯是一个理论问题，也是一个现实问题。

（二）

游骧和刘俊望提出的"宗教和迷信是一回事"的论点，并不是他们的创造发明，西方国家的资产阶级"宗教学"早就有了。资产阶级"宗教学"认为：凡是崇拜超自然的神秘力量的，就是宗教。因此，他们把远古时候的人们相信人有灵魂，相信人死以后有鬼，认为是原始宗教，把它叫作"鬼魂崇拜"和"祖先崇拜"。资产阶级"宗教学"还认为，远古时候的人们相信万物都有灵魂也是"原始宗教"，把它叫作"实物崇拜"和"自然崇拜"。资产阶级"宗教学"甚至认为古代的巫婆也是"原始宗教"的一部分，把它叫作"巫术"。这样，资产阶级"宗教学"把有神论观念和宗教看成一回事，又把迷信和宗教看成一回事，于是就产生了"宗教和迷信是一回事"，"一切迷信都是宗教"的"理论"。游骧和刘俊望在他们写的《宗教同有神论观念、迷信的关系》一文中，完全把资产阶级"宗教学"的上述"理论"照抄照搬过来，认为有神论、宗教和迷信是一回事，连名词术语也没有改变。不客气地说，这是作了资产阶级"宗教学"的俘虏。

历史唯物主义认为：宗教是社会的上层建筑，是意识形态的一种表现形式。宗教的发生、发展和消亡，归根到底，是由社会的物质生产水平所决定的。资产阶级"宗教学"却认为：宗教是人类的心理的产物，因为人类的生活中需要一种精神上的寄托和安慰，于是就产生了宗教。这是十足的历史唯心主义的观点。资产阶级的"宗教学家"不是马克思主义者，他们根本不懂得历史唯物主义，根本不懂得社会发展规律，因而也就不可能懂得宗教的起源和发展的客观规律。所以，资产阶级"宗教学"根本不是什么科学。

资产阶级"宗教学"是19世纪中叶才产生的，它的创始人是法国人孔德（1798~1857）。20世纪初期，西方文化传入我国的同时，资产阶级"宗教学"也由西方国家传入我国。旧中国的老一代资产阶级知识分子，特别是研究"社会学"和"历史学"的资产阶级知识分子，很多人全盘接受了资产阶级"宗教学"的观点，并且具体应用在他们的科学研究成果里面。例如清末民初的历史学家夏曾佑著的《中国古代史》中，就把我国古代的有神论观念、宗教和封建迷信，统统叫作"中国古代的宗教"[①]。这就是完全套用了资产阶级"宗教学"的"框框"。全国解放以后出版的有关宗教的著作中，类似的观点还相当普遍，可见资产阶级"宗教学"在我国学术界有很深的影响。

但是，我国的社会情况和西方国家并不完全相同。在我国历史上，长期以来就形成了儒、释、道三教（其实"儒"家并不是宗教）同时并存，宗教又和许多封建迷信以及其他迷信并存的错综复杂的状态。这是我国的一个特点。而西方基督教国家只信一种宗教（基督教），只信一个神（基督教的上帝），只信一种迷信（耶稣的奇迹，等等）。因此，资产阶级"宗教学"的"宗教和迷信是一回事"的"理论"，在西方基督教国家里，是可以勉强讲得通的，因为在那里，宗教（基督教）和迷信（基督教的上帝、耶稣的奇迹，等等）本来就是一回事。但是，把资产阶级"宗教学"的这种"理论"搬到中国来，硬套在中国的实际生活里面，这当然对不上号。所以，资产阶级"宗教学"的这一套"理论"传入中国以后，虽然被许多资产阶级知识分子接受了，并在自己的科学研究中应用了，但是也有不少资产阶级知识分子反对这种"理论"，梁启超就是一个代表人物。梁启超在他写的《中国古代学术思想变迁史》中认为："吾国有特异于他国者一事，日无宗教是也。"[②] 梁启超认为中国古代根本没有宗教。他虽然拒绝接受资产阶级"宗教学"的观点，但他自己的观点也不正确。因为我国古代并不是一个"无宗教"的国家，而是一个"多宗教"的国家。夏曾佑

---

① 夏曾佑：《中国古代史》，三联书店，1957年。
② 梁启超：《中国古代学术思想变迁史》，上海群众图书公司，1935，第6页。

和梁启超，都是清末民初旧中国的资产阶级知识分子的代表人物，他们代表了两种极端的观点：夏曾佑把我国古代历史上存在过的有神论观念、宗教迷信、封建迷信统统认为是"中国古代的宗教"；梁启超则把我国古代历史上存在过的一切宗教都否定了，认为我国是一个"无宗教"的国家。这两种观点都是错误的，不是马克思主义的。

（三）

一般地说，有神论观念、宗教、封建迷信三者既有共同性，又有特殊性，既有联系，又有区别。这就是马克思主义的一个总的看法。

凡是宗教，当然都是以有神论观念作为它的思想基础，但是并不是所有的有神论观念都是宗教。例如，有的人仅仅相信有"鬼"，相信"命运"，但不信仰任何宗教。这种人只能说他是有神论者，不能说他是"宗教信徒"。还有，凡是宗教，当然都是迷信，但并不是所有的迷信都是宗教。我国历史上留传下来的驱鬼治病、求神问卜、相面、算命、看风水以及会道门等，就是封建迷信，而不是宗教，干这一行的，只能说他们是"迷信职业者"，而不能说他们是"宗教职业者"。由此可见，把一切有神论观念，一切宗教，一切封建迷信，不作具体分析笼笼统统地都叫作"宗教"，显然是不正确的。

有神论观念，就是人们头脑中的灵魂、鬼神、上帝等虚假观念。恩格斯指出：灵魂观念是远古的人们由于不理解做梦而产生的。神的观念和上帝观念都是从灵魂观念发展演变出来的。所以说，灵魂观念是有神论观念的核心思想。宗教是以有神论观念作为它的思想基础的。不管是"多神教"或"一神教"，都是信仰和崇拜神灵的。没有有神论观念，就不可能产生宗教。但是，有神论观念只是产生和形成宗教的一个条件，照恩格斯的说法，它是产生宗教的"史前内容"①。不能说产生了有神论观念就产生了宗教，更不能说有神论观念的产生和宗教的产生是一回事。

对于宗教的产生，恩格斯在《反杜林论》中讲得很明白："一切宗教都不过是支配着人们日常生活的外部力量在人们头脑中的幻想的反映，在

---

① 《恩格斯致康·施米特》，《马克思恩格斯书信选集》，人民出版社，1962，第473页。

这种反映中，人间的力量采取了超人间的力量的形式。"① 恩格斯讲的"外部力量"是指"自然力量"和"社会力量"两个方面。由于历史条件的限制，那个时候的人们在"自然力量"和"社会力量"的压迫与支配下，还找不到一条解脱痛苦的正确出路，于是就从宗教方面找寻一点精神上的安慰。

"自然力量"和"社会力量"对人们的压迫与支配，是宗教产生的根本原因，但又不是唯一的原因。因为宗教的形成与发展，除了"自然力量"和"社会力量"对人们的压迫与支配这个根本原因之外，还需要具备一些条件。摩尔根在《古代社会》一书中指出"按教阶制组织起来的、有着服装特点的僧侣制，人格化的神和代表他们的偶像，以及以人作牺牲，也首次出现于这一时期（'野蛮时代'的中级阶段——引者注）"②。马克思引用摩尔根这段话表示承认：最原始的宗教包含三个内容，第一，社会上已有了"人格化的神和代表他们的偶像"，也就是说，在人们的头脑中已有了神的观念；第二，人们对"人格化的神和代表他们的偶像"已有了举行祭祀（"以人作牺牲"）的风俗习惯，因为人们信仰宗教，无非是祈求神灵保护自己，消灾免祸，得到平安和幸福，祭祀就是向神灵祈求的方法；第三，社会上已有了主持祭祀的固定人员（"按教阶制组织起来的、有着服装特点的僧侣制"），这种人员最初是由氏族酋长兼任的，以后才有了专职的人员，最初是不脱产的，后来才成为脱产的。以上的三方面内容，也就是形成最原始的"自发宗教"的三个条件。

马克思同时承认：这种最原始的宗教"首次出现于"野蛮时代的中级阶段。这是指已经形成的原始宗教。但是原始宗教的形成肯定要经过一个漫长的发展过程，它的萌芽和雏形可能在野蛮时代的低级阶段，甚至在蒙昧时代的高级阶段已经有了，但它不能早于神的观念产生以前，不能早于氏族部落产生以前，因为没有神的观念，没有祭神的风俗习惯，没有兼任祭司的氏族部落酋长，就没有形成原始宗教的条件。

可以说"自然力量"对人类的压迫与支配（如毒蛇猛兽、水火灾害、地震山崩、瘟疫传染等），从猿变成人的那个时候就已存在，但最早的人

---

① 《马克思恩格斯选集》第3卷，人民出版社，1972，第354页。
② 转引自马克思《摩尔根〈古代社会〉一书摘要》，第56页。

类不可能有什么宗教信仰,因为那个时候的人类还没有神的观念,也没有举行祭祀的风俗习惯,更没有主持祭祀的专职人员,虽然已有"自然力量"对人类的压迫和支配,但是还不可能凭空产生原始宗教。只有具备了上述三个条件以后,才能产生"自发宗教"。

"人为宗教"看起来很神秘、很复杂,其实构成它的根本原因与条件和"自发宗教"基本上是相同的。产生"人为宗教"的根本原因是"自然力量"再加上"社会力量"对人们的压迫和支配。形成"人为宗教"的三个条件包括:第一,不同的"人为宗教"有不同的神灵;第二,不同的"人为宗教"有不同的教义和宗教活动;第三,不同的"人为宗教"有不同的宗教职业者。如果没有这三个基本条件,仅仅由于"自然力量"和"社会力量"对人们的压迫和支配,也是不可能凭空产生"人为宗教"的。

因此,我们研究宗教的产生和形成过程时,必须同时指出两个方面:一个方面是,"自然力量"和"社会力量"对人们的压迫和支配,这是产生宗教的根本原因;另一个方面是,人们的头脑中有了神的观念,有了对神举行祭祀的风俗习惯,有了主持这种祭祀的专职人员。这是必不可少的条件。离开这两个方面的任何一个方面,都不能全面地说明宗教产生的根源。

从以上的论述来看,有神论观念和宗教的关系是既有共同性,又有特殊性;既有联系,又有区别。把有神论观念和宗教截然分开,当然是错误的。不信仰神灵的宗教是没有也不可能有的。如果把有神论观念和宗教当成"一回事",认为有神论观念就是宗教,宗教就是有神论观念,则更是错误的。特别是在我国,把一切有神论观念都认为是宗教,那是非常有害的。因为在我国,真正的宗教信徒并不很多,但是相信有"鬼"、相信"命运"的人却不少。如果我们把有神论观念和宗教当成"一回事",那么,我们势必就得承认凡是相信有"鬼"、相信"命运"的人,都是"宗教信徒",这就把本来不是宗教信徒的人都算在宗教信徒里边,势必使宗教信徒的人数不知要增加多少倍,也就是说,把宗教势力不知要夸大多少倍。这种做法显然对于我们进行反对宗教迷信的斗争是不利的,对我们与宗教界的阶级敌人进行斗争也是不利的。

宗教和封建迷信更不是"一回事",这在我国历史记载里就有区别。在我国古代的许多史书中,"巫""祝"是同时并提的。"巫"就是"巫觋",就是一种以"驱鬼治病"为职业的人,是一种比较普遍的封建迷信。"祝"也叫"庙祝",就是我国古代的一种宗教职业者,他的职业就是每逢对"天神""地祇"等举行祭祀时,由他主持这种祭祀。"巫"也要来参加这种祭祀,但他的任务是表演敬神的舞蹈。可见宗教和封建迷信的关系也是既有共同性,又有特殊性;既有联系,又有区别。

因此,如果说一切宗教都是迷信,这是正确的;如果说一切迷信都是宗教,这就不正确了。因为事实摆在那里,驱鬼治病、求神问卜、相面、算命、看风水、会道门等封建迷信显然不是宗教。因此把封建迷信和宗教看成是"一回事",就得承认封建迷信也是"宗教",这不仅在理论上是错误的,而且在实践中也是有害的。如果我们承认一切封建迷信都是"宗教",那么我们势必承认党的宗教信仰自由政策也适用于一切封建迷信,势必承认一切封建迷信也有"信仰自由",这不仅不能进行取缔,反而会给封建迷信职业者制造合法存在的理论根据。显然,这对于我们反对封建迷信的斗争,对于反对利用封建迷信进行破坏活动的阶级敌人的斗争,都是不利的。

(四)

游骧、刘俊望为了把"宗教和迷信是一回事"的资产阶级"宗教学"的观点硬说成"马克思列宁主义宗教观",他们就从马克思列宁主义的经典著作中找寻一些"理论根据",给资产阶级"宗教学"的论点贴上"革命"的标签,披上红色外衣。他们找到了以下三条"理论根据"。

第一,他们说恩格斯给宗教下了一个"科学定义"。这个"科学定义"是:一切宗教,不是别的,正是日常生活中支配着人们的那种外界力量在人们头脑中的幻想的反映,在这种反映中,人间的力量,采取了非人间力量的形式。① 游骧、刘俊望认为:恩格斯的这个"科学定义",就是他们提出"宗教和迷信是一回事"的"重要理论根据"。恩格斯的这一段文章是不是给宗教下的"科学定义"?这里可以不谈。假定恩格斯的这一段文章就是给宗教下的"科学定义",我们从这个"科学定义"中,也丝毫看不

---

① 参看《反杜林论》,《马克思恩格斯选集》第 3 卷,人民出版社,1972,第 354 页。

出能够说明"宗教和迷信是一回事"的任何含义。

第二，游骧、刘俊望认为：有神论观念、宗教、迷信都是"人们头脑中的超自然神秘力量的信仰，都是客观世界在人们头脑中的歪曲的反映，这个歪曲的反映是以神秘力量的形式出现的"。因此，他们认为"宗教和迷信是一回事"。

不错，有神论观念、宗教、封建迷信都是"人们头脑中的超自然神秘力量的信仰"，这是它们的共同点。但是，有神论观念、宗教、封建迷信又有它们的特殊点。不仅有神论观念、宗教、封建迷信三者各有各的特殊点，就是有神论观念内部、宗教内部、封建迷信内部，在各个部分之间，也是各有各的特殊点。例如，在有神论观念内部，灵魂观念、鬼神观念、上帝观念，各有各的不同内容，并不完全相同。在宗教内部，"自发宗教"和"人为宗教"各有各的不同内容，并不完全相同。就是"人为宗教"内部，基督教、伊斯兰教、佛教也是各有各的特点，并不完全相同。在封建迷信内部，巫术、神汉、相面、算命、看风水、会道门等，也是各有各的特点，并不完全相同。就拿会道门来说，一贯道、大刀会、红枪会等，也是各有各的特点，不完全相同。所有这些，就是有神论观念、宗教、封建迷信的特殊点。毛泽东同志在《矛盾论》中指出：我们认识一切事物，"必须注意它和其他各种运动形式的共同点。但是，尤其重要的，成为我们认识事物的基础的东西，则是必须注意它的特殊点"。① 我们认识有神论观念、宗教、封建迷信的相互关系，既要认识它们的共同点，更要认识它们的特殊点，只有这样，才能正确区别哪些是有神论观念，哪些是宗教，哪些是封建迷信。游骧、刘俊望只看到有神论观念、宗教、封建迷信的共同点，而没有看到它们的特殊点，这种片面的看法，是不可能得出正确结论的。

第三，游骧、刘俊望还认为，在马克思列宁主义的经典著作中，凡是提到宗教的地方，并没有同时提出有神论和迷信。他们认为这并不是经典著作中把有神论和迷信遗漏了，而是在宗教里面已经把有神论和迷信包括了。因此，他们认为这也是"宗教和迷信是一回事"的一个"理论根据"。

的确，马克思、恩格斯、列宁的著作中，在讲到宗教问题时，是很少

---

① 《毛泽东选集》第 1 卷，人民出版社，第 283 页。

同时提出有神论和迷信,这是事实。问题在于我们怎样理解。

马克思、恩格斯、列宁都生活在基督教国家。在这些国家里,基督教统治人们的精神世界达 1800 年之久。在中世纪,这些国家除了基督教之外,其他宗教是不允许存在的。除了基督教的上帝之外,其他的神也是不允许存在的。除了基督教的迷信(关于耶稣的奇迹等)之外,其他的迷信也是不允许存在的。据英国丹皮尔著的《科学史》一书记载:在 15 世纪至 16 世纪,在欧洲大陆和英国,基督教的新教徒和罗马教徒,用各种酷刑共处死女巫约 75 万人以上,女巫从此绝迹。① 所以在这些国家里,长期以来就形成了一种宗教(基督教)、一个神(基督教的上帝)、一种迷信(基督教的迷信)的专制统治状态。其他的宗教、其他的神灵、其他的迷信,即使有也是很少,在社会上不占什么地位。在这些国家里,突出的是宗教问题,突出的是基督教问题。而且在整个中世纪,西方国家是政教合一的。基督教的教会上层(教皇、大主教、主教等),实际上是披着宗教外衣的大农奴主,他们与世俗封建主结合起来,共同压迫剥削劳动人民。所以 17~19 世纪,西方国家的资产阶级民主革命,必然同时要反对宗教(基督教)上层势力,必然要进行"宗教改革",必然要进行反对宗教迷信的斗争。在资产阶级民主革命获得胜利,资产阶级夺取了国家政权以后,宗教(基督教)又变成了资产阶级统治工人阶级和劳动人民的工具,教会势力又和资产阶级勾结在一起,共同压迫剥削工人阶级和其他劳动人民。因此,反对宗教迷信的斗争,反对教会势力的斗争,又成为无产阶级同资产阶级斗争的一个方面,成为社会主义革命的一个组成部分。马克思、恩格斯、列宁都是为了阶级斗争和社会主义革命的需要,都是为了提高无产阶级和劳动人民的阶级觉悟,摆脱宗教迷信的影响而研究宗教问题的。所以在他们的著作中,在谈到宗教问题,特别是基督教问题时,并没有同时并列地提到有神论观念和其他迷信,这也是很自然的。这是正确地反映了西方国家的现实,是存在所决定的。但是,这并不能说明宗教里面已经把有神论观念和迷信包括了。因为恩格斯在《路德维希·费尔巴哈与德国古典哲学的终结》一书中,专门论述了远古的人们由于对梦境的不可理解而产生了灵魂观念。这就是有神论观念的起源。可见有神论观念的起源和宗

---

① 参看丹皮尔《科学史》,商务印书馆,1975,第 212 页。

教的起源不是"一回事",有神论观念的起源不能包括在宗教的起源中。游骧、刘俊望硬说马克思列宁主义经典著作中,在谈宗教问题时,没有谈到有神论和迷信问题,并且硬说宗教已经把有神论和迷信也包括了,这种说法显然与事实是不符合的。

游骧、刘俊望既不研究西方国家的宗教同中国的宗教不同情况,又不研究马克思、恩格斯、列宁是在什么历史背景、什么情况下提出宗教问题的,只是根据马克思列宁主义经典著作中提到宗教问题的地方多,提出有神论和迷信的地方少的这一现象,就肯定有神论和迷信都包括在宗教里面了,并以这一假想作为根据,认为"宗教和迷信是一回事",这种思想方法也未免太武断了。

根据以上三点,游骧、刘俊望想摘引马克思列宁主义的某些词句,就把自己的资产阶级"宗教学"的论点说成"马克思列宁主义宗教观",那是不容易办到的。只要仔细分析一下,就不难看出"宗教和迷信是一回事"的论点,不是马克思列宁主义的宗教观,而是资产阶级"宗教学"的错误理论。我们应该和资产阶级"宗教学"划清界限。

(《光明日报》1965年6月30日)

有神论观念和宗教的起源

（一）

在有神论观念和宗教的起源问题上，长期以来就存在着不同的看法。这里所说的不同看法，主要是指18世纪的老无神论者同马克思主义者在这个问题上的不同看法。

18世纪的老无神论者认为：有神论和宗教，都是"骗子们"编造出来的谎言，一般人民由于"愚昧无知"，上了"骗子们"的当，就产生了有神和宗教。这是18世纪以来比较流行的一种看法，而且被认为是比较科学和比较进步的看法。马克思主义者不同意这种看法。

马克思主义认为：在有神论和宗教的发展史上，宗教职业者的谎言和欺骗的确是起了一定的作用。但是，有神论和宗教在全世界所有民族中普遍存在，如果简单地把它们的产生归结为"骗子们"的谎言和欺骗，不能说明它们的规律性。正如恩格斯在讲到基督教的产生时指出的："对于一种征服罗马世界帝国、统治文明人类的绝大多数达一千八百年之久的宗教，简单地说它是骗子手凑集而成的无稽之谈，是不能解决问题的。要根据宗教借以产生和取得统治地位的历史条件，去说明它的起源和发展，才能解决问题。"[①] 恩格斯对基督教的起源的看法，完全适用于有神论和一切宗教。

[①] 《布鲁诺·鲍威尔和早期基督教》，《马克思恩格斯全集》第19卷，人民出版社，1963，第328页。

历史唯物主义的原理是：不是意识决定存在，而是存在决定意识。有神论和宗教是社会意识形态的一种表现形式，对于它的起源和形成，只能从社会存在方面去找寻原因。就是说，应该从产生有神论和宗教的那个时代的社会物质生活条件以及与此相适应的人类对自然和社会的认识水平这些方面，去找寻有神论和宗教产生的根源。从"骗子们"的谎言中是找不到这个根源的。

在人类的幼年时期，也就是恩格斯在《家庭、私有制和国家的起源》一书中所说的蒙昧时代的低级阶段的初期，人类生活在树林之中，依靠植物果实之类生活，他们的脑子很简单，还不能抽象地思考比较复杂的问题。因此，那个时代的人们的头脑中，不可能有什么有神论观念，既不知有灵魂，也不知有鬼神，更不知有上帝，因而也不可能有什么宗教信仰。他们所知道的，也就限于他们所能看到、听到和接触的自然物。可以这样说，那个时候的全人类都是无神论者——自发的无神论者或朴素的无神论者。

后来经过了若干万年，可能是在蒙昧时代的低级阶段的后期，人类的头脑中才有了灵魂与鬼的观念，也有了祭鬼的迷信活动。后来，又经过了若干万年，可能是在蒙昧时代的中级阶段，也就是在人类社会已有了氏族和部落以后，人类的头脑中才逐渐形成了神的观念，再经过若干万年，到了野蛮时代的低级阶段或中级阶段，人类社会才产生了原始宗教——拜物教或多神教。至于上帝观念，则是阶级社会的产物。我国最早发现"上帝"一词，是在殷代后期的卜辞中。到了周代，"皇天上帝"一词已很普遍地在使用。殷周社会现已公认是奴隶社会，距离现在不过四千余年。一神教就是以上帝观念作为思想基础而创立的，但是时间更晚些。佛教从创立到现在只有两千五六百年，基督教从创立到现在还不到两千年，伊斯兰教从创立到现在约有一千四百多年，我国的道教从创立到现在也只有一千八百多年。

从以上的发展过程来看，有神论的发生和发展，大体上可以分为三个阶段：最早产生的是灵魂观念，是有神论的低级阶段；神的观念是有神论的中级阶段；上帝观念是有神论的高级阶段。实际上，神的观念和上帝观念都是灵魂观念的发展，神是高一级的灵魂观念，上帝又是比神更高一级的灵魂观念。所以说，有神论观念的核心思想就是灵魂观念。宗教的发生和发展则是两个时期：原始社会是"自发宗教"（或多神教）的兴盛时期，阶级社会是"人为宗教"（或一神教）的兴盛时期。两者是既有联系又有区别的。

(二)

我们首先探讨最早的灵魂观念是怎样产生的。

恩格斯在《路德维希·费尔巴哈和德国古典哲学的终结》一书中指出，灵魂观念最初产生于人对做梦的不可理解。他说，"在远古时代，人们还完全不知道自己身体的构造，并且受梦中景象的影响，于是就产生一种观念：他们的思维和感觉不是他们身体的活动，而是一种独特的、寓于这个身体之中而在人死亡时就离开身体的灵魂的活动。从这个时候起，人们不得不思考这种灵魂对外部世界的关系。既然灵魂在人死时离开肉体而继续活着，那么就没有任何理由去设想它本身还会死亡；这样就产生了灵魂不死的观念"①。恩格斯在这段文章中，用马克思主义的观点第一次揭开了灵魂观念产生的秘密。

下面我们就来分析为什么从人的做梦产生了灵魂观念。在远古的时候，人们不懂睡眠时会做梦的科学道理。在梦中，人们不仅看到自己和别人又在一起打交道，与清醒时的情况一模一样，而且有时还会梦见和已经死亡的人，甚至死亡了多年的人在一起打交道，而这些已经死亡的人的模样和举止行动同他们生前没有什么两样。所有这些情景，在远古时代的人的思想中，是非常神秘、不可理解的。人们经过了长期的思索以后，终于找出了一个在那时看来是合情合理的解释，以为每个人除了"肉体的我"以外，还有一个"精神的我"，这个"精神的我"就是每个人的灵魂。灵魂寄居在每个人的肉体之内，是看不见、摸不着的。在人们睡眠时，灵魂就离开肉体到外面去，又和别人的灵魂在梦中打起交道来。肉体是要死亡的，但灵魂永远不死。在肉体死亡时，灵魂离开肉体到另一世界——阴间，就成了鬼。鬼就是已经死亡了的人们的灵魂。灵魂观念（包括鬼的观念）就是这样产生的。灵魂观念的产生，是由当时极其低下的生产水平及与此相适应的人们对自然（包括人类自身在内）的极其低下的认识水平所决定的。

根据现有的史料来看，灵魂观念在全世界的一切民族中普遍存在。费

---

① 《马克思恩格斯选集》第 4 卷，人民出版社，1972，第 219~220 页。

尔巴哈指出:"马达加斯加人相信,死后的人成了恶灵,后者不时向活人显现,在梦中与活人交谈。……'可见,这些马达加斯加人把他们的梦看成是某种在于自身之外的、现实的东西。他们确信,晚上复归且与他们交谈的,是那些已死的人。完全有理由认为,其他一切民族,也有如此想法'。"① 这些生动的事实说明,在远古时代,散居全世界的人类,因为不理解做梦的道理,所以普遍产生了灵魂观念。

灵魂观念在人类历史上,究竟是在哪个时代产生的?这个问题很难回答,但也可以作一些科学的推断。灵魂观念是人类头脑中抽象思维的产物。而人类的头脑能够进行抽象地思维,这必须以人类具有比较发达的大脑为前提。最初的人类,头脑还没发育,不能对比较复杂的问题进行抽象地思维,因而还不可能产生灵魂观念。

但是,随着人类的成长,人类开始有了简单的语言,也就有了简单的思维能力。有了简单的思维能力,反过来又促进了大脑的发育。人类有了比较发达的大脑,逐渐产生了对比较复杂的问题能够进行抽象思维的能力,这才慢慢地产生和形成了灵魂观念。这是一个很长的历史发展过程,不知经过了多少万年。

由灵魂观念同时产生了鬼的观念,鬼无非就是死亡了的人的灵魂。伴随着鬼的观念又产生了人死后埋葬时同时埋些陪葬品和举行祭祀的迷信思想和迷信活动,这是很自然的。远古时候的人们既然认为人死亡以后,他的灵魂在另一世界——阴间还和阳世一样地生活着,于是在人死后埋葬他的尸体时,就把他生前穿的衣服,用的器具以及劳动工具(弓箭、刀矛等)之类,作为陪葬品,和死者的尸体埋在一起,以便让死者的灵魂在阴间还能继续使用这些东西。在西安半坡村发现的原始社会的坟墓中,都有石器、骨器、陶器等陪葬品,说明这种迷信在我国古代早就有了。到了商代,这种陪葬的迷信发展到可怕的程度,奴隶主死后,要把许多奴隶杀死,或者活埋在奴隶主的坟墓里,以供奴隶主的灵魂在阴间还继续奴役、压迫、剥削这些奴隶的灵魂。这种惨无人道的迷信延续了若干世纪,后来才用陶俑、木俑、纸俑代替活人。

---

① 《从人本学观点论不死问题》,《费尔巴哈哲学著作选集》上卷,商务印书馆,1984,第259页。

祭祀和陪葬也是类似的。既然远古时候的人们认为人死后他的灵魂在阴间还继续生活着，当然也像活人一样，需要衣食等生活用品，于是他的子孙们，定期或不定期地把食物以及日常生活用品，供献给死去了的祖先的灵魂，让他们在阴间还能继续享受这些东西。这种迷信思想和迷信活动就叫祭祀。在我国殷周时代，统治阶级为了祭祀他们的祖先，一次就要屠杀成百成千的牛、羊、猪，浪费是惊人的。

所谓"万物有灵论"，也是从灵魂观念派生出来的。远古时候的人们认为每个人都有一个灵魂，从而推想世界上的万物也都有灵魂。这种推想在当时来说，也是合情合理的。因为人们天天和自然界打交道，特别是在渔猎时代，每天要和河里的鱼、天上的鸟、陆上的兽打交道。这些动物也和人一样，要吃东西，会生育后代，也是有生有死的。人们有时在睡眠中，也梦见自己在打猎捕鱼，仍然和这些动物打交道。这样，就很自然地认为这些动物和人同样是有灵魂的。植物也是如此。人们看到一切植物都是自己生活、有生有死的，因而自然认为植物和动物一样，也有它们的灵魂。

不仅如此，人们还看到世界上的一切事物都是自己活动的。例如太阳早起晚落，是自己活动的；刮风、下雨、打雷、闪电，是自己活动的；火发于林，水流入海，是自己活动的；地震、山崩，也是自己活动的；等等。既然这些事物都能自己活动，它们必然也有灵魂。它们的一切活动，就是有灵魂的证明。这样，灵魂观念就由人类本身扩大到自然界的万物，产生了万物都有灵魂的观念。

18世纪的老无神论者霍尔巴赫说过："他们之形成自然的灵魂，或自然接受其冲动的秘密的主宰，乃是在人的灵魂的模型之上。他们在把人造成双重之后，就把自然造成双重的，并且假想这个自然是由于一个智慧而使赋有生命的。"① 这就是说，人们先把自己造成了"双重的"（一个"肉体的我"，一个"精神的我"），又把它作为模型，仿制到自然界的万物中，也把它们造成了"双重的"。这就产生了"万物有灵论"。

费尔巴哈在《宗教的本质》一书中，列举了万物都有灵魂的许多生动事例。他说："希腊人相信当一棵树被砍倒时，树的灵魂——树神——是

---

① 《自然之体系》下册，第198页。

要悲痛的，是要哀求司命之神向暴徒报复的。所以罗马人不拿一口小猪献给树神作禳解，就不敢在自己的土地上砍倒一棵树木。所以奥斯佳克人杀死一头熊的时候，要把皮挂在树上，向它做出种种崇敬的姿势，表示他们杀死了它是万分抱歉的。'他们相信这样一来就客客气气地把这个动物的鬼魂所能加在他们身上的灾害免除了'。所以北美洲的一些部落也用一些类似的仪式来禳解所杀动物的鬼魂"。① 这些事实说明，认为万物都有灵魂的这种观念，在全世界的一切民族中也是普遍存在的，有它产生的必然性。

（三）

神的观念是由鬼的观念演变出来的，但比鬼的观念更高一级。

霍尔巴赫在《神圣的走廊》一书中指出："我们看见，在任何国家里，最初的勇士、最古代的英雄、技术的发明者、祭师、立法者、宗教的奠基者、占卜者、魔术师在生时都受到人们的盲目崇拜，从同时代人那里获得超自然存在物的光荣，最后，在死后还成为神并因此成为生时曾受到他的现实的或想象的利益的那些人民的尊敬甚至崇拜的对象。"② 霍尔巴赫在这里已经正确指出：最初的神，就是远古时候的氏族部落的"大人物"死后的灵魂。这些"大人物"就是"勇士""英雄""技术的发明者""祭师""立法者""宗教的奠基者""占卜者""魔术师"，等等。普通人死后的灵魂仍被叫作鬼，而这些"大人物"死后的灵魂则被称为神。霍尔巴赫提出的神这个观念产生的理论，是完全正确的。

我国关于神的来源，就有类似的几种传说（这里主要讲的是汉族的情况）。

一种是在生产方面、技术方面有所发明和贡献的"大人物"，他们死后的灵魂就成了神。后稷就是一个例子。传说后稷是尧舜时的农官，是农业的发明者，对人民事业的贡献很大，所以人们就把后稷死后的灵魂尊称为"农神"。这样的神我国还有很多，一般认为"三百六十行"，行行都有"神"，例如鲁班就是木匠的神。

---

① 《费尔巴哈哲学著作选集》下卷，商务印书馆，1984，第461页。
② 《神圣的走廊》，第27页。

另一种是古代的部落或部落联盟的"大人物"及其子孙,这些人死后的灵魂有的也成了神。《左传》中有这样一段记载:晋平公患了病,占卜的人说是"实沈台骀为祟",晋平公就问郑子产是什么神?郑子产说实沈是高辛氏(帝喾)的儿子,死后被封为"参神",台骀是金天氏(少昊)的儿子,死后被封为"汾神"。

还有一些历史上的英雄人物,他们死后的灵魂也成了神。我国有一部小说叫《封神演义》,里面讲到在周武王伐纣的时候,双方死了不少英雄人物。战争结束以后,姜子牙就把这些英雄人物的灵魂封为各种各样的神——"三山""五岳""九曜""五气""雷部""火部""财神""瘟神",等等。这样的"神"后来还有许多,例如关羽死后也成了"神",而且全国各地都立有他的庙宇。

在我国少数民族中,关于神的观念的产生,还有别的一些传说。例如云南居住的佤佤人把神分为三种:一种叫"梅顶"(大神),是一个部落的神,据说是这个部落人们共同祖先的灵魂;一种叫"梅雅克"(小神),是一个寨子的神,据说是这个寨子人们共同祖先的灵魂;还有一种叫"梅布日埃"(外神),是其他民族或其他地区的神,据说是其他民族或其他地区人们共同祖先的灵魂。

佤佤人把灵魂分为两种,一种叫"梅"(神),是一种伟大的灵魂,是对于人们有过贡献的祖先的灵魂,他们能降福于子孙,保佑子孙们安宁;另一种叫"斯艾"(鬼),就是普通人死后的灵魂。这更可以说明,鬼和神都指的是人们死后的灵魂,区别只是在于:鬼是普通人死后的灵魂,神是"大人物"死后的灵魂。

为什么从鬼的观念发展演变出神的观念?这个问题只能从人类社会生产力的发展和氏族部落制度的产生找寻答案。

远古时,还没有氏族部落以前的人类,虽然已有了灵魂观念,但还没有神的观念。因为在那个时候,社会成员共同劳动,共同生活,社会地位一律平等。除了男女老幼的差别外,人和人之间没有什么不同。生前都是平等的人,死后都是平等的鬼。所以那时只有灵魂观念,还没有神的观念。神的观念是人类社会有了氏族和部落的组织以后才产生的。

恩格斯在《家庭、私有制和国家的起源》一书中指出,氏族制度在蒙昧时代的中级阶段开始出现。有了氏族,随后就有了部落和部落联盟,同时也就有了氏族酋长,部落和部落联盟的军事首领,这些人就成了当时社会上的"大人物"。那个时候,在氏族与氏族之间,部落与部落之间,战争掠夺是频繁的,那些打仗勇敢、指挥高明的军事首领就成为群众崇拜的英雄人物。这些人活着的时候,得到人们的敬爱,因为他使人民的生命财产安全得到保障。他们的社会地位已"高人一等",和氏族部落的一般成员有所区别。他们死后,受到广大人民的经常怀念,定期或不定期地祭祀他们的灵魂,供献牛羊或其他牺牲品,使这些"大人物"死后的灵魂在另一世界——阴间还能享受"人间的血食"。这样做的目的,一方面是报答他们生前对广大人民所建立的功劳;另一方面是祈求他们的灵魂在阴间继续保佑人民。后来,为了举行祭祀的需要,人们又给这些"大人物"死后的灵魂建立了祭坛或庙宇。这样,"大人物"死后的灵魂就逐渐从一般人死后的灵魂中区别出来了,一般人死后的灵魂还是叫作鬼,"大人物"死后的灵魂则称为神。神的观念最初就是这样产生的。

神的观念,最初只适用于人类本身,适用于"大人物"死后的灵魂。但是后来人们又把它作为模型,仿制到自然界,扩大到自然界,这就产生了各种各样的自然界的神,一般称为"自然神"。

自从人们认为世界上的万物都有灵魂的那个时候起,人们对于巨大的自然物——如天、地、日、月、风、云、雷、雨等的灵魂,是非常敬畏的。后来,为了表示对这些巨大自然物的灵魂的崇拜,人们就模仿对待"大人物"死后的灵魂的办法,也把它们尊之为神(如天神、地神、太阳神、月神、海神、火神、风神、雨神,等等),定期举行祭祀,供献各种牺牲品,不仅要杀许多牲畜,有时还要杀人(俘虏)。为了祭祀的需要,还给不同的自然神建立了不同祭坛和庙宇。

人们为什么对巨大自然物的灵魂这么敬畏和崇拜呢?这可以从两个方面的原因来说明。一方面的原因是,这些巨大自然物对人类的生存和生活有很大的好处,是人们日常生活中离不开的。特别是太阳和火,给人们带来光明与温暖,火还给人们带来了美味可口的食物,所以"太阳神"和"火神"几乎是一切古代民族都崇拜的。此外,过着不同生活、有着不同需要的人们,各自崇拜对他们有直接好处的自然物的"灵魂",如,从事游牧的民族崇拜"水草神",保佑水草丰美、牛肥马壮。从事农业的民族崇拜"五谷诸神""风神""雨神",保佑风调雨顺、庄稼丰收,等等。

另一方面的原因是，这些巨大自然物也经常给人们带来惨痛的灾难，例如火灾、水灾、风灾、雨灾、旱灾、虫灾、地震、山崩……可以突然给人们造成巨大的损失，甚至夺去许多人的生命。这就是恩格斯所说的"自然力量"对人类的压迫。当这些灾难临头的时候，人们就认为大概是冒犯了这些巨大自然物的灵魂的尊严，惹它们发了脾气，因此给人们降下了灾难。为了平息自然物的灵魂的愤怒，人们就举行力所能及的盛大的祭祀，杀许多牲畜和人，供献给巨大自然物的灵魂享用，向它讨好，进行禳解，他们认为这样可以使巨大自然物的灵魂转怒为喜，消灾免祸。这就逐渐形成了最初的原始宗教——拜物教和多神教。恩格斯把这种宗教叫作"自发宗教"。

（四）

上帝观念是人类进入阶级社会以后，从神的观念发展演变出来的。人们认为：上帝是主宰全宇宙的至高无上的灵魂。

人类还没有进入阶级社会以前，在蒙昧时代和野蛮时代，人类的社会组织只有氏族、部落和部落联盟，它们管辖的范围都不大，而且各自为政，谁也统治不了谁。那个时候的"大人物"，也不过是一个氏族、一个部落或一个部落联盟的头面人物。因此，在那个时候的人群中，还没有出现一个"最高统治者"，在人们的思想中，也不可能有"最高统治者"这样的观念。

自从人类开始分化成为奴隶和奴隶主两个敌对阶级，进入奴隶社会以后，作为奴隶主阶级统治奴隶的工具——国家产生了，国王（君主、皇帝）也产生了，成了人间的"最高统治者"，在人们的思想中才开始形成了"最高统治者"的观念。

上帝这个观念，就是人们以人间的"最高统治者"（国王、君主、皇帝）作为模型，扩大到自然界而仿制出来的。恩格斯给马克思的一封信中说，"一个上帝如没有一个君主，永不会出现，支配许多自然现象，并结合各种互相冲突的自然力的上帝的统一，只是外表上或实际上结合着各个因利害冲突互相抗争的个人的东洋专制君主的反映"[①]。恩格斯讲得很清

---

① 《恩格斯致在布鲁塞尔的马克思》，《马克思恩格斯通信集》第 1 卷，人民出版社，1962，第 53 页。

楚，上帝这个观念，就是人间的"专制君主"在人们头脑中的虚幻的反映。如果人间没有"专制君主"，人们的头脑中就"永不会出现"上帝这个观念。

在我国历史上，"上帝"一词最早是在商代后期的甲骨文中出现的。商代已肯定是奴隶社会。从文字的演变来看，"上帝"这个词是从"帝"这个词演变而来的。在商代，"帝"这个词首先是用来称呼"天子"（国王、君主、皇帝）死后的灵魂。《礼记》中说："君天下，曰天子。……崩，曰天王崩。复，曰天子复矣。告丧，曰天王登假。措之庙，立之主，曰帝。"① 从这个记载来看，那个时候的"天子"（最高统治者）死后，要给他立庙祭祀，庙里面要给死者立一个牌位，这就叫作"帝"。殷墟出土的卜辞中有"文武帝""武帝""帝甲""帝甲丁"等，都指的是商代天子死后的灵魂，占卜的人就向这些"天子"死后的灵魂询问事情的吉凶。

后来，人们在"帝"字之前加了一个"上"字，成了"上帝"。"上帝"这词就不是指"天子"死后的灵魂，而是指整个宇宙的灵魂（"造物主""老天爷"）。从这里可以明显地看出："上帝"这个观念，是从人间的"天子"（最高统治者）死后的灵魂演变出来的。"天子"是人间的最高统治者，"上帝"是整个宇宙的最高统治者。

上帝这个观念被历代统治阶级所利用，他们以此抬高自己的身份，并用来巩固他们的统治地位，这是非常明显的事实。我国从殷周时代起，历代统治者都把自己称为"天子"，表示自己是上帝的儿子，是上帝授权给他统治人民的，即所谓"受命于天"和"君权神授"。但是，上帝这个观念，最初也不是统治者和宗教职业者故意编造的谎言。从上帝观念支配世界所有民族的亿万人民的思想达数千年之久的事实，说明了必须从当时的社会物质生活条件以及与此相适应的认识水平，特别是从产生阶级和阶级斗争这方面的事实中，才能找到上帝观念产生的历史根源。

人类社会由无阶级的社会发展到阶级社会，是物质生产水平达到一定高度的必然结果。由于生产力的发展，物质财富和剩余产品也随之日益增多，于是社会上开始有了私有财产，富有的人家开始蓄养奴隶，剥削奴隶的劳动，使奴隶为他们生产更多的剩余产品。由于人类分化成为剥削者和

---

① 《礼记·曲礼下》。

被剥削者两个敌对的阶级——奴隶主阶级和奴隶阶级，奴隶主阶级利用手中掌握的国家政权，镇压奴隶阶级的反抗。于是人间就出现了富贵贫贱的差别。而且越到后来，富者愈富，贫者愈贫，贵者常贵，贱者常贱。为什么社会会出现这样不公平、不合理的现象？为什么不从事生产的人反而富贵，而劳动者反而贫贱？一个人的命运究竟是由谁安排和决定的？这些问题，是那个时候的广大劳动人民最关心的问题，也是他们不可理解的秘密。这就是恩格斯说的"社会力量"对人的压迫。

由于那个时候的生产水平和科学水平还很落后，人类对于自然界和社会的认识还很肤浅，不具备正确回答这些问题的条件。因而，那个时候的人们经过长期思索以后，只能这样设想，就像人间有一个最高统治者（天子）一样，在冥冥之中，在人们的肉眼看不见的什么地方，也居住着一个全宇宙的最高统治者，它是全宇宙的最大的灵魂、最大的神，由它在那里创造一切、安排一切、支配一切、决定一切。这个全宇宙的最高统治者就是上帝。人间的富贵贫贱，就是由上帝安排和决定的。一个人在他出生以前，他的终身命运就已由上帝安排好了，命里该富贵就富贵，命里该贫贱就贫贱，是"命里注定"了的，谁也没法改变。这种观念就叫作"宿命论"。上帝观念和"宿命论"观念就是这样产生的。在马克思没有发现人类社会的发展规律以前，在那个时候的人们看来，上帝观念和"宿命论"观念是对人间为什么产生富贵贫贱的唯一解释。

自有人类历史以来，人类就经常受洪水、猛兽、水旱灾害、疾病瘟疫、地震、山崩等"自然力量"的压迫。人类进入阶级社会以后，在广大劳动人民身上又增加了一重"社会力量"的压迫，这就是剥削阶级对广大劳动人民的残酷压迫和剥削。但是广大劳动人民并不甘心屈服于命运的支配，总想解除现实的种种痛苦，改善自己的生活处境，所以在历史上不断爆发奴隶暴动和农民战争。由于那个时候还没有无产阶级，还没有马克思主义，所以奴隶暴动和农民战争总是以失败或改朝换代结束。虽然每经过一次奴隶暴动和农民战争，总要推动社会前进一步。但是新的剥削阶级代替了旧的剥削阶级，新的剥削制度代替了旧的剥削制度，受苦受难的劳动人民始终没有获得解放。问题就复杂了，出路究竟在哪里呢？在这种情况下就产生了恩格斯说的"人为宗教"——如佛教、基督教、伊斯兰教等，它向受苦受难的劳动人民指出了唯一的出路，就是信仰上帝（真主），积修"来世"的幸福,盼望死后灵魂升入"天国"(或"极乐世界")。在现实世界找不到任何出路的情况下,"人为宗教"指出的这一条争取"来世"幸福的出路,对受苦受难的人们来说,总算是一线希望、一点安慰。所以马克思说:"宗教是苦难者的呻吟,它是人民的鸦片。"

(五)

总起来说,有神论观念是在人类社会发展史中,在一定的历史时期,一定的生产水平和认识水平的条件下,必然要产生的。它反映了在那种历史条件下生活的人们对世界、对自然界的万物、对人与人的关系的一种认识和看法,也就是一种世界观。当然,这是一种错误的世界观。

在有神论和宗教的发展过程中,毫无疑问,宗教职业者起了不小的作用。就是在原始社会里,在"自发宗教"(多神教)的发展过程中,由于宗教职业者(祭师)的不断加工,神灵越来越多;宗教仪式和宗教活动越来越复杂、频繁;宗教的各种团体建立起来,宗教的接班人也被不断地培养出来;这才使原始社会的"自发宗教"继续存在和发展下来。人类进入阶级社会以后,又在"自发宗教"的基础上,演变出"人为宗教"(一神教)。如果说,"自发宗教"是宗教发展史上的低级宗教的话,那么"人为宗教"可以说是宗教发展史上的高级宗教。在"人为宗教"的创建和发展过程中,宗教职业者所起的作用就更显著,他们创造了完整的、系统的宗教理论和宗教教义;编写并发行了大量的宗教书籍;建立了严密的宗教团体和教会组织;规定了严格的宗教制度、宗教仪式和宗教活动;开办了各种形式的宗教学校,培养了大批的宗教事业接班人,规定了从中选拔各级宗教团体和组织的负责人的程序和他们的权限;并对宗教信徒规定了入教要有一定的手续,犯了教规要受一定的惩罚,信教的人对宗教要有一定的负担,等等。所有这些,都是宗教职业者也就是18世纪老无神论者所说的"骗子们"搞出来的。如果仅仅从现象上看,似乎有神论和宗教就是宗教职业者们编造出来的谎言,18世纪老无神论者就是根据这些现象得出结论的。他们没有透过现象认清本质,他们没有从有神论和宗教产生的那个时代的生产水平和与此相适应的人们对世界的认识水平去找寻根源。所以,他们还没有把无神论发展成为一门科学。但是我们要同时指出,18世纪老无神论者认为有神论和宗教都是"骗子们"编造的谎言这种看法，对当时教会势力曾经予以很大的打击，对当时西方各国人民所进行的民主革命运动起到了一定的启蒙作用，是有其进步意义的，这一点我们必须加以肯定。

有神论观念虽然是一种错误的世界观，但它毕竟是人类在认识世界的漫长过程中，随着人类的思维能力逐步提高而产生的。有神论观念的产生，说明人类由最初不能抽象地思考比较复杂的问题发展到能够抽象地思考比较复杂的问题，这标志着人类的思维能力提高到了一定的水平。而人类的抽象思维能力不断提高，人们对自然界、对社会、对人类本身的认识也必然逐步深入，一步一步地由低级向高级发展，即由浅入深，由片面到更多的方面，这就为近代的自然科学和社会科学的创建与发展创造了条件，也为有神论和宗教的破产和消亡准备了条件。随着人类社会生产力的不断提高，随着自然科学和社会科学的不断发展，人们逐渐认识了天体的构造和运动的规律、地球的起源和形成的规律、生物（包括人类本身）的起源和发展的规律、人类社会的发展规律等，正确的世界观逐步代替了错误的世界观，有神论观念和宗教信仰被愈来愈多的人所抛弃，这是历史发展的必然趋势。

最原始的人类，本来也是无神论者——自发的无神论者或朴素的无神论者。后来，一方面是由于人们有了抽象的思维能力，另一方面又受当时低下的生产水平和认识水平的限制，人们对世界产生了一种错误的认识，产生了有神论和宗教。但是就在远古时代，也不是所有的人都是有神论者和宗教信徒，总有些人是无神论者，他们不相信有鬼神，不信仰任何宗教，而且反对这些东西。这就产生了历史上各个时代的无神论与有神论的斗争。到了近代，由于自然科学和社会科学的日益发展，无神论者越来越多，相对来说，有神论者和宗教信徒就越来越少了。将来总有一天，有神论和宗教肯定是要消亡的，那时全人类又要恢复到都成为无神论者的状态，但不是恢复到史前时期自发的或朴素的无神论者的状态，而是提高到自觉的、科学的无神论者的状态，是在高级形态上的恢复。

（牙含章：《无神论和宗教问题》，上海人民出版社，1964）

关于有神论观念和宗教的消亡问题

（一）

有神论观念和宗教的消亡问题，就是如何把全人类改造成为无神论者的问题。

第一次提出这个问题的，是18世纪的老无神论者。他们认为：有神论和宗教是"骗子们"（宗教职业者）编造出来的谎言，只要揭穿这些谎言，有神论和宗教就会消灭。他们同时认为：有神论和宗教是被封建领主利用和扶植的，只要把封建统治者打倒了，有神论和宗教就失去了存在的社会基础和阶级支柱。但是，在西方国家的民主革命获得胜利，推翻了世俗的和宗教的封建专制统治，资产阶级夺取了国家政权以后，有神论和宗教不仅没有消亡，而且有了新的发展。资产阶级继承了封建统治者的衣钵，对有神论和宗教继续采取利用与扶植的政策。特别是到了帝国主义时代，几个强大的资本主义国家为了掠夺与瓜分全世界的殖民地，派遣大批"传教士"到世界各个角落进行"传教"活动，使有神论和宗教（主要是基督教）传遍了全世界。由此可见，18世纪的老无神论者对有神论和宗教的消亡问题的看法，并没有真正反映有神论和宗教的发生、发展和消亡的客观规律。

到了19世纪后期，以布朗基为代表提出了一个"消灭"有神论和宗教的"最最前进"的办法，他们主张由国家下一道命令，强迫所有的有神论者和宗教信徒放弃他们的信仰，使他们都变成无神论者。恩格斯对布朗基派的这种幼稚想法进行了严肃的批判。他说:"我们的布朗基派与巴枯宁派的共同之点,就在于他们要代表最最前进和极端的倾向。……所以,事情只在于在无神论问题上他们要比其他一切人更激进些。……为要证明他们是最最激进的,象 1793 年一样,上帝被一纸命令取消了。……可是他们实在有充分的机会去了解:第一,纸上命令固可雪片发出,其如不能实行何;第二,迫害是推行不惹人喜欢的信念的最好方法!这是靠得住的:今天唯一还能替上帝效劳的事,就是宣布无神论为钦定信条,以一般地禁止宗教来压倒俾斯麦反教会文化斗争的法令。"①

毛泽东同志在《关于正确处理人民内部矛盾的问题》中也指出:"我们不能用行政命令去消灭宗教,不能强制人们不信教。不能强制人们放弃唯心主义,也不能强制人们相信马克思主义。凡属于思想性质的问题,凡属于人民内部的争论问题,只能用民主的方法去解决,只能用讨论的方法、批评的方法、说服教育的方法去解决,而不能用强制的、压服的方法去解决。"

马克思主义者是最彻底的无神论者,但是又坚决反对用行政命令的办法去"消灭"宗教,这是矛盾的,又是统一的。因为有神论观念和宗教信仰对于广大人民群众来说,是思想问题、认识问题、世界观问题。对这些问题采取行政命令的强制办法;不但不会解决任何问题,反而会产生相反的效果;不但不会"消灭"有神论和宗教,反而会巩固对有神论和宗教的信仰。从客观效果上讲,这就是不自觉地做了"替上帝效劳"的蠢事,给有神论和宗教帮了忙。

(二)

有神论和宗教的消亡问题,首先是一个改变人们的世界观的问题。因为从本质上说,有神论观念和宗教信仰,都是人们对世界的一种错误认识,是一种错误的世界观。但是,这不是个别人或少数人的世界观,而是亿万人民群众的世界观,是一个大问题。只有亿万人民群众对世界有了正

---

① 《布朗基派公社流亡者的纲领》,《马克思恩格斯论宗教》,人民出版社,1955,第 111 ~ 112 页。

确的认识,并且经过实践的检验,证明这些认识确实是正确的时候,他们才会逐渐抛弃旧的错误的世界观,自觉地抛弃有神论观念和宗教信仰。

人们对世界的认识之逐步深入,是与科学的发展成正比例的。科学越发展,人们对世界的认识也就随之而逐渐深入。从科学发展的角度来看,人类对于世界的正确认识,也只是在近五百年才获得了巨大的成就。自从哥白尼发现了天体构造及其运动的规律,莱伊尔发现了地球形成的规律,达尔文发现了生物(包括人类)的进化规律,特别是马克思发现了人类社会的发展规律,并建立了辩证唯物主义和历史唯物主义的思想体系以后,人们对于自然和社会才逐渐有了正确认识,作为人们对于世界的错误认识的有神论和宗教,才走上了下坡路。

恩格斯在《自然辩证法》中指出:自然科学的发展,首先给予上帝观念以致命打击,把上帝从自然界的各个领域里驱逐出去。他说:"在现代自然科学的历史中,上帝在他的保卫者那里受到的待遇,就象耶拿战役中的弗里德里希—威廉三世在他的将军和官佐们那里受到的待遇一样。在科学的猛攻之下,一个又一个部队放下了武器,一个又一个城堡投降了,直到最后,自然界无限的领域都被科学所征服,而且没有给造物主留下一点立足之地。"①

恩格斯接着指出:"牛顿还让上帝来作'第一次推动',但是禁止他进一步干涉自己的太阳系。神甫赛奇虽然以合乎教规的一切荣誉来恭维他,但是绝对无条件地把他(指上帝——引者注)完全逐出了太阳系,只允许他在关系到原始星云的时候还有一次创造行为。……丁铎尔完全禁止他进入自然界,把他放逐到情感世界中去"。恩格斯最后说:"这和旧的上帝——天和地的创造者、万物的主宰,没有他就一根头发都不能从头上落下来——相距不知有多远!"②

由于自然科学逐步地征服并占领了自然界的阵地,人们对自然界的真正面目也逐渐获得了正确的认识,于是越来越多的人不再相信上帝(造物主)创造和支配自然界的那种鬼话了。在自然界的领域内,从理论上说,有神论的上帝观念已经破产了。

---

① 《马克思恩格斯选集》第 3 卷,人民出版社,1972,第 529 页。
② 《自然辩证法》,《马克思恩格斯选集》第 3 卷,人民出版社,1972,第 529~530 页。

人类社会领域的情况也是如此。在马克思还没有发现人类社会的发展规律以前，人们不能理解社会上为什么会有富贵贫贱的差别，不能理解为什么少数人可以压迫剥削多数人，而多数人反而受少数人的压迫剥削。因此那个时候的人们以为，富贵贫贱也是上帝（造物主）安排和决定的，是每个人命里注定了的。马克思主义给予这种"宿命论"以致命的打击。马克思主义指出：在原始社会时期，人们之间没有富贵贫贱的差别。因为那时人类社会生产水平极端低下，人们生产的东西只能勉强维持自己的生活，还没有剩余产品，不可能产生人剥削人的行为，也不可能产生阶级。到了后来，社会生产力发展了，生产水平提高了，人们生产的东西除了能维持自己的生活以外有了剩余，这才有了人剥削人的可能，于是逐渐发生了阶级分化，形成了剥削阶级和被剥削阶级，社会上才有了富贵贫贱的差别。这种差别的产生和上帝（造物主）没有丝毫关系。因此，被压迫被剥削的人们要想解除痛苦，争取解放，只有依靠自己的坚决斗争，进行革命，推翻人压迫人、人剥削人的社会制度，建立社会主义社会和共产主义社会，这才是唯一的正确道路，决不能把希望寄托在上帝的恩赐上面，决不能把希望寄托在死后灵魂升入"天国"和"来世"幸福上面。

由于马克思发现了人类社会的发展规律，又把上帝从人类社会这个领域内驱逐出去，没有了它的立足之地。因为人们对人类社会有了正确认识以后，就不再相信还有什么上帝（造物主）决定每个人的命运的那回事了。从而，在人类社会领域内，从理论上说，有神论的上帝观念也已完全破产了。

和马克思同一时代的施旺和施来登根据细胞的发现，为近代生理学的建立奠定了理论基础，并给有神论的灵魂观念以沉重的打击。在这以前，人们对于肉体与精神的关系，一直是不能理解的，认为人之所以能够思维、会做梦，乃是由于在自己的肉体之内居住着自己的灵魂，人的思想活动乃至做梦，都是灵魂在那里支配。由于细胞的发现，近代生理学的建立，人们才正确地认识到人之所以能够思维，乃是大脑器官在发生作用，和灵魂毫无关系。人的肉体之内也不存在什么灵魂。从而在肉体死亡的时候，也不会有什么灵魂到另一世界——阴间继续存在那回事了。

20世纪初，巴甫洛夫又发现了人在睡眠时做梦，乃是由人的大脑的半球皮层的细胞活动造成的。在人睡眠时，当这些细胞完全不活动时，人就不会做梦。有时，大部分细胞不活动，但有一部分细胞仍在活动，这时人就会做各种各样的梦，就进一步说明人的做梦与灵魂没有丝毫关系。

施旺、施来登和巴甫洛夫的上述发现，彻底揭开了人类若干万年以来长期认为人的肉体之内有一个灵魂的谜底。这对有神论和宗教是一个致命的打击。因为有神论的核心思想是灵魂观念，神和上帝观念都是从灵魂观念演变出来的。一切宗教又都是以有神论作为它的思想基础。所以粉碎了灵魂观念，也就是抄了有神论和宗教的老巢。从理论上讲，灵魂观念的破灭是有神论和宗教彻底破产的标志。

根据以上的论述来看，近五百年的历史，一方面是科学（包括自然科学和社会科学）获得巨大发展的历史，另一方面又是有神论和宗教逐渐破产的历史。从科学发展的角度来说，人类在历史上提出的那些疑难问题——如人在睡眠时为什么会做梦？肉体与精神到底是什么关系？世界上究竟有没有灵魂、鬼神和上帝？人世间为什么有富贵贫贱的差别？等等，现代科学都已给出了正确的答案。

但是，科学发现与科学普及还是两回事，有神论和宗教在理论上的破产与实际生活中的破产也是两回事。在理论上已经解决的问题，并不等于在实际生活中也已经解决了。从理论上说，有神论与宗教已经破产了，近代自然科学和社会科学的发展已经得出了结论。但是由于科学上的这些发现还没有普及广大人民（特别是广大农民），还没有被广大人民所接受，因而有神论和宗教还有市场，还有地盘。这就提出了向广大人民（特别是广大农民）进行无神论教育的历史任务。

向广大人民，特别是向广大农民进行无神论教育，进行科学普及教育，提高他们的思想政治觉悟和文化水平，改造他们的世界观，让他们自觉自愿地放弃有神论观念和宗教信仰，成为无神论者，这在社会主义国家也不是一件容易的事情，不是在短时期内可以解决的问题。至于在存在着人压迫人、人剥削人的社会制度的国家里，广大人民同时受着"自然力量"和"社会力量"的双重压迫，受着剥削阶级的压迫剥削，有神论和宗教在人们的精神世界还居于统治地位。在这种国家里，连公开宣传无神论都很困难，要把广大人民改造成为无神论者更是谈不上的。所以只要剥削制度还存在，广大人民就不可能从有神论和宗教的桎梏中解放出来。由此可见，要把广大人民从有神论和宗教的桎梏中解放出来，首先必须把广大人民从剥削阶级的统治下解放出来。

（三）

为什么说在剥削阶级的统治没有推翻以前，广大人民不可能从有神论和宗教的桎梏中解放出来呢？因为自从人类进入阶级社会以后，各个时代、各个国家、各个民族的剥削阶级，都利用有神论和宗教（尤其是"人为宗教"）作为他们的统治工具，用以麻醉人民的思想，转移人民的斗争目标，瓦解人民的斗志，为维护剥削阶级的统治服务。因此，一切剥削阶级都大力传播有神论和宗教，扶植宗教势力，并且用各种手段迫害无神论者。特别是在中世纪，罗马教皇和欧洲各国的教会，把基督教的《圣经》定为金科玉律，凡是《圣经》上没有的，就是"异端"，就不允许存在；凡是具有"异端"思想的人，就加以逮捕、放逐、监禁，甚至用火刑烧死。在历史上，有许多著名的科学家和无神论者，就是被"宗教裁判所"（也叫"异端裁判所"）判处火刑而被烧死的。例如，14世纪初期，意大利著名的天文学家皮耶特·洛·德·阿斯柯里（因为他相信大地是一个圆球体的学说）就被"宗教裁判所"判处火刑烧死。17世纪初期，"宗教裁判所"烧死了意大利著名的天文学家布鲁诺（因为他信仰哥白尼的学说），随后，又烧死了意大利的无神论者瓦尼尼。有人统计，从1481年到1808年的327年当中，"宗教裁判所"一共处罚了34万人，用火刑烧死的约3.2万人，① 其中究竟有多少科学家和无神论者？估计不在少数。恩格斯对这段历史作了如下的概括："自然科学当时也在普遍的革命中发展着，而且它本身就是彻底革命的；它还得为争取自己的生存权利而斗争。同现代哲学从之开始的意大利伟大人物一起，自然科学把它的殉道者送上了火刑场和宗教裁判所的牢狱。值得注意的是，新教徒在迫害自然科学的自由研究上超过了天主教徒。塞尔维特正要发现血液循环过程的时候，加尔文便烧死了他，而且还活活地把他烤了两个钟头；而宗教裁判所只是把乔尔丹诺·布鲁诺简单地烧死便心满意足了。"②

"宗教裁判所"之所以对科学家和无神论者进行这么残酷的迫害，就

---

① 参看〔英〕德雷柏《宗教与科学之冲突》，上海新星书店，1934，第96页。
② 《自然辩证法》，《马克思恩格斯选集》第3卷，人民出版社，1972，第446页。

是因为当时欧洲许多国家的教会上层，实际上都是披着宗教外衣的封建领主，他们占有大量的土地，奴役着数以万计的农奴，进行封建压迫和封建剥削。他们对科学家、无神论者进行迫害和科学家、无神论者反对这种迫害的斗争，从表面上看是科学与宗教的斗争，实际上，则是在宗教外衣掩盖下的没落的封建势力同新兴的资产阶级的斗争，是革命同反革命的斗争。

在资产阶级民主主义革命运动中，教会势力一度受到了革命群众的沉重打击，"宗教裁判所"和"火刑场"都被摧毁了，科学（包括自然科学和社会科学）和无神论获得了研究和传播的自由。在这方面，18世纪的老无神论者作出了伟大的贡献。但是资产阶级夺取了国家政权以后，情况就发生了变化。资产阶级对有神论和宗教仍采取了扶植与利用的政策，较之封建统治阶级更有过之而无不及。资本主义国家的政府和大资本家，每年拿出大量的金钱补贴教会，豢养大批宗教职业者，向工人阶级进行"说教"，麻醉工人阶级的思想，要他们相信上帝的安排，寄希望于死后灵魂升入"天国"。而资本主义国家的教会上层，许多人又变成工厂企业的占有者。例如美国的天主教会，它自身就是土地与工厂的股东，成为美国统治阶级的组成部分。美国的天主教首领和天主教工会工作者协会，不仅在工人中宣传"宗教正在复兴"的谬论，而且攫取了许多工会的领导权，经常破坏工人的罢工斗争。另一方面，在美国宣传无神论，要受到各种形式的公开或秘密的迫害，无神论者会失掉职业，甚至有遭到暗害的危险。其他资本主义国家的情况，也和美国类似。

因此，马克思主义认为，只要阶级和阶级斗争还存在，不论过去、现在或将来，反对有神论和宗教的斗争，都是和阶级斗争联系在一起的，都是和当代的革命运动联系在一起的。在17世纪和18世纪，宣传无神论和反对宗教迷信的斗争，是资产阶级民主主义革命的一个组成部分。从马克思主义产生以来，宣传无神论和反对宗教迷信的斗争，又成为无产阶级革命的一个组成部分。无产阶级的社会主义革命要在人类历史上结束剥削阶级的统治，建立没有人压迫人、人剥削人的社会制度，这就为广大劳动人民从有神论和宗教的桎梏下解放出来创造了条件。在社会主义革命已经获得胜利，资产阶级的统治已被推翻，无产阶级专政已经巩固起来的国家，马克思主义成为指导思想的理论基础，标志着无神论同有神论的斗争进入了一个新的阶段。

社会主义社会是一个很长的历史时期。在社会主义社会，还存在着阶级斗争，剥削阶级分子和反革命分子还会继续利用有神论和宗教作为工具，进行反革命活动，反对社会主义制度。

在无产阶级专政的社会主义国家，广大人民也不可能一下子就从有神论和宗教的桎梏中解放出来，有神论和宗教也不会很快消亡，它只是表明无神论反对有神论和宗教迷信的斗争进入了一个新的阶段。向广大人民进行系统的无神论教育，这就是新形势下无神论同有神论和宗教迷信进行斗争的继续，这是历史上长期存在的无神论同有神论之间的斗争在无产阶级专政下的继续。

（四）

有神论和宗教的最后消亡问题，跟共产主义在全世界的胜利是分不开的。当全世界建成共产主义社会的时候，阶级才会彻底消亡，有神论和宗教也才会彻底消亡。

阶级的彻底消亡，不是以人的意志为转移，而是由高度发展的物质生产水平所决定的。从而，有神论和宗教的最后消亡，也不是以人的意志为转移，而是由高度发展的物质生产水平所决定的。

依据历史唯物主义的基本原理，一切上层建筑的发生、发展和消亡，归根到底，是由经济基础所决定的。有神论和宗教是一种意识形态，是上层建筑的一部分，它的发生、发展和消亡，归根到底，是由社会的物质生产水平以及与此相适应的人的认识水平所决定的。

前面已经指出，近五百年的人类历史，是科学获得巨大发展的历史，同时也是有神论和宗教逐渐破产的历史。这和资本主义生产方式的产生和发展是分不开的，和近代大工业的发展是分不开的，尤其和工人运动的兴起以及马克思主义的产生和发展是分不开的。

近五百年的科学发展史充分说明，有神论和宗教的逐渐破产，乃是人类对于世界的认识逐渐深入的必然结果。而人类对世界的认识的逐渐深入，是以科学水平的不断提高为依据的。而科学水平的不断提高，又是以生产水平的不断提高为基础的。所以根本问题还是生产问题。毛泽东同志在《实践论》中指出:"人的认识,主要地依赖于物质的生产活动,逐渐地了解自然的现象、自然的性质、自然的规律性、人和自然的关系;而且经过生产活动,也在各种不同程度上逐渐地认识了人和人的一定的相互关系。"① 这就说明,人对世界的认识,主要的是依赖于物质的生产活动。人类的社会生产达到了怎样的水平,人对世界的认识也就达到与此相适应的水平,超过了生产水平所提供的条件,人对世界的认识就不可能有所作为。

我们就以人类对于天体的认识为例。近五百年来,天文学有了巨大的进步,这是大家都知道的,而天文学之所以获得巨大进步,是以近代工业所提供的技术条件为依据的。因为人们要想深入观察天体,探索其运行的规律,光靠肉眼是不行的,需要利用更有效的工具——望远镜,而望远镜的发明、制造和改进,必须要有高度发达的工业水平和技术水平。而这种工业水平和技术水平,只有近代大工业才可能提供。

近百年来,研究人体构造的生理学也获得了巨大的进步。这也是大家所公认的。生理学之所以获得巨大进步,也是以近代工业所提供的技术条件为依据的。因为人们要发现细胞,光靠肉眼也是不行的,需要有更有效的工具——显微镜,而显微镜的发明、制造和改进,也必须要有高度发达的工业水平和技术水平。而这种工业水平和技术水平,也只有近代大工业才可能提供。

近二十年来,人类在探索宇宙空间方面,又获得了巨大成就。这些成就的获得,是以人造地球卫星和宇宙火箭的发明、制造和改进为前提的。而发明、制造和改进这些新工具,又是以近代大工业所提供的最新技术和尖端科学为条件的。

由此可见,生产的发展必然要推动科学的发展,而科学的发展又必然引导人类对世界的认识不断深入,从而给有神论和宗教以不断的打击。在资本主义上升时期,资产阶级为了生产更多的商品,赚取更多的利润,曾经大力提倡和发展科学,但是他们的目的绝不是要打击有神论和宗教。相反,资产阶级夺取了国家政权以后,继续扶植与利用宗教,用以麻醉工人阶级的思想。但是,资产阶级为了赚取更多的利润,必须发展生产,为了

---

① 《毛泽东选集》第 1 卷,人民出版社,1951,第 259~260 页。

发展生产，不能不发展科学，而发展科学，又必然要对有神论和宗教予以不断地打击。这就是资本主义社会无法克服的一个矛盾。只有在马克思主义理论的指导下，无产阶级进行社会主义革命，才能解决这个矛盾。社会主义社会一方面需要大力发展科学，以便迅速发展生产，提高全体人民的生活水平；另一方面，又需要系统地向广大人民进行无神论教育，以便把广大人民从有神论和宗教的桎梏中解放出来，将其改造成为无神论者。这两个方面的任务是统一的。

要把全人类改造成为无神论者，这肯定是一个很长的历史发展过程，而且不是在一个国家的范围内可以解决的问题。只有社会主义革命在世界范围获得胜利，在一切国家、一切民族中实现了无产阶级专政，消灭了阶级，建立了共产主义社会以后，才有这个可能。到了那个时候，人类社会生产力将获得巨大发展，工业和农业、城市和乡村、体力劳动和脑力劳动的差别已经消失，这就为有神论和宗教的最终消亡，全人类都变成无神论者创造了条件。只有到了那个时候，每个人才有充足的时间学习和掌握科学知识，占有一切科学成果，这样才会自觉地放弃有神论观念和宗教信仰，才会变成具有科学世界观的无神论者。

（五）

有人认为：宗教消亡有两个前提，一个是自然力量对人的压迫的消失，另一个是社会力量对人的压迫的消失。因为恩格斯说过："一切宗教都不过是支配着人们日常生活的外部力量在人们头脑中的幻想的反映。"这里讲的外部力量包括两个方面，一个是自然力量对人的压迫，另一个是社会力量对人的压迫。

既然宗教是在这两种外部力量压迫下产生的，那么，将来只有在这两种外部力量的压迫完全消失以后，宗教才会消亡。我认为这是对恩格斯的宗教理论的误解，需要加以说明。

恩格斯讲的社会力量对人的压迫，指的是人压迫人、人剥削人的社会制度，指的是剥削阶级对劳动人民的压迫剥削。到了全世界建成共产主义社会的时候，阶级消灭了，人压迫人、人剥削人的社会现象也就消灭了，从而，社会力量对人的压迫就会完全消灭。

至于自然力量对人的压迫，到了共产主义在全世界胜利的时候是否就会完全消灭呢？我的答复是否定的。因为自然力量对人的压迫含义很广，在远古时代，洪水猛兽就是自然力量对人的一种经常压迫，人们天天要和它作斗争。随着人类社会的进步，猛兽对于人类生存的威胁早已克服了，洪水对于人类生存的威胁也有了很大的克服，支配着人们的这些"自然力量"早已消灭或正在消灭。但是还有别的自然力量对人的压迫继续存在，例如地震、山崩、火山喷发、台风上岸、疾病瘟疫传染等，就是到了共产主义在全世界胜利以后，也未必就会不再发生。而且，地球上将来会发生什么变化？会给对人类带来什么样的灾难？今天更难预料。由此可见，就是到了共产主义社会，自然力量对人的压迫还不可能完全解除，只能做到减轻而已。

所以，恩格斯讲到宗教消亡时，他只讲到"社会力量"对人的压迫的消灭，而没有讲到"自然力量"对人的压迫的消灭。他说："当社会通过占有和有计划地使用全部生产资料而使自己和一切社会成员摆脱奴役状态的时候（现在，人们正被这些由他们自己所生产的、但作为不可抗拒的异己力量而同自己相对立的生产资料所奴役），当谋事在人，成事也在人的时候，现在还在宗教中反映出来的最后的异己力量才会消失，因而宗教反映本身也就随着消失。原因很简单，这就是那时再没有什么东西可以反映了。"① 非常明显，恩格斯这里讲的异己力量是社会力量，而不是自然力量。也就是说，只要社会力量对人的压迫消失了，宗教也就会随之消失。

至于"自然力量"对人类的压迫，即使到了共产主义社会还要继续存在，这并不影响宗教的消亡问题。因为那时人类社会的生产水平和科学水平有了巨大的提高，人们懂得了自然灾害发生的规律，懂得了如何同这些自然灾害进行斗争，懂得了用什么办法可以将自然灾害对人类的威胁和损失降到最低。因而，那个时候即使继续发生自然灾害，人们也不会感到恐惧和无能为力，更不会再去向什么神灵和上帝求救，而是如何把社会的力量组织起来，同自然灾害进行坚决而有效的斗争。

（牙含章：《无神论和宗教问题》，上海人民出版社，1964）

---

① 《反杜林论》，《马克思恩格斯选集》第3卷，人民出版社，1972，第356页。

论宗教和封建迷信

（一）

我国是一个多宗教的国家，比较大的宗教有佛教（包括喇嘛教）、道教、伊斯兰教、天主教、基督教等。除了这些宗教之外，我国历史上还遗留下来许多封建迷信，例如，相面、算命、看风水，等等。此外，我国还有既不属于宗教迷信，也不属于封建迷信的一般迷信（如相信有鬼，相信命运，等等）。对于这些迷信，需要作具体分析。

对于宗教产生的根本原因，恩格斯在《反杜林论》中讲得很清楚："一切宗教都不过是支配着人们日常生活的外部力量在人们头脑中的幻想的反映，在这种反映中，人间的力量采取了超人间的力量的形式。在历史的初期，首先是自然力量获得了这样的反映……但是除自然力量外，不久社会力量也起了作用，这种力量和自然力量本身一样，对人来说是异己的，最初也是不能解释的，它以同样的表面上的自然必然性支配着人。"[①]

恩格斯讲的支配着人们的自然力量的范围很广，例如洪水猛兽、水旱灾害、地震山崩、火山爆发、台风上岸、疾病瘟疫，以及其他对人类的生产和生活有危害的自然变异，等等。

恩格斯讲的支配着人们的社会力量，主要指的是人压迫人、人剥削人的社会制度，也就是剥削阶级对广大劳动人民的压迫剥削，其中也包括剥

---

① 《马克思恩格斯选集》第3卷，人民出版社，1972，第354~355页。

削阶级利用宗教对人民进行压迫剥削这一内容。

恩格斯在《论布鲁诺·鲍威尔与原始基督教》一文中,把世界上的一切宗教概括地分为两种:一种是"自发宗教",另一种是"人为宗教"。①过去人们一般地把宗教分为"多神教"和"一神教",也有一定的道理,但严格地讲起来是不确切的。因为有的宗教既有一个最高之神,还有许多小神:例如我国的道教就是如此,它既信奉一个"玉皇大帝",另外还有许多"天兵天将",把道教叫作"一神教"或"多神教"都不怎么确切。所以恩格斯把原始宗教(包括拜物教、多神教等)称为"自发宗教",把阶级社会的宗教(包括佛教、伊斯兰教、基督教等)称为"人为宗教"。这种分法是科学的。

"自发宗教"就是宗教发展史上的早期的宗教,是还不成熟、不完备、不定型的低级的宗教。这种宗教有的没有成文的教义,没有严密的宗教组织,甚至也没有宗教名称。但是"自发宗教"统治人们的精神世界的时间很长,是以若干万年计的。整个原始社会时期,是"自发宗教"的兴盛时期。

"自发宗教"产生的根本原因是:远古时代的人们对于复杂的自然现象迷惑不解,对于严酷的自然力量的压迫无能为力,因而他们就向大自然物(天、地、日、月、风、云、雷、雨,等等)的灵魂乞求,企图用祭祀和祈祷的办法,影响大自然物的灵魂(自然神)的意志,希望它们给人们多赐一些幸福,少降一些灾害。这样就产生和形成了"自发宗教"。"自发宗教"一般都是崇拜自然物的,许多古代民族都信奉"太阳神教"和"拜火教"。这种宗教还没有上帝这样的最高之神,所以一般人把这种宗教叫作"多神教"或"拜物教"。

"自发宗教"把造福免祸的希望寄托于渺茫的神的意志,从这里得到一点精神上的安慰,这就是"自发宗教"的鸦片作用,实际上这是一种自己欺骗自己的愚昧行为。由于人们把解除现实痛苦的希望寄托于幻想的神的意志,削弱了人类改造自然的积极性和主动性,使人们在自然力量面前屈服,对于社会生产的发展起了一种消极的阻碍作用。

不仅如此,"自发宗教"每次向神举行祭祀,都要屠杀大量的牲畜。

---

① 参看《马克思恩格斯论宗教》,人民出版社,1955,第63页。

安阳出土的殷墟卜辞证明,当时祭祀天神地祇一次要杀牛三四百头,最多时一次要杀牛一两千头,大量地浪费了社会财富,大大地阻碍了社会生产力的发展。

"自发宗教"最野蛮、最残酷的行为是以人作牺牲(也叫"人祭"),即杀人祭神。在我国春秋战国时代,还遗有这种风气。《左传》记载有两件事情:一件是有一年鲁国大旱,鲁僖公打算把巫婆用火烧死,以祭天求雨,因臧文仲劝阻而没有执行(《左传》:"文仲谏焚巫尫")。另一件是宋襄公打算把鄫子杀死,用以祭祀河神,也是因为司马子鱼劝阻而没有杀(《左传》:"子鱼谏用人于社")。从这两件事证明,杀人祭神的事情在我国古代一定盛行过,不过没有文字记载留传下来罢了。

18世纪的老无神论者梅叶在他的《遗书》中谈到秘鲁和墨西哥以人作牺牲的风气时说:"再没有比秘鲁及墨西哥那儿用人作祭品的事情更可怕的了(墨西哥规模更大)。秘鲁是把十岁到十四岁的少年儿童献作祭品……他们在举行加冕典礼的日子里,要用两百个小孩作祭品。为了印加人的荣誉,他们也把许多少女献作祭品。"①

"自发宗教"的这种极其野蛮的行为,是和那个时候人类的极其低下的生产水平和认识水平相适应的。在那个野蛮的时代,就一定要产生那样野蛮的宗教。

自从人类进入阶级社会以后,才产生了"人为宗教"(如佛教、印度教、犹太教、基督教、伊斯兰教、道教,等等)。"人为宗教"是从"自发宗教"演变出来的,是在"自发宗教"的基础上,经过宗教职业者们的加工而形成和发展起来的,逐渐取代了"自发宗教"的社会地位。"人为宗教"是一种定型的、完备的、成熟的高级宗教。这种宗教都有它们的宗教名称,有成文的、系统的、成套的宗教教义;有复杂的宗教仪式和宗教活动,有严密的宗教组织和它的各级负责人,有它们自己的各种形式的宗教学校,训练宗教事业的接班人,入教要有一定的手续,要遵守一定的教规,犯了教规要受一定的处罚,信教的人对宗教还有一定的负担,等等。

"人为宗教"是阶级社会的产物,它的产生是和剥削阶级对劳动人民

---

① 〔法〕让·梅叶:《遗书》第一卷,商务印书馆,1959,第134页。

的压迫剥削分不开的。在阶级社会里,广大的劳动人民除了受自然力量的压迫之外,又增加了社会力量的压迫。于是人间有了"富贵贫贱"的差别,分成为剥削者和被剥削者两个敌对的阶级,产生了剥削阶级统治被剥削阶级的工具——国家,产生了人间的"最高统治者"(国王、君主、皇帝)。这种现实反映到人们的头脑中,就产生了天上的"最高统治者"(上帝、真主、造物主)。上帝观念就是产生"人为宗教"的思想基础。因为这种宗教都信奉一个最高之神(上帝、真主,等等),所以一般叫作"一神教"。

"人为宗教"和"自发宗教"所不同的,主要还不在于一神和多神,而是在于"自发宗教"没有"来世"理论,"人为宗教"都有不同的"来世"理论。

"来世"理论对于剥削阶级压迫和剥削劳动人民的社会现象,对于人间存在"富贵贫贱"差别的原因作了歪曲的解释。它认为:一个人的"富贵贫贱",是上帝(真主、造物主、老天爷)根据每个人的"前世"行为安排的。"前世"行善修好,"今世"就享受富贵;"前世"为非作歹,"今世"就沦于贫贱。因此,"来世"理论认为,一个人的"富贵贫贱",在"今世"是注定了的,是不能改变的,受苦受难的人们要想解脱痛苦,只有积修"来世"的幸福,盼望再生享受富贵,或死后灵魂升入"天国"。按照"人为宗教"这种"来世"理论的解释,劳动人民遭受剥削阶级的压迫剥削,乃是因为他们在"前世"干了坏事,"今世"受苦受难是理所当然,剥削阶级压迫剥削劳动人民,是因为他们在"前世"干了好事,"今世"享受富贵也是理所当然。非常明显,这种"来世"理论在客观上所起的作用是为剥削阶级的利益辩护的,它诱导劳动人民不要重视"今世",不要同剥削阶级进行斗争,不要造反,不要革命,把一切希望寄托在"来世"幸福上面,要劳动人民驯顺地忍受剥削阶级的压迫剥削。

正是因为"人为宗教"的"来世"理论是用精致的、迷人的、巧妙的办法麻醉劳动人民的思想,转移劳动人民的斗争目标,瓦解劳动人民的斗志,对统治阶级非常有用,非常有利,所以,全世界的一切国家、一切民族的统治阶级都大力扶植利用"人为宗教"。到了后来,"人为宗教"的上层人物本身就变成了大农奴主、大地主、大资本家,他们和世俗的大农奴主、大地主、大资本家勾结在一起,共同压迫剥削劳动人民。所以宗教就和统治阶级结成了不可分离的密切关系。基督教统治欧洲各国人民的思想达 1800 年之久，是和罗马帝国以及后来西方国家的封建专制君主的扶植利用分不开的。由于罗马帝国的统治阶级把基督教封为"国教"，其他宗教被列为"异端"，基督教才在西方国家取得长期的专制统治地位。

中国的情况和欧洲有些不同。中国的"人为宗教"——不论是佛教或道教，都没有取得像基督教在西方国家所取得的那种专制统治地位。但是中国历代统治阶级在大力扶植和利用宗教方面，也是不遗余力的。从汉朝开始，封建统治阶级一面利用"谶纬迷信"（这是从"自发宗教"向"人为宗教"过渡时期的一种不成熟、不定形的宗教），一面开始扶植佛教。到了南北朝时期，佛教在我国已取得很大发展。梁武帝曾三次"舍身"佛寺为僧众"服役"。梁朝的京城有佛寺 500 余所，僧尼 10 万余人。北魏末年，全国共有佛寺 3 万余所，僧尼 200 余万人（占当时全国人口的 1/10 以上）。这是佛教在我国的全盛时期。唐朝的统治阶级一面继续扶植与利用佛教，一面也争取和利用道教。唐高祖把道教的祖师爷——老子封为太上玄元皇帝（因为唐高祖姓李，老子也姓李）。唐玄宗命令在全国各地建立"玄元皇帝庙"，并设立"崇玄观"，总领天下道教。到了宋朝，宋真宗封信州道士张正随为"虚静先生"，建立了"授箓院"和"上清观"，免其田赋。宋徽宗还自封为"教主道君皇帝"，命令全国建立道教的宫观。到元朝，成吉思汗把道教的"全真派"首领丘处机封为"长春真人"，元成宗又把道教"正一派"的首领张与材封为"正一教主"。从宋到元，是道教在我国的全盛时期。这些事实说明，我国历代的统治者（不论是汉族还是少数民族），都懂得利用宗教来加强自己的统治。近百年来，宗教（主要是天主教和基督教）又被利用充当了帝国主义侵略我国的工具，为它们殖民主义的扩张政策服务。

被剥削阶级对待宗教的态度，也是值得研究的一个问题。从历史上看，受苦受难的劳动人民信仰宗教的人，特别是信仰"人为宗教"的"来世"理论的人，是不少的。这是什么原因呢？固然，统治阶级的大力提倡，宗教职业者的"苦口"宣传，起了很大作用，但这并不是最根本的原因。最根本的原因是在那个时代，还没有大工业，还没有无产阶级，还没有马克思主义，人们还不懂自然和社会的发展规律，被压迫被剥削的劳动人民在自然力量和社会力量的双重压迫之下，生活极端痛苦，而又找不到一条解脱痛苦的出路，于是只有把解脱痛苦的希望寄托在上帝（真主、老天爷）保佑上面，寄托在死后灵魂升入"天国"上面，寄托在"来世"幸福上面，从这里得到一点精神上的安慰。所以，一切宗教都是"人民的鸦片"，都起着麻醉人民思想的作用，其中对被剥削阶级的思想毒害最大的是"人为宗教"的"来世"理论。

宗教对被压迫阶级来说，主要起的是麻醉思想的鸦片作用，但是在一定的时候、一定的情况下，被压迫阶级（这里指的主要是农民阶级），也利用宗教作为旗帜，用它发动、组织和团结群众，与封建统治阶级进行武装斗争。我国历史上的许多农民战争，就是以宗教作为旗帜的。例如：东汉末年，张鲁利用"五斗米道"发动了武装起义；张角利用"太平道"发动了武装起义（号称"黄巾"）；北宋宣和年间，方腊利用"明教"发动了武装起义；元朝末年的韩山童、韩林儿，明朝天启年间的徐鸿儒，清朝嘉庆年间的刘之协、齐林，也利用"白莲教"发动起义；著名的太平天国革命运动，也是利用"拜上帝会"发动了武装起义。农民阶级利用宗教作为旗帜，用以团结和组织群众，向封建统治阶级发动武装斗争，这在当时的历史条件下，是可以理解的。但是宗教不可能给农民阶级提出获得解放的正确的政治纲领，因而任何宗教都不可能引导农民战争取得最后胜利。农民阶级只有在马克思主义武装起来的无产阶级政党领导之下，才能最后解放自己。

全国解放以后，宗教作为统治阶级统治人民的工具的时代已经结束了。但是无神论与有神论的斗争依然存在。国内外的阶级敌人也不会放弃利用宗教进行反革命活动的任何机会。因而在宗教这个领域内，还存在长期的、复杂的斗争。在进行这种斗争时，我们必须把广大人民的宗教信仰问题同国内外的阶级敌人利用宗教进行反革命活动严格加以区别。因为前者是人民内部矛盾，后者是敌我矛盾。

宗教迷信是错误的世界观，无产阶级政党必须善于同它进行斗争。列宁在《论工人政党对宗教的态度》一文中指出："马克思主义的哲学基础是辩证唯物主义，它完全继承了法国18世纪的和德国19世纪上半期费尔巴哈的唯物主义历史传统，即绝对无神论的、坚决反对一切宗教的唯物主义的历史传统。……但是马克思和恩格斯的辩证唯物主义比百科全书派和费尔巴哈更进一步，它把唯物主义哲学应用到历史领域，应用到社会科学领域。我们应当同宗教作斗争。这是整个唯物主义的起码原则，因而也是马克思主义的起码原则。但是马克思主义不是停留在起码原则上的唯物主义。马克思主义更前进了一步。它认为必须善于同宗教作斗争，为此要善于用唯物主义观点来说明群众信仰宗教的根源。"①

无产阶级及其政党为了有效地同宗教作斗争，就必须慎重地制定对待宗教的政策。宗教信仰对于广大人民群众来说，是认识问题，思想问题，世界观问题，是不能用简单的行政命令的办法解决的，因此无产阶级及其政党必须采取信仰自由的政策，尊重广大人民宗教信仰的自由，只有这样，才能把信仰宗教的人民群众和不信仰宗教的人民群众团结在一起，共同进行社会主义革命和社会主义建设。

但是宗教又是"人民的鸦片"，它是一种唯心的、不科学的、错误的世界观，是剥削阶级麻醉人民思想的工具。如果无产阶级政党不向人民进行无神论教育，不向人民揭露宗教迷信对人民解放事业的危害，那就是对共产主义的背叛，向宗教势力的投降。因此，无产阶级政党在承认信仰宗教的人民有信仰宗教的自由的同时，还必须承认不信仰宗教的人民有宣传无神论的自由，有同宗教迷信进行斗争的自由。只有这样，才能逐步提高信仰宗教的人民群众的思想觉悟，才能逐步地把他们从宗教迷信的桎梏下解放出来。毛泽东同志在《论联合政府》中提出的党对宗教的政策，正是全面地体现了这种精神。

毛泽东同志说："根据信教自由的原则，中国解放区容许各派宗教存在。不论是基督教、天主教、回教、佛教及其他宗教，只要教徒们遵守人民政府法律，人民政府就给以保护。信教的和不信教的各有他们的自由"。②

党的宗教信仰自由政策承认任何人有信仰宗教的自由，就自然承认宗教信徒在一定场合有进行正当的宗教活动的自由，并且在一定的场合有宣传有神论的自由；同时，党的宗教信仰自由政策又承认任何人有不信仰宗教的自由，那自然也承认不信宗教的人们有宣传无神论的自由，有反对宗教迷信的自由。这就是无产阶级及其政党对待宗教的正确态度，同时也是同宗教迷信进行斗争的正确方法。

---

① 《列宁全集》第15卷，人民出版社，1959，第376~379页。
② 《论联合政府》，《毛泽东选集》第3卷，人民出版社，1953，第1093页。

（二）

我国除了存在着许多宗教之外，同时还存在着许多封建迷信。这是我国和西方基督教国家所不同的地方。基督教在西方国家统治人们的思想达 1800 年之久，它只允许人们信仰一种宗教（基督教），信仰一个神（基督教的上帝），相信一种迷信（基督教的宗教迷信），其他的宗教、其他的神、其他的迷信，都被认为是"异端"，都不允许存在。所以西方国家没有像中国那样多的各种各样的封建迷信。即使有，也很少见。

中国的情况不是这样。在中国历史上，佛教、道教和儒家并存，在儒、释、道之外，还有许多封建迷信也并存。中国的历代统治阶级对于封建迷信，一般地说也是采取扶植利用的态度，使封建迷信得以合法存在。

封建迷信在我国有很长的历史。有些迷信在我国奴隶社会早就存在，但大部分是在封建社会时期产生的。它被封建统治阶级所利用，为封建统治阶级的利益服务。因此，一般把它称为封建迷信，是比较合适的。

封建迷信也是从有神论观念派生出来的，对人民群众的思想有不同程度的毒害作用，但是封建迷信不是宗教。我们不能说算命是"算命教"，相面是"相面教"，看风水是"风水教"。

由于封建迷信种类很多，不可能在这里一一列举，下面只谈比较普遍和比较突出的几种。

"求神问卜"是我国历史上产生最早、流行很普遍的一种迷信。这种迷信在殷周时代就很盛行。《尚书》中这样记载："汝则有大疑，谋及乃心，谋及卿士，谋及庶人，谋及卜筮。"① 那个时候的汉族人民，用龟甲判断吉凶的叫作"卜"，用蓍草判断吉凶的叫作"筮"。专门干这一行的迷信职业者，叫"卜人"和"筮人"。

"求神问卜"这种迷信，是从有神论的灵魂观念派生出来的。那个时候的人们普遍相信每个人都有一个灵魂，相信人死后灵魂在另一世界——阴间还继续存在，因此人们也就相信他们的祖先死后，祖先的灵魂还在阴

---

① 《尚书·洪范》，第十二下。

间生活着，他们还会关心生活在人间的子孙们的祸福。所以，人们在同自然的斗争中，在部落或民族之间的战争中，在人与人之间的关系中，在碰到一些疑难问题不好处理，拿不定主意的时候，就向已经死去的祖先的灵魂请教，征求他们的意见，以便获得帮助，好下决心。

但是，祖先的灵魂是看不见、摸不着的，怎么能够知道他们的意见呢？于是人们就发明了用别的东西代表鬼神意见的办法，用"卜"或用"筮"。如果是吉，就表示祖先的灵魂赞成这样做；如果是凶，就表示祖先的灵魂反对这样做。"求神问卜"的迷信就是这样产生的。

后来，由于迷信职业者的不断加工，"求神问卜"的方法也不限于卜筮，他们又创造了抽签、算卦、测字、圆梦、扶乩、占课、请神、降仙，等等。"求神问卜"的对象也不限于祖先的灵魂，而是向一切神灵。

"求神问卜"当然是一种极其愚昧的行为，依靠"求神问卜"决定自己行动的人，没有不倒霉的。所以这种迷信对劳动人民的思想起了一种很坏的毒害作用。

"驱鬼治病"也是我国历史上很早就有的一种迷信。这种迷信的职业者，女的叫作"巫"，男的叫作"觋"。因为那个时候的医学水平很低下，人们害了病，就请"巫""觋"来治，所以"巫""医"是并称的。孔子就说："无恒不可以作巫医。"

"驱鬼治病"这种迷信，也是从有神论的灵魂观念派生出来的。因为那个时候的人们不懂生病的真正原因，病人在患病期间精神恍惚，有时会看见模模糊糊的人影，有时怀念已经死去的亲人，因此就容易梦见和已死去的人打交道的情景。于是那个时候的人们就以为，疾病是死人的灵魂（鬼）前来作祟而发生的，所以人们有病就请"巫""觋"来家"驱鬼治病"。一旦病愈，就以为是"驱鬼治病"发生了效果，就送礼给"巫""觋"作为报酬。"驱鬼治病"的迷信就是这样产生的。

后来，经过迷信职业者的不断加工，"驱鬼治病"的形式发展到多种多样，如"阴阳抓鬼""法师降神"，以及向神灵求"仙方""神药"，向菩萨"许愿"，等等。全国解放以前，这种迷信职业者在农村中相当普遍，一般被称为"巫神"（"巫婆""神汉"）。1944年，毛泽东同志在陕甘宁边区文教工作者会议上指出："在一百五十万人口的陕甘宁边区内，还有一百多万文盲,两千个巫神,迷信思想还在影响广大的群众。"① 由此可以想见,当时在全国有多少巫神了。

"驱鬼治病"显然是一种极其愚昧的行为。有了病去请"巫神",是有生命危险的。有些病,本来吃药可以治好,因为请"巫神"瞎折腾而送了命的不知有多少。所以这种迷信不仅对劳动人民的思想有一定的毒害,而且对劳动人民的生命有很大的威胁。

"相面"也是我国很早就有的一种封建迷信,大概在春秋战国时代已很普遍。《荀子》一书中有一篇《非相》,就是批判这种迷信的。王充的《论衡》中,有一篇《骨相》,也是批判这种迷信的。据《骨相》讲,刘邦作泗上亭长时,有个"相人"见了刘邦,就说"君相贵不可言"。"相人"就是指当时搞这种迷信的职业者。《汉书·艺文志》还载有"相人二十四卷"的书目,但早已失散,没有留传下来。现在还能看到的最早的相书,是五代时候宋齐丘著的《玉管照神局》,是专门谈相面、揣骨、看手纹的。"相面"这种封建迷信在明清两代大大地盛行起来,流传相当广泛的是《麻衣相法》和《柳庄相法》两部书。《麻衣相法》一书在明朝天启年间刊印,由当时的礼部尚书倪岳在书前作了"序言"。《柳庄相法》是袁柳庄创立的,他是明朝初期人,明成祖对他非常赏识。可见"相面"这种封建迷信的盛行,和统治阶级的提倡是分不开的。

"相面"这种迷信是从有神论的"宿命论"观念派生的。按照"相面"这种迷信的解释,一个人的富贵贫贱,是在这个人没有出生以前,已由造物主(老天爷、上帝)安排决定了的,这种安排可以从一个人的面貌、骨骼、手纹上观察出来。因为他们认为命里该富贵的人和命里该贫贱的人的面貌、骨骼、手纹不一样。由此可见,"相面"这种迷信也是向劳动人民散布"宿命论"的观念,诱导劳动人民在命运面前屈服,"听天由命""安分守己",不要对现实痛苦有所不满,不要造反,不要革命,因而是对剥削阶级非常有利,对劳动人民则是非常有害的。

"算命"也是我国历史上比较流行的一种封建迷信,早在唐朝以前已经有了。唐朝初年,吕才写的《叙禄命》一文中,就批判了这种迷信。唐朝时候的李虚中和他著的《命书》,被认为是"算命"这种迷信的祖师爷。

---

① 《文化工作中的统一战线》,《毛泽东选集》第 3 卷,人民出版社,1953,第 1009 页。

在《命书》中，李虚中又说"算命"是鬼谷子发明的，他不过作了"注解"而已。实际上，这部书就是他写的，而假托于鬼谷子。所以"后世传星命之学者，皆以虚中为祖"。

毛泽东同志在《湖南农民运动考察报告》中批判的"信八字望走好运"，就是"算命"这种封建迷信。因为"算命"这种迷信是根据每个人出生的年月日时来推断他的一生命运，它用天干地支的两个字来代表每个人出生的年月日时（如甲子年、乙丑月、丙寅日、丁卯时），共八个字，所以"算命"也叫"信八字"。

"算命"这种迷信，也是从有神论的"宿命论"派生出来的。这种迷信同样认为一个人的"富贵贫贱"是由冥冥之中的"造物主"（上帝、老天爷）在他出生以前已经安排决定了，这种安排和决定可以从一个人出生的年月日时上推算出来。他们认为：命里该富贵的人和命里该贫贱的人的出生年月日时不一样。实际上，"算命"和"相面"基本上是类似的，都是向劳动人民散布"宿命论"的观念，诱导劳动人民在命运面前屈服，"听天由命"，"安分守己"，不过手法有所不同而已。"算命"是从每个人出生的年月日时推断一生命运，"相面"则是从每个人的面貌、骨骼、手纹推断一生命运，其客观上所起的作用则没有什么两样。

"风水"是旧社会相当普遍的一种封建迷信。毛泽东同志在《湖南农民运动考察报告》中批判的"信风水望坟山贯气"，就是指这种迷信。它在我国产生的时间也很早。据说创始人是晋朝的郭璞，因为他著过一本《葬书》，被认为是"风水"这种迷信的老底子。而传说是由明朝的刘伯温著的《搜地灵》一书，更为一切"风水先生"所必读。由于历代统治阶级和士大夫的大力提倡，在宋、元、明、清各朝，信"风水"成为社会上最流行的一种封建迷信，但反对这种封建迷信的斗争也没有间断过。明朝的唐荆川、吕新吾，清初的黄宗羲，都写了反对"风水"迷信的很精彩的文章。袁子才在《随园随笔》一书中还举了许多生动的事例，驳斥了"风水"迷信的荒谬。他说，黄巢造反时，唐朝皇帝派人挖了黄巢的祖坟；李自成造反时，明朝皇帝也派人挖了李自成的祖坟。后来就有人以为黄巢和李自成是因此而失败的。但是唐高祖李渊还没有做皇帝以前，他家的祖坟也被隋朝的长安留守派人挖了，而李渊后来还是做了皇帝。郭子仪的祖坟也被鱼朝恩派人挖了，郭子仪还是很平安，没有垮台。宋朝的蔡京是最迷信"风水"的,他的父母死后葬在杭之临平,是"风水"最好的地方,可是后来蔡京却一败涂地。由此可见,祖先坟墓的"风水"好坏并不决定人们的命运。

"风水"这种迷信也是从有神论观念派生的。但它和"相面""算命"又有些不同。这种迷信认为:一个人死后,他的尸体埋葬地方的"风水"好坏,可以决定他的子孙的富贵贫贱。如果一个人死后,把他的尸体埋葬在"风水"好的地方,他的子孙就可以享受富贵;如果埋葬在"风水"坏的地方,他的子孙就要沦于贫贱。按照这种迷信的解释,剥削阶级之所以能够压迫剥削劳动人民,是因为他们的父母死后尸体埋到"风水"好的地方;劳动人民之所以遭受压迫剥削,是因为他们的父母死后尸体埋到"风水"坏的地方。"风水"迷信对劳动人民的思想毒害正在这里。它诱导受苦受难的劳动人民把对现实的不满转移到自己的祖坟的"风水"不好上面,把解脱现实痛苦的希望寄托到父母死后能找到一处"风水"好的坟地上面,这就转移了劳动人民的斗争目标,而有利于剥削阶级的统治。

封建迷信在我国之所以得到很大的发展,除了统治阶级的大力提倡和扶植这个最根本的原因之外,还有一个很重要的原因,就是在旧社会,有数量不少的那么一批人,依靠从事这种封建迷信活动,向劳动人民骗取财物,形成了一种专门的职业。一般地说,这些迷信职业者,大部分是因为在旧社会找不到正当的职业,被迫干这种事情。他们一方面受统治阶级的压迫剥削;另一方面,他们又不劳动(或不完全劳动)而剥削别人。毛泽东同志在《中国革命和中国共产党》一文中讲的"迷信职业家",指的就是这种人。他还在另一篇文章中,把这种人列入"游民"这个阶层。处理我国的封建迷信问题,是一个比较复杂的问题。对于广大人民来说,则是进行无神论教育的问题。对于封建迷信的职业者来说,是一个改造的问题。因为封建迷信不是宗教,不存在"信仰自由"的问题。它被一部分人用来骗取劳动人民的财物,是一种人剥削人的行为,是社会主义社会所不允许的。对于迷信职业者个人来说,因为他们基本上属于被压迫阶级,是人民的一部分,他们过去干这种不正当的职业是被迫的。现在劳动人民当家作了主人,人民政府有责任教育他们,并帮助他们从事正当的职业。对于那些不愿放弃这种不正当的职业,还偷偷摸摸地搞封建迷信活动,继续骗取劳动人民财物的人,由人民政府采取强制的办法,取缔他们的非法活动。正如毛泽东同志讲到"游民"时所指出的："应该善于改造他们，注意防止他们的破坏性。"① 这就是我们同封建迷信进行斗争的正确方法。

（三）

除了宗教迷信和封建迷信之外，我国人民群众中间还存在一些历史上遗留下来的一般的迷信思想和迷信活动，例如相信有鬼，相信有各种神灵（如"灶神""家神""门神"，等等），也相信命运。在这种迷信思想支配下，他们自发地搞一些迷信活动，如逢年逢节要祭祀祖先；碰到不如意的事情，认为自己"运气"不好；家中发生了不幸事情，认为是"命里注定"，如此等等。这些人并不信仰任何宗教，不是宗教信徒。

他们也不信奉任何封建迷信，也不请迷信职业者。这些人就是单纯的有神论者、宿命论者，他们的这些迷信思想和迷信活动，纯粹是认识问题、思想问题、世界观问题。因此，在反对宗教迷信和封建迷信的斗争中，我们既要把宗教迷信同封建迷信加以区别，又要把封建迷信同一般迷信加以区别。

对于人民群众中的一般迷信思想和迷信活动，只要进行系统的无神论教育，普及科学知识，提高他们的思想政治觉悟，人民群众自己就会把它加以克服。毛泽东同志在《湖南农民运动考察报告》中明确指出："菩萨是农民立起来的，到了一定时期农民会用他们自己的双手丢开这些菩萨，无须旁人过早地代庖丢菩萨。共产党对于这些东西的宣传政策应当是：'引而不发，跃如也。'"② 1944年，毛泽东同志在陕甘宁边区向文化工作者提出号召："我们必须告诉群众，自己起来同自己的文盲、迷信和不卫生的习惯作斗争。"③ 这就是我们同一般迷信进行斗争的正确方法。

（牙含章：《无神论和宗教问题》，上海人民出版社，1964）

---

① 《中国革命和中国共产党》，《毛泽东选集》第2卷，人民出版社，1955，第609页。
② 《毛泽东选集》第1卷，人民出版社，1951，第33页。
③ 《毛泽东选集》第3卷，人民出版社，1953，第912页。

在建设精神文明的斗争中，宗教和封建迷信应划清界限

（一）

在新时期建设精神文明的伟大斗争中，我们对宗教和封建迷信应该抱什么样的态度？这是一个重大的理论问题，也是一个重大的实际问题。

对于广大人民群众来说，宗教是信仰问题，是思想认识问题，它是一种错误的世界观。恩格斯和列宁一再说过，信教不信教，这是每个人的"私事"，由每个人自己决定，他可以信教，他也可以不信教。当然，马克思主义者是最彻底的无神论者，是坚决反对一切宗教的。但是，马克思主义者反对采取行政命令的办法消灭宗教，而应采取教育说服的办法，讲道理的办法，自愿的办法，逐渐提高人民群众的觉悟程度，逐渐使他们放弃宗教信仰，逐渐把他们改造成为无神论者。我们党的宗教信仰自由政策，就是根据马克思主义关于宗教问题的基本原理而制定的。

早在抗日战争时期，毛泽东同志在《论联合政府》的报告中就说过："根据信教自由的原则，中国解放区允许各派宗教存在，不论是基督教、天主教、回教、佛教及其他宗教，只要教徒们遵守人民政府法律，人民政府就给予保护。信教的不信教的各有他们的自由，不许加以干涉。"

全国解放以后，宗教信仰自由，已作为我国解决宗教问题的根本政策，明确载入《中华人民共和国宪法》之中。

党的宗教信仰自由政策的基本精神是两方面的：一方面是，任何公民都有信仰宗教的自由；另一方面是，任何公民都有不信仰宗教的自由。信

仰宗教的自由包含了有信仰这一种宗教的自由，也有信仰那一种宗教的自由；在同一宗教内部，有信仰这一教派的自由，也有信仰那一教派的自由。信仰宗教的自由还包含了任何人有过去信仰宗教，现在放弃宗教信仰的自由；同时也包含了过去不信仰宗教，今天信仰宗教的自由。不过，任何人都不应当到宗教场所进行无神论的宣传；任何宗教组织和教徒也不应当在宗教活动场所以外布道、传教。

我们承认，宗教是一种世界观，当然是一种错误的世界观，但是现在全世界还有大约60%的人口，二三十亿人还信仰各种各样的宗教，对广大人民的世界观，只能采取教育的方法，说理的方法，进行无神论宣传的方法，普及科学的方法进行斗争；而且还要讲求方式，不能伤害信教者的感情。并且，要有耐心，要慢慢来。即使无产阶级革命在世界范围内胜利了，也无法预言宗教就会很快消亡。所以在对待宗教的问题上，急性病是要不得的。

同宗教的斗争，除了上面讲的各种教育工作之外，还有一定范围的阶级斗争，这主要指的是反对外国的教会势力插手中国宗教事业的斗争。如前几年，罗马教皇任命一个中国人为中国某一教区的"主教"，这就是外国教会势力插手中国宗教事业的一个事例。不仅中国政府反对，中国的宗教信徒也是反对的。此外，宗教方面的阶级斗争，还表现在各种宗教内部的没有改造好的上层人物与宗教职业者，利用我们落实宗教信仰自由政策的机会，企图或明或暗地恢复1958年反对宗教封建压迫和封建剥削斗争中已废除的各种特权，并以形形色色的名义，向信教的人民群众进行各种摊派，增加各族劳动人民的负担。对这方面的问题，当然是必须严加禁止、坚决反对的。

（二）

我们现在正处在现代化建设的新时期，党中央为我们制定了正确的路线、方针和政策，这就是我们观察和处理一切问题的方针，宗教问题也不例外。这个指针就是必须坚持社会主义道路，必须坚持无产阶级专政，必须坚持共产党的领导，必须坚持马列主义、毛泽东思想。这四条是完整的、统一的、缺一不可的。根据四条基本原则来看，凡是有人相信有鬼有神、相信上帝、相信"来世"、相信"天国",并且在一定的场合宣传这些思想的言论,应属于宗教信仰问题,属于思想认识问题,都是可以允许讲的。如果有人利用鬼神、上帝、"来世"、"天国"作为借口,攻击共产党的领导,攻击社会主义制度,否定宗教改革和废除宗教的封建压迫剥削制度的伟大成果等,就不是宗教信仰问题,而是国内外阶级敌人利用宗教进行反革命活动的问题;对这种言论我们必须坚决予以驳斥。

根据四条基本原则的精神来看,凡是有人在一定的时间,一定的场合,进行正当的宗教活动,例如念经、烧香、磕头、做礼拜、封斋,以及修庙、塑神像、办道场等,属于信仰问题,都是应该允许的。如果有人利用上面讲的这些宗教活动,秘密组织反革命集团,进行各种破坏活动,煽动群众闹事,甚至阴谋发动武装叛乱,妄想颠覆人民政府等,这就不是正当的宗教活动问题,而是利用宗教活动进行的反革命活动,那是绝对不允许的。

根据四条基本原则的精神来看,凡是有人完全根据自愿的原则,给寺庙捐献一些"布施"以及其他类似的财物,或者有人完全根据自愿的原则,到寺庙"出家",或者"入教",这是宗教信仰问题、思想认识问题,是应该允许的。如果有人利用宗教信仰和宗教活动,向教徒甚至当地群众派钱、派粮、派工、派木材,实行强迫摊派,甚至公开恢复过去由当地人民无偿耕种寺庙土地的劳役制度,以及强迫已经还了俗的人仍回寺庙当"出家"人,不准许想"还俗"的"出家人""还俗",甚至强迫当地群众把自己的小孩子送到寺庙"出家"等,这就不是正当的宗教活动问题,而是恢复了宗教的封建压迫剥削制度的问题,所有这些都是绝对不能允许的。

(三)

封建迷信和宗教不是一回事,这个问题在我国,特别是在我国广大农村,相当普遍,可以说是我国的一个特殊问题(外国也有类似的迷信,但为数极少)。

封建迷信不是宗教,封建迷信活动也不属于宗教活动。因此,党的宗教信仰自由政策不适用于封建迷信问题,不能认为封建迷信也有"自由"。

但是，封建迷信和宗教有它们的共同之处，两者都是从有神论观念这个根子上派生的；因为不论是宗教还是封建迷信，都是相信有鬼有神的；都是相信有"前世"、"今世"和"来世"的；而且都相信一个人的一生"命运"是"命里注定的"。

封建迷信活动是多方面的，例如求神问卜、驱鬼治病、算命、相面、看风水，以及会道门等，都是属于封建迷信活动。在旧社会，有一大批人是专门以封建迷信为职业的。全国解放以后，大部分迷信职业者经过党和人民政府的教育改造，已经改行转业了，但是也还有一部分人继续以封建迷信为业。在汉族地区，有所谓巫婆、神汉、端公、马脚、阴阳、法师等名称（少数民族地区另有不同的名称）。一般地说，迷信职业者都是依靠封建迷信骗取人民的财物过日子的，是一种变相的人剥削人的行为。因此，列宁说过，社会主义国家里，还有从旧社会遗留下来的"资产阶级食客、寄生虫、投机倒把者、骗子、懒汉、流氓、盗窃国库者"等，社会主义国家负有"清除这些由资本主义遗留给社会主义的传染病、瘟疫和溃疡"的历史任务。迷信职业者就是属于这一类的人物，他们是依靠骗人过寄生生活的。

同封建迷信进行斗争，也是一个比较复杂的问题。

在同封建迷信进行的斗争中，首先应该把党员干部和普通劳动人民区分开来。党员干部既是国家干部，又是工人阶级的先进分子，起码应该遵守党章、国法的约束。一个身为共产党员的国家干部，如果还带头搞封建迷信活动，那就很不像话。因此，对他们的这种错误，我们必须给予严肃批评，要他们进行检讨，切实改正。至于一般老百姓搞封建迷信，那又是另一回事，因为在封建迷信职业者内部，有一小部分迷信职业者——如盲人，多半出身于劳动人民的家庭，在很小的时候，由他们的父母作主，投拜迷信职业者为师，学了这一行职业。他们"出师"以后，仍然受着他们这一行业的上层分子的压迫剥削，生活是相当痛苦的，像这一类人，虽然也是以迷信为职业的，但他们应该属于劳动人民的一部分。

此外，在农村中，还有极个别的劳动人民，将封建迷信当作"副业"，在农闲的时候，也抽空搞一点封建迷信活动，捞几个钱使用。像这一类人，仍然还是劳动人民的一部分。

对那些搞封建迷信的劳动人民，只能进行正面教育，劝他们不要继续搞封建迷信活动，而集中精力从事正当的生产，这才是劳动致富的正确途径。

至于利用封建迷信对病人进行残酷折磨，最后置人于死地，这就是触犯了刑律的问题。还有搞封建迷信给劳动人民在经济上造成重大损失的，那也是触犯刑律的问题。凡属触犯刑律的问题，应由法院依法判处。这就是说，对于劳动人民搞封建迷信的，原则上是应该进行教育的问题，但是如果触犯了刑律，那就成了另一种性质的问题，应按我国刑法处理。

（四）

有人可能会问，在我国，有些宗教和封建迷信是混淆的，如果遇到这种情况时如何区别？如何对待？这是我国客观存在的实际情况，也的确是一个比较棘手的问题。如果处理得不恰当，后果是很不好的。

在我国，不论是汉族地区还是少数民族地区，特别是在某些少数民族地区，宗教职业者往往又是封建迷信职业者。比如汉族地区有人生病，则有专门的巫婆、神汉为之"驱鬼治病"，而在某些少数民族地区，是没有巫婆、神汉的，有人生了病，就请宗教职业者去念经祈祷。又如，汉族地区，有专门给人们算命、占卜的，而在某些少数民族地区，就没有这种迷信职业者，而由宗教职业者代替。两者形式虽异，其作用则是相同的。这种情况相沿已久，恐怕很早就是这样。如果我们把宗教职业者兼作迷信职业者的这种行为，单纯地当作封建迷信进行取缔，这样做下去，就会破坏宗教方面的安定团结局面，人为地制造紧张空气。而实际上，不仅不能真正解决问题，相反，会迫使这种活动转入地下。因为有些少数民族群众还没有觉悟到取缔这种封建迷信的必要，还需要给他们一些时间，等待一个时期为有利。

中国有句古话说："两害相权取其轻"，"两利相权取其重"。这话是有一定道理的。我认为至少在目前情况下，在许多少数民族地区的宗教方面的安定团结局面正在逐渐好转的情况下，凡是宗教方面兼作封建迷信的行为，暂时不去触动它，作为宗教活动的一部分对待，让它存在一个时期，这也主要是针对少数民族地区说的，等到过了若干年以后，我国的现代化建设取得了伟大成就,人们的政治、思想、科学水平大大提高的时候,人们对宗教的信仰也会逐渐淡薄,宗教方面兼搞的封建迷信也会随之逐渐淡薄。

以上仅仅是个人的一些不成熟的看法,如有不妥或错误之处,欢迎批评指正。

(《宁夏社会科学》1984年第2期)

如何划清宗教与封建迷信的界限

所谓封建迷信，一般是指诸如巫婆神汉、占卦算命、揣骨相面、风水阴宅、神水神药、求儿求女、消灾祈雨、驱鬼治病、扶乩降神、上供还愿等迷信活动而言的。这是我国旧社会遗留下来的沉渣。全国解放以后，经过一系列的工作，它在人们的精神世界里，基本上不占重要地位了。但经过"文化大革命"的十年浩劫，这些沉渣又趁机浮起，各种封建迷信又活动起来。值得重视的是，"四人帮"被打倒以后，在全党的工作重点转到四个现代化上来的今天，各种封建迷信还在泛滥，不仅腐蚀人们的思想，而且破坏生产、扰乱治安，甚至杀害人命。例如贵州有一个搞封建迷信的人，说他有办法让别人死后灵魂升天，结果有两家人上了当，全家几口人都被杀害了，这是登了报的。可见如不同封建迷信活动进行斗争，就会直接影响四化建设的发展，这不能不引起我们的严重注意。

目前，有些地方的党组织和政府有关部门已经开始注意这个问题，采取各种措施，正在取缔封建迷信的活动，但是有些地方和有些干部，对封建迷信活动仍然采取放任自流的态度，有的干部甚至自己带头大搞封建迷信活动，实际上对封建迷信起了助长作用。

封建迷信在我国是比较普遍存在的，而且已有了相当长久的历史。全国解放以后，我们虽然做了许多工作，但它和中国封建主义的残余结合在一起，还有它的市场，不是很容易消除的。"四人帮"被打倒以后，各种封建迷信活动仍然到处泛滥，这是有许多原因的。从理论工作的角度来说，一个重要的原因是，有不少干部还划不清宗教与封建迷信的界限，认为凡是信鬼信神的，就是宗教。认为对于宗教，党和国家采取的是信仰自由的政策，要保护信教者的信仰自由，允许他们进行正常的宗教活动。这些同志既认为一切封建迷信也是宗教，当然认为对于封建迷信也应执行信仰自由的政策，应该允许它们有进行封建迷信活动的自由。因此，有些干部对各种封建迷信活动采取睁一只眼、闭一只眼的态度，听其放任自流。有少数干部甚至还替封建迷信说话，说什么"对群众迷信活动不能干涉，因为那是群众的信仰自由嘛"！"群众搞迷信，完全符合党的宗教信仰自由政策，不仅不能干涉，而且还应该保护哩！""人的政策都陆续落实了，为什么不给菩萨落实政策？""我们的思想不妨再解放一点，把土地庙重修起来。"如此等等。在这种社会舆论面前，有不少干部自己是不赞成搞封建迷信的，但对别人搞封建迷信不敢理直气壮地出面干涉，因为他自己在理论上、在认识上也没有弄清楚究竟什么叫宗教，什么叫封建迷信，两者的主要区别在哪里，对宗教应该采取什么政策，对封建迷信又应该采取什么政策，这就给我们做理论工作的同志，特别是我们研究无神论和宗教问题的同志提出了一个任务，有责任把它讲清楚。讲清楚了这些道理，就直接有助于同封建迷信的斗争，间接也是在我国的四化建设的道路上扫除了一些障碍。但这也不是写一篇文章就能解决问题的，需要做长期的艰苦工作。

我们先从常识方面来讲：宗教和封建迷信显然不是一回事。什么是封建迷信？前面已经讲过了，就是巫婆神汉诸如此类的那些东西，这种东西中国有，外国也有。最近报纸上刊载一个消息，在科学高度发达的资本主义国家，有人用电子计算机给人算命，这可以说是用现代化技术装备起来的迷信活动。

宗教也是中国有，外国也有。例如世界三大宗教——基督教，佛教、伊斯兰教，是传遍全世界的。此外，我国汉族还有道教，印度人有印度教，欧美各国犹太人还有犹太教，如此等等。这就是宗教——人为宗教。

宗教（特别是世界三大宗教）有它的完整的、系统的宗教哲学和宗教教义，有严密的教会组织和宗教团体。世界三大宗教现在不仅在各国有全国性的宗教团体，而且有世界性的宗教团体。它规定了严密的宗教制度、宗教仪式和宗教活动，开办各种形式的教会学校，培养宗教的接班人。宗教信徒入教要有一定的手续，要遵守一定的教规，犯了教规要受一定的处罚，有的宗教信徒还要缴纳一定的费用，等等。

封建迷信则基本上可以说没有宗教的这一套，它们是散漫的，无组织的。有的封建迷信职业者也培养接班人，但只是师徒关系。有的封建迷信也有一些秘密的小型团体，但都是地方性的。所以从这些方面来看，宗教和封建迷信也是大不相同的。

宗教和封建迷信都是在有神论的思想基础上产生的，都是相信世界上存在超自然的神秘力量的，都是相信世界上有鬼、有神、有上帝的。这是它们的共同性。有人就是根据这一现象，硬说"迷信和宗教是一回事"，"一切迷信都是宗教"。其实，这种观点只是看见了事物的共同性的一面，而没有看到它们还有特殊性的另一面。所以看法是片面的，结论是错误的。

宗教和封建迷信的特殊性可以提出许多方面，其最根本的区别是：宗教是亿万人民的一种世界观，封建迷信则是一部分人利用它骗钱的一种手段。

我们说宗教是人们的一种世界观，当然是一种错误的世界观，但它在人类历史上统治精神世界不知若干万年（包括原始社会的自发宗教）。就是到了20世纪，现在全世界还有20余亿人信仰各种各样的宗教，占全人类人口总数的60%以上。这个数字是西方国家统计的，其中并不包括中国人口中的信教者的数字。如果加上去，比例还要大。

说宗教是一种世界观，就是说，它对世界（包括人类本身在内）的形成，有它的一套完整的看法。任何宗教都认为世上的万事万物都是上帝（或叫作真主、造物主）创造的和支配的。人们要想求得幸福，只有信仰上帝，并按照宗教的教义和教规，严格约束自己的言论和行动，以求来世得到永恒的幸福。这种世界观当然是错误的，但虔诚的信教者却认为这是正确的。

封建迷信也是讲信鬼、信神、信天命的，但它讲这些的目的，是要使人相信它，然后骗取对方的财物。封建迷信只回答对方所提出的某些疑难问题（如算命、看相、扶乩），或解决对方所要求的某种东西（如神水、神药、儿女），或解除病人暂时的痛苦（如驱鬼治病），或对你的前途命运和流年运气的好坏作些预测，准不准他不负责，如此等等。所以我们说封建迷信不是什么世界观问题，它只是旧社会遗留下来的利用封建迷信骗取别人财物，以过其寄生生活的一种不正常的手段。这种行为，从本质上讲，是一种变相的人剥削人的行为，这是和社会主义水火不相容的。因此，党和国家对宗教和封建迷信采取了不同的政策。

正因为宗教是数十亿人民的世界观，是亿万人民的思想问题、认识问题，对这类问题，是不能采用行政命令手段可以解决的。特别是在今天，人类的大多数还生活在"自然力量"和"社会力量"的双重压迫之下，这就是宗教存在的客观基础。"四人帮"企图用野蛮的、粗暴的、行政命令的办法消灭宗教，结果正好相反，是干了"替上帝效劳"的蠢事。所以马克思主义认为：无产阶级及其政党不能采取强迫群众改变世界观的粗暴方法，而只能采取信仰自由的方法，即信教或不信教都由人民自己选择，他既可以信教，也可以不信教；可以今天信教明天不信教，也可以过去不信教现在信教；可以今天信这种教，明天又信那种教。究竟选择哪个，由信教者根据自己的意愿去作决定，国家既保护信教者的自由，也保护不信教者的自由。

党和国家对待封建迷信，就不能采取信仰自由的政策。因为封建迷信不是人民群众的世界观问题，而是封建迷信职业者骗取群众财物的一种手段，是一种变相的人剥削人的行为。这种行为，在剥削阶级社会里是可以公开合法存在的。在我国旧社会里，虽然有许多无神论者反对封建迷信，但统治者却大力扶植与提倡封建迷信。所以，在旧中国，社会上有数目相当庞大的一批人，是以搞封建迷信作为职业的，是靠它骗取别人财物以其收入混日子的。毛泽东同志 1944 年 10 月 30 日在陕甘宁边区文教工作会议讲话时说：在全边区 150 万人口中，"巫神"（即巫婆和神汉）就有两千人。全国究竟有多少"巫神"，可以想见。

全国解放以后，党和国家对封建迷信采取了取缔的政策。为什么要取缔封建迷信活动呢？并不是因为它是迷信（因为宗教也是迷信），而是因为它是迷信职业者作为骗取群众财物，以过其寄生生活的一种手段，实际上是一种变相的人剥削人的行为，这是与社会主义社会制度水火不相容的。因为谁都知道，社会主义社会是主张人人劳动、自食其力，反对任何形式的人剥削人的行为的。因此，党和国家对封建迷信只能采取取缔的办法，绝不能允许这种变相的人剥削人的行为长期在社会主义的新中国存在下去。

党和国家在对封建迷信采取取缔政策的同时，对封建迷信职业者采取了教育和改造的政策。这是因为，封建迷信活动本身是一种变相的人剥削人的行为，但是封建迷信职业者本人大多数都不是剥削阶级出身，而是劳动人民出身，是在旧社会被迫干了这一行不正当的职业的。例如在旧社会，有许多盲人找不到正当的职业，他们只能干算命这一不正当的职业，而且"瞎子算命"，似乎成了盲人的一种世袭职业。全国解放以后，党和国家成立了许多盲哑学校，让盲人学习和从事力所能及的正当职业，他们就不必干算命这一行当了。而在广大农村，封建迷信职业者只要有一定的劳动力，都分得了土地，后来又参加了合作社和人民公社，由寄生者变成了劳动者。在城市则由各级人民政府负责，对迷信职业者安排了正当的工作，他们就不必再靠搞封建迷信过日子了。实践证明，党和国家对封建迷信和封建迷信职业者采取上述政策，是完全正确的。

但是，作为旧的意识形态，它也是不甘心自动地退出历史舞台的。在林彪、"四人帮"横行时期，由于现代迷信盛行、思想僵化的极不正常的状态，又给封建迷信重新出笼创造了可乘之机，因而封建迷信活动在各地，特别是在农村，重新泛滥起来。

值得重视的是，"四人帮"被打倒以后，封建迷信仍在各地盛行。这是什么缘故呢？可能有许多原因，但最根本的原因还是和"四人帮"把我国经济拖到崩溃边缘的这个状况分不开的，是和我国许多地方目前还处于贫穷愚昧的状况分不开的。因为封建迷信本身就是愚昧落后的产物。因而要铲除产生封建迷信的社会基础，只有加速我国的四个现代化建设。因此，反对封建迷信的斗争，是实现我国四化的需要，也是无产阶级思想反对封建主义思想和资产阶级思想斗争的需要。我们必须把反对封建迷信的斗争当成一回事，把这一斗争坚持下去。封建迷信在我国已有了几千年的历史，在社会上影响很深，不是轻而易举就可以把它消除的。因此，要有同封建迷信进行长期斗争的思想准备。

要同封建迷信活动进行斗争，除了对那些搞封建迷信活动的迷信职业进行取缔之外，还要对广大群众进行无神论教育，要进行普及科学的教育，使这些人认识到封建迷信完全是某些人骗取财物的一种手段，切不可轻易上当。特别是干部要以身作则，自己不搞这一套，才能理直气壮地去教育别人不要相信那一套。如果干部自己相信封建迷信，甚至进行封建迷信活动，己不正焉能正人？他说的话，别人也就听不进去。

反对封建迷信的斗争也不是孤立的,它应该和各方面的工作配合起来。比如现在有许多青年人找封建迷信职业者给自己"算命",据我们了解,这类青年中有很大一部分是待业青年,他们"算命"的目的,主要是问他们什么时候能够找到工作。如果有关部门及时解决了他们的就业问题,他们何必再去"算命"?何必求助于封建迷信?再如巫婆神汉最活跃的地方,一般都是缺医少药的地方。那里有人得了急病,一时找不到医生,那就只好找巫婆、神汉驱鬼治病。有时,有人得了慢性病,长期请医生诊治而不见效,于是就向巫婆、神汉求救,希望她(他)们能把病治好。如果有人得了急病,附近就有医院;或得了慢性病,医生能给治好,他们又何必去找巫神?又何必求助于封建迷信?类似的例子可以举出很多。所以说,反对封建迷信的斗争,是我国四化建设的一个组成部分。我国的四化成功了,人们的生活富裕了,封建迷信的市场就会日益缩小。

还应指出,封建迷信活动的泛滥,和我国目前有些地区对广大群众的政治思想教育的放松,特别是对青少年的政治思想工作抓得不紧有直接关系。马克思主义就是最有威力的进行无神论教育的武器。一个人,特别是一个青年,懂得了马克思主义的基本原理,具备了各方面的科学常识,他就会自觉地抵制封建迷信,就会自觉地同封建迷信活动进行斗争。

为了使反对封建迷信活动的斗争与各项工作有机地配合起来,最根本的一条,还是要加强党的领导。希望各级党委重视这一斗争,把这一斗争经常提到党委的议事日程上来,才能使反对封建迷信的斗争有计划、有步骤、长期、深入地开展下去。

(《师道师说:牙含章卷》,东方出版社,2013)

斯宾诺莎的《神学政治论》

（一）

《神学政治论》一书，是 17 世纪荷兰伟大的无神论者和唯物主义哲学家斯宾诺莎（1632～1677）的主要著作之一。这是一本宣传唯物主义和无神论，批判宗教和《圣经》的杰出著作。

《神学政治论》不仅宣传了唯物主义哲学，宣传了无神论，同时也宣传了资本主义上升时期反对封建主义的民主革命思想，它的内容是多方面的。我在这篇文章中，只打算谈谈斯宾诺莎的无神论。

17 世纪时期，资本主义生产方式已在西欧有了显著地发展。1566～1609 年，荷兰爆发了资产阶级民族民主革命战争。这次战争，是以反对西班牙封建君主的民族压迫的形式出现的。荷兰资产阶级领导全体人民，战胜了外国统治者，建立了欧洲的第一个资产阶级民主共和国——尼德兰联邦，也叫荷兰。在这次资产阶级民族民主革命胜利以后，资本主义在荷兰有了更迅猛的发展。因而，17 世纪的荷兰，成为当时欧洲最先进、最富有的国家。同经济上的繁荣相适应，荷兰在文化上也呈现出一派活跃景况，成为当时欧洲的先进思想的中心。斯宾诺莎就是出生在这样一个时代，成长于这样一个国家里。

斯宾诺莎的祖先是西班牙的犹太人。由于西班牙政府对犹太人实行民族压迫和政治迫害，他的祖父才由西班牙移居到荷兰，他的父亲在阿姆斯特丹经营进出口贸易，斯宾诺莎就是诞生在这样一个商人的家庭里。他在

24 岁时，由于坚持思想自由，怀疑灵魂脱离肉体而存在，怀疑超自然的上帝和天使的存在，被犹太教会革除教门，并被市政府（应犹太教会的要求）驱逐出境。他被迫迁移到奥微尔开克村，以磨镜为生。由此可见，当时荷兰在经济上、政治上虽然在欧洲是最先进的国家，但是在宗教方面，教会依然严格控制着人们的思想。

《神学政治论》一书，是斯宾诺莎于 1670 年在阿姆斯特丹匿名出版的。这本书出版以后，立即引起了新教教会的注意。1671 年，新教教会就宣布它是禁书。1674 年，荷兰总督奥伦治三世又把它宣布为"宣传无神论"的书籍，由政府下令禁止流传。从此以后，斯宾诺莎就再未能发表别的著作。1677 年，斯宾诺莎因患肺病缺乏医药治疗而逝世，当时只有 45 岁。他的最主要的代表作《伦理学》一书，是在他死后由友人们集资出版的。

斯宾诺莎的一生，是同有神论和宗教迷信进行战斗的一生。他被一切神学家们视为共同的敌人。法国主教休爱在《关于信仰和理性的一致》一书中愤恨地说："假如我遇到他（指斯宾诺莎——引者注），我是不会饶恕他这个疯狂不信神的人的，值得给他带上镣铐和加以鞭笞。"[①] 从这几句话里，我们可以看出神学家们对斯宾诺莎仇恨到了什么程度。

（二）

为什么神学家们那么仇恨斯宾诺莎？他的《神学政治论》一书究竟在什么地方触犯了神学家们呢？

《神学政治论》表面上是解释《圣经》的。但是，斯宾诺莎解释《圣经》的原则和方法同神学家们解释《圣经》的原则和方法是不同的。斯宾诺莎认为："解释《圣经》的一条普遍法则是，据《圣经》的历史以研究《圣经》的时候，凡我们没有十分看清的，就不认为是很可信的《圣经》的话。"[②]

斯宾诺莎又认为："解释《圣经》的方法与解释自然的方法没有大的

---

① 参看《神学政治论》一书的前言。
② 《神学政治论》，商务印书馆，1963，第 109 页。

差异。事实上差不多是一样的。"①

根据《圣经》来解释《圣经》,根据自然来解释自然,就是从世界本身来说明世界。这是斯宾诺莎的唯物主义的一条著名原理。恩格斯对这条原理给予了很高评价。他说:"当时哲学的最高荣誉就是:它没有被同时代的自然知识的狭隘状况引入迷途,它——从斯宾诺莎一直到伟大的法国唯物主义者——坚持从世界本身说明世界,而把细节方面的证明留给未来的自然科学。"②

斯宾诺莎是怎样根据《圣经》来解释《圣经》的呢?

第一,斯宾诺莎认为,《圣经》一书的大部分内容,是当时的"预言家"们写的,而"预言家是赋有非常生动的想象力,而不是赋有非常完善的智力。"③ "预言家可以是,而且事实上是,无知的。"④ "所以我们万不可求知识于预言家,无论是关于自然现象的或是关于精神现象的。"⑤ 这就是说,《圣经》这部书大部分是"无知的""预言家"们的信口胡说,是不可信的。《圣经》不会给人们什么知识,相信《圣经》中的话,只会使人愚昧无知。所以斯宾诺莎又说:"我们只是必须相信预言的著作,启示的目的与实质。至于细节,每个人可以相信或不信,随他的意。"⑥《圣经》一书是由许多历史故事,也就是"细节"组成的,对"细节"可以不信,实际上就是否定了《圣经》的大部分内容。

第二,斯宾诺莎认为,《圣经》中讲的许多"奇迹",事实上都是不存在的。他说:"自然是不能违背的,而是有确定不移的秩序的。……上帝的性质与存在,不能由奇迹而知,因而天命也不能由奇迹而知。……《圣经》中上帝的命令,意志与神意……只是指必然遵循自然永久的法则的自然秩序而言。"⑦ "所以,自然界的事物是没有违反自然的普遍法则的。不但如此,不与普遍的法则相合,不遵循普遍的法则的事物是没有的。"⑧

---

① 《神学政治论》,商务印书馆,1963,第108页。
② 《自然辩证法》,《马克思恩格斯选集》第3卷,人民出版社,1972,第449页。
③ 《神学政治论》,商务印书馆,1963,第34页。
④ 《神学政治论》,商务印书馆,1963,第42页。
⑤ 《神学政治论》,商务印书馆,1963,第48页。
⑥ 《神学政治论》,商务印书馆,1963,第48页。
⑦ 《神学政治论》,商务印书馆,1963,第90页。
⑧ 《神学政治论》,商务印书馆,1963,第91页。

"所以，奇迹若是指一些反乎自然规律的事物，不但不能证明上帝的存在，反使我们怀疑上帝的存在。"① "所以我们又可以得结论曰：奇迹无论是违反自然，或超乎自然的范围之外，简直是背理无稽之谈。"② 从这些话可以明显地看出，斯宾诺莎认为世界上的一切事物都是遵循一定的法则运动的。违反一定法则而出现的"奇迹"是没有的。这实际上就把《圣经》中所说的许多"奇迹"，即上帝赖以存在的根据全部否定了。

第三，斯宾诺莎认为，《圣经》的目的是："为使人变得顺从，不是为使人博学。"③ "古代的帝王争夺了王位常宣传说他们是永生的神的后代，以为如果他们的国民与人类其余的人不把他们当做和自己是一样的人，而相信他们是神，就甘心服从他们的统治，听从他们的命令了。"④ 从这些话里可以看出，斯宾诺莎已经接近了宗教被统治阶级所利用、成为统治人民的精神工具这一真理。斯宾诺莎已经认识到，《圣经》是教人盲目服从统治阶级的统治，而不是教人以知识的。

第四，斯宾诺莎认为，《圣经》是不同时代的许多人编写的，里面有许多错误，不能盲目相信。他说："圣书不是一个人写的，也不是为一个时期的人写的，而是出自脾气不同的许多著者的手笔，写作的时期自首至尾几乎亘两千年，还许比这更要长些。"⑤ "也许有人对我说，我是推翻《圣经》的权威，因为，照我的说法，谁都可以以为《圣经》的每一段都有错误。但是，正相反，我说过……从来没有一本书完全免于错误。"⑥ "那些认为《圣经》是上帝从天上给人们送来的口信的人一定会叫起来，说我犯了冒犯圣灵的罪，因为我说《圣经》是有错误的，割裂了的，妄改过的，前后不符的。"⑦ 这实际上就是把《圣经》贬到一般普通书籍的地位。

第五，斯宾诺莎认为，世间的万物都是按自然的法则而存在的，不过可以把自然的法则叫作"上帝的天命"。他说："万物依自然的一般法则而存在，并且为之所决定。此自然的一般法则不过是另外一个名称以名上帝

---

① 《神学政治论》，商务印书馆，1963，第93页。
② 《神学政治论》，商务印书馆，1963，第95页。
③ 《神学政治论》，商务印书馆，1963，第192页。
④ 《神学政治论》，商务印书馆，1963，第229页。
⑤ 《神学政治论》，商务印书馆，1963，第194页。
⑥ 《神学政治论》，商务印书馆，1963，第167页。
⑦ 《神学政治论》，商务印书馆，1963，第177页。

的永存的天命而已。……所以，说万物遵从自然律而发生，和说万物被上帝的天命所规定是一件事情。"① 这就是承认世界是物质的，是自然存在的，不过是人们在自然的身上披上了一层"神"的外衣而已。这就实际上否定了上帝的存在。

第六，斯宾诺莎还认为："天然的状态，在性质与时间两方面，都先于宗教。没人由于天性就知道他应该服从上帝。……我们必须把天然的状态看成是既无宗教也无律法的。"② 斯宾诺莎在这里已经说明了自然界是第一性的，对上帝的信仰、宗教等都是后来才有的，是第二性的。这就提出了唯物主义的基本原理：物质是第一性的，精神是第二性的。这就是斯宾诺莎的无神论的思想基础。

以上介绍的，只是《神学政治论》这本书的无神论思想的大致轮廓。总括起来看，这是一本宣传无神论和唯物主义，批判基督教及其《圣经》的杰出著作。这本书在当时欧洲各国人民反对宗教迷信，反对教会势力和专制主义统治的斗争中，起了一定的启蒙作用。《神学政治论》一书的进步意义和战斗性就表现在这里。

（三）

斯宾诺莎的无神论，在世界无神论学说的发展史上，构成一个单独的学派，被称为"自然神论"。因为他把自然和神合而为一，认为自然就是神，神就是自然。他在《伦理学》一书中，更明白地指出："神，我理解为绝对无限的存在，亦即具有无限'多'属性的实体，其中每一属性各表示永恒无限的本质。"③ "宇宙间只有一个实体存在着，而这个实体是绝对无限的。"④ "除了神以外不能有任何实体，也不能设想任何实体。"⑤ "自然中只有唯一的实体，就是神。"⑥ 这些论点充分说明，斯宾诺莎所说的

---

① 《神学政治论》，商务印书馆，1963，第 52 页。
② 《神学政治论》，商务印书馆，1963，第 222 页。
③ 《伦理学》，商务印书馆，1983，第 3 页。
④ 《伦理学》，商务印书馆，1983，第 10 页。
⑤ 《伦理学》，商务印书馆，1983，第 13 页。
⑥ 《伦理学》，商务印书馆，1983，第 28 页。

"神",就是"实体",而"实体"也就是"自然"。所以,有人认为"实体"是斯宾诺莎的"自然神论"的中心思想。所谓"实体"也就是客观存在的物质世界。

斯宾诺莎的"自然神论"的形成,是受了16世纪英国唯物主义哲学家弗兰西斯·培根的很大影响。培根(1561~1626)指出:"人是自然的仆役和解释者;他借着观察和反省得以窥见自然的秩序,他所实行的,所能了解的,亦只以此为度,超过这种界限,他便一无所知,而且也不能有所作为。"① 因此,培根认为人只能根据自然来认识自然,不能在自然之外去找寻别的什么原因。"因为自然中最普遍的原则,虽然应如其被发现的情形,被认为是绝对的,虽然不必再推原于别的原因,可是人的理解力既然不能休息,因此,它总要继续在自然秩序中另找一些先在的东西。结果,它在努力追求较近的原因时,反而落在最近的东西上,就是说,反而落在所谓目的的原因上。这种原因分明与人性有关,可是与宇宙的本质并无多大关系。"② 培根的这一段话,就是批判那种认为自然秩序是由自然之外存在的上帝创造的,而上帝创造自然秩序的目的又是人类的神学观点。

对于培根的唯物主义和无神论,马克思和恩格斯给了很高的评价,认为他是"英国唯物主义和整个现代实验科学的真正始祖"③。同时,马克思和恩格斯也批判了培根的唯物主义和无神论的不彻底性。因为培根还承认上帝是存在的。斯宾诺莎在培根的唯物主义和无神论的基础上加以发展,形成了他的"神"—"实体"—"自然"这一思想体系,形成了一套完整的"自然神论"的学说。马克思和恩格斯认为:"自然神论——至少对唯物主义者来说——不过是摆脱宗教的一种简便易行的方法罢了。"④

斯宾诺莎的"自然神论"是一种不彻底的无神论,这和当时欧洲的,特别是和荷兰的资本主义发展还不成熟的状况是分不开的。因为17世纪的荷兰,虽然是西欧资本主义最发达的国家,但是从资本主义的整个发展过程来看,它还处在工厂手工业的发展阶段。那时蒸汽机还没有发明,大工厂还没有出现。当时的荷兰和西欧的资产阶级为了迅速发展资本主义,需

---

① 《新工具》,商务印书馆,1984,第37页。
② 《新工具》,商务印书馆,1984,第50页。
③ 《神圣家族》,《马克思恩格斯全集》第2卷,人民出版社,1957,第163页。
④ 《神圣家族》,《马克思恩格斯全集》第2卷,人民出版社,1957,第165页。

要把科学从教会的压迫束缚下解放出来,因此需要反对教会,需要反对宗教。另外,由于当时资产阶级的力量还不够强大,不敢公然同教会决裂,不敢公开反对宗教,不敢公开宣传无神论。在这种历史条件下,就产生了"自然神论"。培根—斯宾诺莎的"自然神论"无神论的不彻底性,正是当时资产阶级在政治上不够成熟的具体反映。

斯宾诺莎的无神论虽有其不彻底性的弱点,但是它在世界无神论学说发展史上仍然占有很高的地位。它不仅在当时有力地打击了宗教迷信,打击了教会势力,对当时西欧各国资产阶级民主革命运动起了一定的推动作用,而且它在西方国家中重新点燃了无神论的火炬,完成了巨大的历史任务,为18世纪法国"百科全书派"老无神论的产生和发展铺平了道路。因此,斯宾诺莎的无神论著作不仅是我们研究无神论学说的必读之书,也是今天在我国进行无神论教育的一本很好的教材。

(牙含章:《无神论和宗教问题》,上海人民出版社,1964)

费尔巴哈的《基督教的本质》

（一）

1963年，由三联书店出版了《费尔巴哈哲学著作选集》下卷，其中包括《基督教的本质》、《宗教的本质》和《宗教本质讲演录》三本宣传唯物主义和无神论的著作。《基督教的本质》一书是费尔巴哈在1841年写的，从出版到现在已有122年的历史，在我国这还是第一次译成中文。

对于《基督教的本质》一书，恩格斯在《路德维希·费尔巴哈和德国古典哲学的终结》中作了很高的评价。他说："这时，费尔巴哈的《基督教的本质》出版了。它一下子就消除了这个矛盾，它直截了当地使唯物主义重新登上王座。自然界是不依赖任何哲学而存在的；它是我们人类即自然界的产物本身赖以生长的基础；在自然界和人以外不存在任何东西，我们的宗教幻想所创造出来的最高存在物只是我们所固有的本质的虚幻反映。魔法被解除了；'体系'被炸开了，而且被抛在一旁，矛盾既然仅仅是存在于想象之中，也就解决了。——这部书的解放作用，只有亲身体验过的人才能想象得到。那时大家都很兴奋：我们一时都成为费尔巴哈派了。马克思曾经怎样热烈地欢迎这种新观点，而这种新观点又是如何强烈地影响了他（尽管还有批判性的保留意见），这可以从《神圣家族》中看出来。"①

当然，马克思和恩格斯并没有停止在费尔巴哈的唯物主义的水平上，

---

① 《马克思恩格斯选集》第4卷，人民出版社，1972，第218页。

只是从费尔巴哈哲学中采取了它的基本内核,而抛弃它的唯心主义宗教的伦理杂质,进而创立了辩证唯物主义和历史唯物主义。

费尔巴哈在《基督教的本质》一书中所阐述的唯物主义和无神论思想的内容是非常丰富的,不可能在这篇文章中完全讲到。我在这篇文章中,只想着重谈谈费尔巴哈的《基督教的本质》一书在世界无神论学说发展史上的主要贡献。

费尔巴哈写《基督教的本质》的时候,德国正处在资本主义向上发展的阶段,资产阶级民主主义革命在德国还没有获得胜利。由于德国的具体条件,那个时候德国的政治斗争与宗教斗争是分不开的。正如恩格斯所指出的:"政治在当时是一个荆棘丛生的领域,所以主要的斗争就转为反宗教的斗争;这一斗争,特别是从1840年起,间接地也是政治斗争。"① 因此,费尔巴哈当时对宗教的批判,实际上是对当时的封建专制制度的批判。《基督教的本质》一书的战斗意义正在这里。

要说明《基督教的本质》一书在反对宗教和发展无神论学说方面的重大意义,首先需要介绍一下当时德国的无神论与有神论进行斗争的情况。恩格斯指出,当时德国哲学家们争论的主要问题,是思维与存在的关系问题,何者是第一性的问题;这个矛盾反映在无神论与有神论的斗争方面,就集中地表现为:究竟是上帝创造了人,还是人创造了上帝?德国的神学家们肯定地认为,人是上帝创造的,正如《圣经》"创世记"中所说的,上帝按照自己的形象创造了人。费尔巴哈敢于向当时居于统治地位的神学挑战,他在《基督教的本质》一书中,公开地、大胆地提出了一个相反的观点,他认为不是上帝创造了人,而是人创造了上帝;不是上帝按照自己的形象创造了人,而是人按照自己的形象创造了上帝。他说:"在宗教思辨看来,上帝是第一性的,而人却是第二性的。它就是这样来颠倒情物之天然秩序的!第二性的正是人,而第二性的乃是人之成为自己对象的本质——上帝。"②"但是,宗教认为是第一性的东西——上帝——,我们已经证明,实际上原本是第二性的,因为,他只不过是人之自己成为自己对

---

① 《路德维希·费尔巴哈和德国古典哲学的终结》,《马克思恩格斯选集》第4卷,人民出版社,1972,第217页。
② 《费尔巴哈哲学著作选集》下卷,三联书店,1963,第150页。

象的本质；因而，宗教认为是第二性的东西——人——，就应当被设定和表明为第一性的。"①

上面介绍的，就是费尔巴哈的《基督教的本质》一书所阐述的无神论的基本思想。他把上帝还原为人，把上帝的本质还原为人的本质。这样，他在理论上和实际上就是"废掉"了上帝，也就是否定了上帝的存在。正是因为这个缘故，《基督教的本质》一书出版后，引起了德国教会和他们豢养的神学家们的极大的愤怒和攻击，而且还受到警察的迫害。费尔巴哈自己在这本书的第二版序言中说："本书自第一版出版以来所受到的愚蠢而恶意的评论，毫不使我惊奇，因为，我本来就没有别的期待，而且，公正合理而论，也不能另有期待。这本书破坏了我同上帝和世界的关系。"②

（二）

费尔巴哈的《基督教的本质》一书在无神论学说发展史上的重大贡献，主要在于他把18世纪法国"百科全书派"老无神论者的学说大大地向前推进了一步。18世纪老无神论者在尖锐地反对宗教和神学方面，作出了具有历史意义的伟大贡献，这是必须肯定的。但是他们的学说有一个共同的错误看法，他们认为有神论观念——首先是上帝观念和一切宗教，乃是"骗子们"编造出来的谎言，而人民由于"愚昧无知"，上了"骗子们"的当，于是就产生了有神论和宗教。18世纪老无神论者的上述观点，用一个公式概括起来，就是"傻子遇上了骗子"。"傻子"就是广大人民，"骗子"就是宗教职业家。这种观点在当时来说，确实给了有神论和宗教以巨大的打击，有力地支持了当时欧洲各国人民反对教会、反对封建专制制度的斗争。但是这种观点从根本上讲是不科学的。它把复杂的问题简单化了，并没有真正揭开有神论观念和宗教起源的秘密。

费尔巴哈摆脱了18世纪老无神论者的上述传统观念的束缚，认为上帝观念的产生，绝不是偶然的。他说："我从来没有说过这样的话：上帝是虚无，三位一体是虚无，上帝的言语是虚无等等，——要这样说倒是很容

---

① 《费尔巴哈哲学著作选集》下卷，三联书店，1963，第315页。
② 《费尔巴哈哲学著作选集》下卷，三联书店，1963，第7页。

易的！我只是指出，上帝、三位一体、上帝的言语等等，其实完全不是象神学所幻想的那个样子，它们并不是外来的神秘，而是本地的神秘，是人的本性之神秘。"①

费尔巴哈指出：上帝观念，产生于人们对于世界和人类起源等缺乏正确的认识，错误地认为："在太初，在创世以前，并没有世界，只有上帝。"② 因而以为世界是上帝创造的，人也是上帝创造的，以为这样就解决了世界和人类的起源问题。那时的人们设想，世界是由一个"至高的"存在者所创造的，这个"至高的"存在者就是上帝。"什么东西人认为是至高者，不再能够加以抽象，并且成为他的理智、心情、意念之本质重要的界限，那这个东西对他来说就是他的上帝，也就是不能再设想较其更高者的至高者了。"③ 而人只能以人自己的形象来创造上帝，不能以石头、植物、动物的形象来创造上帝，所以上帝是"拟人的"。"上帝是人，上帝是道德上的立法者，是人类之父，是圣者、义者、善者、慈者。然而，从这些和别的一些规定中立刻就可以看到，或者，至少是再想一想就可以看到：这些规定，特别是当其作为具人格的规定时，乃是纯粹属人的规定，从而，信教者对上帝的关系其实就是对他自己的本质的关系。因为，在宗教看来，这些宾词并不是人臆造出来的有别于自在的上帝的、关于上帝的表象、影像，而是真理、实事、实在。宗教完全不懂得什么拟人说，对它来说，拟人说并不是拟人说。"④ 实际上，上帝正是"拟人"的产物，是人按照自己的形象、性格创造出来的。不过上帝这个形象不是拟哪一个具体的人，而是拟一般的人。这就是费尔巴哈在《基督教的本质》一书中所阐明的上帝观念起源的基本原理。和18世纪老无神论者的"骗子们"的谎言比较起来，费尔巴哈的看法比较接近事物的本来面目，是比较科学的。

对于宗教的看法，也是如此。费尔巴哈对于宗教本质的认识，也同样超越了18世纪老无神论者的水平。

18世纪老无神论者认为，一切宗教，都是"立法者"（统治阶级）和

---

① 《费尔巴哈哲学著作选集》下卷，三联书店，1963，第17页。
② 《费尔巴哈哲学著作选集》下卷，三联书店，1963，第230~231页。
③ 《费尔巴哈哲学著作选集》下卷，三联书店，1963，第238页。
④ 《费尔巴哈哲学著作选集》下卷，三联书店，1963，第51页。

"骗子们"（宗教职业家）编造出来，是用以欺骗人民、统治人民的工具。费尔巴哈摆脱了上述传统观念，认为宗教并不是凭空产生的，而是现实世界的幻想的反映。他说："宗教是人类精神之梦。但是，即使在梦中，我们也不是处身于虚无或天空之中，而是仍旧在地上，仍旧在现实世界之中；只是在梦中，我们不是在现实性和必然性之光辉中看到现实事物，而是在幻觉和专擅之迷人的假象中看到现实事物。所以，对宗教以及思辨哲学或神学，我只不过使其睁开眼睛，或者说得更明确一些，使其向内面的眼睛转向外面；就是说，我只不过将存在于表象或想象之中的对象转变成为存在于现实之中的对象而已。"① 费尔巴哈认为，宗教不外是人们生活于其中的现实的"迷人的假象"，人们生活的现实是个什么样子，宗教所反映的"迷人的假象"也必然是个什么样子。人们在现实生活中所希望得到而不能得到的东西，他们希望从宗教的信仰中能够得到，就像人们在现实生活中希望得到而没有得到的东西，希望能够在梦中得到是一样的。所以，费尔巴哈认为"宗教是人类精神之梦"。显然，费尔巴哈对宗教本质的认识，和18世纪老无神论者的观点比较起来，接近于事物的本来面目，是比较科学的。

（三）

但是，我们不能不指出，费尔巴哈的无神论是"人本主义"的，这是他的缺点。他在《基督教的本质》一书中讲的人的本质，是抽象的人，一般的人，而不是具体地处在不同的阶级地位的人。当他讲到人与人之间的关系时，他只讲到男人与女人之间的关系，即两性关系，而没有明确地讲到压迫者与被压迫者、剥削者与被剥削者、统治者与被统治者之间的关系，即阶级关系。所以，马克思在《关于费尔巴哈的提纲》中批评说："费尔巴哈把宗教的本质归结于人的本质。但是，人的本质并不是单个人所固有的抽象物。在其现实性上，它是一切社会关系的总和。费尔巴哈不是对这种现实的本质进行批判，所以他不得不：（1）撇开历史的进程，孤立地观察宗教感情，并假定出一种抽象的——孤立的——人类个体；

---

① 《费尔巴哈哲学著作选集》下卷，三联书店，1963，第17~18页。

(2) 所以,他只能把人的本质理解为'类',理解为一种内在的、无声的、把许多个人纯粹自然地联系起来的共同性。"① 马克思指出,人的本质,在现实性上"它是一切社会关系的总和",这就是说,不应该把人仅仅看作自然的产物,应该把它看作社会的产物。

恩格斯在批评费尔巴哈时也指出:"费尔巴哈认真地研究过的唯一的宗教,是基督教这个以一神教为基础的西方的世界宗教。他指出,基督教的神只是人的虚幻的反映,人的映象。但是,这个神本身是长期的抽象过程的产物,是以前的许多部落神和民族神集中起来的精华。与此相应,这个神所反映的人也不是一个现实的人,而同样是许多现实的人的精华,是抽象的人,因而本身又是一个想象的形象。费尔巴哈在每一页上都宣传感性,宣传专心研究具体的东西,研究现实,可是这同一个费尔巴哈,一谈到某种比人们之间的纯粹性关系更进一步的关系,就变成完全抽象的了。"② 恩格斯讲的人与人之间除了"纯粹性关系"之外的关系,就是指"人们在自己生活的社会生产中发生一定的、必然的、不以他们的意志为转移的关系,即同他们的物质生产力的一定发展阶段相适合的生产关系。"③ 对于这种关系,费尔巴哈还没有认识到。因此,费尔巴哈所谈到的人与人之间的关系只是两性关系,而不是阶级关系。

正是由于费尔巴哈的无神论学说存在着"人本主义"的缺点,所以他虽然正确地指出不是上帝创造了人,而是人创造了上帝;上帝是人们按照人类自己的形象创造的。但是费尔巴哈所讲的人,是没有阶级性的人。自从原始社会崩溃、人类进入阶级社会以后,人们生活于其中的社会,都是阶级对立的社会,任何一个人,不属于这一个阶级,就属于另一个阶级,超阶级的人是根本不存在的。因此,上帝这个形象必然是按照一定阶级的形象仿制的。费尔巴哈并没有认识到这个问题。费尔巴哈虽然也谈到"什么东西人认为是至高者",就是他的上帝。但是究竟什么东西是人们认为的"至高者"呢?他在《基督教的本质》一书中始终没有说明这个问题。

---

① 《马克思恩格斯选集》第 1 卷,人民出版社,1972,第 18 页。
② 《路德维希·费尔巴哈和德国古典哲学的终结》,《马克思恩格斯选集》第 4 卷,人民出版社,1972,第 232 页。
③ 《〈政治经济学批判〉序言》,《马克思恩格斯选集》第 2 卷,人民出版社,1972,第 82 页。

上帝究竟是"拟"什么人的形象创造出来的？马克思主义正确地回答了这个问题：上帝这个形象，是人们按照人间的最高统治者（国王、君主、皇帝）的形象仿制的。恩格斯在1846年写给马克思的一封信中说，"一个上帝如没有一个君主，永不会出现，支配许多自然现象，并结合各种互相冲突的自然力的上帝的统一，只是外表上或实际上结合着各个因利害冲突互相抗争的个人的东洋专制君主的反映"。① 恩格斯告诉我们，人们不能设想现实不存在的东西，而只能设想现实存在的东西。在原始社会时期，人类还没有分化成为对立的阶级，人间还没有出现最高统治者（国王、君主、皇帝），那时的人们就不可能凭空设想出一个上帝的观念。上帝观念只能在阶级社会里产生，它就是人间的最高统治者（国王、君主、皇帝），是这个现实的存在在人们头脑中的虚幻的反映。

费尔巴哈认为上帝是"拟人"的，马克思主义也认为上帝是"拟人"的，在这一点上，两者的看法是一致的。但是，费尔巴哈拟的人，是一个抽象的人，是没有阶级性的人，所以，他只说出了一半真理，没有说出全部真理。马克思主义拟的人，是现实的人，是有阶级性的人，在这一点上，马克思主义的"拟人说"与费尔巴哈的"拟人说"，有着本质的不同。

费尔巴哈的"人本主义"还表现在他对宗教的看法上。他虽然正确地指出了宗教是现实世界在人们头脑中的虚幻的反映，但是，他所讲的"现实世界"是抽象的、没有具体内容，尤其是没有阶级内容。他说："人是宗教的始端，人是宗教的中心点，人是宗教的尽头。"② 他所说的"人"是没有阶级性的人。

马克思主义也认为，宗教是现实世界在人们头脑中的虚幻的反映，在这一点上，和费尔巴哈的看法是一致的。但是，马克思主义所说的"现实世界"是有具体内容的，是有阶级内容的。恩格斯说："一切宗教都不过是支配着人们日常生活的外部力量在人们头脑中的幻想的反映，在这种反映中，人间的力量采取了超人间的力量的形式。在历史的初期，首先是自然力量获得了这样的反映。……但是除自然力量外，不久社会力量也起了

---

① 《恩格斯致在布鲁塞尔的马克思》，《马克思恩格斯通信集》第1卷，三联书店，1957，第53页。
② 《费尔巴哈哲学著作选集》下卷，三联书店，1963，第222页。

作用，这种力量和自然力量本身一样，对人来说是异己的，最初也是不能解释的，它以同样的表面上的自然必然性支配着人。"① 所谓"社会力量"，就是指阶级压迫而言的。由于人们在"自然力量"和"社会力量"的压迫下无能为力，就把解脱这些痛苦的希望，寄托于神，寄托于上帝，寄托于"来世"幸福，于是就产生了各种各样的宗教。马克思说宗教是"人民的鸦片"，就是因为它只能起麻醉作用，并不能真正解除痛苦。所有这些，都是费尔巴哈没有认识到的。所以，马克思主义认为宗教是现实世界在人们头脑中的虚幻的反映论，与费尔巴哈认为的宗教是现实世界在人们头脑中的虚幻的反映论，有着本质上的不同。

费尔巴哈的《基督教的本质》一书虽然有"人本主义"的缺点，但它仍然是一本宣传唯物主义和无神论的杰出著作。从无神论学说发展史的角度来看，它是一个重要的里程碑，标志着无神论学说从18世纪老无神论者的阶段，提升到了一个更高的新的阶段，并为马克思主义的无神论学说的建立准备了条件。马克思主义的无神论学说并不是从天上掉下来的，它继承了历史上遗留下来的无神论学说的丰富遗产，特别是继承了费尔巴哈的无神论学说的宝贵遗产，在这个基础上进行了批判和改造，吸收了它的正确部分，扬弃了它的错误部分，才把无神论发展成为研究有神论和宗教的发展规律的一门科学。

（牙含章：《无神论和宗教问题》，上海人民出版社，1964）

---

① 恩格斯：《反杜林论》，《马克思恩格斯选集》第3卷，人民出版社，1972，第354~355页。

藏学研究

西藏地方与祖国的历史关系[*]

3月10日,西藏地方政府和上层反动集团勾结帝国主义和外国反动派,背叛祖国,发动叛乱,公然喊出"西藏独立""赶走汉人"等反动口号,这是破坏祖国统一和民族团结、违反西藏广大人民意志、损害全国各族人民利益的滔天罪行,是全国各族人民包括西藏人民所绝不能容许的。因为长期以来,西藏人民与祖国各族人民特别是与汉族人民同甘共苦,友爱互助,结成了亲密的兄弟关系;在缔造伟大祖国、抵抗帝国主义的侵略、建设幸福生活的长期斗争过程中,形成了共同的命运。西藏地方长期以来就是伟大祖国不可分割的一个组成部分,这是长期以来历史发展的必然结果。西藏叛国集团违反人民的意志,违反历史发展的趋向,注定了他们的可耻的失败结局。

4月18日,经由印度外交官员在提斯浦尔散发的所谓"达赖喇嘛的声明",公然歪曲历史事实,说什么在整个历史上,"有些时候,中国政府把它的宗主权强加在西藏身上,也有些时候,西藏是作为一个独立的国家进行活动的"。这完全是不符合历史事实的信口胡说。下面我们简略地介绍一下西藏地方与祖国的历史关系,着重说明西藏成为伟大祖国不可分割的一部分是经过了怎样一个历史发展过程,让历史事实出来说话吧!

(一)西藏地方长期以来就是伟大祖国不可分割的一个组成部分

我国是一个统一的多民族的大国,是由汉族、藏族、蒙古族、满族、

---

[*] 本文署名为"子元"。

维吾尔族、侗族、回族等几十个民族经过长期合作、共同缔造的。西藏地方成为伟大祖国的一个组成部分，也是经过了长期的酝酿和形成过程。它是在西藏人民与祖国各族人民，主要是与汉族人民长期的友好往来、团结互助的过程中，经过了同甘共苦、患难相救的考验以后，由西藏广大人民作了选择和决定的。

西藏人民与祖国各族人民，这里主要是指与汉族人民之间的友好往来，在很早以前已经开始，到7世纪时（唐朝初期）汉藏两族的友好往来有了很大的发展，除了两族人民的经济文化交流之外，在政治上也建立了亲密的关系。如大家所熟知的，唐太宗贞观十五年（641年）以宗女文成公主嫁给吐蕃王松赞干布。文成公主嫁到西藏的时候，带去了大批汉族工匠（造酒、碾硙、纸、墨等匠），还有蚕种等，对于当时西藏经济文化的发展，起了一定的推动作用。所以西藏人民对文成公主是很崇敬的。在拉萨大昭寺、布达拉宫都有文成公主的塑像。而在藏戏中，有一个传统的优秀节目，就是歌颂文成公主的。如果我们再进一步看看，文成公主带到西藏去的各种工匠手艺、生产工具和生产技术、经验，都是汉族劳动人民和他们的辛勤创造，是通过文成公主带去了汉族人民对于西藏人民的友谊和帮助。西藏人民歌颂文成公主，实质上是在歌颂汉藏两大民族的悠久的兄弟友谊。

唐太宗死，高宗即位，吐蕃王松赞干布写信给唐朝宰相长孙无忌："天子初即位，下有不忠者愿勒兵赴国共讨之，并献金琲十五种以荐昭陵（唐太宗的坟墓）。"唐高宗封松赞干布为"驸马都尉""西海郡王"，后来又晋封为"賨王"等，充分说明当时汉藏民族的亲密关系。

在文成公主之后，金城公主也嫁到西藏。唐中宗景龙四年（710年），以金城公主嫁给吐蕃王尺带珠丹。金城公主赴藏时，又带去"锦缯数万"，"杂伎诸工"，还有"龟兹乐"以及"毛诗""礼记""左传""文选"等书籍。汉族的手工业产品和生产技术、音乐和学术思想进一步传播到西藏地区，这就是汉藏人民间进行巨大的经济文化交流的具体表现。

尺带珠丹在开元十七年（729年），上表给唐玄宗，内称："外甥是先皇帝舅宿亲，又蒙降金城公主，遂和同为一家，天下百姓，普皆安乐。"这是有很大意义的历史文件，吐蕃王认为当时吐蕃已和唐朝"同为一家"。金城公主生子赤松德赞，是吐蕃历史上继松赞干布之后的一位英明的藏王。

唐朝长庆元年（821）吐蕃王赤饶巴巾与唐穆宗共同建立的"甥舅联盟碑"，是唐时汉藏两民族友好关系的另一个重要历史文献（汉文史料中称之为"长庆会盟碑"）。这块一千多年前建立的"甥舅联盟碑"现在还完整地屹立在拉萨市中心的大昭寺门口。

从唐代起，西藏地方到唐廷的使者不绝于途，直到吐蕃衰亡，每代赞普死时，要向唐廷报丧；新立赞普，要向唐廷报聘。每代唐皇继位，吐蕃皆奉表祝贺。此外，吐蕃向唐朝求互市、贡献礼物的使臣亦很多。

唐朝这一时代，是汉藏两大民族之间友好往来大发展的时代（我们并不否认那时汉藏两大民族的统治阶级之间，也有过失和，有过战争，但这不是历史主流），它为西藏人民与祖国各族人民，首先是与汉族人民联合，西藏人民参加祖国大家庭、与祖国各族人民共同缔造统一的伟大祖国奠定了基础。

唐朝末年（9世纪末），西藏内部发生了混乱和分裂，吐蕃王朗达马与宗教上层之间发生了巨大的矛盾和斗争，喇嘛刺杀了吐蕃王朗达马，全藏大乱，在纷乱中，有人要立赞普，大将论恐热起兵反对，并说："……无大唐册封，何名赞普？"吐蕃王室崩溃，许多王室臣属纷纷投向唐廷。此后西藏分裂为无数的小部落，形成封建割据局面，互相征伐，战争连绵不绝，西藏人民遭受到非常痛苦的灾难。这种混乱局面一直持续了400年（9世纪末至13世纪初），因为西藏任何一个部落的力量都完成不了重新统一西藏的任务。

把西藏人民从400年的混乱、残杀、掠夺的苦难中拯救出来的，是元朝的力量。元宪宗蒙哥于1253年派遣军队进入西藏，结束了西藏的混乱状态，统一了西藏地方，西藏地方归入大元帝国的版图之内。

13～18世纪的几百年间，西藏的政治制度和宗教制度，都是由北京的中央政府陆续制定的。元世祖忽必烈因为西藏萨迦派（花教）法王八思巴创造蒙古文有功，封其为"大元帝师"，并把西藏地方交给萨迦法王统治，这就是西藏"政教合一"制度的开端。历代元朝皇帝还同时派一个"宣慰使"驻在西藏（类似清代的驻藏大臣），每年向西藏人民征收一定的赋税和贡物。元朝还在西藏地方设置驿站、军站，调查户口，制定对地方官吏的考核制度，等等。由于元朝结束了西藏各地的封建割据局面，统一了西藏以后，客观上便给西藏广大人民带来了安居乐业、休养生息的安定生活，这是经历了四百年的混战以后，西藏人民所渴望的。因此尽管元朝统治者对西藏人民仍存在着压迫剥削，但是这和过去400年的混战局面比较起来，仍然给西藏人民带来了很大的利益，为西藏社会生产力的恢复和发展创造了有利的条件。

元朝统治崩溃以后，西藏萨迦法王在西藏的统治也随之垮台，噶举派（白教）法王帕莫主巴取而代之。但是西藏地方与祖国的隶属关系，并未因为大元帝国的崩溃和萨迦法王在西藏的统治垮台而有所改变。噶举派第二代法王甲样于明洪武五年（1372年）派代表去南京，见了明太祖朱元璋，一方面为大明帝国的建立祝贺，另一方面请求明朝皇帝批准噶举法王统治西藏。明太祖把噶举派法王封为"大司徒""勤国公""灌顶国师"，"并赐统御西藏三部十三万之敕诏"。此后，每代新法王即位，都派代表去北京请封，自从札巴坚赞法王被明成祖封为"阐化王"、赏给玉印以后，历代噶举派法王均封"阐化王"，有的也加封"灌顶国师"。

在明朝，西藏人民与祖国各族人民之间的友好往来，更加发展了，这可以从《明史》记载中得到证明：如明成祖永乐七年（1409年），成祖派钦差四人，到拉萨迎宗喀巴大师来内地讲经，宗喀巴不能去，派他的大弟子降青曲结为代表，前往北京，明成祖封降青曲结为"大慈法王"，宣明宗又加封其为"国师"。

明万历年间，明朝又派太监杨英去西藏，封噶举派的噶马巴为"西天大善自在佛""如来大宝法王""灌顶大国师"。根据明朝礼部的统计，在15世纪50年代，西藏来京进贡的人数每年有三四百人，到60年代，每年多至三四千人。

以上仅仅是上层统治者之间的往来记载，人民之间的友好往来，是更加广泛的。

在明朝统治趋于崩溃的时候，西藏噶举派法王在西藏的统治也同时发生动摇，崇祯十六年（1643年），西藏格鲁派（黄教）领袖五世达赖和四世班禅假借青海蒙古酋长固始汗的兵力，推翻了噶举派法王在西藏的统治地位，取而代之，从那时起，以达赖喇嘛为首的西藏地方政府（噶厦）就统治了西藏人民。

清兵入关以后，清顺治九年（1652年），五世达赖喇嘛亲由西藏到北京朝贺，并请清朝皇帝加封，1653年五世达赖返藏时，清顺治皇帝封五世达赖为"西天大善自在佛所领天下释教普通瓦赤喇怛喇达赖喇嘛"，"达赖喇嘛"这一封号就是从这时规定下来的。

到了清朝，西藏人民与祖国各族人民之间的友爱互助更加密切，特别是在清朝初期，西藏人民遭受了几次大的灾难（外部的和内部的），每次都是从祖国各族人民方面得到巨大的兄弟援助而摆脱困境。这里我们只提一个历史事件，那就是乾隆五十六年（1791年）的廓尔喀统治者入侵西藏。廓尔喀是尼泊尔的一个民族，这个民族的统治阶级不仅残暴地统治着他本国各民族的人民，而且有很大的侵略野心，早就觊觎西藏地方。1791年廓尔喀的统治者借口边境小事，驱使大量军队侵入西藏，直攻到日喀则，抢掠了班禅住的札什伦布寺，包围了日喀则宗的堡垒（有一汉军都司在内拒守），到处杀人放火，抢劫财物牲畜，所到之处成了一片焦土，日喀则以西，一时完全沦陷，西藏人民遭受了空前的民族灾难，西藏地方政府的部队被侵略者击败，整个西藏有被侵占的危险。达赖、班禅乃派代表向其时的中央政府即清廷求救，请求速派部队入藏，把侵略者从西藏土地上驱逐出去，解除西藏人民的痛苦。

清朝政府接受了达赖、班禅的请求，立即组织了一支两万余人的部队，由青海、西康两路进入西藏。清朝政府考虑到西藏地方本来就很穷苦，再加上外国侵略者的掠夺，已到民穷财尽的地步，不能再增加人民负担。因此进藏部队的给养完全由内地运输。

这次战争因为得到西藏各阶层人民的热烈拥护和支持，进展很顺利，乾隆五十七年（1792年）五月，就将占领后藏的侵略者的军队全部逐出西藏，廓尔喀国王"认罪乞和"，立誓"以后永远不敢侵犯边界"，并退还了掠夺去的札什伦布寺的一部分财物。

清朝政府派军队入藏、驱逐外国侵略者的行为，巩固了祖国的西南边疆；解除了西藏人民的痛苦，是具有进步意义的战争，值得肯定。同时也应指出当时侵略西藏罪行的责任，应由廓尔喀的统治阶级负责，廓尔喀民族和尼泊尔的广大人民一贯与西藏人民是友好的。

从实质上来说，这次援助西藏人民从外国侵略者蹂躏下解放出来的，是祖国各族劳动人民，因为当时入藏的部队，有云南、四川、湖北、湖南、浙江、蒙古和东北各地区的军队。军队的士兵都是由汉、满、蒙各民族的劳动人民组成的，流血牺牲的也是他们。所以应该说是祖国各族人民对于西藏人民的一次巨大援助。

清军这次入藏的深远意义还在于：这次进兵是在西藏广大人民遭受深重灾难的时候，清军入藏是给西藏人民解除痛苦，使西藏广大人民又一次体验到祖国给了他们巨大的好处，因而不仅增加了西藏人民热爱祖国的观念，同时也增进了西藏人民与祖国各族人民之间的情谊，进一步巩固了西藏与祖国的关系。

以上就是西藏人民与祖国各族人民，首先是与汉族人民建立友爱互助的兄弟关系的发展过程，也是西藏地方成为伟大祖国不可分割的组成部分的形成过程；是西藏人民与祖国各族人民的兄弟关系日益亲密，西藏地方与祖国关系日益巩固的过程。

（二）帝国主义对西藏一直进行疯狂侵略，西藏人民的反帝斗争是全国各族人民反帝斗争的一个重要组成部分

从19世纪开始，帝国主义国家对我国各族人民进行了军事、政治、经济、文化各种形式的疯狂侵略，西藏地方当然不可能幸免。早在18世纪，美英帝国主义者就把他们的魔手伸向西藏，企图侵占西藏土地、奴役西藏人民。在第二次世界大战以前，英帝国主义利用其统治印度的便利条件，侵略西藏。第二次世界大战以后，美帝国主义者取而代之，采用了更为阴险、更为恶毒的手段。从这时起，一直到现在，美帝国主义是侵略西藏的最凶恶的敌人。

帝国主义者采取野蛮的武装进攻，企图一举占领西藏，把西藏变成他们直接统治下的殖民地。

1886~1888年，英帝国主义者第一次向西藏发动了武装侵略，西藏人民在强大敌人面前表现了勇敢和顽强，与之进行了将近两年的武装斗争，但由于当时力量悬殊，再加上其时的中央政府（清廷）腐败无能，没有积极地支持西藏人民的反英斗争，斗争以失败告终，英帝国主义者强占哲孟雄。英帝国主义者在1904年又向西藏发动了第二次武装侵略，西藏人民同样进行了英勇的抵抗，同第一次情况一样，西藏人民在武装斗争中遭到很大损失，英军占领拉萨，十三世达赖喇嘛逃亡到库伦（即今蒙古人民共和

国首府乌兰巴托)。

西藏人民对帝国主义者的侵略,始终进行了顽强的斗争,从来没有停止过。西藏人民的反帝斗争并不是孤立的,它是中国人民反帝斗争的一个重要的组成部分,但是由于当时我国无产阶级还没有登上历史舞台,中国共产党还没有产生,因而我国各族人民(包括西藏人民在内)的反帝斗争缺乏政治上的坚强领导,也缺乏相互配合,处于分散作战的状态。

由于西藏人民的坚决抵抗,英帝国主义者两次武装侵略西藏,并未达到他们占领西藏的侵略目的。英帝国主义者在军事侵略失败以后,又转而采用更加阴险的手段,他们在西藏统治集团里收买了一小撮民族败类和不明大义认贼作父的反动分子,把他们培养起来作为英帝国主义的代理人,从藏民族内部进行瓦解,涣散西藏人民的反帝斗志。更恶毒的是唆使这些走狗以反对清朝政府的民族压迫为号召,转移西藏人民的斗争目标,由反帝转为反对清朝政府和反对祖国。从那时起,西藏上层集团的反动分子中出现了完全由帝国主义扶植起来的班子。帝国主义就利用这一批反动分子进行使西藏脱离中国版图,投入帝国主义怀抱的阴谋活动。近代史上的所谓"西藏独立",从来就是帝国主义侵略中国,首先是侵略西藏的肮脏的把戏。

由于当时清朝政府在西藏问题上采取了反动的民族压迫政策,助长了西藏上层集团与清廷之间的利益矛盾,也影响了西藏人民与祖国人民之间的关系以至形成隔阂,给英帝国主义者在西藏进行的阴谋活动制造了空隙。

辛亥革命时期,英帝国主义者认为这是侵略西藏的大好机会,唆使西藏上层集团中的反动分子举行了大规模的叛乱,把清朝的驻藏大臣赶出了西藏,对西藏宗教上层和贵族中的爱国分子进行了血腥的屠杀(如丹吉林胡图克图、擦绒噶伦、哲蚌寺大堪布元典喇嘛等人),当时倾向祖国的九世班禅额尔德尼为了免遭迫害最后不得不离开西藏逃到内地。

帝国主义在西藏策动叛乱、赶走驻藏大臣的阴谋实现以后,他们第二步就是在外交上进行压迫,要当时的中国中央政府(北洋军阀政府)承认西藏脱离中国,将其变成英国的殖民地。1913~1914年的西姆拉会议(所谓"中英藏会议"),就是英帝国主义与西藏反动分子勾结在一起召开的,其目的就是威胁中国政府承认西藏在事实上脱离祖国。由于当时全国人民

（包括西藏人民）的坚决反对，中国代表拒绝在西姆拉会议的条约上签字，中国政府始终没有承认这一条约。

1918年，英帝国主义又利用第一次世界大战的机会，先是唆使西藏的反动分子派兵进入昌都、德格等地，然后由英国驻华公使出面"调停"，并要求再次举行"中英藏会议"，引诱中国政府在西姆拉会议所提出的实际上侵占西藏领土的条约上签字，当即遭到全国人民（包括西藏人民和爱国人士在内）的坚决反对而作罢。

由于西藏地方长期以来就是祖国不可分割的组成部分，西藏人民与祖国各族人民已有了长时期的兄弟友谊，并且结成了同甘共苦的共同命运，这些关系不是帝国主义及西藏少数反动分子能够随意改变的，帝国主义策动西藏反动分子所进行的以上种种反对祖国的罪恶活动是西藏广大人民所不满和反对的，因为西藏人民虽然反对清政府和北洋军阀的民族压迫政策，但是他们还是热爱祖国、希望与祖国恢复正常关系的。这不仅是当时西藏广大人民的愿望，也是西藏上层集团中进步人士的愿望。在这种情况下，西藏地方政府不能不继续承认西藏是祖国领土的一部分，不能不与祖国的中央政府恢复关系。民国19年（1930年），国民党政府派员到西藏进行联络，同年，西藏地方政府也派代表贡觉仲尼赴南京，成立了西藏驻京办事处。民国22年（1933年）12月17日，十三世达赖逝世以后，西藏地方政府根据历代达赖逝世后向中央政府报告的惯例，于1934年1月1日向国民党南京政府作了报告。国民党政府也于1934年4月派蒙藏委员会委员长黄慕松赴西藏致祭。黄于9月抵达拉萨，追封十三世达赖为"护国弘化普慈圆觉大师"，并在拉萨设立了蒙藏委员会驻藏办事处。

1938年冬，西藏地方政府在青海省湟中县当采地方，找到了达赖"灵童"，请求国民党中央政府派大员入藏主持"坐床典礼"。1939年3月，国民党政府又派蒙藏委员会委员长吴忠信入藏。1940年2月22日，十四世达赖在吴忠信主持下，在布达拉宫举行了"坐床典礼"。

十三世达赖喇嘛逝世以后，热振呼图克图代行达赖职务，和祖国的关系又有了若干增进。热振执政的时候，正值抗日战争初期，热振曾领导三大寺念经，祈祷祖国抗战胜利，热振这样做表示他是具有爱国主义思想的。

热振和祖国的接近，引起了英帝国主义和西藏反动分子的恐慌和仇视，为了镇压西藏爱国势力的发展，帝国主义和西藏反动分子对这位他们一贯尊为"活佛"的热振呼图克图，也采用了最卑鄙、最残暴的手段，先用造谣诽谤的办法，迫使热振下台，由大札代理。然后又采取了卑鄙手段，制造了一个热振"谋反"的假证据，逮捕了热振，加以杀害。接着反动分子又毒死了与热振关系密切，倾向祖国的十四世达赖喇嘛的父亲祁却才让。

杀害热振与达赖喇嘛的父亲是帝国主义和西藏反动分子对西藏倾向祖国的进步人士的一次血腥迫害。

"热振事变"以后，西藏统治集团里面以大札、鲁康娃、罗桑札西、夏格巴、拉鲁、夏苏、索康等（都是这次叛乱的策动者）为首的一群最反动、最疯狂的帝国主义走狗掌握了西藏的统治权；虽然也还有一批比较进步、倾向祖国的上层人士和不少中间分子，他们在反动分子的操纵下，在西藏地方政府里面不能发挥作用。

在这批最反动、最疯狂的帝国主义走狗的操纵下，西藏政治形势急转直下，他们肆无忌惮地公然进行背叛祖国的罪恶活动，在"西藏独立"的伪装下，企图把西藏地方从伟大祖国中分裂出去，变为帝国主义的殖民地。民国32年（1943年）夏，西藏地方政府（噶厦）突然宣布成立"外交局"，通知英国和尼泊尔驻拉萨的代表，同时也通知了国民党政府在拉萨的办事处，竟说：以后凡有接洽事件，必须先经过"外交局"。其目的就是把作为其时中央政府的国民党政府的代表也同英、尼等国的外国代表同样列为驻拉萨的"外国"代表，表示西藏是另一"国家"，妄图实现将其从祖国分裂出去的阴谋诡计。由于遭到包括西藏人民在内的全国人民的坚决反对，这一阴谋未能得逞。

英帝国主义者和西藏的反动分子在上述阴谋失败以后，又玩弄另一诡计，民国36年（1947年）3月，在印度新德里召开"泛亚洲会议"，邀请亚洲所有国家参加，把西藏也作为一个"国家"邀请参加会议。帝国主义者又作了阴谋布置，在会场上悬挂的亚洲各国国旗当中，把西藏佛教的"雪山狮子"宗教旗帜也当作西藏"国旗"悬挂在里面。更突出的是在会场上悬挂的亚洲地图上，竟把西藏从中国地图中划出，想造成西藏是"独立国"的国际舆论。这一消息传出后，引起我全国人民的巨大愤怒和坚决反对，"泛亚洲会议"不得不加以改正。

热振被害、成立"外交局"和"泛亚洲会议"等事件，充分说明了帝国主义对西藏的加紧侵略，西藏反动分子在帝国主义的役使和摆布下，阴谋把西藏地方从祖国分裂出去，把西藏人民推向更加黑暗、更加贫困和更加痛苦的深渊。中国各族人民援助西藏人民获得解放，就显得更加必要和迫切了。

（三）西藏人民在党的领导下获得解放，从胜利走向新的胜利

"热振事变"是在1947年发生的，那时抗日战争已经胜利结束，中国共产党领导下的人民的力量日益成长壮大，在东北、华北、西北、华中、华南各地建立了十余个根据地，建立了民主政权和壮大了人民解放军。而代表大地主大资产阶级的国民党反动派，在抗日战争时期就消极抗日、积极反共。抗日战争胜利以后，国民党反动派企图举行反共战争，消灭共产党，建立它在全国的黑暗的独裁统治。

美帝国主义在日本投降后，代替了日本帝国主义在中国的地位，企图使中国变为美国的殖民地。为了达到这个目的，美帝援助和指使国民党反动派向解放区发动了全面进攻；而另一方面，当战争形势日益明显、不利于国民党反动派的时候，美帝又施出各种阴谋诡计，企图阻挠中国人民的彻底解放，它与英帝国主义者共同策动西藏反动分子进行分裂活动，企图在全中国尚未解放以前把西藏地方从祖国割裂出去。1947年10月，在帝国主义，特别是美帝国主义者策划下，西藏地方政府（噶厦）组织了一个"商务代表团"，以仔本夏格巴为团长，准备赴美英各国考察"商务"，实际上是要西藏反动分子到美国去接受美国政府对实现上述阴谋的机密指示。

"西藏商务代表团"于1948年初到达南京。当时国民党政府也曾经劝阻"西藏商务代表团"不要出国，如一定要出国，应拿中国护照。西藏代表阳奉阴违，在南京和美国驻华大使司徒雷登秘密勾结，司徒雷登指使他们去香港美领事馆，由美领事在西藏地方政府（噶厦）自己所制造的"护照"上签字，于1948年7月19日飞抵美国。

"西藏商务代表团"到达美国以后，在美国政府布置下进行了反对祖国、出卖西藏民族和人民利益的无耻勾当，并到处胡言乱语，说什么："西藏与中国的关系，仅只是宗教上的联系，中国根本无权管辖西藏人民，

我们用什么护照出国，中国根本就不配过问。"

以后的事实证明，西藏反动分子派遣"商务代表团"到美国和英国，乃是直接和他们的"主子"讨论如何进一步反对祖国，妄图达到把西藏从祖国分裂出去、阻挠中国人民解放军解放西藏的罪恶目的。1949年夏，正当解放大军渡江解放南京、上海，国民党政府逃往广州，西北的人民解放军也解放了西安，向大西北挺进，全国解放在即的时候，西藏拉萨突然发生的所谓"驱汉事件"，就是在美英帝国主义和西藏反动分子共同策划下制造出来的。1919年7月8日，西藏地方政府（噶厦）突然通知国民党政府驻拉萨办事处：要他们全体人员及其眷属立即离开西藏，同时占领拉萨无线电台，派兵监视国民党政府驻藏机关及其人员，催促其整理行装。西藏地方政府由印度噶伦堡电告国民党政府蒙藏委员会，电文内称："为欲防止共产党混迹西藏，特请求中央驻藏人员全体撤退，并已通知各该人员及其眷属在规定期限内，返回内地。"

美英帝国主义者和西藏反动分子的如意算盘是：只要把国民党政府派驻拉萨的办事机关和人员全部赶出西藏，断绝西藏与祖国的联系，就可以把西藏地方从祖国分裂出去，就可以阻止中国人民解放军进驻西藏，就可以继续奴役西藏人民。所以在所谓"驱汉事件"发生以后，美英通讯社就放出了西藏业已脱离中国的叫嚣。美帝国主义的合众社就说："外交当局今日表示西藏当局利用中国政府之困难，可能完全脱离中国名义宗主权。"英国电讯也说："英国从未承认中国所说的西藏是中国的一部分，并受中国管辖的说法。"这些电讯充分暴露了美英帝国主义者策动西藏反动派制造所谓"驱汉事件"，企图把西藏从祖国分裂出去的阴暗勾当。

"驱汉事件"发生以后不久，美帝国主义者直接派了一个特务头子劳尔·汤姆斯于1949年8月从华盛顿跑到拉萨，指挥西藏反动分子加紧进行反对祖国、挑拨汉藏民族团结、阻挠人民解放军进驻西藏的罪恶活动，同时也是为了进一步加强美帝国主义在西藏的控制，建立美帝国主义者在西藏的统治地位。1949年10月，劳尔·汤姆斯由西藏回到美国，美国报纸就叫嚣，"美国已准备承认西藏为自由独立国家，并支持它加入联合国组织的请求"，还要给予西藏地方政府"军事援助"。

汤姆斯回到美国以后，还发表了《这个世界以外》一书，向全世界暴露了美帝国主义者策动西藏反动分子反对祖国、破坏汉藏民族团结的阴暗勾当。汤姆斯自己承认他曾向噶厦（西藏地方政府）授意，要噶厦坚决反对中国人民解放军进驻西藏，他说只要西藏组织"一支有技术的游击部队，就可以阻止人民解放军进驻西藏"。

所谓"驱汉事件"发生以后，激起了全国人民包括西藏的爱国人民在内的极大愤慨，指斥它是西藏反动分子在美英帝国主义策动指使下所犯的反对祖国、破坏汉藏民族团结的又一次严重罪行。党中央代表全国人民（包括西藏人民在内）的意志，表示了严正的立场，新华社奉命于1949年9月2日发表了社论，指出1949年7月8日"西藏地方当权者驱逐汉族人民及国民党驻藏人员的事件"，是在美英帝国主义策划下发动的，美英反动派勾结西藏地方反动当局，举行这个"反共"事变的目的，"就是企图在人民解放军即将解放全国的时候，使西藏人民不但不能得到解放，而且进一步丧失独立自由，变为外国帝国主义的殖民地奴隶"。

1949年9月7日，北京《人民日报》又发表《中国人民一定要解放西藏》社论，社论说："西藏地方当权者之驱逐国民党反动政府派驻西藏的伪蒙藏委员会代表团，是可以理解的，是应该被赞成的……但是问题的症结不在这里，而是透过这一事件，充分暴露了帝国主义野心家，企图利用西藏人民和西藏少数民族不满国民党反动政府错误的民族歧视政策，挑拨西藏与祖国的关系，乘国民党反动政府陷于四分五裂，中国人民解放军尚未到达西藏的间隙，趁火打劫，窃取西藏，掠夺中国领土的主权，并实行反共，妄图阻滞和延缓西藏人民和西藏少数民族获得解放，继续奴役我西藏人民和西藏少数民族，这是中国人民所坚决反对的。"社论最后指出："这次西藏地方当局驱逐伪蒙藏委员会代表团时，借口'防止共产党活动'，这不仅毫无事实根据，而且是极端错误与反动的借口，显然是受了美英帝国主义的指使与挑拨，这是违背西藏人民和西藏少数民族利益的。久受帝国主义和国民党反动派奴役的西藏人民和西藏少数民族，应该团结起来，揭穿美英帝国主义的阴谋，摆脱帝国主义所加予西藏的束缚，准备迎接人民解放军进军西藏，解放西藏，解放全中国。"

1949年底，全国除了西藏和台湾之外，完全获得解放，中央人民政府于1949年10月1日在北京宣布成立。这一胜利，是全国各族人民在伟大的中国共产党和毛主席的正确领导下长期艰苦奋斗的结果，是全国各族人民的伟大胜利。在全国获得解放以后，仍让西藏人民继续遭受帝国主义和反动分子的奴役压迫,全国人民不去援助他们,不去帮助他们获得解放,这是不能设想的。援助尚未解放的西藏人民获得解放,这是已经获得解放了的全国各族人民,首先是汉族人民必须担负起来的历史任务。党中央和中央人民政府根据全国人民(包括西藏人民在内)的意志,命令人民解放军进驻西藏,解放西藏人民。

1950年,人民解放军就开始了进驻西藏的准备工作,人民解放军的前哨部队,到了金沙江以东的甘孜地区。此时美英帝国主义者和西藏地方政府中的反动分子更加恐慌,1950年1月,美国合众社传出了西藏当局将派出一个"亲善使团"分赴美国、英国、印度、尼泊尔和中国北京,表明其"独立"的消息,这是美英帝国主义者一方面为他们公开出面干涉中国解放自己的领土西藏制造借口,另一方面对站立起来的中国人民采取的一种无耻恫吓,企图用此种手腕达到阻挠人民解放军进驻西藏的目的。

新华社于1950年1月20日发表了外交部发言人的谈话,对上述阴谋给予驳斥,发言人说:"西藏是中华人民共和国的领土,这是全世界没有人不知道,也从没有人否认的事实。既然如此,拉萨当局当然没有权利擅自派出任何'使团',更没有权利去表明他的所谓'独立'。西藏的独立要向美国、英国、印度、尼泊尔的政府去宣传,并由美国的合众社加以宣布,使人们不难看出这种消息的内容,即令不是出于合众社的制造,也不过是美帝国主义及其侵略西藏的同谋们所导演的傀儡剧。西藏人民的要求是成为中华人民共和国民主大家庭的一员,是在我们中央人民政府统一领导下,实行适当的区域自治,而这在人民政协的共同纲领上是已经规定了的。如果拉萨当局在这个原则下派出代表,到北京谈判西藏的和平解放问题,那么这样的代表自将受到接待。但是如果不是这样,如果拉萨当局违反西藏人民的意志,接受帝国主义侵略者的命令,派出非法的'使团',从事分裂和背叛祖国的活动,那么我国中央人民政府将不能容忍拉萨当局这种背叛祖国的行为,而任何接待这种非法使团的国家,将被认为对于中华人民共和国怀抱敌意。"

经我外交部发言人的揭发和警告以后,西藏地方政府(噶厦)派出的代表团,就未敢再去美英等国表示"独立",而提出到香港和中央人民政府的代表举行谈判。英帝国主义者却又不给西藏代表团发入境签证,英国外交事务大臣杨格宣称:"英国不承认中国共产党对西藏的要求……对打算进入香港的西藏代表团,发给入境签证一事有所耽搁,就是因为对该代表团的意向,还有怀疑。"这显然是西藏反动分子与英帝国主义者所演唱的双簧戏,一个要来,一个不让来,借此达到延缓中国人民解放军进驻西藏的目的,是一种缓兵之计,想用这种伎俩来阻挠人民解放军进驻西藏。

中央人民政府为了促成西藏地方政府(噶厦)与中央人民政府之间早日举行谈判,达成和平解放西藏的协议,乃于1950年7月10日,派遣西康省人民政府副主席格达活佛(藏族爱国人士)前往西藏,进行劝说工作,借以消除西藏地方政府(噶厦)对中央人民政府的一切误解,促使谈判早日举行。格达活佛于7月24日到达昌都,即被英国特务福特唆使的藏军加以阻挠,不让他到拉萨去,并于8月21日给格达活佛吃了毒药,格达中毒后,腹疼、头疼、口吐黄水、鼻孔流血流脓、四肢麻木,于次日(8月22日)死亡,死后全身乌黑,皮肤触手即行脱落。福特为了消灭犯罪证据,将格达尸体焚毁,并将其随行人员,押送拉萨(新华社北京1950年12月4日电)。

中央人民政府看到帝国主义者在西藏的活动如此猖獗,为了早日澄清西藏局势,驱逐帝国主义势力出西藏,乃命令人民解放军开始了进驻西藏的行动。美英帝国主义者又策动西藏地方政府(噶厦)中的反动分子指挥藏军在昌都进行抵抗阻挠,不让人民解放军向西藏进驻。对这种狂妄的罪行,不能不予以惩处,人民解放军乃在昌都地区给了抵抗的藏军以歼灭性的打击,1950年10月19日解放了昌都,歼灭了藏军主力五千余人,给美英帝国主义和西藏的少数反动分子阻挠人民解放军进驻西藏、解放西藏人民的阴谋罪行以严重的打击。

昌都解放以后,美英帝国主义者进行了疯狂的叫嚣,1949年11月1日,美国国务卿艾奇逊在华盛顿记者招待会上,公开污蔑中国人民解放在自己领土西藏的行动是"侵略",并说:"美国认为这是一件最不幸最严重的事件。"11月15日,美国半官方报纸《纽约时报》发表社论,敦促联合国"干预西藏问题"。英国《泰晤士报》于1950年10月31日在其题为《西藏》的社论中,竟无耻地说,"中国对西藏的主权,不能从历史上找到理由",并挑唆印度和巴基斯坦政府,向中国提出"抗议"。

昌都解放以后,西藏统治集团内部发生了很大震动和混乱,以大札摄政为首的一小撮反动分子勾结帝国主义和外国扩张势力,挟持了十四世达赖喇嘛，逃到亚东，并企图把达赖带往外国，以便等待"第三次世界大战"卷土重来。反动分子挟持达赖逃亡印度的行动，不但引起了西藏广大人民的反对，也引起了西藏三大寺的反对。而在达赖左右的堪布和噶伦里面，也有不少人不赞成达赖逃亡印度，而主张与中央人民政府进行谈判。斗争的最后结果，是代表了西藏广大人民愿望的，反对达赖逃亡的爱国进步势力获得胜利。因此，1951年春，大札下台，由十四世达赖"亲政"（按照西藏旧例，达赖18岁已达亲政年龄），达赖亲政以后，于1951年2月委派噶伦阿沛·阿旺晋美等五人为西藏地方政府的全权代表，前来北京举行谈判。至此，美英帝国主义者阻挠西藏与祖国直接进行谈判的阴谋，乃宣告破产。

西藏代表团到达北京以后，就和中央人民政府指定的代表举行了和平解放西藏的谈判，在党中央和毛主席的直接领导下，谈判进展非常顺利，在短短一个月的时间内，所有重要问题，都达成一致，1951年5月23日在北京勤政殿举行了隆重的《中央人民政府与西藏地方政府关于和平解放西藏办法的协议》以下简称（《十七条协议》）签字仪式。《十七条协议》对西藏和祖国的关系问题以及西藏民族内部达赖和班禅之间30年久悬未决的不团结问题，都给出了正确的解决方案。《十七条协议》，是中国共产党和毛主席解决国内极其复杂的民族问题的光辉成就。

《十七条协议》签订以后，十四世达赖喇嘛于1951年8月17日自亚东返回拉萨。10月26日，人民解放军驻藏部队也到达拉萨，受到西藏僧俗人民的热烈欢迎。至此，西藏人民摆脱了帝国主义势力的奴役和掠夺，回到了祖国大家庭的怀抱，与祖国各兄弟民族的人民团结在一起，共同建设伟大祖国。美英帝国主义者虽曾千方百计阻挠西藏代表团前往北京，唆使西藏的反动分子抵抗人民解放军进驻西藏，企图挟持达赖逃亡……但终归枉费心机，可耻地失败了。西藏和平解放，是中国人民（包括西藏人民在内）的一次伟大胜利，也是帝国主义侵略势力的一次重大惨败。

自从签订《十七条协议》，西藏实现了和平解放以后，党和人民政府采取一系列的措施，大力帮助西藏人民进行了政治、经济、文化建设，修通了西藏全境主要地区之间的公路，各地开办了公费医院，为西藏人民免费治病，设立学校，让西藏人民的子弟入学，开办工厂、农场和牧场，发展西藏的工业、农业和畜牧业，举办低利贷款，扶助西藏贫苦人民发展生产，各地设立国营商业机构，高价收购西藏土特产，廉价供应西藏人民的日用必需品，如茶、布匹、绸缎、糖、烟等，提高西藏人民的生活水平。1956年又成立了西藏自治区筹备委员会，为西藏人民实行区域自治进行准备工作……所有这些措施，都得到了西藏广大人民的热烈拥护，西藏地区的落后面貌正在逐渐改变。关于西藏的社会改革问题，《十七条协议》中也作了肯定，为了西藏民族的发展、繁荣和进步，西藏的封建农奴制度是必须改革的，但这也要西藏的领袖人物和人民群众协商决定，中央不予强迫。

但是，西藏回到祖国大家庭的怀抱，是帝国主义和西藏上层反动集团所不甘心的，他们早就蓄谋撕毁《十七条协议》，准备武装叛乱，他们念念不忘的是：要把西藏从祖国大家庭中分裂出去，使之沦为帝国主义的殖民地。而印度的扩张主义分子，继承了英帝国主义侵略西藏的不光彩的遗产，怂恿西藏反动集团进行背叛祖国的罪恶活动。几年来，中央人民政府对《十七条协议》规定由中央作的，都无折无扣地那样作了，而且不断给予西藏地方政府（噶厦）极大的宽容和等待，而西藏地方政府（噶厦）对《十七条协议》规定它应该履行和遵守的部分，却不予遵守和履行，而且勾结帝国主义和印度的扩张主义分子，终于在1959年的3月10日，在拉萨发动了全面叛乱，他们认为，"现在是驱汉自立的大好时机""汉人是可以吓跑的"。可是帝国主义分子、印度扩张主义者和西藏反动势力把形势估计错了。"同他们的愿望相反，他们在西藏发动的叛乱不是造成了祖国的分裂和西藏的倒退，而是促进了祖国统一的巩固，促进了西藏反动势力的灭亡，促进了西藏的民主化和西藏人民的新生。"（《人民日报》1959年3月29日）

现在，驻藏人民解放军在平息拉萨全面叛乱以后，在西藏各界爱国人民的协助下，正在乘胜前进，不久即可全部肃清各地的叛匪，彻底平定西藏叛乱，建立和平秩序。

1959年3月28日国务院命令解散西藏地方政府（噶厦），决定由西藏自治区筹备委员会行使西藏地方政府职权。这个决定对于西藏人民来说，是有划历史时代意义的，我们相信在党的正确领导下，西藏藏族人民将会迈开大步勇猛前进，迅速由一个农奴制的落后民族转变成为社会主义的先进民族。

（《民族研究》1959年第4期）

文成公主与汉藏友谊*

在我国首都北京天安门广场新建的雄伟的历史博物馆隋唐部分，展出了一幅1300年前，由当时著名的人物画家阎立本画的《步辇图》。这幅名画描述了贞观十五年（公元641年）唐太宗李世民接见吐蕃（即现在的我国西藏地方）赞普松赞干布的求婚使者禄东赞的生动场面。这幅画的一侧是：唐太宗坐着"步辇"，六名宫女肩负着这个坐具，两名宫女掌着扇，一名宫女持着红色伞盖。另一侧是：站在前面红袍虬髯的可能是当时的典礼官员；中间一人穿着绣有动物花纹的民族服装拱手致敬的，当是吐蕃使者禄东赞；后面一白衣人，可能是译员。

这幅画的作者阎立本，是唐太宗的主爵郎中，曾为太宗画过肖像，太宗遇有重大事件或游晏，常召阎去画画。这幅画人物生动，情景逼真，它为1300年前汉藏两大民族的友好往来和至今还在西藏流传的松赞干布与文成公主结婚的美丽动人的故事作了有力的历史见证。

松赞干布派使者向唐太宗求婚，是在唐贞观十五年。使者名叫禄东赞（藏文史书中称为"伦噶尔"），他从逻些（即今拉萨）出发，经过数千里的草原，到了唐朝京城——长安（即今之西安），向唐太宗献了黄金五千两，还有其他许多珠宝为聘金。唐太宗以汉藏友好为重，答应了这门亲事，以宗女文成公主嫁给松赞干布。特派礼部尚书江夏王李道宗护送入藏。松赞干布也到河源亲迎公主。

---

* 本文署名为"子元"。

文成公主是一个献身汉藏两大民族友好团结伟大事业的优秀女性，单从这一点来说，她也是值得歌颂的。因为一个过惯了宫廷豪华生活的青年女子，并不是每一个人都有这种献身精神的。但是，文成公主的成就还不只如此，她还在那个时代，充当了沟通汉藏两大民族的经济文化交流的桥梁。通过她的出嫁，从内地不仅带去了大批的生活日用品，更重要的是带去了大批的汉族各色工匠和谷物菜蔬的种子，以及医药历算等书籍，从而使西藏人民的生产技术和生活方式都产生了显著变化。据新旧唐书记载，松赞干布与文成公主结婚后，看到汉族的"服饰之美"，非常羡慕，他从自己做起，"自褫毡罽，袭纨绡，为华风"。在文成公主入藏以前，西藏人民"以毡帐而居，无有城郭屋舍"，松赞干布与文成公主结婚以后，"自以先未有婚帝女者，乃为公主筑一城以夸后世，遂立宫室以居"。据《卫藏通志》载：最初的布达拉宫，就是松赞干布创建的。松赞干布还修建了现在的拉萨市中心的大昭寺以供养文成公主从长安请去的释迦牟尼佛像。文成公主自己又修建了小昭寺，这些事实也证明，文成公主当时从内地带到西藏的大批汉族工匠中，包括建筑工人和裁缝工人。

松赞干布对于汉族人民的先进文化，非常羡慕。为了向汉族人民学习，他派遣"酋豪子弟"到长安，"入国学习诗书"，并请汉族的文人学士到拉萨去，"典其表疏"。吐蕃贵族子弟在长安学习汉文的情况，唐时其他书籍中也有记载。如《册府元龟》载称：吐蕃大臣仲琮，"诣太学生例读书，颇晓文字"。《全唐诗》也说唐中宗时，为柏梁联句，吐蕃舍人明悉腊也参加，他联的诗句是："玉醴由来献寿觞"。可见这些贵族子弟在长安学习以后，在汉族的古典文学方面，造诣很深。

文成公主嫁到西藏以后，汉族的先进生产技术源源不断地传入青藏高原，如《旧唐书·吐蕃传》中载称，唐高宗时，松赞干布派人到内地"因请蚕种及造酒、碾碡、纸、墨之匠，并许焉"就是一例。西藏流传下来的一首歌颂文成公主的民歌中，说文成公主曾从内地带来大批的工匠、谷物种子和畜种，歌词大意如下：

> 从汉族地区来的王后文成公主，
> 带来不同的粮食共有三千八百类，
> 给西藏的粮食仓库打下了坚实的基础；

> 从汉族地区来的王后文成公主，
> 带来不同手艺的工匠五千五百人，
> 给西藏的工艺打开了发展的大门；
> 从汉族地区来的王后文成公主，
> 带来不同的牲畜共有五千五百种，
> 使西藏的乳酪酥油从此年年丰收。

这首歌词可能有些文字上的夸张，但绝不是毫无根据，可以肯定自从文成公主到西藏以后，汉族地区的谷物种子、优良畜种和各色工匠，源源不断地被送到青藏高原。这对当时西藏社会生产力的发展，起了促进作用，给西藏广大人民的生活，带来了实际幸福，这就是西藏广大人民到现在还怀念文成公主，并对她抱有深厚感情的原因。

由于汉藏两族在经济文化方面产生了广泛交流，这就必然导致汉藏两族在政治上的联合。这是历史发展的规律，事实也正是如此。自从松赞干布和文成公主结婚以后，他不仅"以子婿礼"恭敬地对待江夏王李道宗，而且对唐太宗自称为"臣"。当唐太宗征服辽东毕，回返长安，松赞干布派大臣禄东赞到京致贺，并上书说："陛下平定四方，日月所照，并臣治之，高丽恃远，弗率于礼，天子自将渡辽，躐城陷阵，指日凯旋，虽雁飞于天，无是之速，夫鹅犹雁也，臣谨冶黄金为鹅以献。"据《唐书》记载这只金鹅"高七尺，中可买酒三斛"。

贞观二十二年（公元648年），唐太宗派右卫率府长史王玄策出使天竺（今印度），在途中遇到叛军的劫掠，玄策派人去西藏向松赞干布借兵，松赞干布即发精兵1200人，又调泥婆罗（即今尼泊尔）兵7000人助之，平定叛乱，这对加强当时中印友好关系方面，也有很大的贡献。

贞观二十三年（公元649年），唐太宗李世民逝世，松赞干布派大臣到长安吊丧，"并献金银珠宝十五种，请置太宗灵座之前"，唐高宗封松赞干布为"驸马都尉""西海郡王"，"赐物二千段"。松赞干布致书当时的唐朝宰相长孙无忌，信上说"天子初即位，若臣下有不忠之心者，愿勒兵赴国共讨之。"这说明松赞干布珍视汉藏友好，把保卫大唐帝国的安定作为人臣应尽的职责，因而唐高宗很"嘉许"他，并且由"西海郡王"又晋升其为"宾王"。松赞干布向唐朝皇帝称"臣"，以及接受唐朝皇帝的历次封号等历史事实证明，唐朝时期西藏地方已经和唐朝建立了亲密的政治关系。

永徽元年（650年），松赞干布逝世，其孙芒松芒赞继为赞普。他遣使到长安报丧，唐高宗派右武卫将军鲜于匡济"赍玺书往吊祭吊"。松赞干布死后，文成公主继续致力于汉藏两大民族友好团结的伟大事业，和西藏广大人民一起，又生活了30年，到永隆元年（公元680年）才逝世。在这30年当中，虽然汉藏两族的上层统治者之间，也曾发生了失和和战争，但友好仍然是主流，而且得到了进一步的发展，《全唐文》独孤及《敕与吐蕃赞普书》云："金玉绮绣，间遗往来，道路相望，欢好不绝，赞普宁忘之乎？"正是当时的友好往来的准确反映。

在这期间，不仅汉藏友好有了进一步的发展，通过西藏，唐朝人民与天竺（印度）人民之间的经济文化往来也有了加强，义净《大唐西域求法高僧传》载有，唐朝僧人玄照等八人，通过吐蕃前往天竺，又从天竺经吐蕃回内地，来去都得到文成公主的资助，这只是一例。

文成公主自从680年逝世以后，到现在已经整整1280年了，但是死去的是她的肉体，她的精神永远生活在西藏僧俗广大人民的心中，西藏人民用各种各样的形式，纪念着这位有功于汉藏两大民族的友好团结，有功于西藏人民的幸福生活的伟大女性。到过拉萨，参观过布达拉宫和大昭寺的人们一定记得，在布达拉宫和大昭寺，都有松赞干布和文成公主的塑像。从艺术角度来看，布达拉宫的塑像是最佳的，栩栩如生，代表了西藏人民在雕塑方面的极高的水平。

在西藏的历史和文学著作中，也有大量关于文成公主的记载，只要有松赞干布，就必定有文成公主。例如西藏著名的萨迦历史学家索南坚赞所著的《西藏王统与佛教历史》（汉释名《西藏王统记》）一书，专章叙述了文成公主，不过所有这些著作都带有很强的宗教色彩，有着许多虚构的成分，这也正反映了西藏僧俗人民对于文成公主有着崇高的信仰，认为她是神仙的化身，把她当作偶像崇拜。

在西藏人民的歌曲中，也有很多歌颂文成公主的歌曲，前面我们引证的就是一例。但是值得特别指出的，乃是藏戏中的传统优秀剧目《文成公主》，每个藏戏团都以能演出《文成公主》为极大光荣。

1300年来，通过戏剧、歌曲、文学、雕塑等多种多样的形式的宣传，文成公主与松赞干布的故事在藏族地区家喻户晓、深入人心，在广大藏族人民群众心中留下了不可磨灭的印象。每个藏族人民都知道，远在1300年前，汉藏两大民族就已经结成了血肉相连、不可分离的深厚友谊，并在此基础上，缔造了统一的伟大祖国。但是到现在为止还有一些对中国人民不怀好意的人，硬要否认历史事实，并且企图按照他们的主观愿望，歪曲汉藏两大民族的友好关系，进行挑拨离间，这只能说明他们对中国人民怀有敌意和极不友好而已。

（《民族研究》1960年第3期）

明代中央和西藏地方帕竹政权的关系

（一）帕竹政权的第司是十三代还是十一代

自元太宗窝阔台开始，西藏地方已正式纳入大元帝国的版图，直接管理西藏地方事务的，则是受元朝皇帝扶植的萨迦政权。萨迦政权自八思巴于元世祖至元二年（1265年）在萨迦寺设立喇让，任命本钦算起，至元顺帝至正十四年（1354年）被噶举派的帕木竹巴万户长强曲坚赞推翻为止，前后共计89年，经历了六代法王，这段历史比较清楚，还没有太多的疑难问题。现在感到疑难问题较多的是噶举派帕木竹巴政权（以下简称帕竹政权）统治西藏地方的历史。

帕竹政权也是得到元顺帝承认，诏封强曲坚赞为"大司徒"，接管西藏地方的。元朝崩溃，明朝建国之时，帕竹政权立即向明朝皇帝归顺，没有经过战争，和平解决了从属关系，西藏地方被正式纳入大明帝国的版图，历代帕竹政权法王更替，都得到明朝皇帝的职封，从第五代法王起，世袭阐化王。

帕竹政权的法王自称第司，从第一代第司强曲坚赞于元顺帝至正十四年（1354年）正式建立帕竹政权算起，至最后一代第司卓尾贡波于明神宗万历四十六年（1618年）被噶举噶玛派的藏巴汗推翻为止，前后统治西藏地方长达264年之久。帕竹政权统治西藏期间，究竟经历了多少代第司？谁先谁后？各自执政多少年？这一段历史的前一时期还比较清楚，后一时期就不很清楚。对帕竹政权的历史，论述较详细的著作不多，而且说法不一致。笔者在编著《达赖喇嘛传》时，对帕竹政权的历史粗略地整理了一下，认为帕竹政权共经历了十三代第司①，这个数字就不准确，而这十三代第司的生卒年与执政时间，大部分还有大概的数字，少部分连大概的数字也没有，只好注明："生卒年与执政时间均不详"，留待考证。

后来，笔者在编著《班禅额尔德尼传》的过程中，又碰到这个难题，这才被迫下了一番功夫，初步摸清了帕竹政权的第司是十一代，而不是十三代。他们的生卒年与执政时间，在该书中虽然还不敢说完全达到了准确的程度，但比《达赖喇嘛传》的论述毕竟前进了一步。

帕竹政权的第一代第司强曲坚赞（1302～1364年），其祖先为朗氏家族，在西藏山南地方有相当数量的田庄和农奴，元世祖于1268年派官员到西藏调查户口，同时在卫藏地区设立了十三个万户，帕木竹巴就被封为十三个万户之一。强曲坚赞是第八任万户长。元末帕木竹巴势力日益强大，逐渐征服了其余十二个万户，并于元顺帝至正十四年推翻了萨迦政权，建立了帕竹政权。强曲坚赞把首府设在西藏山南乃东宗，自称第司，下设仲钦一人，管理日常政教事务。强曲坚赞本人是僧人，并未娶妻生子，所以他规定：帕竹政权的第司，均由僧侣担任。在帕竹政权统治地区，各地设立了宗（相当于内地的县），宗本由第司任命，不是世袭制。在农村普遍建立了豁卡（封建庄园），管理农奴从事生产。五世达赖著的《西藏王臣记》说，强曲坚赞担任第司之时，"从此直达极西边区，无不从命，全部归附于帕竹派统治权威之下。并且所有西部边境的诸小王，也都依照方俗贡献财物和缴纳赋税"②。从以上记载来看，帕竹政权完全取代了萨迦政权，开始了噶举帕竹派统治西藏地方的历史时代。强曲坚赞于元顺帝至正二十四年（1364年）逝世，享年62岁，执政时间共计10年（1354～1364年）。

帕竹政权的第二代第司为释迦坚赞（1340～1373年），《明史》为"章阳沙加监藏"，是强曲坚赞之侄，强曲坚赞之弟索南桑波之子，自幼出家为僧，曾任泽当寺寺主。强曲坚赞逝世后，就由释迦坚赞继任第司，元顺帝封其为"灌顶国师"。这时我国发生了改朝换代的政治大变动，大元

---

① 《达赖喇嘛传》，人民出版社，1984，第27～29页。
② 《西藏王臣记》，民族出版社，1983年汉文版，第130页。

帝国崩溃，大明帝国建立，释迦坚赞于明太祖洪武五年派遣使者到南京，向明朝皇帝称臣归顺，明太祖仍封释迦坚赞为"灌顶国师"。洪武六年（1373年）释迦坚赞逝世，享年33岁，共执政9年（1364～1373年）。

帕竹政权的第三代第司为札巴强曲（1356～1386年），《明实录》为"吉剌思巴赏竺监藏巴藏布"，系释迦坚赞之弟仁钦多吉之子，自幼出家为僧，明太祖洪武六年继任第司，洪武八年（1375年）明太祖封其为"帕木竹巴万户"，洪武十四年（1381年）辞去第司职务，退任丹萨替寺京俄（寺主）。此人佛学造诣很深，宗喀巴曾向他求法。他执政只有8年（1373～1381年）。洪武十九年（1386年）逝世，享年30岁。

帕竹政权的第四代第司为索南札巴（1356～1408年），《明史》为"索南札思巴噫监藏布"，也是仁钦多吉之子，第三代第司札巴强曲之弟，自幼出家为僧，曾任泽当寺寺主。明太祖洪武十四年（1381年）继任第司，洪武二十一年被封为"灌顶国师"，索南札巴于洪武十八年（1385年）辞去第司职务，让位给弟弟札巴坚赞，他执政只有4年（1381～1385年）。明成祖永乐六年（1408年）逝世，享年49岁。

帕竹政权的第五代第司为札巴坚赞（1374～1432年），《明史》为"吉剌思巴监藏巴藏卜"，系第四代第司索南札巴之弟，亦为仁钦多吉之子，幼年出家为僧，曾任泽当寺寺主，明洪武十八年（1385年）继任第司，明成祖永乐四年（1406年）被封为"阐化王"。札巴坚赞在任期间办了两件大事，一是修复了从内地至西藏的沿途驿站，《明史》称赞："自是道路毕通，使臣往还数万里，无虞盗寇矣"。二是协助宗喀巴于永乐六年（1408年）创建了拉萨祈祷大法会（藏语为"默朗木"，今通称"传大昭"），并于同年资助宗喀巴创建了格鲁派的第一座寺院——甘丹寺。札巴坚赞于明宣宗宣德七年（1432年）逝世，享年58岁，共执政47年（1385～1432年），这是帕竹政权的极盛时期。从此以后帕竹政权就走上了下坡路，贵族南喀坚赞窃居仁本宗本职务，变为子孙世袭，藏史中就把这个家族称为仁本巴。后来该家族势力日大，割据了仁本宗一带地区，并把势力伸入帕竹政权内部。

帕竹政权的第六代第司为札巴迥乃（1414～1448年），《明史》为"吉剌思巴永耐监藏巴藏卜"，系第五代第司札巴坚赞之侄，札巴坚赞之弟桑结坚赞的长子，自幼出家为僧，曾任泽当寺寺主，明宣宗宣德七年

(1432年)继任第司,明英宗正统四年(1439年)被封为"灌顶国师""阐化王"。明英宗正统十一年(1446年)帕竹政权内部发生政变,札巴迥乃被其父桑结坚赞废黜,由桑结坚赞篡任第司,札巴迥乃于明英宗正统十三年(1448年)逝世,享年34岁,执政14年(1432~1446年)。

帕竹政权第七代第司为桑结坚赞(1396~1468年),《明史》为"桑儿结监藏巴藏巴卜",于明英宗正统十一年篡任第司。① 桑结坚赞于明宪宗成化四年(1468年)逝世,享年72岁,执政22年(1446~1468年)。

帕竹政权的第八代第司为贡噶雷巴(1433~1495年),《明史》为"公噶列思巴中奈领占坚参巴儿藏布",系桑结坚赞之次子,于明宪宗成化四年(1468年)继任第司,明宪宗成化五年(1469年)敕封为"袭阐化王",明孝宗弘治八年(1495年)逝世,享年62岁,执政27年(1468~1495年)。贡噶雷巴死后无子,由阿格旺布继任第司。

帕竹政权的第九代第司为阿格旺布(约1438~1510年),《明史》为"阿吉汪束札巴",他究竟是谁的儿子还不清楚。五世达赖著的《西藏王臣记》中有两种说法,一说可能是第六代第司札巴迥乃之子,另一说法可能是公子恭让若比多杰之子。阿格旺布原是僧人,曾任丹萨替寺京俄(寺主),他继任第司后还了俗,娶仲喀巴之女为妃,生子名阿旺札西札巴。他于明孝宗弘治十年(1497年)派遣使者到北京请求明朝皇帝的"敕封",因当时驿站年久破坏,西藏与北京之间,往返要走数年,等到明朝政府派遣的"赖封"使者到西藏时,阿格旺布已逝世,他大约是明武宗正德五年(1510年)逝世,享年72岁,执政5年(1495~1510年)。

阿格旺布逝世,"敕封"没有了对象,按明朝的制度,使者应将"敕文"交回礼部注销,但当时帕竹政权的僧侣官员要求把"敕封"阿格旺布的"敕文"转封其子阿旺札西札巴。"敕封"使者也是藏人,不懂明朝的制度,就将"敕文"交给其子接受。回到四川,"巡抚官劾其擅封之罪,逮至京坐斩"。后来,明朝皇帝认为:"番人不足深治,特免死,发陕西平凉充军,副使以下宥之。"(见《明史》)

---

① 帕竹政权的第一代第司强曲坚赞曾规定:帕竹政权的第司均由僧人担任,桑结坚赞是俗人,他是没有资格担任第司的,但他为了篡夺帕竹政权,破坏了强曲坚赞的规定,并由他开始,第司变为父子世袭制。但他未获得明朝政府的正式敕封,只承认他"借袭阐化王"。

帕竹政权的第十代第司为阿旺札西札巴（约 1499～1571 年），《明史》为"阿汪札失札巴坚参巴藏布"，因年幼不能执政，乃由仁本巴·错结多吉与噶举噶玛巴黑帽第四世法王确札益喜二人"代理执政"，前后 8 年（1510～1518 年）。在这两人"代理执政"期间，对宗喀巴创立的格鲁派进行迫害，禁止哲蚌寺与色拉寺的僧人参加每年正月在拉萨举行的"默朗木"大会，明武宗正德十三年（1518 年）阿旺札西札巴正式继任第十代第司，才取消了上述禁令。阿旺札西札巴直到明世宗嘉靖四十二年（1563 年）才得到明朝皇帝"敕封"继任"阐化王"。阿旺札西札巴于明穆宗隆庆五年（1571 年）逝世，享年 72 岁，执政 53 年（1518～1571 年）。这时帕竹政权已临近崩溃，但仁本巴势力也垮台了，代之而起的是后藏大农奴主辛霞巴，即藏巴汗的祖先。辛霞巴名才丹多吉，原为仁本巴的家臣，后来，他联合后藏地方势力，夺取了仁本巴的田庄与农奴，割据后藏地方，自称"藏堆甲布"（后藏上部之王）。

帕竹政权的第十一代第司，也是最末一代第司为卓尾贡波（约 1568～1618 年），《明史》为"札释藏卜"，系第十代第司阿旺札西札巴之子，于明穆宗隆庆五年（1571 年）继任第司，明神宗万历七年（1579 年）"敕封"其为"乌斯藏帕木竹巴灌顶国师阐化王"，明神宗万历四十六年（1618 年）被藏巴汗推翻，共执政 47 年（1571～1618 年）。他本人可能也于 1618 年被迫致死，享年约 50 岁。

藏巴汗在宗教方面仍是噶举派，但他信奉的是噶玛噶举派，他推翻帕竹政权以后，名义上把噶玛噶举巴黑帽第十世法王曲引多吉推任第司，首府设在桑主则（今日喀则），我们把这个政权称之为噶玛噶举政权。

藏巴汗对以达赖、班禅为首的格鲁派恨得要死，从各方面加紧迫害，不让格鲁派在西藏土地上存在下去。四世班禅与五世达赖为了保护自己的教派生存与发展，乃秘密派人召请蒙古和硕特部的固始汗，于明思宗崇祯十五年（1642 年），率大军由青海进驻西藏，消灭了藏巴汗，建立了以达赖五世为首的格鲁派政权。藏巴汗所建立的噶玛政权是短命的，只存在了 24 年（1618～1642 年），如果把帕竹政权与噶玛噶举政权合在一起计算，则噶举派（白教）统治西藏地方的时间总计为 288 年。

（二）仁青多吉是否任过第司，是否由明宪宗敕封为"阐化王"

对于帕竹政权，汉藏文史料有的地方记载不太一致，仁青多吉的身世，就是一个较大的问题。笔者在编著《达赖喇嘛传》时，沿用了藏文史料，对仁青多吉作了如下的论述："第司政权的第九代法王仁青多吉（生卒年与执政时间均不详），藏文史料有此法王的记载，并说明宪宗时曾封阐化王，但《明史》中没有他的名字，更无封号"[①]。

我在编著《班禅额尔德尼传》时，才弄清楚仁青多吉确有其人，但下落不明；可以肯定的是：他既没有任过第司，也未得到过明宪宗的"阐化王"的职封。

下边谈谈我的根据。

第一，在《明史》与《明实录》中，帕竹政权的历任第司，除第一代第司在元朝末年已逝世外，第二代第司受明太祖封为"灌顶国师"，第三代第司受明太祖封为"帕木竹巴万户"，第四代第司也受明太祖封为"灌顶国师"。第五代第司受明成祖封为"阐化王"，从此以后，历代第司都袭封"阐化王"，直到帕竹政权灭亡。历代"阐化王"的记载中，《明史》里没有仁青多吉，《明实录》里也没有仁青多吉。根据明朝的制度，旧的阐化王下台，新的阐化王上台，都要派使者到北京更换"敕文"与"印信"，否则就不合法。仁青多吉如任过第司（阐化王），《明史》与《明实录》中不会漏记。

第二，藏文史料中记载：仁青多吉曾受明朝宪宗皇帝之封为"阐化王"。据查《明史》，明宪宗在位23年，他的年号是成化。成化元年是1465年，成化二十三年是1487年。这一时期西藏地方正是桑结坚赞与贡噶雷巴执政时期，桑结坚赞于明宪宗成化四年逝世，由其子贡噶雷巴继任第司，明宪宗成化五年，贡噶雷巴得到明宪宗的职封为"袭阐化王"，直到成化二十三年明宪宗逝世，西藏地方一直处于贡噶雷巴执政时期。明宪

[①] 《达赖喇嘛传》，人民出版社，1984，第28页。

宗在位期间，受过明宪宗职封的，只有贡噶雷巴，并无仁青多吉。

第三，在藏文史料中，提到仁青多吉的比较有权威的著作是五世达赖的《西藏王臣记》，其中有如下论述：

> 藏王札巴炯勒之弟恭嘎勒巴，他勤学经典，继掌哲圹座院，他从仁绷娶得一位贵族女子，生子为仁青多杰旺嘉（即仁青多吉——引者注），他曾经获得中华曼殊室利成化皇帝的职封①。

对这段记载就看如何理解了。贡噶雷巴（恭嘎勒巴——引者注，下同）曾娶仁本（仁绷）贵族之女为妻，生子为仁青多吉（仁青多杰旺嘉），这是清楚的，没有什么疑问。但后面又说："他曾经获得中华曼殊室利成化皇帝的职封"，这一句话就有疑问："成化皇帝"就是明宪宗，究竟是谁获得了"成化皇帝"的职封？是贡噶雷巴还是仁青多吉？《西藏王臣记》交代得不是很清楚。于是后来的藏族史学家就有人认为受成化皇帝职封的是仁青多吉，以讹传讹，就把仁青多吉列在贡噶雷巴之后，作为帕竹政权的第九代第司。其实这是误解。

至于仁青多吉这个人的下落如何，《西藏王臣记》中没有交代，很可能早就死了。因之，贡噶雷巴逝世后，无子继承第司，帕竹政权的僧侣官员乃迎请当时担任丹萨替寺京俄的阿格旺布继任了帕竹政权的第九代第司。阿格旺布究竟是谁的儿子？《西藏王臣记》："有些人说昂根旺波（阿格旺布）之父，是泽安仁波伽·札巴炯勒（即帕竹政权的第六代第司札巴迥乃），又有一些人说，泽安仁波伽是一位出家大德，因此，他决不是昂根旺波之父，而在昂根旺波本人所著的《镢金刚事业海》一书的跋文中，提到了公子恭让若比多杰，以此来推测，想此人或许即是昂根旺波之父"②。

阿格旺布的父亲究竟是谁？还可考证，但可以肯定他不是贡噶雷巴的儿子。因此也可从旁证明，贡噶雷巴之子仁青多吉早就死了。

---

① 《西藏王臣记》，民族出版社，1983年汉文版，第139页。
② 《西藏王臣记》，民族出版社，1983年汉文版，第140页。

（三）札释藏卜与卓尾贡波是一人还是两人

明代西藏地方帕竹政权的最末一代第司（阐化王）究竟是谁？汉文史料记载是札释藏卜，藏文史料记载是卓尾贡波，两者究竟是一人还是两人？笔者在编著《达赖喇嘛传》时，将其作为两人处理，作了如下的论述：

> 第司政权的第十二代法王札西藏卜（生卒年与执政时间均不详），明神宗万历七年（一五七九）封为"阐化王"。
> 第司政权的第十三代法王卓瓦贡布（生卒年与执政时间均不详），明神宗曾封为"乌斯藏帕木竹巴灌顶国师阐化王"。①

我作两人处理，是根据《明史》"阐化王"列传的如下记载：

> 万历七年，贡使言阐化王长子札释藏卜乞嗣职，如其请，久之卒，其子请袭，神宗许之，而制书但称阐化王，用阁臣沈一贯言，加称乌斯藏怕（帕）木竹巴灌顶国师阐化王，其后奉贡不替。

从这段汉文史料来看，万历七年，明神宗曾封札释藏卜袭阐化王。接着又说"久之卒，其子请袭，神宗许之"，这只能理解札释藏卜后来死了，他的儿子请求袭阐化王，明神宗又批准了。那么这个儿子又是谁呢？《明史》没有记载，而藏文史料却记载着帕竹政权的最末一代第司是卓瓦贡布，据推此断：卓瓦贡布就是札释藏卜的儿子，是又经过明神宗批准，袭了阐化王职封。因之，我把札释藏卜与卓瓦贡布作了两人处理，但我在《达赖喇嘛传》中注明，这两位法王的生卒年与执政时间均不详，有待考证。

后来，我在编著《班禅额尔德尼传》时，才弄清楚了札释藏卜与卓瓦贡布（卓尾贡波）是一人，不是两人，问题出在《明史》的译名与藏文原

---

① 《达赖喇嘛传》，人民出版社，1984，第 28 页。

名有较大的出入，文字上又没有交代清楚，容易发生误解。

帮助我弄清楚这个问题的，还是五世达赖著的《西藏王臣记》，这本书中对帕竹政权的最后两代第司是这样记载的：

> 这位藏王（指第十代第司阿旺札西札巴——引者注）曾娶仁绷之女为妃，生子为藏王卓尾贡波（众生怙主），及敬安·札炯哇二人，其中藏王卓尾贡波去到贡噶地方，他也就在贡噶区长官萨炯哲那里完婚，生子为昂旺札巴殿下。①

据《明史》记载：帕竹政权的第十代第司为阿旺札西札巴，嘉靖四十二年受明世宗敕封为阐化王。阿旺札西札巴的儿子是卓尾贡波，《明史》译为札释藏卜，是不准确的。阿旺札西札巴死后，由其子卓尾贡波继任了藏王（第司），这在《西藏王臣记》中是很清楚的，《西藏王臣记》是五世达赖于明思宗崇祯十六年写的，当时距藏巴汗推翻帕竹政权只隔了25年，记忆犹新，记载是可信的。

同时，我又查了《明实录》，有如下的记载：

> "万历七年二月癸巳，赐贡夷乌思藏自称阐化王长男札释藏卜，次男札释藏坚赞，藏僧锁南坚参、星吉藏卜等封授，赏赉有差。"
>
> "万历十五年十二月戊寅，乌思藏阐化王差番僧领真等六百名进方物，给赏如例。"
>
> "万历十六年正月癸巳，乌思藏阐化王遣使真多尔只等千人贡方物。"
>
> "万历二十五年八月甲子，宴乌思藏阐化王进贡番僧朵尔等一十五名，候徐文炜侍。"
>
> "万历三十九年五月己未，颁给乌思藏阐化王贡使坚剉朵尔等一十五名各缎、绢、银、钞。"
>
> "万历四十五年四月戊戌，乌思藏阐化王差国师锁南坚参等一千名进献珊瑚、氆氇等物，给赴京并在边番僧各贡（者）赏绢钞。"

---

① 《西藏王臣记》，民族出版社，1983年汉文版，第143页。

"万历四十六年五月戊申，乌思藏阐化王差番僧三旦朵尔等一十五名，进献珊瑚、犀角、氆氇等物。"

从此以后，《明实录》中再未出现有关乌思藏阐化王的记载。

根据《明实录》的以上史料，可说明以下三点。

第一，从万历七年敕封札释藏卜为阐化王以后，直至万历四十六年，共39年，阐化王一直活着，并未逝世，并无"久之卒，其子请袭"的记载。

第二，万历四十六年，阐化王遣使进贡是最后一次，这正说明万历四十六年（1618年）帕竹政权被藏巴汗推翻，不可能再向明朝皇帝遣使进贡。

第三，由此可见，帕竹政权的最末一代第司是札释藏卜，也就是卓尾贡波，实为一人，不是两人。

（《中国藏学》1989年第1期）

试论西藏封建农奴制度

我们要说明西藏封建农奴制度就需要对它的特点，它的经济结构与阶级关系，它的剥削制度，它的发生、发展和消亡的过程以及它和西藏历史上曾经存在过的奴隶制的区别，进行比较全面的、实事求是的分析、研究，才能为人们所清楚地认识。我国学术界对西藏封建农奴制的研究现在还刚刚开始，我的分析只能起一点抛砖引玉的作用。

要谈西藏的封建农奴制，必然要联系它的前一发展阶段的历史，即西藏奴隶制的历史。

根据我们现在掌握的汉文与藏文的史料，大多数研究西藏历史的人们，认为吐蕃时代的西藏社会是奴隶社会，在这个问题上，大多数的人的意见是一致的，只有极少数的人不同意。

我个人是同意奴隶社会这个看法的，理由如下。

第一，吐蕃时代，有赞普给他的大臣们封赐大量奴隶的记载。

第二，吐蕃时代，有赞普用大量奴隶组成军队，用以征伐其他部落与民族的记载。

第三，吐蕃时代，有举行盛大宗教祭祀时，杀死奴隶作为牺牲的记载。

第四，吐蕃时代，有赞普或大臣们死后，用奴隶殉葬的记载。

第五，吐蕃时代，还有使用奴隶从事各种生产的记载。

就从以上尽人皆知的事实来看，吐蕃时代是奴隶社会，不会成为大的疑问。现在没有弄清楚的问题是，西藏奴隶制上限起于什么时代？下限又应止于什么时代？

根据现在的藏文史料记载，大约在公元869年到877年（即唐懿宗咸通十年至唐僖宗乾符四年），西藏地区发生了历史上前所未有的奴隶大起义，前后持续了9个年头。经过这次奴隶大起义，吐蕃王朝崩溃了，以至后来经历了4个世纪，始终未能建立一个统一的西藏政权。虽然赞普朗达玛的子孙在西藏阿里地区建立了一个谷格王朝，那是一个管辖地域很小的政权，而且时间不太长就被灭亡了。至于传说中的在奴隶大起义之后，西藏地区除了谷格王朝之外，还有什么"五王官""九王族""十王系"之类的地方势力，也说是吐蕃松赞干布的后裔，究竟是否真实，留待西藏历史学家们去考证吧。但有一个无可争辩的历史事实：到13世纪中叶，元太宗窝阔台之子阔端派遣大将多达那波进军西藏以后，才把西藏的分裂局面统一起来，并在元世祖忽必烈扶植之下，西藏才建立了统一的萨迦政权。

从9世纪到13世纪的这4个世纪，西藏的社会情况如何变化的呢？现在汉文与藏文都缺乏足以说明问题的史料，但也并不是一片空白。现在研究西藏历史的人们，认为这4个世纪是奴隶制逐渐崩溃，封建农奴制逐渐产生的过渡时期。目前我也只能同意这种看法。理由有以下三点。

第一，奴隶大起义虽然有力量推翻强大的吐蕃赞普所建立的奴隶主政权，但奴隶阶级却不能建立一个代表新的生产力与生产关系的新政权。即使奴隶起义的领袖建立的政权，也只能是奴隶制的政权。所以吐蕃王朝崩溃以后，西藏地区分散建立的所谓"谷格王朝""五王官""九王族""十王系"等，基本上都还属于奴隶主建立的小政权。这种奴隶主建立的小政权当然得不到广大奴隶阶级的拥护，所以它们就不可能有多大的力量，谁也统一不了谁，以至西藏地区的分裂局面持续了4个世纪之久。

这里还有一个因素应该提到，就是吐蕃王朝崩溃以后，内地的唐朝不久也崩溃了。代之而来的五代十国的分裂时期，约有半个多世纪。接着是宋、辽、金、西夏几个王朝并列时期，前前后后有3个多世纪，直到元朝才把统一的祖国大家庭建立起来，这不能不承认是蒙古民族对祖国的一个伟大贡献。而把分裂了4个世纪的西藏地区统一到祖国大家庭里面，这是元朝统一祖国的不可分割的一个组成部分。

第二，民主改革以前，西藏许多贵族家庭中，有一种人叫作"朗生"，实际上就是奴隶。他们没有任何生产资料，完全无偿地给农奴主干活，待遇一般都是只能维持生活而已（当然极少数也有充当农奴主代理人的）。这种"朗生"据估计约占西藏全区人口的5%。这种"朗生"据调查大都是祖祖辈辈传下来的，一般认为这是西藏旧的奴隶制的残余。如果这个看法有道理，那就有力地证明西藏历史上的确存在过奴隶制。而这个奴隶制大概盛行于吐蕃王朝统治时期。

第三，民主改革前许多贵族家庭中蓄养"朗生"一事，又给我们一个启发，即后来的新兴的封建农奴主，大部分可能就是由旧的奴隶主转化的。当然，我们也不排除还有别的途径可能产生新兴的封建农奴主。

下面我们就要研究西藏奴隶制为什么要向封建农奴制转化，封建农奴制与奴隶制的主要区别在西藏地区究竟表现在哪里，为什么封建农奴制能够取代奴隶制。

按历史唯物主义的原理，新的生产力和生产关系才能取代旧的生产力和生产关系。根据这个原理，必须承认西藏的封建农奴制要比旧的奴隶制好一些、优越一些，当时才能够取得广大人民（当然主要是奴隶阶级）的拥护。

现在虽无确凿的史料证明，但按常情判断，经过奴隶大起义，许多奴隶主被杀，财产被没收，甚至祖坟都被挖了。这种惨痛的情况，不能不使那些比较有头脑的奴隶主感到仍用旧的统治方法是不容易继续统治下去，奴隶暴动还会发生。于是这些比较有头脑的奴隶主，开始尝试使用一种新的方法进行统治。这就逐渐产生了新的封建农奴制。

新的封建农奴制与旧的奴隶制的根本区别在于：奴隶没有任何生产资料，而农奴有了一定的生产资料，农奴主把他占有的田地，分为两种，一种叫"自营地"，另一种叫"份地"。"自营地"归农奴主经营；"份地"则分配给自己的奴隶经营，而奴隶有了"份地"以后，占有了一定的生产资料，这就和过去的奴隶不同了，由奴隶转化为农奴。

但是农奴仍与内地的农民不同，一是农奴无人身自由，不能随便离开管他们的农奴主。二是农奴每年要给农奴主支"差"，即负担各种劳役，无偿地给农奴主经营"自营地"，以及其他各种无偿的负担（包括实物与货币）。三是农奴对"份地"只有使用权，没有所有权，不能出卖。

农奴有了"份地"以后，他除了给农奴主承担各种负担（总的叫作外差与内差）之外，还有自己的"份地"可以耕种，"份地"的收入可归农奴自己支配，这就比一无所有的奴隶的生产积极性要高。特别是在农奴制的上升时期，农奴的"乌拉差役"还不太重，农奴还有较多的时间经营自己的"份地"，改善自己的生活，他们的生产积极性自然会比奴隶高得多。从根本上说，这就是发展了西藏的社会生产力。这也是西藏的封建农奴制能够取代旧的奴隶制的根本原因，也就是说，西藏封建农奴制在西藏历史上曾起过一定的进步作用。

正是由于封建农奴制在当时的历史条件下，要比奴隶制优越，因此，各地的奴隶主就都仿照这种新的统治方法，逐渐以封建农奴制代替了奴隶制，而且创造了适应这种农奴制的封建庄园，藏语叫作谿卡。谿卡究竟是什么时候在西藏地区出现的现在还无确切史料证明。有人说萨迦政权时期就有了谿卡这个名词，比较可靠的说法是在萨迦政权的后期，西藏山南地区的帕木竹巴万户府管辖的地区，由于万户长的支持与推广，谿卡制度在西藏山南地区首先发展起来。

随着元朝的崩溃，统治西藏的萨迦政权也逐渐崩溃，代替它的是噶举派的帕竹政权。据《帕竹世系》记载：帕竹政权的第一代第司强曲坚赞，鉴于其先人荒淫贪暴、征敛无度，属民散投其他领主，帕竹因以衰敝；等到自己当上万户长（约在元顺帝元统二年，1334年），为了改善自己的处境，加强自己的实力，采取了一些改良措施。他自奉俭约，注意属民生产，曾于境内修路造桥，修复谿卡，提倡种树，奖励垦荒。山南土地肥沃，十数年间，属民的辛勤劳动使帕竹渐强，故有1349～1354年（从元顺帝至正九年到至正十四年——引者注）在军事上的胜利，推翻了萨迦政权，建立了帕竹政权。强曲坚赞统治卫藏大部地区后，他自称第司，大力推行了以谿卡为组织生产、管理属民的庄园制度。确立了宗（相当于内地县）为基层行政单位，宗本设流官，由帕竹第司任免。又在交通冲要地点，新建了13个宗（碉堡式的建筑，也称为宗），修缮了4个旧有的宗，设兵镇守。并于其家臣中，择功绩卓著，尤为忠顺者，赐以谿卡，作为世袭采邑，成为他属下的一批新贵族。又改订了自萨迦掌权以来通行于西藏的法规，加强了他的统治，为帕竹地方政权稳固统治打下了基础。这说明由帕竹政权代替萨迦政权，有其深刻的经济方面的因素，新兴的以谿卡为社会细胞的农奴制的成长壮大，就是帕竹政权之所以能战胜旧的腐朽的萨迦政权的经济方面的因素。强曲坚赞在卫藏大部地区普遍推行谿卡制度的几十年间，结合着帕竹统治者所采取的其他一些改良措施还在起着作用，豀卡把散居的农奴组织在一个庄园之内，除了便于农奴主控制农奴而外，还起过一定的组织生产的作用。这时社会相当安定，前后藏的农牧业生产在这几十年间，有显著的上升。当时泽当成为商业中心，社会上出现了比较繁荣的景象。豀卡的大小也不统一，大的豀卡相当于宗，大豀卡之下，又管理着许多小豀卡（这种豀卡也不多）。小的豀卡，只有十余户农奴，相当于内地的一个小村子（这种豀卡比较普遍）。但是一个典型的豀卡则有百余户，例如山南贡噶宗的囊色林豀卡，就是一个很典型的豀卡。据我们1958年的调查，全豀卡共有农奴142户，611人（领主及朗生未计在内），共有耕地1515克18折，共有耕牛701头（其中领主占184头），马、骡、驴241匹（其中领主占24匹），绵羊和山羊3299只（其中领主占200只）①。这个豀卡是一个大村子，村子中央有一座七层高楼，这就是领主的住宅，周围都是平房，是领主的马厩、奶牛圈、耕牛圈、磨坊、粮仓、炒青稞间、染色间、织氆氇房、监狱，以及朗生的住房。再远一点，就是农奴（差巴和堆穷）们居住的低矮的小平房。离豀卡约半里的地方，有一处林卡，里面种植着许多树木和花草，并有一所精致的小院子，是领主夏天避暑的地方。

　　一般的豀卡，不论是政府的、寺院的、贵族的，都有一套完整的管理机构。豀卡一般设豀堆一人，是这个豀卡的头头。下边设捏巴一二人，是豀堆的助手，由他们协助豀堆管理全豀卡的农奴，分配他们每日的差役，并监督他们进行无偿劳动。每个豀卡还有朗生若干人，承担豀卡内部的家务劳役。豀堆对农奴有权惩罚，轻则鞭笞，重则施以酷刑。

　　囊色林豀卡因为是一个比较大的豀卡，它的组织完备，不设豀堆，由领主的姨表兄直接经营，下设协助他工作的捏巴2人，管理农奴的吉根一人，管理农业生产的定噶根保1人，管理牛马差役的萨斯根保1人，外有朗生17人，从事牧羊、牧驴、牧马、牧奶牛、饲鸡、打酥油、酿酒、磨面、做饭、背水、织氆氇等家务劳动。

　　西藏的封建农奴制，也和其他事物一样，有它自己的发生、发展和消亡的规律，不以人们的意志为转移。西藏的封建农奴制的萌芽，如前所

---

① 这个数字来自1958年中国科学院民族研究所西藏社会历史调查组的调查报告。

述,9世纪中叶到13世纪中叶这一时期,是奴隶制逐渐消亡,农奴制逐渐产生的时期。从宗喀巴创立黄教,到五世达赖、四世班禅和固始汗夺取西藏地方政权以前,可以说是西藏农奴制的上升时期,是农奴制逐渐推广到西藏整个地区的时期。五世达赖和固始汗夺取了西藏地方政权,是西藏农奴制上升时期并达到了它的顶峰,这时西藏农奴制正式形成了三大领主,即寺院领主、政府领主与贵族领主。谿卡也随着三大领主的不同,而分为三种:一种是直属于政府的谿卡,藏语"雄谿";一种是属于寺庙的谿卡,藏语"曲谿";一种是属于贵族的谿卡,藏语"格谿"。寺庙和贵族的谿卡一般都是由政府封赐的。西藏和平解放后,我们进行社会历史调查时所得的历史资料证明:西藏的封建农奴制的三大领主,是明末五世达赖与固始汗夺取了西藏地方政权以后正式形成的,五世达赖和固始汗把西藏的一部分谿卡封赐给所有信奉和改奉格鲁派的寺庙;把另一部分谿卡,封赐给对格鲁派夺取政权有功的贵族。据说最初得到封地的贵族只有175户。其余的土地和农奴则直属于西藏地方政府。

从明朝末年(17世纪40年代)到西藏和平解放,约3个世纪的历史时期,西藏农奴制的三大领主所占有的谿卡的比例发生了显著的变化:政府的谿卡日愈减少,大寺院和大贵族的谿卡则日愈增加。大寺院的土地和农奴除了最初从五世达赖和固始汗处得到的之外,后来的大量增加,主要来源于贵族的布施。据西藏解放后的调查,仅哲蚌寺即占有谿卡185处以上,耕地面积5100余克。占有牧场300余处,牲畜3万头以上,农奴和牧奴共2万余人。这些财产中,贵族布施的数字占有很大的比重。另一材料说明,哲蚌寺每年单靠布施收入青稞1100百克,酥油850克,藏银310万两。

大贵族的谿卡,除了部分最初是五世达赖和固始汗封赐的之外,后来政府又陆续将大量的谿卡封赐给新的贵族。这些新贵族主要有两个来源,一个来源是历代达赖和班禅的家属。从七世达赖开始,凡是达赖的家属,都封得大量的谿卡,有的封得土地三四万克,农奴一两千人,成为西藏第一等的大贵族。从五世班禅开始,班禅的家属也同样封得大量的谿卡,成为后藏地区的大贵族。另一个来源是在政府担任行政职务的(宗本以上)的贵族,都封得一定数量的谿卡,最初只是作为"采邑",不是固定财产,后来就长期占有,成为世袭财产,并且可以布施给寺庙,或赠送转让给同自己有亲戚关系的其他贵族。由于新贵族的数量越来越多，得到政府封赐的谿卡的数量也越来越多，于是形成西藏三大领主之一的贵族领主，但他们占有的谿卡比寺院和政府要少一些，居于三大领主中第三位。

西藏和平解放以前，土地和农奴的最高所有权，仍掌握在国家（即中央政权）之手，国家对寺庙与贵族的土地和农奴，在他们犯有严重罪行时，有全部没收之权。被没收的土地和农奴，可由政府任意支配。例如乾隆五十八年（1793年），西藏噶玛噶举派的沙玛尔巴（红帽活佛）因犯了投敌叛国的严重罪行，他的全部财产，包括土地，农奴、牧场、牲畜、牧奴等，被清政府没收，用作西藏创办常备军的经费。又如民国二十二年（1933年），十三世达赖圆寂后，西藏地方政府将大贵族龙厦逮捕入狱，挖去双目，其全部财产，包括所有谿卡，也没收充公，由政府经营。这是西藏历史上的两个典型事例。

西藏农奴制发展到它的顶点以后，就开始走向了它的反面，即开始走向衰弱与灭亡的时期。西藏农奴制的走向下坡路，还是由农奴主自身造成的。新的农奴主掌握了西藏地方政权，封得了很多谿卡以后，很快就腐化了，由于生活的日益奢侈，费用自然日益浩大，这些费用从哪里得来呢？自然靠从农奴身上榨取，日益增加对农奴的剥削。

西藏农奴主对农奴的剥削，藏语叫作"差"。所以西藏的农奴，藏语叫作"差巴"，就是支差人的意思。他们的"份地"，藏语叫"差岗"地。凡是种"差岗"地的农奴，都有无偿的强迫支差的负担。为了规定对农奴的剥削量，西藏农奴主把西藏的可耕土地划分为若干岗。岗既是耕地面积的计量单位，也是支应差役的计量单位。农奴种一岗地，就得支一岗地应负担的一切差役，所以藏语叫作差岗[①]。但每一岗地的面积并不统一，多的每岗地100余克（等于100余亩），少的则只有一二十克（一二十亩），全区平均是每岗地40克（40亩）左右。

最初西藏农奴支的差只有两种，一种叫"其差"，即"外差"，另一种叫"囊差"，即"内差"。

[①] 政府农奴的负担，以岗计算。寺庙和贵族的农奴的负担以墩计算，两岗为一墩。此外政府封给贵族和寺庙的土地，还有一部分不负担任何差役的，如政府封给甘丹寺聂藏八岗地，四岗出差，四岗不出差。封给乃堆十岗地，七岗出差，三岗不出差。

外差是对国家和地方政府负担的各种差役，一般叫作"乌拉"。据说"乌拉"原是突厥语，元朝统治西藏时期就已普遍实行，凡是元朝政府官员来藏办事，沿途一切供给均由当地农奴承担，元朝政府从西藏运送贡品到北京，在西藏境内也由当地农奴负责转运，这种负担就叫"乌拉"，明、清两朝一直沿用下来。这是农奴对国家承担的负担。西藏地方政府官员在西藏境内出差，以及西藏地方政府运送各种物资也由农奴负担。这是农奴对地方政府的负担，所有这些负担，都包括在外差这个范围之内。

内差（囊差）主要是农奴无偿耕种三大领土的自营地，从播种、锄草、收割到入仓，完全由农奴无偿承担。

据我们1958年在囊色林豀卡的调查，当地差巴负担的外差有以下各种。

一，传大昭费用差，每年交藏银264品①4雪②5噶玛③，直接交给西藏地方政府的捏仓列空，每年藏历十月下旬交付。此差原交青稞，约在1925年，改交512克1.5折糌粑，因运送困难，后来在差巴的请求下，于1933年左右，由领主江穷尼玛改为年交藏银190两6雪5噶玛。此后又改为原一克糌粑折藏银5雪，仍交货币。到1956年时，此项负担的总数又增加到藏银264品4雪5噶玛。有专门支这种差的差地。

二，柴费差，每年交藏银27两3雪5噶玛，直接交给拉萨薪日列空，每年藏历十月下旬交付。据说这项差也是每年正月传大昭时用的，故又名大会柴火差，此差从"差巴公地"收入的地租中支付。

三，驻藏大臣衙门用粮差，规定每年交青稞59克，但差巴从豀卡起运时已增加为青稞61克，直接交给拉萨的雪颇康，每年藏历十月交付。这项差原来是清朝驻藏大臣衙门要的，后来驻藏大臣衙门不存在了，但这项差仍未免除，支这种差也有专门的差地。

四，驻藏大臣取暖费，每年交藏银972两，即一岗地交36两。交给拉萨薪日列空。据传为驻藏大臣每年冬季的烤火费用。后来驻藏大臣不存在了，但此项差役仍照常收取。

---

① 每品为藏银50两。
② 藏银每10雪为1两。
③ 藏银每10噶玛为1雪。

五，交给铜匠的差，每年交青稞 24 克，一个月交 2 克，因此如有闰月，每年要交青稞 26 克。交给拉萨桑骚才青（铜匠行会），每年藏历十月下旬交付，据说支这种差有专门的 1.5 岗差地，但差巴们谁也没有见过，也没有用过，只好由差巴们平均负担。

六，拉恰细颇差，每年交藏银 7 两 3 雪 5 噶玛，直接交给拉萨拉恰列空，每年藏历十月下旬交付。此差也从"差巴公地"收入的地租中支付（不知作何用途）。

七，交给石匠的差，每年交 4 品藏银，交给拉萨多夏列空，每年藏历四月交付，据说西藏地方政府经常有一批石匠修建房屋，此差是为了支付石匠的伙食与工资。

八，卡差，每次交藏银 600 两左右，收差时一只绵羊交 2 雪，一只山羊交 1 雪，两年交一次，直接交给拉萨拉让强佐。此项差有羊的交，无羊的不交。交差户的羊只数是固定的，隔几年清点一次，清点后，牲畜如有增减，差税不动。

九，割草差，原来规定每年秋季要派两名差巴到拉萨去割泥塘草一个月，后来领主班觉晋美发现西藏地方政府给他的封地文书中，"有囊色林属民不派此差"的记载，所以从 1952 年起，正式向噶厦提出申请，免除了这项差役。

十，耳朵差，据 60 岁的老人说，噶厦曾收过两次这种差，一次是一人交 1 个章噶，一次是一人交 3 雪。不管大人小孩都要交。实际上就是人头税。

十一，卓斯婆马差，年交青稞 75 克，卓斯是地名，婆马是租，据说因卓斯地方的差民为囊色林领主代支了劳役差之故。每年秋收时卓斯地方派人来收婆马青稞 75 克，由囊色林的差巴负担运送，来回七天。

十二，信差费，年交青稞 19 克 4 折 4 批，藏银 54 品，分夏秋两季交付，交给贡噶宗（囊色林豁卡属贡噶宗）。据说此差始于 1904 年第二次抗英战争时交给代替囊色林豁卡在宗送信的人的报酬，青稞是他的伙食，藏银是工资，每日以藏银 7 两 5 雪计算。

十三，差堆婆马，每年交藏银 73 品 3 两，每三个月交一次，一年分四次交清。每次交藏银 18 品 13 两 5 噶玛，交给贡噶宗宗本。此项差是付宗吉费用的。宗吉是长站差，原西藏地方政府每年从各地征收的粮食、酥油、羊毛，以及其他物资等，由各宗转运到拉萨，由差巴驱赶自己的驮牛、毛驴驮运，或用人力背运，往返数日至数十日不等，是乌拉差役中负担最重最苦的差役。因囊色林豁卡离宗较远，就由宗本在当地雇人代运，而由囊色林差巴支付代运费，所以称为差堆。原来是支一笔差，付一次费，从1948年起，规定为固定的数字，每年藏银73品3两。

十四，萨崔，是短站差，也是为西藏地方政府运送粮食、酥油、羊毛以及其他物资的，它和宗吉的不同之处只是在于宗吉是长途转运，萨崔是短途转运，一般来往约需一天的行程。萨崔差每年从囊色林到乃东宗约需马差189匹次，人差140人次。从囊色林到充堆寺，每年约需马差114匹次，人差180余人次，驮牛（或毛驴）1452头次，支这种差，由豁卡的萨斯根保负责分派。

十五，粮驮差，每年从囊色林运至羊噶，约1350驮，去人340个，一年支这种差至少在3次以上。繁忙时期，前一批粮驮刚刚运走，后一批粮驮又到，一批接一批，应接不暇。运粮驮时，囊色林的差巴把空畜赶到充堆寺，再从充堆寺把粮驮运至羊噶。

十六，六月算账差，每年交藏银35品左右，每年分两次交付，交给曲科豁卡的头人。交这项差的原因是，西藏地方政府的官员、贵族、藏军、差人等，每年要从曲科豁卡路过（因该豁卡在大路上），要以酒肉招待，并供给住宿，所需费用甚大，囊色林豁卡的差巴也要分摊一部分。

十七，招待政府骡帮差，每年交藏银75两左右，外加三人的伙食两顿。每年藏历十月至十一月间，西藏地方政府有骡子25头左右组成的骡帮，要经过囊色林豁卡并住宿一夜，由囊色林豁卡的差巴供给人的伙食和骡子的草料（约要50甲玛）。如马料欠缺，则以藏银补给。

十八，阿中伙食费，每年交藏银720两左右，交给阿中本人。阿中是西藏地方政府的信差，每到一地，差巴要供给他的食宿和骑乘，骑乘计入萨斯差内，伙食则要用实物或货币支付，由阿中本人决定，一个阿中的伙食，每次需藏银25两至50两。每年到囊色林豁卡的阿中为15次至20次。

十九，神瓶喇嘛差，每年要驮牛4头，乘马4匹，人夫17人。每年初夏，有两个送神瓶的喇嘛，率领一个阿中，一个厨师，一行四人到囊色林豁卡附近的山上祷告，由囊色林豁卡的差巴供给食宿及牛马，念完经后，又由囊色林豁卡的差巴送他们到下一站，即到扎西德庆寺，来回要一天多。

以上是囊色林谿卡差巴负担的外差的主要项目，还有些细小的未计在内。外差中，差巴感到负担最重的是宗吉（长途差）与萨崔（短途差），这两种差随叫随到，不准耽误。由于路途遥远，牲畜往往在途中累死，差巴又得雇别人的牲畜代替，苦不堪言。下面我们再看看囊色林谿卡的农奴所负担的内差（囊差），也就是无偿承担的农奴主的谿卡内部的各种劳役地租与实物地租及部分货币地租。

一，无偿耕种领主自营地的劳役，囊色林谿卡的领主共有自营地501克，分给差巴无偿耕种（有15户差巴免种自营地）。凡种领主分给的"份地"一"批"（6批为1折，20折为1克）地的农奴，就要无偿耕种主的一托尔自营地，有3～5克土地。从备耕到收割，全由差巴分片负责，只有打场是共同劳动。领主供给种子、耕牛与犁等农具。据差巴们统计，他们每年要承担农奴主的自营地的劳役计有以下几种。

出肥工924人日。

送肥工396人日和396驴日。

筛种、选种工660人日。

播种工924人日（包括碎土、撒种、盖种和打杂的）。

中耕除草工660人日。

拔草工528人日。

放水工（自营地每年要放四次水，包括秋灌、冬灌、春灌和灌青苗）264人日。

割禾工924人日和528驴日。

打场、入仓工2376人日，打场时要向牧民雇牛踩场，每"定"① 付给牧民3克青稞的报酬。其中1克青稞由农奴主出，2克青稞由差巴分担。

二，割草差，领主自己饲养4对耕牛，还有大批骡马，其冬春季所需的干草与青草饲料，很大一部分是由差巴无偿收割的，每年差巴用于这种劳役约800人日。割草都在秋天，在岗马地方收割，天刚放明就去，傍晚背着草回来。早晨出工前，领主给一碗糌粑糊糊喝，全天的伙食完全由差

---

① "定"是农奴主管理农奴的小行政单位，每"定"设一"定噶根保"。囊色林谿卡下分四"定"，设"定噶根保"4人，后来合为两"定"，"定噶根保"也减为2人。

巴自备。

三，割荆棘差，是谿卡全年烧的柴火，每年都在藏历十一月进行，全谿卡每年用于这项劳役约为 800 人日和 800 驴日。如无人和驴出差，允许一批差地交 30 噶玛柴火代替。只要能烧，样样都行。

四，炒青稞差，夏季和冬季各炒一次，每次约炒五百克青稞，制成糌粑，是供给囊色林谿卡的朗生们吃的。这种糌粑叫作忙糌。捏巴等高级佣人吃的糌粑，叫作帕细。领主吃的糌粑叫苏细，这就要精工细作（2 人炒、4 人帮工），每年约需 264 人日。

五，捻毛线差，是给领主织氆氇捻毛线的。领主规定种一批地的差巴，或捻纬线 3 捏噶，或捻经线 6 捏噶，必须选捻一种，一户差巴用于这项劳役每年约 648 人日。这种毛线只是织普通氆氇用的，织高级氆氇的用线，由谿卡的朗生捻纺，或从外地雇专人捻纺。

六，送领主的食粮差，领主全家住在拉萨，差巴要把领主全家全年吃的糌粑面粉、酥油、鸡蛋和水果等送到拉萨。大批驮运每年 4 次，每次 40~50 驮。小批驮运不计在内。差巴每年用于这项负担的劳力约 324 人日和 1256 畜日。每次来回需 10 天。夏天雅鲁藏布江涨水，牲畜过不去，还得从东噶（囊色林对面谿卡）的差巴雇牦牛转运，运费由差巴们负担。

七，短途差，从囊色林谿卡去泽当、多吉扎、吉德雪、桑耶、闻、雅堆等地送信、取物等，都算短途差，差巴每年用于这种劳役约 81 人日。

八，售粮差，领主出售粮食给外地（一般是送到札囊），由差民运送，每年约需劳力 31 人日和 125 畜日。

九，刷白灰差，每年藏历十月进行，差巴要将领土的七层高的住宅楼和周围的经塔，都用白石灰粉刷一新，每年约需 486 人日。

十，盖房顶差，领主住的七层高楼的屋顶，每年藏历五六月间要维修一次，要加一层阿噶（土洋灰），以防漏雨。差巴每年约需 81 人日。

十一，背水差，每年过藏历新年时，领主家要请一群喇嘛来念平安经。为了供给喇嘛吃饭及喝茶用水，差巴在藏历新年要给领主背水一次，每次需 62 人日。

十二，剪羊毛差，领主的羊群，一年要剪两次毛，一次在秋季，一次在夏季，由会剪羊毛的差巴去剪。每年约需 38 人日。

十三，织氆氇差，领主家给朗生做衣服、做晒垫和出售的粗氆氇都由会织氆氇的差巴去织。领主掌握一份会织氆氇的差巴的名单，在这个名单内的差巴必须支这种差，每年夏、秋各一次。每人定额是4件，每件12庹①。每年约需240人日。

十四，染色差，领主自用或出售的氆氇，都要加工染色，领主从差巴的青年中，挑选一二人，去学习染色技术，然后终身负担给领主的氆氇染色的劳役，一年至少要出染色工130人日。他们应负担的去拉萨的"送领主食粮差"由其他差巴代交，代交的规定是：每支10天染色差，就顶替了一次"送领主食粮差"。

十五，缝纫差，领主需要的针线活，全由差巴包干，支差的缝纫工，由领主供给伙食。还由领主给一克八折工资地，作为缝纫工的收入，没有工资地的差巴，由领主给以证明，可向其他差巴收取相等的工资，或减轻自己的差役。

十六，木匠工差，囊色林谿卡的差巴中，只有一户木匠，领主的全部木匠活就由这个差巴负担。领主也给这个木匠差与缝纫差相同的工资地。木匠在领主家做活期间，伙食由领主供给。给工资地的木匠差巴，领主随叫随到，干多少活不另给报酬。

十七，杂差，如谿卡领主每年要榨油，经常要铡马草、砸麦片、磨马料等，都由差巴负担，每年约需162人日。

十八，开镰酥油差，领主规定每年秋收开镰割禾之前，差巴要给领主交一捏噶的酥油杂果后，才准开镰收割。每年要交酥油67捏噶。

十九，放牛酥油差，领主规定每年庄稼收割完毕后，凡有牛的差巴，必须向领主交一捏噶的酥油，才准差巴把牛放到地里吃草。差巴交这种差的酥油，每年约67捏噶。

二十，奶牛酥油差，差巴的奶牛要吃领主草地（所有草地都归领主所有）的草，一头奶牛每年要向领主交酥油约510捏噶（头生奶牛每头交4捏噶，生过牛犊的奶牛交2捏噶）。

二十一，桑差，桑是干松柏枝，藏族过年过节，要在门口烧松柏枝，叫放桑。领主放桑用的松柏枝，要由差巴交纳，每年交纳一百四十四

---

① 庹是西藏的一种量名。一庹为五尺左右，即两臂左右伸直后从左手中指尖到右手中指尖的长度。

甲玛。

二十二，马草差，领主饲养有 10 头骡子，10 头毛驴，还有马、牛，这些牲畜仅靠谿卡自营地的草料是不够全年吃的，所以领主规定差巴每年要交一次马草差，种一岗地交 30 甲玛，种一批地交 5 甲玛，全谿卡每年要交 800 甲玛。

二十三，春草放牛差，凡有牛的差巴，每年藏历三月青草发青时，每头牛要给领主交一个鸡蛋，才准牛到草地吃草。差巴每年要向领主交纳 285 个鸡蛋。

此外，如遇到哲蚌、桑耶、敏朱林等寺庙大修，差巴也要出人出力。为了求雨免雹，请喇嘛念经，每年夏天要举行一次念经会，凡种一批地的差巴，要交一捏噶酥油、一折糌粑、五雪至一两藏银。

根据以上的粗略统计来看，囊色林谿卡的差巴，每年共出外差（其差）折合藏银约 151269 两，约占内外差总支出的 13.8%。内差（囊差）折合藏银约 1034606 两，占内外差总支出的 86.2%。可见差巴的主要负担是内差。

从地租形式来看，劳役差为 1112247 两，占 93.79%，实物差为 5280 两，占 4.45%，货币差为 20821 两，占 1.76%。可见领主对差巴的主要剥削形式是劳役地租。

总的来看，囊色林谿卡的差巴，全年共支出藏银为 1185835 两 2 雪（已除去拿巴谿卡支的 22408 两 1 噶玛），共合青稞为 6568 克，占全谿卡（自营地与份地均在内）总收入的 73.64% 弱。从囊色林谿卡的调查来看，西藏农奴阶级的全年总收入的 73% 是被农奴主阶级剥削压榨去了。农奴阶级全年辛勤劳动，只能得到总收入的 27%。

西藏农奴（差巴）除了原有的外差与内差的剥削之外，后来又增加了许多额外的剥削。下面我也只能讲讲几种主要的额外剥削。

马岗差，也就是兵差。马岗差是清乾隆五十八年才有的，从差岗地中抽出了 3000 岗，作为马岗，每种 1 马岗地，出兵 1 名，并供给其全部费用。当时规定 3000 马岗只出藏军 3000 名，但是从 1911 年辛亥革命以后，由原来的三个代本扩充到十五六个代本，增加了 9000 余名藏军。而这 9000 余名藏军的负担，除原来种马岗地的差巴增加一部分负担之外，是平均摊派给西藏所有差巴的（班禅地区负担 1/4）。这一笔数字我在上面讲的外差中尚未计算进去。下面我只讲一下专门种"马岗"地的差巴的负担情况。

囊色林谿卡共有马岗地 10 岗，出兵 10 名。共有土地 2141 克 11 折，分属 10 户差巴耕种，每岗地约 21 克。种 1 马岗地的差巴，共支 1 个甲群马①和半个古松马②。并负担他们的常年一切生活费用。按原来的规定，种马岗地的差巴不负担谿卡的任何外差（其差）和内差（囊差）。10 个马岗户中，农奴主代理人有 3 户，富裕差巴 4 户，中等差巴 3 户。

甲群马每年支付的负担如下：

一，工资，藏银 70 品，因为支兵差的人自己不去当兵，雇堆穷等贫苦人代替，所以要给工资，70 品合藏银 3500 两；

二，零用钱，每年约藏银 150 两；

三，赔偿枪支费，规定由谁丢失，由谁赔偿，但一般不发生这种现象；

四，青稞，即藏兵的口粮，每兵每年青稞 12 克，折合藏银 2100 两，每年藏历十月交付；

五，茶（碗茶）每兵每年 4 个，折合藏银 168 两，每年藏历十月交付；

六，羊肉，每兵每年 1 腔，折合藏银 70 两，交付时间同上；

七，食盐，每兵每年 6 折，折合藏银 12 两，交付时间同上；

八，碱，每兵每年 1 折，折合藏银 1 两 5 钱，交付时间同上；

九，酒，每兵每年折合藏银 100 两，交付时间同上；

十，便装（用粗氆氇缝制），每兵每年 20 庹，折合藏银 44 品（藏银 2200 两），交付时间同上；

十一，皮鞋，每兵每年 2 双，折合藏银 9 品（藏银 450 两）；

十二，帽子，每兵每年 1 顶，折合藏银 2 品（100 两）；

十三，军装，3 年发 1 套，每套约需氆氇 10 庹，折合藏银 10 品（500 两）；

十四，招待收口粮者的伙食费，每年藏银 15 两③；

---

① 甲群马，就是三千常备兵。
② 古松马是达赖的警卫队，警卫军共一个代本，叫古松代本，只负责达赖的警卫，无作战任务。
③ 藏兵的口粮，军中每年派人到马岗户收取，马岗户必须供应食宿。

十五，收口粮者的包装费，折合藏银五两。

以上15项，共计1个甲群马，每年约需负担藏银9937两五钱。

古松马每年的负担与甲群马同，囊色林谿卡每年出古松马5名，其负担为藏银4968.75两。

把10个甲群马和5个古松马的负担全部加起来，囊色林谿卡的差巴每年要负担兵差合藏银14906.25两，折合青稞83克，剥削量相当于一个马岗（21克地）平均年产青稞额（147克）的56.46%。但很多马岗差巴出兵是不付工资的，由他们自己的差若（大差巴的堆穷）去顶替。所以据调查，囊色林谿卡十个马岗户共出甲群马10名，古松马5名，其中付工资的只有2名，马岗家中自己去人当兵的3名，其余10名都是差若。所以囊色林谿卡10个马岗实际上每年共出兵差藏银11406.25两，只占马岗地总收入的42.88%左右。

根据驻藏大臣和原西藏地方政府的规定，支马岗差的差巴，除了兵差之外，不应再有别的任何负担。但是三大领主为了加重对支马岗差的差巴的剥削，种马岗地的差巴，名义上可以不支外差和内差，但实际上他们仍支以下的差：

一，打场差，每年秋收时，每个种马岗地的差巴，无偿给领主打场3天。

二，砍荆棘差，领主砍割谿卡柴火时，每个种马岗地的差巴，无偿服役2天。

三，修水渠差，谿卡灌溉土地的水渠，差巴们每年整修一次。整修水渠时种马岗地的差巴出1个工，整修5天。水渠是领主自营地与差巴共用的，也包括种马岗地的差巴在内。

四，喇嘛念经费用，这是全谿卡的差巴都要承担的费用，种马岗地的差巴也不例外，别的差巴承担多少，他们也承担多少。

五，秋后放牛酥油差，这也是凡是有牛的差巴都出的负担，种马岗地的差巴也承担同样的负担。

西藏的劳动人民，除了大部分是农奴之外，还有一小部分是牧奴，也受三大领主的残酷剥削。西藏北部大部分是牧区，那里的牧民也分别隶属于三大领主，牧民既无自己的牧场，也无人身自由，和农奴完全相同。所以人们把他们称为牧奴。牧奴虽然有一点自己的牲畜，但因为要在领主的草场上放牧，所以像农奴一样，要承担苛重的剥削，但在牧奴中，也有一小部分人占有较多的牲畜，他们除了承担三大领土的负担之外，也向贫苦牧奴进行各种形式的剥削，这种人类似农奴阶级中的大差巴，我们把他们叫作牧主。

三大领主为了向牧奴进行剥削，以便规定其应承担的乌拉差役的数量，每三年要清点一次他们占有的牲畜，以作为摊派乌拉差役的依据。三大领主把各种畜产品一律折算为牛作为支差的计算单位，每头牛每年负担乌拉差役10人日，10畜日，牛粪5驮，藏银250两。但有的地方把牧业的一切负担折合成为藏银，如黑河桑雄地区的阿巴部落，据1958年调查，共有差牛2358头，每头牛每年负担藏银235.6两，该部落共负担藏银55064两。有的地方，则完全要实物，如山南羊卓雍牧区规定，领主每年要收草场税1只羊，每百只羊交酥油10克，羊毛35克，氆氇10卷（1卷等于12庹），1头母牛年交酥油4克，牛毛1克。以上仅指三大领主对牧奴私人占有的牲畜的剥削。

三大领主对牧奴更普遍、更惨重的剥削有两种：一种藏语叫"节约其约"即有生有死税，另一种叫"节美其美"即无生无死税。

节约其约（有生有死）税是：牧主把他们的一定数量的牲畜，强迫交给牧民放牧，每年生多少牲畜，死多少牲畜，要向领主报告，死了牲畜要有死畜的皮为证。凡新生小牛的奶牛每年交酥油4克，约占产奶量的70%。头年生小牛的奶牛，可交酥油3克，约占产奶量的65%。两年前生小牛或不生小牛的母牛，年交酥油2克，约占畜产量的60%。天然死亡的牲畜，其畜皮须交给领主，即免这一头牛的负担。牧民可无偿享用死牛的肉。

节美其美（无生无死）税是：牧主把一定数量的牧畜强迫交给牧奴放牧，每年不管生多少、死多少，都按规定的税额交纳牧租。规定母牛每一头，每年交酥油2克；公牛每一头，每年交砖茶2块。每只羊年交羊毛1/5克。据调查组调查，噶厦和色拉寺在黑河赤巴如瓦部落于150年前强放"节美其美"母牛860头，驮牛71头，羊2380只，历年租额，除已交纳者外，到1955年尚欠酥油2660克，转为高利贷的"子孙债"，由牧奴的子孙承担偿还。牧区的高利贷与农区基本相同。

三大领主对牧区的管辖，以部落为单位①。这种部落与原始社会的部落性质根本不同，它既是三大领主管理牧奴而划分的行政区域，也是剥削牧奴的行政机构。每一部落，由三大领主派根保一人，类似豁卡的豁堆。根保之下，还有捏巴、小头人之类，为其服务。因为牧区是游牧经济，牧奴无定居点，所以三大领主派到部落的根保等头人，一般都不住在牧区，每年到收租时才到牧区，收完租后，又返回领主的住地。小头人多从较富裕的牧奴中选派，也随着普通牧奴游牧。这种人类似农区的豁卡中的农奴主代理人。

西藏的三大领主，对农奴和牧奴的剥削，除了上面讲的各种乌拉差役之外，还有一种普遍的、惨重的剥削，就是高利贷。

根据调查组在囊色林豁卡的调查，农奴（主要是差巴）75%以上都是欠债户。囊色林豁卡的 107 户农奴中，借有债务的为 79 户，占农奴总户数的 73.83%。共借青稞 21906 克，藏银 1184 品（约合藏银 59220 两）。青稞与藏银的比例是 66∶1（即主要是粮食，货币很少）。欠债户中（欠债一律折成粮债）欠 1000 克者 2 户，占欠债总户数的 2.53%；欠 1000 克以下，500 克以上者 17 户，占欠债总户数的 21.52%；欠 500 克以下 100 克以上者 33 户，占欠债总户数的 41.77%；欠 100 克以下者 27 户，占欠债总户数的 34.18%。欠债户中，差巴欠债者 68 户，占欠债总户数的 86.08%，欠债额为青稞 21562 克，藏银 1099 品（约合藏银 50450 两），占全豁卡农奴欠债总数的 98.34%。堆穷欠债者 11 户，占农奴欠债总户数的 8.14%，欠债额为青稞 344 克，藏银 95 品（合 4250 两），占全豁卡农奴欠债总数的 1.66%。这里有一个问题应该说明，即债主放债，一定要有保人与保证品，实际上就是要以"份地"作为担保，才能借到。欠债户和保人如都发生了破产逃亡情况，则债主即可将他们的"份地"作为抵债品，或收归豁卡作为领主自营地，或分给别的差巴（有时也有把堆穷提升成为差巴，分给差巴逃亡户的份地的），所以欠债者 95% 以上均为差巴。堆穷也能借到少量高利贷，一般都是差巴作担保，才能借到。因堆穷没有"份地"作抵押，连高利贷也借不到，所以西藏农奴制的高利贷剥削的重担，几乎全部

---

① 西藏牧区的部落名称各地不一，有的叫曹巴，有的叫如瓦，有的叫雪卡，汉语一般都称之为部落。

压在差巴的身上。

西藏三大领主都是债主,但在三大领主中,放债最多的是寺院领主。据调查组估计,寺院的债占西藏三大领主放债总数的 80% 左右。而在寺院领主中,放债最多的是哲蚌寺,它历年放出的高利贷计达粮食 16000 多万斤,大洋 1 亿多元。仅以囊色林豁卡为例,哲蚌寺的郭莽札仓及其所属的康利、密村是这个豁卡的最大的债主。此外,还有札囊的邓果切寺,囊色林本地的曲孔巴寺、扎期的充堆寺、多吉札寺、曲顶拉让寺、拉旺林巴寺、敏朱林寺等寺庙债主在这里占了统治地位。

据调查组的估计,哲蚌寺的高利贷,几乎遍及西藏所有地区。它不分寺庙差巴、政府差巴、贵族差巴,只要有人借,它就放。据调查组在东噶宗调查,那里有一户差巴,在百余年前向哲蚌寺的一个札仓借了 15 克青稞,每年还 6 克,还了 100 多年,还欠 200 多克。

西藏其他寺庙的债虽然没有哲蚌寺那么多,但不放债的寺庙是根本不存在的。

寺庙债主之下是政府债主。政府的债是强迫性的,每年有固定的数量,放给整个豁卡。如囊色林豁卡,政府共放债青稞 3000 克,由于领主先借走了一笔(约 1200 克),差巴借到的就只有 1800 克。政府的债粮,每年必须交清利息,再放新债时,也只用利息放债,老本一般不收回,因此旧债加新债,政府债也是年年增多,一年收的利息在 260 克到 300 克左右。政府放债的利息在西藏是最低的,是借 10 还 11(即借青稞 10 克,到年底还 11 克)。

政府债之下是贵族债。贵族债一般是只借给自己的差巴,而且是年放年收。如囊色林豁卡一般只放一二十克青稞的债。有时是领主借政府的债,然后又放给差巴,因为政府债利息轻,贵族债利息重。贵族债的利息一般是借四还五,或借五还六,水蛇年以后,改为借七还八。

西藏放高利贷的债主,除了三大领土之外,极少数富裕的差巴和堆穷也有放债的,如囊色林豁卡,就有 5 户农奴放债,其中 3 户是差巴,2 户是堆穷,共借出青稞 315 克,藏银 132 品,这种现象极其少数,在高利贷中只占很小的部分。

西藏的高利贷,主要是放粮食,少数放藏银。粮食的利息:政府是借十还十一,即借青稞 10 克,年底还 11 克。寺庙和贵族一般是:借七还八,即借青稞 7 克，年底本息共交 8 克。少数富裕差巴或堆穷放债的利息是借五还六，即借青稞 5 克，年底本息还 6 克。1956 年调查组对江孜年曲河上游 65 户农奴的负债情况作了如下调查。

借粮食（青稞）的利息有 6 种：

一，西阿界，即借 4 克青稞还 5 克青稞，寺庙债以此为主；

二，阿主界，即借 5 克青稞还 6 克青稞，此种债较普遍；

三，主敦界，即借 6 克青稞还 7 克青稞，此种债较少；

四，四苏，即借 10 克还 11 克，西藏地方政府索南列空的债即接近此数；

五，解古界，即借 8 克还 9 克，西藏和平解放后才出现；

六，切白，即借 50 克，年利六又四分之一克。

借藏银的利息有以下五种：

一，噶界，即借藏银一品，年利 30 两，此种高利贷只有个别贵族才放；

二，卡界，即借藏银一品，年利 15 两，此种利率占多数；

三，觉界，即借藏银一品，年利 10 两，此种利率也较普遍；

四，介许界，即借藏银一品，年利十又二分之一两，此种利率为数较少；

五，界日界朗，即利又生利，据说此种高利贷因政府不准使用，尚未发现具体材料。

西藏的高利贷，除借粮食与藏银外，也有借牛羊的。

借牛的利息没有一定的数字。如江孜差巴次旺 6 年前借领主牦牛 1 头，借期 12 年，每年利息藏银 15 两。借羊有两种，一种叫加堆，每年给领主一定数量的藏银，或青稞、酥油等，如马浪的强马，在 23 年前，借领主的羊 40 只，每年每只交青稞 1/12 克，群仓的扒角在 4 年前借丁青寺的羊 12 只，每只每年交酥油 4 两。又如马浪的桑岗，7 年前借领主羊 8 只，每只每年交藏银 4 两。又如乍热在 5 年前借领主羊 12 只，每只交小羊 6 只，酥油 2 两。

西藏高利贷还有极其惨重的。调查组在囊色林谿卡和江孜地区调查，就发现有如下五种。

一，新债，这种新债，不仅是指农奴当年欠的债，也包括本人过去欠的债，即他自身欠的债，这是对旧债，即祖上欠的债而言。囊色林谿卡欠这种新债的农奴有66户，借债总额为青稞4481克，藏银514品。

二，子孙债，农奴们把这种债叫旧债，是祖祖辈辈欠下的债，有的是接受"份地"时，旧差巴逃亡户欠下的债。欠这种债的农奴，有许多人不知是什么时候欠的，当时欠了多少，已经还了多少，囊色林谿卡欠子孙债的农奴共有60户，欠债额为青稞17425克，藏银670品，占全谿卡农奴欠债总额的80.54%。其中欠1000克以上者1户，占欠子孙债总额的1.66%；欠1000克以下500克以上者13户，占欠子孙债总额的21.67%；欠500以下100克以上者33户，占欠子孙债总额的55%；欠100克以下者13户，占欠子孙债总额的21.67%。子孙债的剥削是无底洞，欠债者早已还了本金的几倍、几十倍或几百倍（本人也说不清），仍然还不清。如差巴格木康沙、曲北吉贞，欠的子孙债不知还了几代，到西藏和平解放前夕仍欠债1550克青稞。再如差巴假查、多杰顿珠欠的子孙债，已经还了三代人，到西藏和平解放前夕还欠900克青稞。

三，连保债，农奴管它叫"铁链连手"。囊色林谿卡借这种债的只有一宗，即由康沙巴、强拉夏、强拉路、门中、曲科雪巴、曲科龙巴等六户差巴连保，向哲蚌寺的郭莽札仓、同噶、打尔马等债主共借新债、旧债1323克青稞，连保债六户共同负责，逃亡户要赔偿，绝了后也要赔偿。农奴们把这种债叫作"碱给盐作保"，因为最后是全部破产。

四，代还债，破了产的差巴欠的债，由接受逃亡户"份地"的差巴代为偿还，这就叫代还债。这种代还债实际上是强制性的。如种马岗地的差巴虹木康沙、强白见村，接受逃亡差巴的"份地"时，就带来了代还债一千九百余克青稞。领主说："我是看差地放债的，旧差巴破产了，你种了他的份地，你不还由谁来还？"这笔债一直到西藏和平解放前也没有还清。

五，全谿卡均摊债。这种情况在囊色林谿卡还未发现，但在江孜地区就有。这种债一般是欠债的差巴逃亡后，因为欠债的额数太大，别的差巴不敢接受这份"份地"，不愿负担这份欠债。领主在不得已的情况下，就把差巴逃亡户的份地收归为自营地，由其他差巴代种。这笔欠债就由全谿卡的所有差巴平均分摊，共同负责偿还。但到西藏和平解放前，这种债没有一笔是还清了的，因为数字太大，无法还清。

农奴主对农奴、牧奴还有一种超经济的剥削，即强卖强买。这种剥削一般是下级官吏——如宗本、豁堆等人经手的，他们或从印度、尼泊尔，或从拉萨，买到一批日用品，然后用高价强行卖给他们所管辖的农奴和牧奴，用赊欠方式，到年终偿付。如不能偿付，就变成高利贷。这种剥削在西藏农区和牧区相当普遍。但调查组未作详细调查，缺少具体数字。

寺庙农奴主对西藏农奴、牧奴还有一种特殊的剥削，藏语叫作"札差"，即每户农奴或牧奴，如果家中有弟兄两人，必须出一人到寺庙当喇嘛。如果家中有弟兄三人以上，则出"札差"的数目就很难有明确规定。如有一户农奴，家中有弟兄六人，只留一人在家娶妻生子，维持生活，其余五人都到寺庙当了喇嘛。姊妹多了，也有不少去当尼姑的。这种"札差"不仅使西藏人口日益减少，而且使生产发展日益停滞，使这个民族日益走上衰落的道路。

由于农奴主对农奴的压迫、剥削越来越繁重、越来越残酷，农奴对农奴主的反抗形式也必然越来越多样、越来越激烈。这就是西藏封建农奴社会的阶级斗争。

但是西藏地区的阶级斗争又有西藏地区的特点，和内地特别是和汉族地区不同。因为西藏是政教合一的，寺院和活佛都是封建农奴主，宗教直接掌握在农奴主的手中。按照佛教教义，一个人如果反抗统治者，他死后不仅享受不到"来世"的幸福，他的"灵魂"还要被打入"十八层地狱"，受尽种种酷刑，永世不得超生。最后即使"投胎转世"，也只能"变牛变马"，连"人身"都得不到。在这种佛教教义麻醉之下，西藏农奴公开起来造反的极少。从五世达赖掌权以来，直至西藏和平解放，西藏地区就没有发生过像李自成、张献忠、洪秀全那样的农民大暴动。

但是农奴反抗农奴主压迫剥削的斗争必然存在，它采取的是另外的形式，最普遍的形式是：消极怠工、请愿、破坏生产。最严重的形式是逃亡。但是农奴逃亡以后，不仅丧失了原有的"份地"，而且逃不出西藏地区，还得另找一个农奴主，或比较富有的差巴，充当堆穷，租一点土地维持生存。堆穷在藏语中是小冒烟户的意思，也就是差巴破产后的逃亡户。当然，堆穷的来源，不完全是差巴逃亡户，也有别的原因，例如有的差巴弟兄分了家，哥哥继承了"份地"，弟弟就成了堆穷，但这种情况是极个别的。

据西藏和平解放后我们调查组的调查，西藏农奴阶级在过去 300 多年间，发生的变化很大。我们在江孜、白朗地区调查时大差巴择德讲：在五世达赖与固始汗时，只有差巴，没有堆穷，堆穷是后来才有的，说明最初差巴的负担较轻，生活还过得去。但是越到后来，封建压迫剥削越来越残酷，负担越来越沉重，再加上借的高利贷无法偿还，迫使许多差巴无法生活下去，只有走上逃亡这条路。这种破了产的逃亡户，或投靠一个新的农奴主，或投靠一个较富裕的差巴，这种人就成了堆穷。仅据江孜地区的藏盖小组统计，20～100 年，当地差巴由 44 户减为 18 户，而堆穷则由 16 户增至 48 户。说明在 100 年时间内，差巴减少了 59.1%，堆穷增加了 200%。

另据我们在江孜地区水灾后的调查，差巴与堆穷是农奴中的两个主要阶层。江孜共有农奴灾民（指 1954 年遭受水灾的灾民）1796 户，其中差巴 584 户，占农奴总户数的 32.5%，堆穷 1212 户，占农奴总户数的 67.5%。农奴灾民总人口为 9147 人，其中差巴为 4252 人，占总人口的 46.5%。堆穷为 4865 人，占总人口的 53.2%。江孜是西藏比较发达的农业区，是有一定代表性的。从江孜的户口与人口的数字对比来看，虽然差巴与堆穷是农奴阶级中的两个主要阶层，但不论从户口数字看，还是从人口数字看，堆穷的比例都比差巴要大。说明在西藏和平解放前夕，差巴大部分已破产而沦为堆穷。

堆穷虽然也是农奴，但他们的社会地位比差巴低下得多。差巴再穷，总还有一份"份地"。而堆穷则丧失了原有的"份地"。他们虽然也可以从别的领主或大差巴那里租得一点土地耕种，但是不仅地租负担很重，而且租种的土地随时有被收回的威险。所以也可以把堆穷叫作次等农奴。

堆穷没有"份地"，所以名义上他们不承担外差、内差、马岗差的负担。但实际上，堆穷受剥削的情况比差巴更惨，囊色林谿卡的堆穷一般都是别的谿卡破了产的差巴，逃亡到囊色林谿卡以后，因为失去了"份地"变成了堆穷，他们如无差巴担保，连借高利贷的资格都没有。但是也有堆穷经过辛勤劳动，日子稍微好过一些，又碰到当地差巴破产逃亡，于是领主就把这户堆穷提升为差巴，让他耕种逃亡户的"份地"，承担逃亡户的一切内外差。这是差巴与堆穷之间的地位的互相转化。但实际上，这种情况极少，多数差巴破产逃亡后，领土就把他的份地收回，作为自营地，由其他差巴无偿耕种。所以从西藏整个地区来说，在民主改革以前，一方面是差巴日益减少，堆穷日益增多；另一方面是领土的自营地日益增多，差巴的"份地"日益减少。

堆穷除了代替差巴支应内差、外差与兵差（一般都有一定的报酬）外，还有专门给领主负担的差，这种差又分两种：一种是给囊色林豁卡支的差，另一种是给原来的领土支的差。堆穷对囊色林豁卡领主的负担，都以户为单位计算，凡是冒烟的就算一户。每年的负担计有以下各种。

一，割草差，和差巴一起出差，一户一年出一人，给领主割草三天。

二，砍荆棘差，也和差巴一起出差，一户一年出一人，砍荆棘三天。

三，修水渠差，堆穷虽然没有"份地"，但他们也多少租种领主或大差巴的一点土地，也要灌溉，所以也要出这种差，一户一年出一人，修渠三天。

四，修堤差，因囊色林豁卡地处山谷，夏季到来山洪暴发，对耕地危害很大，堆穷每户每年也要出一人，修堤三天。如遇很大洪水时，修堤的天数也要增加。

五，送颜料差，每年藏历四月，西藏地方政府要运一批颜料经过囊色林豁卡，堆穷也要参加这种运输，每户出一人（或一驴）由囊色林豁卡运到充堆寺，无驴的堆穷就靠人背。

六，送粮入仓差，领土自营地的粮食入仓那一天，堆穷每户要出一人，劳动一天。

七，奶牛酥油差，有奶牛的堆穷出，无奶牛者不出，其负担数量与差巴相同。

八，春草放牛差，其负担与差巴相同。

九，秋后放牛差，其负担与差巴相同。

堆穷给豁卡领主支的差，有的以牛的头数计算其负担量。有一头奶牛的堆穷，每户每年要向领主负担劳役13人日，1驴日，酥油4捏噶，鸡蛋1个，共折合藏银668两，合青稞3.7克。

堆穷除了给囊色林豁卡的领主承担一定的负担外，还要对原来的封建领主承担一定的负担，主要有以下两种。

一，人头税，以表明这户堆穷与原来的领主之间还有人身隶属关系。这种人头税多少不一，最高的每人每年要交纳藏银50两；有的每人每年只交藏银1两；有的每户每年交青稞7克。

二，修房差，堆穷虽然已离开了原来的领主，但因他的人身隶属关系不变，所以原来的领主要修建房屋时，给逃到别处的堆穷也要派一定的负担，两三年派一次，每次藏银从1两到20两不等，由领主随意决定。

至于有些堆穷是从很远的地方逃亡来的，原领主不知其去向，这种堆穷即可不交纳以上两种差。但后来西藏地方政府成立了一个索南列空，对这种堆穷每年也收人头税，其税额与差巴向政府交的耳朵税基本相同。

西藏农奴主压迫剥削农奴的名堂还很多，西藏封建农奴制的社会情况也很复杂。上面我只是粗线条地画了一个轮廓而已，有待继续深入研究。

存在决定意识，这是历史唯物主义的一条基本原理。由宗喀巴所创立、达赖五世和班禅四世完成的西藏宗教改革运动，适应了当时西藏封建农奴制上升时期的社会需要，所以说宗喀巴的宗教改革有其当时的进步意义。但是五世达赖、四世班禅和固始汗推翻了噶举派的政权，建立了格鲁派的政权以后，西藏的封建农奴制就开始走向了下坡路，这种经济发展的趋势，决定了格鲁派的政权由进步性走向它的反面，暴露了它的落后性。

意识对存在也有一定的反作用。这种反作用有两种：一种是进步的反作用，另一种是落后的反作用。进步的反作用，对社会生产力的发展起一种促进作用；而落后的反作用，则对社会生产力的发展起一种阻碍作用。宗喀巴创立格鲁派到格鲁派掌握西藏地方政权以前，格鲁派对西藏的社会生产力的发展起了促进作用。格鲁派掌握西藏地方政权以后，特别是格鲁派的寺庙成为西藏封建农奴制的三大领主之一以后，格鲁派的政权就对西藏封建农奴制的发展起了阻碍作用。

这里需要特别指出一点：西藏地区进行了民主改革，推翻了格鲁派的政权，建立了人民民主政权（民族区域自治），废除了寺庙的封建压迫与封建剥削以后，不仅西藏社会的生产力获得了解放，而且西藏广大人民真正获得了宗教信仰自由。因为废除了"札差"这种强迫人民信教的封建专制制度以后，西藏人民中信教的，有了信教的自由；不信教的，也有了不信教的自由。这种权利获得我国宪法的保障，任何人无权剥夺。

（《中国藏学》1988年第1期）

达赖喇嘛和《达赖喇嘛传》

拙著《达赖喇嘛传》一书，即将由人民出版社出版，公开发行。

几年来，有许多同志和单位，向我索要此书，使我感到为难。因为经过"文化大革命"，我自己连一本也没有保存下来。

这本书为什么现在要公开出版？这有许多原因。当然广大读者需要这本书，是重要原因之一，但还有别的各种原因。限于篇幅，我只想着重讲其中的一个原因。

1967年，原西藏地方政府的仔本（官名）夏格巴·汪秋德丹在国外写了一本《西藏政治史》，这本书对西藏地方与祖国的关系，极尽歪曲之能事，竟把西藏地方政权与祖国中央政权之间的关系，胡说为仅仅是"施主与喇嘛"的关系，而一字不提隶属关系，用这种谰言迷惑流亡国外的藏胞和不明西藏历史真相的外国朋友。这本书是用藏文写的，先在印度噶伦堡出版，后又译成英文，由美国耶鲁大学出版，向世界各国大量发行，流毒之广，影响之坏，是不能低估的。

为了对夏格巴·汪秋德丹的这本反动著作予以有力地驳斥，我国已经有人写了论文和专著，拙著《达赖喇嘛传》的公开出版，也是想在同夏格巴·汪秋德丹一伙进行的这场斗争中，尽到自己应尽的一份责任。由于我的这本书是一本历史著作，所以我的这篇文章也是尽量让历史事实说话，让读者从历史事实中自己去判断是非。

下面我就从五世达赖喇嘛罗桑嘉措说起。因为一世达赖根敦朱巴（1391～1474年）、二世达赖根敦嘉措（1475～1542年）、三世达赖索南嘉措（1543～1588年）、四世达赖云丹嘉措（1589～1616年）虽然早在西藏宗教界获得很高的声誉，但从政治上讲，他们都还是平民百姓，因为那时的西藏地方政权，是由喇嘛教的噶举派（白教）法王，得到明朝皇帝的册封而管理的，达赖属于喇嘛教的格鲁派（俗称黄教），当时还处于在野派的地位。

1642年（明崇祯十五年），五世达赖喇嘛罗桑嘉措得到青海蒙古和硕特部固始汗的武力支持，夺取了西藏地方政权，从此达赖喇嘛取得了西藏政治上和宗教上的领袖地位。

1644年清军入关，宣告了明朝统治的崩溃和清朝政府的建立。顺治八年（1651年），清世祖派恰噶喇嘛和喜饶喇嘛为代表，入藏问候达赖、班禅，在西藏各大寺熬茶，放布施，并邀请五世达赖前往北京与清世祖会晤。顺治九年（1652年）五世达赖率领侍从3000人，取道青海与内蒙古，于是年十二月十六日到达北京。在达赖来京以前，清朝政府在北京北郊修建了黄寺，以供五世达赖抵京以后住宿。达赖抵京后，清世祖在太和殿设宴为达赖洗尘，并赏给达赖黄金550两，白银1.1万两，大缎1000匹，还有珠宝、玉器、骏马等。

顺治十年（1653年），五世达赖启程返回西藏，清世祖又在南苑德寿寺内设宴为达赖饯行。并派礼部尚书觉罗朗丘，理藩院侍郎古达礼等赴代噶地方，送去清朝政府册封五世达赖的金印一方，金册15页。金印的文字是"西天大善自在佛所领天下释教普通瓦赤喇怛喇达赖喇嘛"。"普通"是"普遍通晓""圣识一切"的意思。"瓦赤喇"是梵语，金刚的意思。"怛喇"也是梵语，执有的意思。"达赖"是蒙古语，大海的意思。"喇嘛"是藏语，上师的意思。

金册的全文如下：

朕闻独善兼善，开宗之义不同，世出世间，设教之途亦异。然而明心见性，淑世觉民，其归一也！兹尔罗卜藏札木素达赖喇嘛，襟怀贞朗，德量渊泓，定慧偕修，色空俱泯。以能宣扬释教，诲导愚蒙，因而化被西方，名驰东土。我皇考太宗文皇帝闻而欣尚，特遣使迎聘。尔早识天心，许以辰年来见，朕荷皇天眷命，抚有天下，果如期应聘而至。仪范可亲，语默有度，臻般若圆通之境，扩慈悲摄受之门。诚觉路梯航，禅林山斗，朕甚嘉焉。兹以金册印，封尔为"西天大善自在佛所领天下释教普通瓦赤喇怛喇达赖喇嘛"。应劫现身，兴隆佛化，随机说法，利济群生，不亦休哉。

从此以后，达赖在西藏宗教上和政治上的地位才正式确定下来。

康熙二十一年（1682年）五世达赖罗桑嘉措逝世，享年66岁。

五世达赖逝世后，第巴桑结嘉措为了专权，伪言达赖"入定"，秘不发丧，这种不正常的状态持续了竟达15年之久。康熙三十五年（1696年）清朝军队在蒙古地方打败了准噶尔部，才发觉了第巴桑结嘉措的阴谋。清圣祖就给桑结嘉措下了一道诏书，严词诘责："朕询之降番，皆言达赖喇嘛脱缁久矣，尔至今匿不奏闻；且达赖喇嘛存日，塞外无事者六十余年，尔乃屡唆噶尔丹兴戎乐祸，道法安在？达赖班禅分主教化，向来相代持世，达赖如果厌世，当告诸护法王，以班禅主宗喀巴主教，尔乃使众不尊班禅而尊己，又阻班禅进京之行。朕欲和解喀准两部，尔乃使有亏行之济隆以往，乌兰布通之役，为贼军卜日诵经，张盖山上观战，胜则献帕，不胜则代为讲款，以误我追师，皆系尔祖庇噶尔丹之由。今为殄灭准夷告捷礼，以噶尔丹佩刀一、及其妻呵奴之佛像一，佩符一，遣使赍往，可令与达赖相见，令班禅来京，执济隆以畀我，如其不然，朕且檄云南、四川、陕西之师，见汝城下，汝其纠合四厄鲁特之人以待，其勿悔。"

第巴桑结嘉措接到清圣祖的这道诏书以后，非常惶恐。次年（1697年）派人赴京，给清圣祖上了一道密奏，内称："众生不幸，第五世达赖喇嘛已于水狗年示寂，转生静体今已十五岁矣，前恐唐古忒民人生变，故未发表，今当于牛年十二月二十五日出定坐床，求大皇帝勿宣泄。至班禅因未出痘，不敢至京，济隆当竭力致之京师，乞全其生命戒体。"

由于清朝中央政权的干预，第巴桑结嘉措才于康熙三十六年（1697年）迎立仓央嘉措为六世达赖喇嘛。

六世达赖仓央嘉措是西藏南部门达旺地方人，生于清康熙二十二年（1683年）。当时驻在西藏的蒙古厄鲁特部固始汗之孙拉藏汗与西藏地方政府的第巴桑结嘉措发生了冲突，拉藏汗杀了第巴桑结嘉措，并把六世达赖赶下了台。据说在清康熙四十五年（1706年）六世达赖"解往"北京途中于青海海滨逝世，只活了24岁。仓央嘉措是位很有文学天才的人，他著的抒情诗集在西藏民间流传很广，西藏青年男女都会歌唱。

六世达赖被赶下台以后，拉藏汗另立伊喜嘉措为六世达赖，但西藏人民认为他是假的，不予承认。清圣祖看到西藏情况混乱，乃于康熙五十二年（1713年）册封五世班禅罗桑益喜为"班禅额尔德尼"，赐给金册金印，要他协助拉藏汗管好西藏地方事务。从此历代班禅才有了这个封号。

康熙五十五年（1716年），西藏地方发生了一场重大事变。当时占据新疆地方的准噶尔部首领策旺那布坦派骑兵数千人，潜入西藏，占领了拉萨，杀了拉藏汗。这时西藏三大寺的代表已在西康地方找到了七世达赖噶桑嘉措。因准部侵占西藏，达赖不能回藏，乃寄居在青海塔尔寺。准部侵占了西藏以后，直接威胁到四川、云南、青海等省的安全，清圣祖乃于康熙五十七年（1718年）命令西安将军额伦特为统帅，率大军数千入藏讨伐。不幸这支部队在西藏黑河地区被准部包围，弹尽粮绝，全军覆没。

这个消息传到北京以后，在清朝政府中引起很大震动。"王大臣惩前败，亦皆言藏地险远，不宜进兵，圣祖以西藏屏蔽青海、滇、蜀，苟准夷盗据，将边无宁日。"于是决定次年（1719年）以皇太子允禵为抚远大将军统率大军从西宁、四川、新疆三路进兵。同时命令平逆将军延信护送七世达赖噶桑嘉措，随军返藏。由四川和青海入藏的两路大军连战皆捷，于是年九月完全收复了西藏地方，侵入西藏的准部残余由藏北草原逃回新疆。1720年九月十五日，七世达赖噶桑嘉措抵达拉萨，在布达拉宫举行了隆重的坐床典礼。

为了处理西藏善后事宜，清圣祖决定将拉藏汗所立的假达赖伊喜嘉措解往北京处理。将准噶尔人所派的第巴达仔娃予以革职。另派康济鼐为第巴，在达赖领导之下管理西藏日常政务。清圣祖还写了一篇"平定西藏碑文"，立在布达拉宫前面。

清雍正五年（1727年），西藏内部又发生了政变，噶伦阿尔布巴、隆布鼐、札尔鼐等阴谋杀害了第巴康济鼐，篡夺了西藏地方政权。七世达赖向清政府报告，请求派兵入藏平乱。清世宗即派都察院左都御史查朗阿为统帅，率领大军从青海、四川、云南三路入藏平叛。在清军未抵藏前，台吉颇罗鼐已从后藏和阿里地区调藏兵九千人攻占了拉萨，逮捕了叛首阿尔布巴等人。清世宗以颇罗鼐平叛有功，令其继任第巴，后来又封为"多罗郡王"，一般老百姓就呼其为藏王。清政府为了使西藏地方长治久安，乃趁大军入藏平叛的机会，决定在西藏设置驻藏大臣正副二人，其地位与达赖平等，代表清朝中央政权监督西藏地方事务。乾隆十二年（1747年），藏王颇罗鼐逝世，清朝政府命令其子珠尔墨特那木札勒继任藏王。

珠尔墨特那木札勒继任藏王后，飞扬跋扈，目无达赖，也不把驻藏大臣放在眼里。他秘密派人前往新疆，与蒙古准噶尔部勾结，阴谋在西藏发动武装叛乱。当时的驻藏大臣是傅清，帮办大臣是拉卜坦。他们把上述情况据实向清高宗报告，在他们还没有接到清高宗的回旨以前，珠尔墨特那木札勒的叛乱已迫在眉睫。傅清和拉卜坦采取了紧急措施，把珠尔墨特那木札勒以"有旨议事"的名义，诱至驻藏大臣衙门，"以楷击其首，立毙"。珠尔墨特那木札勒的死党也率众包围了驻藏大臣衙门，傅清、拉卜坦二人也遇害。

叛乱发生以后，七世达赖立即向清朝政府报告，请求再派大军入藏平叛。清高宗命令副都统班第、四川总督策勒率军由四川入藏，迅速平息了叛乱。清高宗鉴于藏王权势很大，不易控制，乃决定废除藏王制。西藏日常政务由噶厦处理。噶厦设噶伦四人，三俗一僧。噶厦受达赖喇嘛与驻藏大臣的直接领导。

乾隆二十二年（1757年），七世达赖在布达拉宫逝世，享年50岁。

八世达赖名强白嘉措，5岁时即被认为达赖的"灵童"，接到布达拉宫供养。因为他年龄太小，清朝政府又决定由四大呼图克图中，选一人代理达赖摄政。等到达赖18岁时，才由自己亲政。

在八世达赖亲政以后，西藏地方又发生了外敌入侵的重大事件。乾隆五十六年（1791年），廓尔喀人借口边境税收的纠纷，大举攻入西藏，占领了日喀则，七世班禅丹白尼玛从札什伦布寺逃至拉萨避难。后藏全部地区一度完全被廓尔喀人侵占。八世达赖、七世班禅与驻藏大臣联名向清朝政府报告，请求速派大军入藏抵御外侮。清高宗对这件事非常重视，立即派嘉勇公福康安为大将军，率领满、汉、蒙、藏的部队两万多人，仍由四川与青海两路入藏。乾隆五十七年（1792年）四月，福康安抵达拉萨。五月，即将侵入西藏的廓尔喀人全部驱逐出境。六月，清军深入廓尔喀境，大败了廓尔喀人的反攻，廓尔喀国王乃派大头人"军前乞降"。乾隆五十八年（1793年）八月二十八日，福康安接受了廓尔喀国王的投降，停止进兵，返回西藏。清高宗指示福康安，要他与八世达赖、七世班禅和噶厦的诸噶伦协商，对西藏的政治制度和宗教制度进行一次彻底的整顿，于是就产生了有名的《二十九条章程》。

在《二十九条章程》中，与达赖关系最大的一个问题是，对达赖转世问题，制定了"金瓶掣签"的制度。新的制度规定，达赖、班禅等大活佛逝世后，由谁继任的问题，在寻找到的"灵童"中，选出三名，将其姓名写在象牙签上，投入金瓶中，由驻藏大臣用象牙筷子从瓶中取出一根，取出谁就由谁继任。根据这个制度的规定，十一世达赖和十二世达赖，都是经过"金瓶掣签"决定的。只有九世达赖、十三世达赖，是经过清朝皇帝批准免予金瓶掣签。十四世达赖由国民党政府批准也免予金瓶掣签。

九世达赖隆朵嘉措生于清嘉庆十年（1805年），卒于清嘉庆二十年（1815年），只活了11岁。十世达赖楚臣嘉措生于清嘉庆二十一年（1816年），卒于清道光十七年（1837年），只活了23岁。十一世达赖凯珠嘉措生于清道光十八年（1838年），卒于清咸丰五年（1855年），只活了18岁。十二世达赖成烈嘉措生于清咸丰六年（1856），卒于清光绪元年（1875年），只活了20岁。这四世达赖都在青少年时不幸夭亡，绝不是偶然的。当时清朝政府已经腐败透顶，驻藏大臣多属老朽昏庸之辈，于是西藏大农奴主之间争权夺利的斗争日趋尖锐，谁的孩子当了达赖，谁就有可能独揽西藏地方大权，于是有权有势的大农奴主就收买达赖左右的堪布，在达赖的食物中放置毒药。这四世达赖都成了西藏大农奴主争权夺利的牺牲品。据达赖喇嘛的藏文传记中记载，当时清朝政府曾作出一项决定，凡遇达赖年轻暴亡，驻藏大臣有权将达赖左右的所有堪布一律锁拿起来，投入监狱，追查死因。显然这项决定也并未使西藏大农奴主有所畏惧。

十三世达赖土登嘉措，生于清光绪二年（1876年）。这时英帝国主义者早已侵占印度，又把它的魔爪伸入西藏，十三世达赖早年是坚决反对帝国主义侵略的，他于清光绪十四年（1888年）和清光绪三十年（1904年）两次领导西藏僧俗人民，进行了抗英战争。终因敌强我弱，力量悬殊，遭到了连续失败。英军于1904年八月二十二日攻陷了拉萨，十三世达赖在英军未入城前率领一部分侍从堪布从布达拉宫撤出，经过青海到达蒙古库伦（即今乌兰巴托市）避难，在那里住了一年多时间。

十三世达赖到达库伦时，受到蒙古大活佛哲布尊旦巴的热烈欢迎，就居住在最大的喇嘛寺里面。清朝政府驻蒙古大臣即向清朝政府报告，慈禧太后和清德宗派了钦差大臣一人，前来"看望"达赖，并带来了太后和皇帝送给达赖的许多礼品。十三世达赖离开拉萨以后，噶厦被迫与英方签订了丧权辱国的"和约"，英军才从西藏撤退。于是西藏三大寺和噶厦派出代表前往库伦，敦请十三世达赖返藏。光绪三十二年（1906年），十三世达赖离开蒙古，仍旧取道青海准备返藏，九月间到达青海塔尔寺。这时十三世达赖接到清朝政府的通知，要他暂驻塔尔寺，听候圣旨。

光绪三十三年（1907年）十一月二十七日，由礼部给达赖降旨，邀请达赖先到五台山朝佛，然后入京"陛见"。光绪三十四年（1908年）五月，十三世达赖到达五台山。七月，清朝政府特派军机大臣一人和山西巡抚来五台山"看望"达赖，并邀请达赖立即"赴京陛见"。十三世达赖就从五台山起程，在春户（译音）地方改乘火车，八月初三到达北京，清朝政府派军机大臣拉同和理藩院尚书在车站欢迎。达赖在京期间仍住在五世达赖住过的黄寺。

八月二十日，十三世达赖"陛见"了慈禧太后和清德宗。九月六日，清德宗在中南海设宴给达赖洗尘。应邀作陪的有青海东科呼图克图，功德林札萨喇嘛，达赖的随从大堪布16人，还有蒙古王公、贝勒、贝子、台吉等多人。

据十三世达赖的藏文传记记载，十三世达赖在京期间，曾数次觐见慈禧太后和清德宗，"面陈藏事"。清朝政府又赐十三世达赖金册一份，册封十三世达赖为"诚顺赞化西天大善自在佛"，并赐绣有十六尊佛像的绣像一帧，如意一柄，白玉瓶一对，白玉碟一对，云纹缎四匹，红妆缎四匹，黄、蓝、红、绿金花缎各一匹。理藩院又通知达赖，清朝政府每年赏给达赖"廪饩银"一万两，由四川藩库拨付。

十三世达赖在北京居留期间，慈禧太后和清德宗前后逝世。溥仪继承帝位，改元宣统。正在这时，西藏三大寺和噶厦又派代表团到北京，敦促十三世达赖早日返藏。经清朝政府批准，1908年十月二十八日十三世达赖离开北京，军机大臣拉同等仍到车站送行。清朝政府命令达赖所经各省，其一切费用由地方供应。达赖于宣统元年（1909年）十月三十日抵达拉萨，受到噶厦和驻藏大臣以及拉萨僧俗人民的隆重欢迎。

1911年，内地发生了辛亥革命，清帝退位，驻藏大臣亦无形中撤销，从此西藏地方政权与中央政权的联系一度中断了一段时间。民国十七年

（1928年），西藏驻五台山的堪布罗桑巴桑奉十三世达赖的指示，前往南京见了蒋介石。蒋介石写了一封信，托他回藏后面交十三世达赖。民国十八年（1929年），十三世达赖派驻北京雍和宫的堪布贡觉仲尼为代表，前往南京见蒋介石，解释了三个问题：（1）达赖无联英之事，不过境域相连，不得不与之周旋；（2）达赖无仇汉思想；（3）达赖欢迎班禅回藏。同年12月，蒋介石又给十三世达赖写了一封信，并委派贡觉仲尼为"赴藏慰问专员"，贡觉仲尼取道印度回藏，于次年二月抵达拉萨。

民国十九年（1930年），十三世达赖委派贡觉仲尼为西藏总代表，常驻南京，在南京正式设立了西藏驻京办事处。从此西藏地方政权与中央政权之间的关系逐渐有所改善。

民国二十二年（1933年），十三世达赖土登嘉措逝世，享年58岁。

十三世达赖逝世后，西藏驻京办事处即向国民党政府报告。国民党政府除了在南京举行隆重的追悼会外，又决定派蒙藏委员会委员长黄慕松入藏"致祭"。黄慕松于民国二十三年（1934年）4月自南京出发，取道西康，于同年8月到达拉萨。9月23日，在布达拉宫举行了追封十三世达赖为"护国弘化普慈圆觉大师"的典礼，向达赖遗像送了玉册玉印。黄慕松还向西藏三大寺的喇嘛熬茶、放了布施。黄慕松返回内地时，留了一部分人在拉萨，设立了蒙藏委员会驻拉萨办事处。

现在的十四世达赖喇嘛丹增嘉措，是青海湟中县人，生于民国二十三年（1934年）。民国二十七年（1938年），西藏地方政府向国民党政府呈报，请派大员入藏主持达赖抽签事宜。民国二十八年（1939年），国民党政府即派当时的蒙藏委员会委员长吴忠信为特使，取道印度前往拉萨。民国二十九年（1940年）2月5日，国民党政府根据吴忠信的报告，发布命令如下：

> 青梅灵童拉木登珠慧性湛深，灵异特著，查系十三世达赖喇嘛转世，应即免于抽签，特准继任为第十四辈达赖喇嘛，此令。

民国二十九年（1940年）3月22日，十四世达赖在布达拉宫举行了隆重的坐床典礼。

1947年，全中国面临解放的前夕，帝国主义和西藏地方的亲帝分子慌了手脚，加剧了把西藏地方从祖国大家庭中分裂出去的阴谋活动。1947年10月，噶厦组织了一个所谓的"商务代表团"，即以仔本夏格巴·汪秋德丹为"团长"，前往美、英等国进行活动，要这些国家承认西藏是"独立国"，但这个阴谋没有得逞，因为没有一个国家承认西藏是"独立国"。

夏格巴·汪秋德丹等人返回西藏以后，加紧进行他们的分裂活动。1949年，当人民解放军渡过长江解放南京，国民党政府逃往广州以后不久，噶厦突然于1949年7月8日，以"防止赤化"为借口，通知国民党政府蒙藏委员会驻拉萨办事处，要他们的全体人员限期离开西藏，取道印度回国。这就是当时人们所说的"驱汉事件"。

"驱汉事件"发生后，新华社与《人民日报》均奉命发表了声明与社论，强调西藏地方是祖国领土不可分割的一部分，解放了的中国人民一定要帮助西藏人民获得解放，中国人民解放军一定要进军西藏。

1951年2月，十四世达赖喇嘛委派阿沛·阿旺晋美等五人为西藏地方政府代表团到达北京，与以李维汉为首的中央人民政府代表团举行谈判。1951年5月23日，签订了和平解放西藏的《十七条协议》，西藏地方又回到了祖国大家庭的怀抱。

历史事实无可争辩的说明，西藏地方政府与祖国中央政府之间的关系，是明明白白的隶属关系。这是铁的历史事实，是任何人也改变不了的。

这里有一个问题需要作些说明，西藏地方长期以来就是全民信教的地方，喇嘛教在人民的信仰中占有统治地位。而且，从元朝起，元朝扶植的"萨迦政权"，明朝扶植的"噶举政权"，清朝扶植的"噶厦政权"，都是政教合一的地方政权，因此，元明清各朝的中央政府在处理西藏地方事务方面，不能不重视喇嘛教的势力和作用。元明清三朝的皇帝都对喇嘛教采取扶植的宗教政策，这不是偶然的，因为采取这种宗教政策对他们统治西藏人民有利。这种宗教政策的表现形式是多方面的，对西藏全体喇嘛最有切身利益的是，每逢全国或西藏地方发生重大事件——如皇帝"驾崩"，达赖"圆寂"——或举行隆重的典礼——如皇帝"登基"，达赖"坐床"，历代中央政府都要拿出大量的金银，给西藏三大寺和其他一切寺庙的喇嘛熬茶、放布施，使每个喇嘛都得到很大的实惠。至于一般的官员、贵族、大商人，经常给三大寺和其他寺庙的喇嘛熬茶、放布施，那更是不计其数。

　　西藏喇嘛教的一切喇嘛，对于凡是给他们熬茶、放布施的人（不论他是皇帝、贵族、官员、商人），习惯上一般都称之为"施主"，这是西藏喇嘛教的一种习惯用语。但是我们必须指出，历代皇帝与喇嘛之间的关系，除了"施主与喇嘛"之间的熬茶、放布施的关系之外，还有一层更重要的关系，即隶属关系。西藏各教派的喇嘛，都是归皇帝管辖的，即达赖喇嘛也不例外。在清朝时代，每一世新达赖"灵童"的认定，或根据清朝皇帝制定的"金瓶掣签"制度，由驻藏大臣抽签决定。或由清朝皇帝"降旨"，"免予金瓶掣签"。新达赖"坐床"，一般也是由清朝皇帝派大员来藏主持。即在国民党政府时代，现在的十四世达赖灵童"免予抽签"，也是由国民党政府下令批准的。十四世达赖"坐床"，也是由国民党政府派蒙藏委员会委员长到拉萨主持的。这种关系就不单纯是"施主与喇嘛"的关系，而是隶属关系。夏格巴·汪秋德丹在《西藏政治史》中，只讲"施主与喇嘛"的这一层关系，而只字不提另一层更重要的隶属关系。这是有意识地歪曲西藏历史，歪曲西藏地方与祖国的关系。

　　夏格巴·汪秋德丹在《西藏政治史》中还说，民国二年（1913年），十三世达赖喇嘛向西藏僧俗人民发表了一个"文告"，其中有这样的话："西藏与中国的关系是施主与僧侣的关系，并不是相互从属的关系。"我们暂且不说这个"文告"是真的还是假的，即使是真的，十三世达赖说这种话，也是错误的。因为十三世达赖本人就是由清德宗皇帝于1876年（光绪二年）批准"免予抽签，着即继任为十三世达赖喇嘛"，这是十三世达赖的藏文传记中就这样记载的，这能说不是"从属关系"，仅仅是"施主与僧侣"的关系吗？

　　我们还要考虑到十三世达赖发表"文告"的时代背景，当时（1913年）清朝政府已经崩溃，驻藏大臣已经撤销，中华民国政府刚刚建立，它派的"驻藏办事长官"被阻不能到职。四川督军尹昌衡要求率军进驻西藏，英国驻华大使就提出抗议，并以川军进驻西藏，则英国必出面干涉进行威胁，迫使袁世凯下令川军停止进藏，并答应英国提出的要求，在印度西姆拉召开会议，研究解决西藏问题。当时十三世达赖虽然亲政，实际上西藏噶厦完全控制在亲帝分离分子手中。

　　对于十三世达赖喇嘛，我们应有一个全面的评价。十三世达赖早期曾领导西藏僧俗人民，进行了两次（第一次在 1888 年，第二次在 1904 年）英勇的、艰苦的抗英战争，是坚决反对英帝国主义侵略西藏的。十三世达赖晚年，还和印度革命领袖甘地常有书信来往，支持甘地的反英斗争，说明十三世达赖反帝的立场是一贯的。

辛亥革命以后，西藏地方政权与祖国中央政权之间的联系，由于帝国主义的干涉和西藏亲帝分离分子的阻挠而一度中断，但是后来，还是十三世达赖采取主动，与祖国中央政权——国民党政府之间建立了联系。民国十七年（1928 年），西藏驻五台山的堪布罗桑巴桑奉十三世达赖之命，到南京觐见蒋介石。民国十八年（1929 年），十三世达赖又派驻雍和宫堪布贡觉仲尼到南京觐见蒋介石。民国十九年（1930 年），十三世达赖派贡觉仲尼为总代表，常驻南京，并设立了西藏驻京办事处。所以十三世达赖民国二十二年（1933 年）"圆寂"后，国民党政府派蒙藏委员会委员长黄慕松入藏"致祭"，并追封十三世达赖喇嘛为"护国弘化普慈圆觉大师"。国民党政府的封号首先用了"护国"二字，承认十三世达赖是拥护祖国的。

从以上的历史事实来看，应该基本上肯定十三世达赖喇嘛是西藏上层人物中具有反帝爱国思想的一位领袖。如果 1913 年的"文告"中他曾讲过那样的话，那也是在亲帝分离分子包围下讲的违心之论。

夏格巴·汪秋德丹在《西藏政治史》中还强调说，西藏与祖国的"施主与喇嘛"关系，是在元朝时代，忽必烈与八思巴之间正式建立的。这更是对西藏历史的肆意歪曲，西藏地方政府与祖国中央政府之间的隶属关系，正是在元世祖忽必烈与八思巴时期建立的。

这里我们简略地回溯一下，在元朝以前，吐蕃（读作吐播）王朝崩溃以后，约有 4 个世纪之久，西藏地方处于群雄割据、各霸一方、互相残杀、民不聊生的混乱局面，始终没有建立统一的政权。1240 年，元太宗窝阔台的一个皇子阔端派了一员大将，名叫多达那波，率军进入西藏，才使西藏地方恢复了统一的政治局面，西藏人民获得了盼望已久的休养生息的机会，过上了和平的发展生产的生活。

1244 年，根据多达那波的建议，阔端派人邀请萨迦·班智达（简称萨班）前往西凉（今甘肃甘州）与他会晤。萨班去西凉时，带了两个侄子，一名八思巴（当时 11 岁），一名恰那多吉（当时 7 岁）。萨班到西凉后，阔端在当地建立了一座幻化寺供其居住。

经萨班与阔端协商，由萨班写了一封信给西藏各地的政教首领，敦劝他们诚心向蒙古大汗归顺，并要他们每年向蒙古大汗缴纳一定数量的贡赋。此信载于藏文《萨迦世系》一书。

萨班在西凉住了7年，于1251年在该地"圆寂"。

1252年，忽必烈南征大理，1253年由大理回师，路经六盘山时，派人去西凉邀请萨班前来会晤，因萨班已死，其侄八思巴与恰那多吉奉召前来。当时八思巴才20岁，恰那多吉才16岁。忽必烈就把八思巴弟兄带到上都（在今内蒙古自治区多伦县境内）。在上都居留期间，忽必烈命八思巴代表佛教，与道教信徒在他面前进行过一场辩论，结果道教输了，从此八思巴得到忽必烈的器重。

中统元年（1260年），忽必烈在上都称帝，封八思巴为"国师"，赐玉印。1265年，八思巴奉忽必烈之命返回西藏，以数年时间创造新蒙文（即八思巴文）。1269年，八思巴创造新蒙文成，亲自送到大都（即今北京），忽必烈大悦，将新蒙文颁行天下，并封八思巴为"大宝法王"，将西藏十三万户的贡赋赏赐给八思巴，以作供养。

至元十三年（1276年），八思巴返回西藏，就任萨迦寺的"池巴"（法台，俗称萨迦法王），至元十七年（1280年），八思巴"圆寂"，年仅47岁。忽必烈追封八思巴为"大元帝师"。

从忽必烈于1253年与八思巴会晤到1280年八思巴逝世，中间经历了27年。在这期间，元朝中央政府对西藏地方采取了许多重大措施。

（一）设置管理西藏地方军政事务的中央与地方政权机关。至元元年（1264年）。忽必烈在大郡设立了总制院（1288年改为宣政院），"掌释教僧徒及吐蕃之境而隶治之，遇吐蕃有事，则为分院往镇"（见《元史》）。总制院设院使二人，为从一品。八思巴在大都时，兼任院使之一。总制院是元朝政府管理西藏地方事务的中央机关。

至元九年（1272年），忽必烈在西藏当地设置了"乌斯藏纳里速古鲁孙等三路宣慰使司都元帅府"（见《元史》），"乌斯"就是"卫"，即前藏地方。"藏"就是后藏地方。"纳里速"就是阿里，"古鲁孙"是藏语"三围"的意思，"纳里速古鲁孙"，合起来即"阿里三围"，也就是阿里地方。可见这个"宣慰使司都元帅府"管辖前藏后藏与阿里全境。"宣慰使司都元帅府"设宣慰使五人，为从二品。据藏文史料记载，萨迦本勤（本勤是在萨迦法王之下管理日常政教事务的大官）至少有两人也兼任宣慰使。这五个宣慰使实际上是真正掌握西藏地方军政大权的高级官员。

在宣慰使之下，元朝政府早在至元五年（1268年）在前藏地方设置了6个万户府，后藏地方也设置了六个万户府，羊卓地方设置了1个万户府，合计为13个万户府。万户府各设万户长一人，由元朝皇帝任命，受宣慰使管辖。这些万户长都是当地的宗教首领或大农奴主。

（二）清查西藏户口。在忽必烈执政时期，有史记载的就清查过三次。第一次在中统元年（1260年），忽必烈派达门等官员到西藏清查户口，据载是以一个冒烟的烟孔为一户。根据户口的多少，规定了当地每年向元朝皇帝缴纳的赋税与贡物的数量。同时在西藏各地设立了驿站。

第二次在至元五年（1268年），忽必烈又派阿贡和米林等官员到西藏清查户口。这次清查户口时，萨迦本勤释迦桑布也参加了。根据第二次清查户口的结果，忽必烈在前后藏和羊卓地方设立了13个万户府，封了13个万户长。

第三次在至元二十四年（1287年，当时八思巴逝世已过了7年，萨迦法王由八思巴之侄达磨波罗继任），忽必烈又派多苏阿努干和阿尔贡等官员到西藏清查户口。同时，对西藏各地的驿站作了调整，并新设立了兵站。

（三）在西藏设立了驿站与兵站。元朝中央政权当时对西藏地方政权的指挥，全靠由信使骑马运送的公文，所以必须在一定的地方设立房屋，以供信使和来往的官员食宿并换乘马，这种地方藏语叫作"甲姆"，就是驿站。当时这条路线是由现在的甘肃省经过青海省而到西藏，所以在1260年第一次设立的驿站共为27个大站，计"朵堆"（今甘青上部）7个驿站，"朵麦"（今甘青下部）9个驿站，"乌斯"（前藏地方）4个驿站，"藏"（后藏地方）7个驿站。1287年第三次清查户口以后，又在阿里地方增设了4个驿站，共为31个驿站。

这31个驿站是大驿站，在大驿站之下又设若干小驿站，一个小驿站与另一个小驿站之间的距离，正好是信使与来往官员乘马走一天的路程。据藏文史料载，西藏地方政府给各驿站拨农奴或牧民若干户，专供驿站使用。又据《元史》载：每一驿站给马100匹，牛200头，羊300只，折合为银支付。兵站是专门为军队的供给与武器的运送而设立的。

为了管理驿站与兵站，在西藏地方设"乌斯藏等处转运一员"，归宣慰使管辖，专司其事。

（四）驻屯军队。自多达那波进军西藏以后，在西藏地方经常驻有一部分蒙古军队。《元史》记载：西藏地方设有"乌斯藏管蒙古军都元帅二员"，又在阿里设有"纳里速古鲁孙元帅二员"，就是专门统率驻藏蒙古军队的军官。这些元帅都受"宣慰使"的指挥。

从以上的历史事实来看，忽必烈与八思巴之间，是有"施主与僧侣"关系的。忽必烈把西藏十三万户每年向皇帝缴纳的赋税，全部赐给八思巴收取，以作供养，这笔钱究竟多少，史书中没有记载，估计是很可观的，可以说忽必烈是八思巴的最大"施主"。但是忽必烈与八思巴之间最重要的关系是隶属关系。西藏地方政权就是从元朝起，正式成为元朝中央政府管辖下的一个地方政府。藏文《萨迦世系》一书中承认："元帝辖十一行省，西藏三地面虽不足一行省，但其为八思巴住地且传教所在，故作为一省委付于八思巴。"可见当时的萨迦法王也承认西藏是相当于大元帝国的一个行省，八思巴至多也不过是一个行省的长官。这不是西藏地方政权与元朝中央政权之间的隶属关系又是什么关系？实际上，当时真正管理西藏地方军政事务的，也不是八思巴，而是元朝中央政权的总制院（宣政院）和西藏地方的"乌斯藏纳里速古鲁孙等三路宣慰使司都元帅府"。夏格巴·汪秋德丹妄图以"施主与喇嘛"的关系，来歪曲西藏的历史，歪曲西藏地方政府与祖国中央政权之间的隶属关系，这是枉费心机的，因为历史是任何人也不能修改的。

遗憾的是，近几年西方国家的"西藏学"专家们写的文章和专著中，在谈到西藏历史时，特别是在谈到西藏地方与祖国的关系时，不少人竟一再引证夏格巴·汪秋德丹胡说的"喇嘛与施主"关系的谬论，如果这不是有意歪曲西藏历史的真相，而是受了夏格巴·汪秋德丹的谬论蒙蔽的话，应该客观地、全面地研究一下西藏的历史，还西藏历史的本来面目。

特别是现在还流亡在国外的藏胞，更应该清醒的，严肃的研究一下西藏的历史，还西藏历史的本来面目，这对于他们来说，更是非常必要的。

（《社会科学成果》1984年第1期）

《达赖喇嘛传》序言

这是一本关于西藏历史——主要是西藏近现代史——的著作。我之所以没有写成西藏历史或西藏近现代史，而写成了《达赖喇嘛传》，是因为这本著作的资料来源，主要依据的是藏文版的历代达赖喇嘛传，而且主要是依据十三世达赖喇嘛土登嘉措的传记。因此，我就用了藏族人民喜闻乐见的"南木他"（传记）的体裁。但它实际上还是一本关于西藏历史，主要是西藏近现代史的学术性、资料性的著作。

这本著作是我在西藏工作期间写的，时间是在1952年至1953年，到现在整整30个年头了。

我写这本书的时候，西藏和平解放不久，拥护《十七条协议》与反对《十七条协议》的斗争还在西藏激烈地进行着。反对派的首脑人物是代理藏王鲁康娃和罗桑扎西。他们叫嚣西藏自古以来是"独立国家"，反对中国人民解放军进驻西藏。为了斗争的需要，组织上要我写一本关于西藏历史的书，既用于驳斥反对派散布的谰言，也用于对广大西藏人民进行反帝爱国主义教育。当时工作很忙，材料又极其贫乏，我几经奋斗，花了约两年的时间，写成初稿。中央统战部于1956年曾印了若干本，供有关部门参考。

1959年，西藏发生武装叛乱以后，各方面需要此书的人日益增多，根据周恩来总理和胡乔木同志的建议，由三联书店印了若干本，为内部发行。

1967年，西藏叛国分子夏格巴·汪秋德丹写了一本《西藏政治史》，这本书肆意歪曲西藏历史，歪曲西藏地方政权与祖国中央政权的从属关系，挑拨汉藏民族关系，污蔑党的民族政策和宗教政策，为他们的叛国罪行辩护，并企图在世界各国寻求支持者。这本书先用藏文写成，在印度噶伦堡出版，后来译成英文，由美国耶鲁大学出版，在世界各国大量发行。这本书在流亡国外的藏胞中间，在不明西藏历史真相的各国人民中间，流毒之广，影响之坏，是不能低估的。

为了对夏格巴·汪秋德丹的反动言论予以有力地驳斥，我国已有许多同志写了论文和专著。拙著《达赖喇嘛传》的公开出版，也是想以历史事实给夏格巴·汪秋德丹一伙的谬论予以严正的驳斥。这就是我把30年前写的一本旧书现在拿出来公开出版的主要原因。

本书使用的资料，除了《进军西藏》和《待解放的西藏》等少数几本书是1949年全国解放以后出版的，其余全部是解放前的资料。这些资料大体上可以分为以下五个方面。

第一，历代达赖喇嘛的传记（藏文本）；

第二，历代班禅额尔德尼的传记（藏文本）和《班禅大师全集》（汉文本）等；

第三，清代关于西藏问题的档案；

第四，历代有关西藏问题的著述，如《清实录》、驻藏大臣的奏牍、《元史》、《明史》、《明实录》，等等；

第五，外国（主要是英国、日本和意大利）关于西藏问题的著述。

值得注意的是，这些书中，无论是观点还是立场，错误之处甚多，例如英人著作中居然把我国领土西藏别有用心地称为"国家"，但考虑其中也记载了一些历史事实，如英国侵略军统帅荣赫鹏的《印度与西藏》（中文译本改名为《英国侵略西藏史》）一书中，不仅招供了英国1904年武装侵略我国西藏的罪恶史实，也反映了我国内地人民和西藏人民英勇反抗和坚决斗争的历史事实。因此，在缺乏汉文史料与藏文史料的情况下，用一些外文史料还是有必要的。只是我们必须指出其观点的错误，对这些资料也必须持批判的态度。

在清朝统治时期、北洋政府统治时期和国民党政府统治时期遗留下来的文献与著作中，有许多侮辱西藏人民与邻国（如尼泊尔、不丹、锡金等）人民的文字，对于这类史料，我尽量少用，但也不能完全不用。对于这类史料，我认为也是要提醒读者注意的。

还有一些史料中，用词也是不妥当的，如当时达赖方面的史料中，把中央政府称为"汉政府"，把西藏地方政府称为"藏政府"，这种称呼也是不对的。在班禅方面的史料中，也常把祖国与西藏的关系称为"中藏关系"。"中藏关系"这种说法当时就有两种含义：一种含义是"中国与西藏的关系"，把西藏与中国并列：把西藏当作一个"国家"，这显然是错误的。另一种含义是"中央与西藏的关系"，也就是中央政府与西藏地方政府之间的关系，这当然没有什么错误。但是笼统地称为"中藏关系"，究竟是什么含义，是不容含混的，也请读者注意。

在编写本书的过程中，曾经根据收集的大量的历史资料，对西藏历史，特别是近几百年的历史，作了一番初步的研究，凡是涉及重大的关键性问题，都提出了自己的看法。例如西藏地方与祖国的关系问题，就是根据无可争辩的历史事实，肯定从元代开始，西藏人民与祖国各族人民联合起来，组成了统一的祖国大家庭。从 13 世纪到 18 世纪（即从元代到清代），西藏的一切重大的政治制度和宗教制度，都是由当时的中央政府制定的（例如二十九条《钦定章程》）。应当指出：自 19 世纪开始，英帝国主义在中国的东部进行武装侵略的同时，也疯狂地侵略我国的西藏。在西藏人民的反帝斗争中，清朝政府派驻西藏的一些官员媚外乞怜、卖国求荣，对祖国、对西藏人民犯下了滔天罪行，而另一些驻藏官员则勇敢地支持了西藏人民的反帝斗争，有的人甚至因此而丢掉乌纱帽也在所不惜，在西藏人民中留下了难忘的印象。在中印边界问题上，由于全国各族人民的坚决反对，北洋政府也没有敢承认英帝国主义者在西姆拉会议上提出的无理要求。我在这本书里面，虽然没有专门论述西藏的农奴制度，但也指出了清朝末年在康区进行的"改土归流"，冲击了农奴制，有一定的积极意义。总之，本书对西藏历史，特别是西藏近现代史，还是尽可能地作了分析，并提出了自己的看法。

在本书公开出版时，有的同志建议对本书的内容作一些比较大的补充，特别是应该把从 1952 年班禅额尔德尼返回札什伦布寺以后，一直到 1959 年平定西藏上层反动集团发动的武装叛乱、西藏地区进行民主改革、废除农奴制度的这一段历史编写进去。这个意见当然是很好的，但是考虑到这是一项十分重大的工作，估计在短时期内，没有力量完成这个任务。

还有一个更重要的原因是：1979年，拙著《西藏历史的新篇章》已由四川民族出版社出版，在全国公开发行。这本书对于西藏和平解放后，1959年发生的平定武装叛乱的斗争，平叛以后在党的正确领导下发动的废除封建农奴制度的斗争，都作了专门的论述，正好弥补了《达赖喇嘛传》中所缺少的这一部分内容。

有的同志又建议，既然写了《达赖喇嘛传》，还应该写一本《班禅传》。这个意见也是很好的。1952～1953年我在编写《达赖喇嘛传》时，就已决定随后编写一本《班禅传》，并以此为目的而收集了大量的历史资料，主要是历代班禅的藏文传记的资料。后来我因调离西藏，这一工作也就停止了。现在如要编写成一本达到公开出版水平的书，那还得补充大量的史料，还要付出很大的劳动。我已答应西藏人民出版社，计划在我的晚年把这本书写成，也算完成30年前遗留下来的一项任务。

这本书在收集英文和藏文资料的过程中，曾得到杨公素和王明清两位老朋友的很多帮助。这次公开出版之前，又由姚兆麟、黄颢、郭冠忠、陈乃文、吴碧云等同志帮助搜集资料，核对事实，提出修改意见，做了大量的工作，不仅澄清了过去没有明确解决的一些问题，也改正了原著中的人名、地名、时间等方面的明显错误。为了给这本书提供一些珍贵的文物照片，戴纪明同志也给了很大的帮助。特此向他们致以衷心的感谢。

这本书能和广大读者公开见面，与人民出版社的编辑同志，印刷厂的工人同志的大力支持，更是分不开的，谨在此一并致谢。

牙含章

1983年7月18日于北京

（《师道师说：牙含章卷》，东方出版社，2013）

《班禅额尔德尼传》序言

这本《班禅额尔德尼传》，它和拙著《达赖喇嘛传》是同样性质的著作，即是采用传记体裁，论述西藏地区 600 多年历史的著作。它的上限起自元末明初，下限写到西藏和平解放，班禅返回札什伦布寺。

西藏 600 多年的历史，是中国 600 多年历史不可分割的一个组成部分。它和中国其他民族、地区的历史有共同的一面，又有特殊的一面。

西藏 600 多年的历史，大体上又可以分为两个时期，从元末明初到清朝中叶（18 世纪）为前一个时期，自清朝中叶到西藏和平解放为后一个时期。前一个时期基本上是：中国各民族在元、明、清中央政权统治下，在统一的祖国大家庭里面和平发展的时期。西藏地区的情况也不例外，虽然有过两次异族入侵（一次是准噶尔，一次是廓尔喀），内部也发生过两次叛乱事件（一次是康济鼐被害事件，一次是朱尔默特那木札勒谋叛事件），但总的来说，基本上还是和平发展时期。后一时期从全国范围来说，是帝国主义侵略与反对帝国主义侵略，争取民族解放的时期。西藏地区的情况也不例外，但又有西藏地区的特点。反帝爱国问题，和我国其他民族与地区的历史基本上是共同的，都受过帝国主义的侵略，都受过三座大山的压迫。但是反帝爱国的内容，西藏又与其他民族和地区的情况并不完全相同，西藏主要是反对英帝国主义侵略的问题。还有一个特点是从属关系问题，这是一个在西藏地区比较特殊的问题。在西藏民族内部，有一小部分不明大义的人士，受了英帝国主义者的长期扶植，对祖国采取分离的错误态度。而这种错误态度，不但与中国各族人民包括西藏人民的根本利益是不相容的，而且在西藏民族内部也是不得人心的。有许多著名的政教领袖，就是坚决反对这种分离态度的，九世班禅额尔德尼就是这方面的一个杰出的代表人物。为了紧紧扣住西藏历史，特别是和平解放以前的近现代史的脉搏，我在编写《达赖喇嘛传》和《班禅额尔德尼传》的过程中，主要是将反帝爱国和从属关系这两个问题，作为贯穿这两本书的中心思想。

写西藏地区这 600 多年的历史，特别是和平解放以前的近现代史，不能不突出达赖和班禅这两个世系。达赖和班禅都是宗喀巴的徒弟。西藏喇嘛教①的格鲁派（俗称黄教）是由宗喀巴创立的，但把它发展起来，最后成为西藏地区势力最大的教派，并且取得了西藏地方政权，从五世达赖那时算起，到西藏和平解放，统治西藏地区长达 3 个世纪之久（从 17 世纪中叶到 20 世纪中叶），这个巨大成就是由达赖世系与班禅世系完成的。对于达赖世系，作者在《达赖喇嘛传》中已经比较系统地讲过了，这本《班禅额尔德尼传》就比较系统地讲班禅世系。

要系统地讲班禅世系，应该对这个世系先作一概括的介绍。

如果单纯从寺庙、僧侣、田庄、农奴的数字来讲，达赖方面大得多，班禅方面小一些。据清朝雍正十一年（1733 年）调查，达赖方面的寺庙有 3150 所，班禅方面的寺庙为 327 所。达赖方面的喇嘛有 342560 人，班禅方面的喇嘛为 13670 人。达赖方面的百姓有 121440 户，班禅方面的百姓为 6750 户。②从以上数字来看，达赖方面约占 9/10，班禅方面约占 1/10。另据本书作者 1952 年在日喀则时调查，班禅方面在后藏地区共辖有四个宗（相当于县），30 余个谿卡（封建庄园）和牧场（其中有些谿卡相当于宗），从西藏整个地区来说，估计也只占 1/10。

但是从宗教和政治方面来讲，则达赖和班禅的地位不相上下，而且有些时候、有些方面，班禅还超过达赖。

如从宗教方面来说，在广大藏族人民的信仰中，达赖和班禅是完全平等的，藏族人民一般不直呼达赖与班禅的名字，而称之为"甲娃亚卜赛"，意为"师徒二尊"。因为达赖与班禅从四世起，经常是互为师徒。而在四

---

① 喇嘛教，实际上是具有中国西藏地区特色的佛教，因为它与内地的佛教不同，所以习惯上就叫它喇嘛教，也叫藏传佛教，以示区别。

② 见《藏学研究文集》，拙作《维护祖国统一和民族团结的四世班禅罗桑曲结》。

世以前，一世班禅克珠杰的地位就比一世达赖根敦朱巴略高，克珠杰与宗喀巴、甲曹杰几乎是平等的，藏族人民称为"师徒三尊"。根敦朱巴的地位，在当时说就比克珠杰要低一些。又如四世班禅罗桑曲结是四世达赖云丹嘉措的师傅，又是五世达赖罗桑嘉措的师傅，四世班禅的地位就比四世达赖与五世达赖的地位要高。

如从政治方面来说，当然达赖方面在西藏地区政治上居于主要地位，占绝对优势。但是清朝中央政权把达赖、班禅置于平等地位，都归皇帝直接领导，都受到清朝政府的册封，都归驻藏大臣监督，重大问题都要请示皇帝批准，重要官员都由皇帝任命。所以在清朝统治时期，达赖方面与班禅方面都是受中央政权管辖的，达赖与班禅之间互无隶属关系，是完全平等的。

在后一时期，由于英帝侵略的重点放在拉萨，因而达赖方面受英帝的影响颇大，噶厦政权长期是由亲帝分离势力所控制，对祖国采取了分离的错误态度。班禅方面则一直是反帝爱国的，是拥护中央政权的，九世班禅为了恢复西藏地方与中央政权的正常关系，在内地奔走了 15 个年头。当然，达赖方面也有不少反帝爱国的人，十三世达赖基本上应该承认是一个具有反帝爱国思想的人物。但从总的情况来说，在反帝爱国和从属关系这两方面，这一时期班禅方面要比达赖方面好得多。

以上可以说是对班禅世系的概括介绍。

还有必要说明，我写《达赖喇嘛传》和《班禅额尔德尼传》，都不是单纯为这两个世系立传，而是采用藏族广大人民喜闻乐见的传记体裁，来论述西藏地区 600 多年的历史。因此，我写这两本书都没有受这两个世系的限制，而是以西藏 600 多年的历史为经，以这两个世系为纬织成一幅西藏 600 多年历史的画卷。因此，我写《达赖喇嘛传》时，就没有受历代达赖世系的限制，而是上溯到元代，概括地写了在元朝时代，西藏地方正式纳入大元帝国的版图，元朝在中央设立了管理西藏事务的宣政院，在西藏地方设立了乌斯藏纳里速古鲁孙等三路宣慰使司都元帅府，以及在西藏地区设立了 13 个万户府的经过。这些事实都超出了达赖世系的历史范围。但是我在编写和修改《达赖喇嘛传》时，还是受了许多方面的条件限制，还有许多问题应该写而没有来得及写进去。为了还西藏 600 多年历史的本来面目，使广大读者对西藏情况能得到更多的了解，凡是在《达赖喇嘛传》

中没有来得及写进去的问题，现在正好趁编写《班禅额尔德尼传》的机会，以弥补这些空白。

下面我只指出几个重要方面。

关于噶举派（俗称白教）帕竹政权的重新认识。从宗喀巴生活的那个时代开始，到四世达赖与四世班禅生活的那个时代为止，经历了260余年，西藏地区是在得到元朝中央政权与明朝中央政权相继册封的噶举派帕竹法王统治的。帕竹政权统治西藏地方的时间共为264年，帕竹政权的法王共11代。但是对于帕竹政权11代法王的生卒年与执政年，我也只能做到从第一代法王至第八代法王是准确的，从第九代法王至第十一代法王，其生卒年与执政年则是根据许多藏汉文史料推算的，估计不会有大的差错，但不能说完全准确。这个问题，还有待中外研究帕竹政权的专家们继续努力。

关于清朝中央政权治理西藏200余年的经验总结，也是研究西藏600多年历史应该做而且能够做到的。西藏从元代开始，正式与祖国中央政权建立了从属关系。元明两代治理西藏地方的组织机构与管理制度，虽然也有些汉文与藏文的历史记载，但数量不多，内容也不完整，只有清代治理西藏是花了很大工夫的。时间既长，资料也多。它的最突出的成就是设置了驻藏大臣，制定了一系列的政治制度与宗教制度（如著名的《二十九条钦定章程》），而在驻藏大臣之下，还有一套完整的治理办法，如驻军、驿站、粮台，等等。特别重要的是，对于达赖喇嘛与班禅额尔德尼的"转世"，制定了"金瓶掣签"制度，这个制度一直到清朝统治崩溃以后，西藏地方政府也不敢宣布废除。从这许多治理办法上面，具体体现了西藏地方与祖国中央政权的从属关系。对于驻藏大臣的设置，以及几个比较有代表性的驻藏大臣的言行，现在用一定的篇幅对这个问题作了重要补充，因为这是论述从属关系问题的一个重要内容。对这个问题过去已有人作了专题研究，但这方面的问题很多，资料也很丰富，还大有继续深入研究之必要。

这里还有两个问题需要说明。

（一）达赖世系与班禅世系所经历的600多年历史是共同的，这里就带来一个不可避免的问题，即编写《班禅额尔德尼传》，必然与《达赖喇嘛传》有重复之处。为了尽量避免重复，我采取了详略不同的处理办法，即在《达赖喇嘛传》中已经详细论述了的问题,在《班禅额尔德尼传》中就只作简单的必要的补充。如1888年的第一次抗英战争,1904年的第二次抗英战争,1890年的第一次中英关于西藏的条约,1906年的第二次中英关于西藏的条约,以及1914年的"西姆拉会议"等,因为都在《达赖喇嘛传》中作了比较系统的论述,在《班禅额尔德尼传》中,只在有关班禅的地方简略地作了必要的补充,避免了重复。

另外,自从《达赖喇嘛传》修改付印以后,我又发现了许多新的材料,对《达赖喇嘛传》中某些事实不太准确,论述不太全面的地方,有必要趁《班禅额尔德尼传》出版的机会,进行应有的补充与订正。

(二)在《达赖喇嘛传》与《班禅额尔德尼传》中,所引史料有藏文,有汉文,有外文;藏文史料用藏历,汉文史料用农历,外文史料用公历,月日均不一致。要查清这个问题,不仅需要很长的时间,而且需要很多的人力,想在短期内用个人力量,是难以做到的。现在只把这个问题提出,留待以后的藏学专家们去作考证。

编写《班禅额尔德尼传》,是1952~1953年我在编写《达赖喇嘛传》时就已决定了的。为此,我就同时收集了历代班禅的藏文传记中的史料。后来,我因调动工作,就把这批史料移交给中共西藏工委的政策研究室。在"文革"期间,组织上又把这批史料交给西藏档案馆保存,因而未被当作"四旧"销毁。现在要编写《班禅额尔德尼传》,这批史料就成了非常宝贵的东西。我写信给阴法唐同志和张向明同志,经他们同意,把这批史料借给我使用,这就大大节省了时间与精力,而使《班禅额尔德尼传》得以提前写成。

但是,编写《班禅额尔德尼传》不仅需要大量的藏文史料,还需要大量的汉文史料,包括已译成中文的外文史料。为了收集与借阅这些资料,许多同志帮了大忙,特别值得提出的是,吴丰培先生与柳陞祺先生,把他们珍藏的手抄本也借给我使用,更丰富了这本书的内容。

这本书的初稿写成以后,我又请姚兆麟、黄颢、郭冠忠、陈乃文和吴碧云同志对书稿从头到尾仔细作了审查,逐一核对了史实,并对西藏600多年的重大历史事件与历史人物仔细交换了意见,尽可能做到还历史的本来面目。这对这本书质量的提高,起了良好的作用。

为了给这本书收集必要的图片,许多同志也帮了大忙。特别值得提出的是，西藏人民出版社特从拉萨派人到日喀则去，拍摄了札什伦布寺与历代班禅有关的珍贵照片，更给这本书的内容增添了色彩。

在此，我向这些同志的大力支持表示衷心感谢！

牙含章

1985 年 7 月 6 日于北京

（《师道师说：牙含章卷》，东方出版社，2013）

关于"吐蕃"、"朵甘"、"乌斯藏"和"西藏"的语源考证

前 言

1961年，我国著名戏剧家田汉同志写了一个话剧：《文成公主》。这个话剧热情地歌颂了我国历史上汉藏两大民族的兄弟友谊；热情地歌颂了为发展汉藏两大民族的兄弟友谊作出了卓越贡献的一位妇女——文成公主。这个话剧在当时演出，对于巩固和加强汉藏两大兄弟民族的亲密团结，是有很大的现实意义的。因此，它受到了敬爱的周恩来总理的重视和支持。

这个话剧先在内部演出，请周总理和中央有关部门的负责同志审查。当周总理看到当时的吐蕃使臣远道前来长安，向唐太宗提出请婚的要求时，周总理向坐在旁边的我国著名历史学家吴晗同志提出：为什么西藏地方当时叫作"吐蕃"？后来为什么又叫作"朵甘""乌斯藏"？最后为什么又叫成"西藏"？要求史学界的同志把它查一下，搞清楚它的语源。吴晗同志根据周总理的指示，写了一封信给当时的中国科学院民族研究所副所长苏克勤同志，希望由民族研究所把这个任务承担下来。吴晗同志给苏克勤同志的来信全文如下：

克勤同志：

总理最近指示，要把吐蕃、朵甘、乌斯藏、西藏几个名词的语源弄清楚。

请你协助，把你处可能找到的有关资料，汉、藏及其他语文（附

译文）关于这几个名词的材料抄录一份给我。

总理要得很急，请在十日内给我，可否？谢谢。

敬礼

吴晗

二月一日

苏克勤同志接到这封来信后，就来和我商量。因为这是周总理需要的，材料必须扎实、过硬、准确、全面。同时要的时间又很紧，必须加班加点、按时完成。克勤同志要我把这项紧急任务承担下来。我当时感到在十天之内完成这项紧急任务，是吃力的，很可能达不到总理要求的水平。但是总理提出这个问题的本身，就充分说明了这不是一般的学术问题，而是党和人民交给自己的一项严肃的政治任务，就是拼上老命，也要按时把它完成。于是我就把这个任务承担下来，夜以继日地奋战了十天，总算按期完成任务，写成了一份书面材料送给吴晗同志，由吴晗同志转呈总理审阅。总理看了这份材料以后，是否满意，我不清楚。但是后来田汉同志写的《文成公主》话剧公开上演时，台词中的"吐蕃"二字的发音，不念作"吐翻"，而念作"吐播"，说明总理看了我提供的材料以后，肯定了我的意见，并转告田汉同志改了发音。我听到"吐蕃"二字的新的发音以后，觉得总算在西藏历史研究方面，给党和人民做了一点好事而感到欣慰。

但是毕竟由于十天的时间有限，"吐蕃"一词的语源问题并未能获得彻底解决，主要是"吐蕃"的"吐"字不知唐时是怎么加上去的。从汉文资料、藏文资料和外文资料中，都查不出它的语源。我曾打算和研究藏族历史的同志们合作，把这个问题彻底弄清楚，后来发生了"文化大革命"，就不允许搞这个问题了。因而这个问题到现在还是一件悬案。

最近，我在清理过去的旧稿时，偶然发现了吴晗同志写给苏克勤同志的信和我写的《关于"吐蕃"、"朵甘"、"乌斯藏"和"西藏"的语源考证》的底稿，我觉得把它公开发表，不仅可供藏族历史语文研究工作者参考，还可把当时没有彻底解决的问题提出来，和大家共同探讨。而更重要的一点是，从这个具体问题上，可以看出敬爱的周总理对西藏问题是多么关心，对藏族历史的研究是多么重视，而对藏史研究的要求又是多么严格。这种精神实际上是对我们的一种无形的鞭策，推动藏族历史研究工作迅速前进，取得新的科研成果。

下面就是《关于"吐蕃"、"朵甘"、"乌斯藏"和"西藏"的语源考证》的正文。

（一）"吐蕃"一词的语源

"吐蕃"这一名词，始见于新旧唐书。开始时，系指现在的西藏地方而言，后来因为"吐蕃"占了青海、西康等地区，就把所有的"吐蕃"占领下的土地和人民，都叫作"吐蕃"，如《新唐书·吐蕃传》说："吐蕃本西羌属，盖百有五十种，散处河、湟、江、岷间。"

"吐蕃"的"蕃"字，明清以前有两种读法，一种读法与"播"同音，另一种读法与"翻"同音。据《广韵声系》一书研究，番、蕃二字，过去有两种切法，一种是"补过切"，与播、鄱同音；另一种是"孚袁切"，与翻同音（《广韵声系》，沈兼士主编，辅仁大学发行，上册，第407~408 页）。唐时"吐蕃"的"蕃"字，就是用第一种切法，读作"播"音。这可以从唐时建立的"甥舅联盟碑"（现在拉萨大昭寺门口）上的汉藏两文对照的字音得到证实。"甥舅联盟碑"上说："今蕃汉二国所守见管封疆，洮岷之东，属大唐国界，其塞之西，尽是大蕃地土。"又说："其洮岷之东，大唐供应，清水县以西，大蕃供应"（《卫藏通志》卷上）。碑文上的"蕃""大蕃"，在藏文中是བོད、བོད་ཆེན་པོ་译作汉音，就是"播"，"播青布"（意为大播）。"甥舅联盟碑"的汉藏两文对照证明，唐时"蕃"字读"播"音，"吐蕃"读作"吐播"，是很明显的。

外文书籍中讲到这个问题时，也表明唐时"吐蕃"读作"吐播"。9世纪中叶（唐朝后期），有一个阿剌伯商人苏雷曼到过中国，回去后，他写了一本《东方旅行记》（公元 851 年发表）。这本书中，他把"吐蕃"拼作 Tibbat（土伯特）（《东洋史讲座》第十五卷，日本东京雄山阁版，第 8 页）。阿剌伯商人把西藏叫作 Tibbat，显然是根据唐朝人把西藏叫作"吐蕃（播）"而学来的，这一点在法文版《马可孛罗游记》中，有明白的论述。马可孛罗是 13 世纪（元代）到中国的，在他写的游记中，把西藏叫作 Tibet。法文译者沙里侬在注解中说："Tibet 一名，无疑为古代阿剌伯旅行者由中国学得，即指 T'ou po（吐蕃）地方……T'ou pe te（土伯特）为吐蕃之音变"（沙里侬 A. J. H. Charignon 译法文《马可孛罗游记》，1926 年北京影印本，第 200 页）。这里更证实"吐蕃"的"蕃"字，唐时读作"播"音。现在西方把西藏叫 Tibet，就是从阿剌伯文的 Tibbat 演变来的。

唐朝时代，西藏人自称为བོད，译成汉音，就是"播"。བོད（播）这个字，在当时是国家的名称，同时也是民族的名称。当时吐蕃把现在的西藏地方称为བོད་ཡུལ（播隅），把当时吐蕃统治下的整个地区叫作བོད་ཆེན་པོ（播青布，意为大播），在吐蕃统治下的人民被称为བོད་པ（播巴，红军长征时在藏区建立的"博巴政府"，就是用了བོད་པ播巴这个名称）。唐时因为"蕃"字与播字同音，所以就用"蕃"字译藏文བོད字的音，这个译音是很准确的。

但是唐朝人在"蕃"字前为什么又加了一个"吐"字，到现在还弄不清楚。因为从藏文的古今史书中，查不出在བོད（蕃）字前加"吐"音的任何根据。从汉文史书中，也查不出唐时为什么要加"吐"字的道理，但唐朝人在"蕃"字前加"吐"字，一定有所根据，这个问题还待研究。西方资产阶级学者黎谬塞、沙畹、柔克义、洛弗等人，认为"吐蕃"的"吐"字，可能来源于藏文的སྟོད字（སྟོད读作"多"音，也可勉强读作"吐"音，是"上部"的意思）。他们认为当时"吐蕃"分为上下两部，"吐蕃"也就是"上蕃"的意思。这完全是主观臆测，在汉文、藏文史书中毫无根据。

（二）"朵甘""乌斯藏"的语源

"吐蕃"最强盛的时候，除了它的本土西藏之外，还控制了青海和西康地区，总称为ཆོལ་ཁ་གསུམ（曲喀松），意为"三个方面"，这"曲喀松"又分为：

上阿里三"郭"（སྟོད་མངའ་རིས་སྐོར་གསུམ），

中卫藏四"如"（བར་དབུས་གཙང་རུ་བཞི），

下多康六"岗"（སྨད་མདོ་ཁམས་སྒང་དྲུག），

合起来，称为西藏十三部（བོད་ཁྲི་སྐོར་བཅུ་གསུམ）。

上阿里三"郭"，就是现在的阿里（མངའ་རིས）地方。

中卫藏四"如"，就是现在的前后藏。前藏在藏语中称为དབུས，读作"卫"。元明时，དབུས字的读法和现在不一样，读作"乌斯"。后藏在藏语中称为གཙང，读作"藏"。现在的读法与元明时的读法一样。前后藏合起来，藏语中称作དབུས་གཙང，读作"卫藏"（清初有一部书，叫《卫藏通志》，就是记载西藏事情的）。但是元明时，"卫藏"读作"乌斯藏"（或译作乌思藏）。

下多康六"岗"，就是现在的青海、甘南、川西北、甘孜地区和昌都地区。青海、甘南、川西北在藏语中称作ཨམདོ，读作"安多"（现在一般称为"安多藏区"），简称为མདོ"多"，元明时译作"朵"，音同字不同而已。甘孜地区和昌都地区在藏语中称为ཁམས，读作"康"（现在一般称为"康区"，把当地藏族人民称为"康巴"）。元明时ཁམས字读作"甘思"，或读为"甘"，把青海和康区合起来，藏语中就简称为མདོ་ཁམས（多康），元明时读作"朵甘"，或"朵甘思"。

元世祖统一中国以后，对于整个藏族地区，仍沿用唐时旧称，叫作"吐蕃（播）"，据新旧元史载称：元朝在北京设有宣政院，设院使二人，为从一品官，"掌释教僧徒及吐蕃诸族之事，遇吐蕃有事，则设分院往莅之"。元朝又在河州（今甘肃临夏县）设"吐蕃等处宣慰司都元帅府"，置宣慰使五人，为从二品官。又在青海（朵）西康（甘思）两地设"朵甘思招讨使"一人，在西藏设"乌斯藏纳里速古鲁孙等三路宣慰使司都元帅府"，置宣慰使五人。"乌斯藏"是"卫藏"，即前后藏。"纳里速"是"阿里"，元时把མངའ字读作"纳"，把རིས字读作"里速"，"古鲁孙"是སྐོར་གསུམ的译音，即三"郭"的意思，"纳里速古鲁孙"合起来就是"阿里三郭"。此外，元朝还在前后藏地区设了13个万户府。

明朝对藏族地区，基本上继承了元朝的制度，把青海和西康地区，仍称为"朵甘"，把前后藏仍称为"乌斯藏"。明朝在"朵甘"和"乌斯藏"各设"行都指挥使司"，下面还设有"宣慰司二，元帅府一，招讨司四，万户府十三，千户所四"（见《明史》）。明朝同样在河州（今甘肃临夏县）设一"西安行都指挥使司"，管辖"朵甘""乌斯藏"两个都指挥使司。

明代对于整个藏族地区不再称为"吐蕃(播)",而是分别地把青海、西康一带称为"朵甘",把西藏称为"乌斯藏",但仍承认"朵甘"和"乌斯藏"就是以前的"吐蕃"地方。《明史列传》说:"朵甘在四川徼外,南与乌斯藏邻,唐吐蕃地。"又说:"乌斯藏在云南西徼外……洪武初,太祖惩唐世吐蕃之乱,思制御之"(《明史列传》二百一十九)。说明明朝也认为"朵甘"和"乌斯藏"过去都是"吐蕃"地方。

(三)"西藏"一词的语源

清朝初期,对"西藏"有三种叫法,一为"图伯特"(或"土伯特"),二为"唐古忒",三为"西藏"。康熙三十二年(1693年),清朝皇帝封第巴桑结甲错为"土伯特国王"。康熙六十年(1721年),"御制平定西藏碑"文,"西藏"与"图伯特"并用,如曰:"且欲窃据图伯特国","图伯特僧俗人众","图伯特酋长","一矢不发,平定西藏","立石西藏"(《卫藏通志》卷上)。果亲王著的《西藏记》中也说:"西藏一隅……明曰乌斯藏,今曰图伯特或唐古忒。"《卫藏通志》也说:"唐古忒地方封建沿革不一。"

满人把西藏叫"图伯特",叫"唐古忒",都是从蒙古人那里学来的。蒙古人把西藏叫"图伯特",这是因为元朝统治中国时期,把西藏称为"吐蕃(播)","图伯特"就是由"吐蕃(播)"演变而来的。

满人把西藏叫"唐古忒",也是从蒙古人那里学来的,但这里有些误会。蒙古人把西夏叫"唐古忒"(元史也译作"唐古特""唐兀惕""唐兀")。满人把西夏人与藏人当作一个民族,所以把西藏也叫作"唐古忒"。雍正二年(1724年),年羹尧条陈青海善后的奏折中说:"青海、巴尔喀木、藏、卫,为唐古忒四大部落",把整个藏族都叫作"唐古忒"。到了嘉庆以后,"图伯特"(或土伯特)、"唐古忒"这两个名称都不用了,统一用"西藏"这一名称。

"西藏"这一名称,是清初创造出来的。康熙时,正式使用于"御制平定西藏碑",但"西藏"与"图伯特"、"唐古忒"同时并用。雍正五年(1727年)设置"驻藏大臣","西藏"才成了法定的正式名称。"西藏"

这一名词，是汉藏两种语文的混合产物，"西"字是汉语，表示西藏这块地方在祖国的西部。"藏"字是藏语，就是"卫藏"（亦即乌斯藏）去了"卫"（乌斯）字，只留了一个"藏"（གཙང་）字，加上了汉文的"西"字，合起来成为"西藏"。这就是"西藏"这一名称的由来。

（《民族研究》1980 年第 4 期）

两篇给编辑部的函

来函照登

民族研究编辑部：

《历史研究》1959年第9期，刊登一厂先生写的《关于西藏史实的几个问题之商榷》一文，对我们在《民族研究》1959年第4期发表的《西藏地方与祖国的历史关系》和《西藏地方政府的反动本质》两篇文章中个别史实上的出入和不够明确的地方，提出了纠正和补充的意见。如1934年4月，国民党政府派参谋本部次长黄慕松赴西藏致祭，并追封十三世达赖。我们将黄之参谋本部次长的职务误为蒙藏委员会委员长。在此更正，并向一厂先生表示感谢。

我们在文章中曾讲到1930年西藏地方政府派贡觉仲尼赴南京为总代表。而未提贡觉仲尼在任总代表以前替任达赖派驻北京雍和宫的堪布。因我们认为文中无详细介绍其历史的必要，故有意省略。

至于"藏王"这一名称，在清朝时代掌办商上事务的人和后来的司伦、司曹，一般的习惯皆称之为"藏王"，他与解放前蒙古地区的王公同一性质，是封建领主的代表者。今年3月10日，西藏上层反动集团发动叛乱，新华社发表的《关于西藏叛乱事件的公报》中说："叛乱的指挥中心在噶伦堡，其领袖为被撤职的前任藏王（藏语称为司曹）鲁康娃·泽旺饶登。"说明拙作中使用"藏王"这一名称是有根据的。

此信希在贵刊公开发表。

子元　向阳
1959年10月14日
（《民族研究》1959年第11期）

来函照登

《中国藏学》编辑部：

贵刊1988年第1期发表了拙作《试论西藏封建农奴制度》一文，对写这篇论文所使用的资料来源，有必要作补充说明，主要问题是在论文中没有把资料来源交代清楚。

我写这篇论文所使用的资料，主要是由中国社会科学院民族研究所提供的西藏社会历史调查组的两份调查报告：一份是西藏山南地区贡噶宗的囊色林豁卡的调查报告，这项调查是由舒介勋（中央民族学院的教师），布穹、仁钦（均为西藏地方的藏族干部）三位同志进行的，而由舒介勋同志写成调查报告。另一份是西藏江孜地区的调查报告，这项调查是由中共江孜分工委派出的救灾组进行的，哪些同志参加了调查，哪位同志写成调查报告，原件没有署名，一时难以查清。

这两份调查报告，都是内部资料。我在使用这些调查资料时，事先没有向参加调查与执笔的同志征求意见，也没有进一步核对事实与数字，这是我工作上的疏忽，谨向这些同志表示歉意。

同时，在这篇论文中，有几个地方用了"据我们调查"的语句，这也容易引起读者的误会，应用"据调查组调查"的语句，才较准确。在此一并作自我批评。

现在，西藏人民出版社正在陆续出版西藏社会历史调查组的调查报告，我所使用的调查报告，经过审核，已纳入出版计划之内，将来如发现我的论文所引用的事实、数字，与新出版的调查报告有出入之处，应以新出版的调查报告为准。

此致
敬礼

牙含章
1988年9月4日
（《中国藏学》1988年第4期）

人物与回顾

从活佛到共产党员
——忆甘肃南部农民起义领袖肋巴佛

1943年，甘肃省爆发了一场10万人参加的农民暴动，当时通称"甘南民变"。这次暴动没有共产党领导，是甘肃汉、回、藏、东乡4个民族的农民自发地联合起来发动的。藏族农民领袖是甘肃卓尼水磨川寺活佛肋巴佛，他后来成为共产党员。我十分怀念这位藏族人民的优秀儿子，特别是我介绍他加入中国共产党时的情景，至今记忆犹新。

肋巴佛藏名怀来仓，1916年10月出生在一个贫苦藏族农民家庭，1922年在水磨川寺坐床，在甘肃卓尼藏族地区很有威望。1943年3月，他发动卓尼一带藏族农民数千人起义，与王仲甲的汉族农民起义军和马福善、马继祖的回族、东乡族起义军联合起来，共同领导了甘南农民起义，坚持斗争10个月，波及30多个县，由于遭到国民党反动政府的残酷镇压，失败了。肋巴佛与起义军骨干肖焕章、毛得功、郭化如、杨友柏、夏尚忠等人转入地下，继续与国民党反动派进行武装斗争。1946年冬，起义组织派肖焕章等人进入陕甘宁边区，向中共甘肃省工作委员会（简称甘肃工委）汇报了"甘南民变"的情况，要求共产党派干部去领导他们进行革命。甘肃工委接受了他们的要求，便派高健君（原中共甘肃省委书记，"文革"中被迫害致死）和我来到甘肃陇右地区。

甘肃工委给我们的任务是：在"甘南民变"基础上，注意在起义中表现勇敢坚定、拥护共产党、热爱人民的农民中，发展党员，建立党的组织，并建立游击队和根据地。根据指示，我们决定先在起义军的骨干中，发展第一批党员。

当时我们碰到一个难题：对肋巴佛怎么办？按甘肃工委指示精神，应该吸收他。但他是活佛，是宗教上层人士，吸收他入党会不会犯错误？我们拿不定主意，当时又没有电台，无法向上级请示，因此我们决定，进行建党教育时，可让肋巴佛参加，他如提出入党要求，以后再考虑。

经过建党教育，肋巴佛和郭化如、杨友柏很快就提出入党申请，要求非常迫切。我分工做肋巴佛的工作，用谈心的方式，我和他进行多次谈话，了解他对共产党的认识和为什么要加入共产党。当时，肋巴佛只有28岁，他的藏语和汉语都说得很好，既聪敏，又忠诚。他对我讲述他对共产党的了解，是从1935年至1936年开始的。

肋巴佛出身贫苦，当了活佛后经常和家人来往，他接触劳动群众，同情他们，了解他们。红军长征经过甘肃，国民党派人到卓尼进行反共宣传，也请他去参加会议。会上国民党把共产党说得简直比魔鬼还可怕，他听后半信半疑。红军过境后，水磨川寺的喇嘛丹增（后为起义军骨干，外号"辣椒营长"）带来一个病人，是掉队的红军小战士，想把他留在寺内当佣人。肋巴佛听说是红军，大吃一惊，后来一看，这个小红军虽然很瘦，但和平常人一模一样，国民党说共产党"红脸红头发"，显然是骗人的，于是就同意把小红军留下了。小红军病好后，肋巴佛常找他聊天，问红军里面什么样？小红军对他讲：红军是共产党领导的穷人的军队，官兵平等，不打不骂，吃一样的饭，穿一样的衣服。还介绍了苏区人民的生活：那里经过"打土豪、分田地"，穷人都有了饭吃。肋巴佛相信这个小红军讲的是真话，共产党和红军在他的心中留下了非常好的印象。后来，小红军要求找部队去，肋巴佛不仅没强留，还送给他一些钱作路费。

肋巴佛对共产党的进一步了解，是从王仲甲那里听到的。王仲甲是甘肃省临洮县的汉族贫苦农民，1936年参加过红军，1937年抗战爆发后，参加"甘肃在乡军人抗日联络委员会"，该会被国民党撤销后，王仲甲回到家乡发动农民暴动。他先后和马福善、马继祖父子建立联系，后到卓尼水磨川寺和肋巴佛建立了联系。

王仲甲向肋巴佛介绍了当时的国内形势和中国共产党的抗日主张。日本法西斯侵占了半个中国，蒋介石反动政府只知刮取民脂民膏，抗日消极，尽打败仗；共产党领导的八路军英勇抗击日寇，在华北敌后建立了抗日根据地。王仲甲主张甘肃的汉、回、藏各民族农民应该联合起来，约定一个时间共同起义，用武力推翻国民党的反动统治。如果起义失败了，还可以去投靠共产党。肋巴佛完全同意王仲甲的想法，遂约定经常相互联系，采取一致行动。通过王仲甲的介绍，肋巴佛对共产党有了更进一步的认识，并在王仲甲影响下，积极串联藏族农民准备起义。起义失败后，肋巴佛与肖焕章、毛得功、郭化如、杨友柏、夏尚忠等人，在渭源、陇西重新聚合。严酷的现实，使他们明确地认识到：要和国民党进行斗争，非找共产党不可，只有在共产党领导下，人民才有出路，才有前途。肋巴佛说：这就是他迫切要求加入中国共产党的真诚愿望。他向党表示，希望党组织不要因为他是活佛，把他拒之党的大门之外。

我进一步对他讲：加入共产党后，要服从党的分配，严格遵守党的纪律，必要时要为党的事业作出牺牲，甚至自己的生命，这一切你能做得到吗？肋巴佛表示都能做到。我又对他讲：入党后你便是一名无产阶级战士，你舍得你的活佛地位吗？我还讲：党主张宗教信仰自由，但是共产党是不能信仰宗教的，共产党员只有退党的自由。对这两个问题，他的回答都是肯定的和坚定的。

我们当时认为：肋巴佛当过活佛，这是历史，要求入党时，已经不是活佛，而是经过考验的藏族农民起义军的领袖。他的政治觉悟已经达到入党要求，可以吸收入党。但在讨论他们三个人入党问题时，对肋巴佛是否可以入党，我们还是有些犹豫的，曾考虑是否可以先吸收郭化如、杨友柏，肋巴佛暂缓一步？但是，我们很快就否定了这个想法，一致认为：既然肋巴佛和郭、杨两人同样具备入党条件，就应该吸收肋巴佛和他们同时入党，否则就没有平等对待肋巴佛，也不符合党的组织原则。

于是，肋巴佛于1947年元月，由高健君和我两人作为入党介绍人，光荣地加入了中国共产党，根据甘肃工委指示，没有候补期。从此，肋巴佛便从一个活佛成为一名为共产主义事业而奋斗的无产阶级战士。

同年4月，地下党组织派我回陕甘宁边区向甘肃工委汇报工作，肋巴佛到边区学习。我两人化装成小商人，由陇西出发，搭乘国民党军用汽车前往平凉，准备由那里再到西峰镇，就可以通过党的交通线进入边区。但不幸的事情发生了。在离平凉约40华里的安国镇，我们乘坐的汽车翻了，我受重伤，肋巴佛当场牺牲。

这是甘肃地下党组织的一大损失，也是甘肃藏族人民的一大损失。

为向甘肃广大人民群众进行革命传统教育，1982年中共甘肃省委决定为肋巴佛建立"革命烈士纪念碑"。藏族人民的优秀儿子、中国共产党的好党员肋巴佛，为我们树立了民族团结和为革命真理而斗争的光辉榜样，他永远活在我们心中。

（《中国民族》1986年第2期）

《肋巴佛烈士革命事绩》碑文[*]

肋巴佛（1916~1947年），藏名怀来仓·贡却卓增，生前曾为卓尼水磨川寺的活佛。

肋巴佛出生于贫苦的藏族农民家庭。自幼同情劳动人民的疾苦，又受红军长征的影响，对国民党政府的反动统治非常不满。与甘南汉族农民领袖王仲甲，回族农民领袖马福善、马继祖父子秘密联合，于1943年共同领导了汉、回、藏族10万农民参加的反蒋抗日起义，这就是当时震动全国的"甘南民变"。

起义军遭到国民党政府军的残酷镇压而失败后，肋巴佛仍与毛得功等陇右战友转入地下，继续坚持武装斗争，并于1946年派肖焕章前往陕北与中国共产党取得了联系。党派高健君和我前往陇右地区领导他们建党建军。不久即由高健君和我介绍肋巴佛与郭化如等同时参加了中国共产党。

1947年4月肋巴佛要求到陕北革命根据地学习，经党批准，由我护送前往陕北，不幸在平凉遇难。肋巴佛是爱党爱人民的典范，民族团结的楷模。他的革命精神永垂不朽！

1987年8月

牙含章　撰

（《西北民族研究》1988年第1期）

---

[*] 此系牙含章同志应甘肃省卓尼县人民政府所邀为肋巴佛烈士纪念碑所撰碑文。

回忆乌兰夫同志二三事

我和乌兰夫同志是1939年认识的。当时他在绥远省的国民党军队中做地下工作，我在延安中共中央西北工作委员会（简称西二委）工作，因为绥远省的地下工作归西二委领导，乌兰夫同志有时来西二委汇报并请示工作，才有机会同他认识，但接触不多，只知道他是蒙古族，大革命时期的党员，在苏联学习过。当时他给我最深的印象是为了蒙古民族的解放事业，准备了一大批本民族出身的年轻干部，从绥远日本帝国主义占领区冲破敌人封锁线，千里迢迢地来到延安学习，这一批青年全部成了内蒙古自治区的党政军领导骨干。这是乌兰夫同志为中国革命事业，特别是为蒙古民族的革命事业做出的重大贡献。

1942年，根据中共中央的决定，在延安成立了民族学院，乌兰夫同志也从绥远省调来延安，担任了民族学院的教育长，我也调到民族学院的研究室工作。接着中共中央又决定成立调查研究局第四分局，下设几个研究室，少数民族研究室是其中之一，乌兰夫同志担任了这个研究室的主任，我也调到这个研究室，直接在乌兰夫同志的领导下工作。这样，我们接触的机会就多了，彼此才有了较深刻的了解。当时我们正在研究蒙古民族问题，我们考虑的主要是蒙古民族的历史问题，而乌兰夫同志考虑的主要是蒙古民族的解放问题。当时抗日战争正处在艰苦的相持阶段，乌兰夫同志考虑在内蒙古如何建立共产党的组织，如何在牧区中建立骑兵游击队，如何在草原上开展游击战争，如何建立蒙古民族的自治政府等一系列现实问题。他的这种远见卓识，在抗日战争时期和解放战争时期一步一步地实现了。在内蒙古地区建立了新中国的第一个民族区域自治地方——内蒙古自治区，为全国解放以及实行民族区域自治树立了良好的榜样。

我和乌兰夫同志再次见面，是在全国解放以后，特别是在1964年，我被调到内蒙古大学（简称"内大"）工作，由于乌兰夫同志兼任内大的校长，他又成了我的"顶头上司"。他对内大的工作非常关心，特别是对内蒙古地区青年学生的培养非常关心，他把搞好内蒙古地区的社会主义建设事业的希望寄托在他们身上。他对内大的教学工作特别强调"蒙汉兼通"，即蒙古族同学既要懂蒙古文、蒙古语，又要懂汉文、汉语；而汉族同学既要懂汉文、汉语，又要懂蒙古文、蒙古语。以此为目的，内大特设立了奖学金。他的这一思想被我国的民族语文工作者所采用，定名为"双语制"，即少数民族同学应学汉语文，做少数民族工作的汉族干部应学少数民族语文，应该承认这是乌兰夫同志对我国民族语文工作的一大贡献。

1966年，"文化大革命"来临了，乌兰夫同志首当其冲，我也被打成了"乌兰夫死党"。这些已经过去了，没有必要多讲。

"四人帮"被打倒以后，我和乌兰夫同志又在北京见面了，由于工作上的关系，我们也常有机会接触。这一时期，乌兰夫同志在我国民族工作方面为了拨乱反正，做了大量的工作。我国有史以来的第一部"民族区域自治法"就是在乌兰夫同志亲自主持下起草并通过的，这是应载入我国史册的大事。在这方面，我在乌兰夫同志的直接领导下，也尽了一点微薄之力。有一天，人大民委开会，会议是由阿沛·阿旺晋美副委员长主持，但乌兰夫同志在百忙之中抽出时间自始至终参加了这次会议，我也有幸参加了这次会议。当时"四人帮"被打倒不久，全国各民族自治地方还由"革委会"掌权，而掌权的第一把手都是汉族同志。我在会议上很冒昧地提了一个建议：可否考虑民族自治地方的党政机关应该分开，党委书记暂时仍由汉族同志担任，"革命委员会"的主任可否一律由实行民族区域自治的少数民族干部担任。与会的许多同志也有相同的意见，乌兰夫同志对这个问题非常重视。后来，由他亲自主持起草并通过的"民族区域自治法"中，明文规定了自治区的主席、自治州州长、自治县县长，都应由实行民族区域自治的民族干部担任，这是我国民族自治地方由少数民族当家做主的一大进步，这与乌兰夫同志的努力是分不开的。

1980年，全国人大要开会修改宪法，并要改组国务院，作为一个共产党员，我觉得有两个问题应向组织上提出建议，但自己水平有限，所提的问题是否妥当没有把握,我想不妨先征求一下乌兰夫同志的意见。我给他写了一封信,信中提出的第一个问题是全国少数民族代表的名额问题,许多少数民族就没有资格选举自己的代表,够50万人才能选1名人大代表,而我国许多少数民族的人口都在50万以下,有的只有几千人,那就没有资格选举自己的代表参加人大会议,我建议可否将选举法修改一下,让我国的少数民族不论人口多少,起码应有1名人大代表。我在信中提出的第二个问题:我国国务院是代表我国各民族利益的最高执行机关,各民族人民都是国家的主人,我建议改组国务院时可否增加1名少数民族的成员。以上两个问题都比较大,请乌兰夫同志考虑,如认为不妥,就不必向上反映。

这次会议的结果是大家都知道的,没有必要重述。我只指出一点,乌兰夫同志在后来发表的一篇文章中,特别提出了少数民族在国家生活中的政治地位,把问题提到了马克思主义民族理论的高度,给了我很大的启发。

乌兰夫同志的逝世,是我国民族工作不可弥补的巨大损失。

(《师道师说:牙含章卷》,东方出版社,2013)

回回民族的杰出史学家

白寿彝同志是我国著名史学家、中国史学史专家，同时又是杰出的回族史学家，回族史研究是他的中国通史研究的重要组成部分。我不是专门研究中国历史的，对于白寿彝同志的中国通史与中国史学史的研究没有发言权。但是在抗日战争初期，我在延安曾参加党对回回民族问题的研究，而我分工研究的是关于回回民族的来源与历史部分。在这方面，白寿彝同志和我研究的问题有共同性，所走的道路有共同性，因此，我想从这个角度谈谈自己的感想。

白寿彝同志的民族成分是回族，他从小就热爱本民族，关心本民族的历史与发展前途，24岁时就发表了研究回族历史的论文，这是非常可贵的政治品质。过去在"左倾"思想特别是极左思潮横行时期，把这种可贵的政治品质诬蔑为"地方民族主义情绪"，是极其错误的。任何民族出身的马克思主义者，都应热爱本民族、关心本民族的发展前途，但他同时应尊重别的民族，关心别的民族的发展前途。只关心本民族的幸福，不关心别的民族的疾苦，那才是民族主义情绪，而在我们中国，危害最大的还不是地方民族主义，而是大汉族主义，因为汉族占全国人口90%以上，在政治上居于主导地位。

白寿彝同志成长的历史背景，对他的一生具有重大影响。他于1932年在燕京大学国学研究所毕业时，正值日本帝国主义者发动了"九一八"事变，我国各民族处于生死存亡的危难关头，回回民族作为中国各民族的一个成员，它的命运与中国各民族的命运是共同的，每个民族的先进分子，都不能不关心国家的命运，不能不关心民族的命运。作为回回民族先进分子的白寿彝同志，毅然投身当时的救亡活动，从研究本民族的历史着手，由此唤起回族广大人民的觉醒，振奋民族抗敌精神，他选择的这条道路是正确的。

但是当时中国的统治者是国民党，国民党的当权者不承认回回是一个民族，只承认是回教徒。要是有人说回回是一个民族，说不定会招来各种各样的迫害。这就是国民党执行的民族压迫政策。在这种政治条件下，白寿彝同志要研究回回民族的历史，就不能不考虑它的后果，不能不考虑他的研究成果有没有地方发表。为了争取自己的研究成果取得合法地位，白寿彝同志把回族史的研究与回教史的研究结合起来，把回族史称为"回教史"，把回族称为"回教人"，这在当时的政治条件下是不得已的，也是比较策略的。现在我们阅读白寿彝同志1943年写的《中国回教小史》，实质上就是《中国回族小史》，但如果当时他把书名写作《中国回族小史》，恐怕《边政公论》杂志不敢发表，恐怕商务印书馆也不敢出版，因为这是和蒋介石唱对台戏，谁也惹不起他。

1941年延安出版的《回回民族问题》一书第一次旗帜鲜明地把回回作为民族提出来。1958年《回回民族问题》一书在北京再版时，中国回民文化促进会写的"再版前言"中明确指出："回回民族是我国人口众多，又有着悠久历史的一个少数民族，但是在国民党的反动统治下，不仅遭受惨重的民族压迫，甚至不承认它是一个民族。伟大的中国共产党从它诞生的第一天起，就主张各民族一律平等，并且承认回回是我国的一个少数民族。这是历史上第一次我们被承认是一个民族"。

《回回民族问题》一书，对全国回族人民产生了重大影响，白寿彝同志也不例外。新中国成立以后，白寿彝同志写的回族史的论著就不再用"回教史"与"回教人"，而用了新的提法，如1951年写的《回回民族底新生》《回回民族的形成》，1957年写的《回回民族的历史和现状》《回回民族的形成和初步发展》等，就是明证。以上的事实一方面说明《回回民族问题》一书完全符合我国回族问题的实际，代表了广大回族人民的心愿；另一方面也说明白寿彝同志对回回民族问题的基本观点早就和中国共产党是一致的，说他是回回民族的杰出史学家，是当之无愧的。

白寿彝同志在回族史研究方面的成就是多方面的，下面我只想谈谈几个比较大的问题。

一是回回民族的来源问题。全国解放以前，只有国民党的当权者不承认回回是一个民族，但广大回族人民还是认为回回是一个民族；汉族学者也有不少人承认回回是一个民族，但对这个民族究竟是怎么发展而来的，看法却不一致。当时比较有影响的一种说法是：回回是从唐时的回纥、宋时的回鹘、元时的回回发展下来的，初听起来，似乎有点道理，但是从二十四史进行查对，就发现这种说法不符合历史事实。因为唐时的回纥到宋时改称回鹘，这是事实；但到元时，蒙古人把回鹘称为畏兀，它和回回都是"色目人"，但不是一个民族。所以《回回民族问题》一书在论述回回民族的族源问题时，肯定回回主要是元代从西域各国移入中国的信仰伊斯兰教的各族人民，蒙古人把这些人统称为回回，后来就形成中国境内的回回民族。当然，这并不排除唐、宋时留居中国的波斯、大食人的后代；也不排除元代以后若干信奉了伊斯兰教的蒙古人、汉人，等等。当时由于国民党的封锁，我们在延安很难看到国民党统治区出版的论述回族历史的著作与论文。新中国成立以后，我才看到白寿彝同志的《中国回教小史》《元代回教人与回教》等著作与论文，我发现白寿彝同志早在 20 世纪 30 年代和 40 年代写的关于回族来源的看法，和我们党在延安时的看法是完全一致的，而在材料的占有方面，白寿彝同志的论著要比《回回民族问题》一书更为丰富，更有说服力。这是白寿彝同志在回族来源问题方面的一大贡献。

二是回回民族的形成问题。这和上面讲的族源问题是有关系的，如果承认回回是唐时的回纥、宋时的回鹘发展下来的，那么这个民族早在唐时就已形成，宋代和元代不过是改了名称而已。而按照我们的看法，回回主要是元代从西域各国移入中国的信仰伊斯兰教的各族人民，那么回回民族的形成时间只能从元代算起。也就是说，回回是在我国元代形成的一个少数民族。白寿彝同志在新中国成立前写的有关回族历史的论著中，由于当时政治条件的限制，还不能公开提出回回民族的形成问题，但实际上，他在这个问题上的观点与《回回民族问题》一书的观点是一致的。新中国成立以后，白寿彝同志更加明确地认为回回民族的形成时间是在元代。

回回民族的形成问题，不仅包含形成这个民族的时间问题，还包含形成这个民族的主体问题。根据一般的民族形成规律，在阶级社会里，要形成一个新的民族，必然是由若干民族的成员融合而成，但其中必有一个人数较多、势力较大的民族成员作为主体，才能形成一个新的民族。回回最初由西域移入中国时，是由若干信奉伊斯兰教的民族成员组成的，其中既有阿剌伯人，也有波斯人，还有中亚细亚的各族人民，究竟当时哪一个民族的成员最多、势力最大，而作为形成回回民族的主体？我们在延安没有掌握这方面的史料，因而《回回民族问题》一书回避了主体问题。全国解放以后，我们看到的史料是多了，但主题问题仍难搞清。白寿彝同志在《元代回教人与回教》一文中，给我们提供了一个很重要的启示。他说："元时波斯人在中国回教中的势力，似较阿剌伯人为大。元时官府文书称回教教长，通用波斯名称'答失蛮'，即其一证。今日回教人中所通用的与宗教有密切关系之语言，如教师为 Akhund，称礼拜为 Namaz，称晨礼为 Bamdad，称午礼为 Pashin，称哺礼曰 Digur，称昏礼曰 Sham，称夕礼曰 Khuftan，称上帝曰 Khudan，以及每次礼拜开端时之陈词，均为波斯文。苟追其所始，舍元代外，亦无更合适之时期。此其故，波斯人较大食人先附，一也；波斯人较中国近，来中国者较多，二也。"根据白寿彝同志的这段论述，可以认为形成我国回回民族之主体，很可能是波斯人，因其人数较多，则势力必大，就有作为主体的条件。

还有一点值得研究。元世祖在大都设立了"回回国子学"，元仁宗复置"回回国子监"，都学习"亦思替非"文字。所谓"亦思替非"文字究竟是哪个民族的文字还待研究，但有一点似乎可以肯定，这种文字和回回必有关系。有人认为"亦思替非"文字是波斯文字，如果这个说法可以成立，更能证明元时移入中国的回回人中，以波斯人为最多，其势力也必很强大，自然而然地就会成为形成回回民族的主体。这是今后研究回回民族形成问题时，应该进一步明确解决的一个问题。

三是回族与回教（伊斯兰教）的关系问题。我们在延安研究回回民族问题时，就很注意回回民族与回回教门的关系问题，《回回民族问题》一书中指出："伊斯兰不只是一种宗教信仰，而且在宗教外衣下还包括着社会制度和风俗习惯。正因为伊斯兰是宗教信仰又包括着社会制度与风俗习惯，所以它就同回族的发展结成了密切的关系。忽视了回教和回族的这种关系，就很难了解回族及其发展。"上面的这段论述是我们当时的共同看法。但我并不认为这种看法是很准确的，它并没有完全说清楚回族与回教的关系。

我从研究回族历史的角度，认为有一个问题是没有解决的。元代与回回同时移入中国的，有二三十种"色目人"（《新元史氏族表》所载色目人为24种，陶九成所记色目人为31种，钱大昕考证色目人为33种），色目人中，回回人数可能较多，有"元时回回遍天下"之说，但它毕竟是色目人中的一种。元亡以后，色目人大概都在中国居留下来了，所以明太祖曾下"谕旨"："蒙古、色目人等，或更姓名，朕虑岁久，其子孙相传，或多昧其本源，中书省其告谕之，如已更者，听其改正。"看来明太祖是不赞成蒙古人和色目人改用汉姓汉名的。元朝把中国各民族人民分为四等：一等为蒙古人，二等为色目人，三等为汉人（早先归顺蒙古的汉人），四等为南人（最后归顺蒙古的汉人）。这四等人的政治待遇与社会地位是有很大差别的。元亡后，明朝把这四种等级取消了，随之，色目人很多都改用了汉姓汉名，久而久之，民族之间的差别逐渐消失了，除了回回之外，其余色目人的后代都加入了汉族的行列，唯有回回例外，它形成了一个新的民族，形成了一个民族意识非常强烈、斗志昂扬、生命力旺盛的新民族。用什么道理来解释回回民族的形成与发展的历史呢？延安时期我们没有找到答案。因为当时参加回回民族问题研究的同志都是汉族，又都不是伊斯兰教的信徒，说实在的，对于回回民族的民族意识，民族感情，以及他们的宗教信仰，我们没有也不可能有亲身体会，所以对回族与回教究竟是什么关系，回教在回族形成与发展过程中究竟起了什么作用，没法作出透彻说明。

全国解放以后，我看到了白寿彝同志关于回族与回教关系的论著，我发现他把两者是密切结合在一起研究的，他在《元代回教人与回教》一文中说："元人所称之回回，实不仅宗教的意义，且有十足之民族的意义。"白寿彝同志就是把回回史既当作宗教史，又当作民族史来研究的，这是抓住了中国回族与回教的特点，是正确的。但是白寿彝同志同时指出：宗教和民族毕竟不是一回事，回回是中国境内的一个少数民族，伊斯兰教是世界三大宗教之一，世界上有40多个国家的居民信奉伊斯兰教，绝不能说凡是信奉伊斯兰教的民族都是回回民族。中国的回回民族与伊斯兰教究竟是什么关系？伊斯兰教在回族形成与发展过程中究竟起了什么作用？据我所知，回族同志之间的看法也不一致，也存在争论。可见这个问题是我国的一个比较特殊的民族与宗教问题，不是一两句话可以说清楚的。但我相信，世界上只有还未认识之物，没有不可认识之物，这个问题迟早是会得出科学结论的。

四是回族史的编写问题。全国解放以后不久，中央民族事务委员会提出编写三种民族问题丛书，即各少数民族的"简史"、各少数民族的"简志"与各民族"自治地方概况"，回回民族的"简史"与"简志"分别纳入这三种民族问题丛书的规划之内。由于受了当时"左倾"思想的影响，过分强调了"厚今薄古"，各族"简史"虽然写出了初稿，但质量很差。这是我们的民族研究工作的一大失误。但在这一时期，白寿彝同志却扎扎实实地做了很有意义的开拓工作，他在 1951 年写的《回回民族的形成》，1952 年编写的《回民起义》，1957 年与韩道仁、丁毅民等同志合写的《回回民族的历史与现状》，1960 年写的《关于回族史的几个问题》等论文与专著，为后来修改《回族简史》打下了基础。

"四人帮"被打倒以后，特别是党的十一届三中全会以后，民族研究工作中也逐步肃清了极左思潮的影响，国家民委把原先的三种民族问题丛书改组为五种民族问题丛书，把各少数民族的"简志"改为"语言简志"，另外增加了"中国少数民族"与各民族的《社会历史调查资料汇编》，《回族简史》的编写工作才走上了正确道路。在白寿彝同志的指导下，经过参加编写工作的同志们的共同努力，这本著作终于和全国各族人民见面了，这是第一本论述回回民族历史的专著。但是我们也要承认，这本著作的分量不大，它与 700 多万人口的回回民族是不相称的。因此，白寿彝同志提出编写一部一二百万字的大部头的《回族史》的倡议，得到了全国从事回族历史研究的同志们的全力支持。

白寿彝同志在几次回族史讨论会上提出了他的编写《回族史》的设想，他认为《回族史》应分为四个部分，"第一部分，要把我们回族史有关的基本材料加以论述，同时对于回族史的研究过程加以论述，把已有的回族研究所经历的行程以及达到的水平、提出的问题，提出来"。第二部分，"把回族的历史发展的整个面貌按照历史顺序写下来，其中包含经济、政治文化各个方面，当然也包含宗教等等方面"。第三部分"可以写回族的各种制度、回族的团体。回族在经济、政治方面的各种有特点的、有民族性的一些东西，可以摆在这儿"。第四部分"写传记。把历代的人物传记都写上，写正面的，也要写反面的"。白寿彝同志认为第四部分可以先写，他计划分为四册，第一册为元代，第二册为明代，第三册为清代，第四册为近代。第一册《回族人物志》已于1987年出版，第二册明代部分于1988年8月出版，第三册清代部分即将定稿，第四册近代部分正在组织。为了编写好这部《回族史》，白寿彝同志和其他同志还在考虑研究机构的设立与研究人才的培养问题。白寿彝同志的这些设想是完全正确的，作为早期回族历史的一个研究人员，我非常钦佩白寿彝同志的大胆设想，这不仅是白寿彝同志个人的学术成就，而且是党对回回民族问题的研究工作的继承与发展。

对于回族史的研究，我除了表示自己力所能及的支持之外，同时希望在白寿彝同志的指导下，在未来的大部头的《回族史》中，把我前面提到的回族的来源问题、回族的形成问题、回族与伊斯兰教的关系问题，均能有新的突破，作出科学的、有说服力的结论，完成前人未完成的历史任务。

(《史学史研究》1989年第1期)

护送班禅额尔德尼返回西藏的回忆[*]

根据《中央人民政府和西藏地方政府关于和平解放西藏办法的协议》第五条"班禅额尔德尼的固有地位及职权,应予维持"的规定,中央决定由西北部队护送当时留住在青海塔尔寺的十世班禅额尔德尼·确吉坚赞及其全部随从人员,返回后藏扎什伦布寺。西北局和西北军区根据中央的决定,即由西北军政委员会任命范明为代表,我为助理代表,共同负责护送班禅返藏事宜。这篇回忆录,就如实地叙述了根据中央的决定和西北局的指示,护送班禅返回西藏的经过,为今后编写西藏近现代史提供一些确实可靠的资料。

历史的回顾

要说明护送班禅返回西藏问题,有必要把这个问题的来龙去脉,向读者作必要的介绍。

班禅原本世居在后藏日喀则扎什伦布寺。班禅在后藏地区拥有广大的土地、人民和寺院,自清代雍正、乾隆朝以来,一向归清朝政府驻藏大臣直接领导,和达赖的西藏地方政府"噶厦"处于平等地位。辛亥革命以后,中央政府撤销驻藏大臣,噶厦乘机强迫扎什伦布寺服从达赖的统治,并于1914年(民国三年)冬,在日喀则增设了基宗(后藏总管)二人,总管后藏16个宗(相当于内地的县)、班禅所辖的4个宗和30多个相当

---

[*] 本文出版时为肖之兴整理。

于宗的独立的谿卡（封建庄园）。噶厦不断向班禅辖区派粮派款，征兵征税，而扎什伦布寺则沿过去的旧例，不愿有任何负担。于是，达赖和班禅双方发生了尖锐的矛盾。班禅方面一再要求免征各项税收，噶厦不但不予同意，反而在 1921 年又给扎什伦布寺增加征收全藏军粮 1/4 的负担。在噶厦的严重威胁和压迫之下，九世班禅为避免不测，不得已于 1923 年 11 月 15 日晚，率领少数随从逃出西藏，转入内地。

九世班禅到达内地以后，正逢南北军阀混战，祖国一时无力解决西藏问题。他艰辛地在内蒙古、东北和华北等地过着流浪生活。国民党政府在南京成立以后，达赖派代表在南京设立了办事处。1929 年 2 月，班禅获得国民党政府批准，也在南京设立了办事处，并发表宣言说："征诸历史与地理之关系，西藏欲舍中国而谋自主，实不可能。反之，中国失去西藏，亦犹车之失辅。"

"合则两益，分则俱伤，此一定之道也！"1931 年 5 月，九世班禅应邀到南京出席国民党政府召开的国民会议。1931 年 7 月 1 日，国民党正式册封班禅为"护国宣华广慧大师"，颁给玉印和册文，并定年俸为 12 万元。1932 年 12 月，国民党政府再次邀请班禅到南京，商讨西藏问题和班禅返藏事宜，同时正式任命班禅为"西陲宣化使"。

班禅担任西陲宣化使后，即派代表去拉萨向达赖交涉返回西藏问题。但是，当班禅准备返藏，于 1936 年 12 月行抵青海玉树以后，噶厦派来欢迎的代表又提出"要求轻骑回藏，不带汉方官员"。同时，昌都方面的头人也来信说："职方乌拉，均已筹备就绪，近奉藏政府谕，在交涉未圆满前，不许供应，请暂勿西上。"这时，抗日战争业已爆发，国民党政府已经顾不上处理西藏问题，因此指示班禅行辕和护送专使行署，要他们考虑停止入藏。经过再次交涉，噶厦仍坚持班禅必须"服从拉萨政府命令"，护送班禅的"汉官汉兵"不得有一人留住西藏。这些条件都是当时国民党政府和班禅集团不可能接受的。因此，九世班禅于 1937 年 10 月 1 日致函护送专使，同意暂缓入藏，他在公函的最后部分指出："查（三大寺和藏政府）来电含蓄甚广，毫无欢迎诚意，反欲使班禅与中央断绝关系，听彼指挥。……（班禅）宁愿牺牲个人，力全大局……暂缓西行，以待将来。"至此，九世班禅回藏一事，终因噶厦的刁难阻挡未能成行。

九世班禅自从回藏被阻以后，即染重病，1937 年 12 月 1 日圆寂于青海玉树寺拉加颇章宫中,享年55岁。九世班禅自1923年逃亡内地以来,在祖国各处流浪了15年,最后客死青海,生前始终没有实现返回故乡的愿望。

1940年,九世班禅的遗体被送回扎什伦布寺建塔供养。堪布会议厅及其职员眷属卫队等400余人,移住青海香日德(该地百姓属班禅教下)屯垦耕田,并派人四出寻访班禅转世灵童。

1941年,堪布会议厅按照宗教手续,在青海省循化县温都乡一户藏胞家中找到了灵童,名叫官保慈丹,年龄4岁,于是把他接到青海塔尔寺供养。当时西藏噶厦也从什么地方找到两个班禅灵童,通知扎什伦布寺派人去青海接塔尔寺的班禅灵童回西藏,举行金瓶掣签。堪布会议厅坚决肯定青海灵童为真正九世班禅的"化身",不同意掣签决定,并表示在西藏问题解决以前,不打算护送班禅回藏,因为在那种情况下返回西藏,不可能有好结果。

1949年春,堪布会议厅派计晋美前往广州,请求国民党政府代总统李宗仁批准班禅灵童,并明令免于掣签。国民党政府于1949年6月3日颁布命令:"青海灵童官保慈丹,慧性澄园,灵异夙著,查系第九世班禅额尔德尼转世,应即免于掣签,特准继任为第十世班禅额尔德尼。"1949年8月10日,十世班禅在青海塔尔寺举行坐床典礼,完成了法律上认定的手续。

1949年9月,人民解放军打垮了盘踞青海的军阀马步芳,青海解放。班禅即派员同解放军取得联系。10月1日,中华人民共和国宣布成立,班禅致电向毛泽东主席和朱德总司令致敬,表示拥护中央人民政府和中国人民解放军,希望西藏早日获得解放。他在电文中说:"班禅世受国恩,备荷优崇,二十余年来,为了西藏领土主权之完整,呼吁奔走,未尝稍懈,第以未获结果,良用疚心,刻下羁留青海,待命返藏。兹幸在钧座领导之下,西北已获解放,中央人民政府成立,凡有血气,同声歌舞。今后人民之康乐可期,国家之复兴有望,西藏解放,指日可待。班禅谨代表全藏人民,向钧座致崇高无上之敬意,并矢拥护爱戴之忱。"1949年11月23日,毛泽东主席和朱德总司令复电班禅表示勉慰,复电中说:"西藏人民是爱国而反对外国侵略的,他们不满意国民党反动政府的政策,而愿意成为统一的、富强的、各民族平等合作的新中国大家庭的一分子,中央人民政府和中国人民解放军必能满足西藏人民的这个愿望。希望先生和全西藏爱国人士一致努力，为西藏的解放和汉藏人民的团结而奋斗。"

1951年4月，班禅及其堪布会议厅的全体官员到达北京，向中央人民政府表达了他们的愿望和要求。

班禅返回西藏问题和西藏地方的解放问题是分不开的。西藏地区的解放是班禅返藏的前提，所以下面我们不妨简略地回忆一下西藏和平解放的经过。

班禅回藏前的西藏形势

1949年春，我国国内形势发生了根本性的变化。人民解放军百万雄师飞渡长江天险，解放南京、上海，国民党政府仓皇逃往广州。中国人民解放的伟大事业以雷霆万钧之势在神州大地迅速实现。西藏是我们祖国不可分割的一部分，拯救遭受帝国主义践踏的西藏人民，是解放全中国的必要组成部分和必然趋势。

在这样的大好形势之下，西藏一些亲帝国主义分子和分裂主义者却惶惶不可终日，妄图阻挡历史巨轮滚滚向前。1949年7月8日，他们突然发动"驱汉事件"，通知国民党政府驻拉萨办事处："为防止赤化的必要措施，决定请彼等及其眷属立即准备离藏内返。"同时占领拉萨无线电台，派兵监视国民党驻藏机关及其人员，催促他们迅速启程。他们这样做的目的是借此表示西藏和中国无关，为以后中国人民解放军进军西藏设置障碍。

对于这次"驱汉事件"，新华社于1949年9月2日发表了社论，《人民日报》也于9月7日发表了社论，一方面批评了西藏地方当局的这种行为是极其错误的；另一方面，也正式宣布中国人民要帮助西藏人民获得解放，这是大势所趋，人心所向，是任何反动势力阻挡不住的。

但是，西藏的亲帝国主义分子却拒不接受这些义正词严的忠告，继续进行分裂活动。1950年1月，美国合众社传出了西藏当局将派出一个"亲善使团"分赴美国、英国、印度、尼泊尔和中国北京，表明其"独立"。这是英、美帝国主义策动的又一阴谋活动，其目的是要西藏当局要求英美出面干涉，阻止人民解放军进驻西藏。新华社于1950年1月20日发表了我国外交部发言人的谈话，对这一阴谋作了严正的驳斥和揭露。班禅堪布会议厅看到西藏当局将要派出所谓"亲善使团"的消息以后，于1950年1月31日，代表西藏爱国人民打电报给中央人民政府，反对拉萨当局的这种背叛祖国的行为。该电文说："顷闻西藏拉萨反动当局，以'亲善代表团'名义，派遣非法代表赴英、美等国活动，表示西藏'独立'，企图勾结帝国主义，反抗人民政府，以达其脱离祖国，出卖西藏的阴谋。西藏系中国领土，为世界所公认，全藏人民亦自认为中华民族之一，今拉萨当局此种举动，实为破坏国家领土主权完整，违背西藏人民意志。谨代表西藏人民，恭请速发义师，解放西藏，肃清反动分子，驱逐在藏帝国主义势力，巩固西南国防，解放西藏人民。本厅誓率西藏爱国人民，唤起西藏人民配合解放军，为效忠人民祖国奋斗到底。"当时由于中央人民政府的驳斥和警告，西藏爱国人民的坚决反对，西藏当局派出的代表团未敢再去英、美等国表示"独立"。

为了加快和平解放西藏的进程，促成同西藏地方当局的谈判，中央人民政府于1950年7月10日派遣西康省人民政府副主席格达活佛（藏族爱国人士）前往西藏，进行劝说工作。格达活佛于7月24日到达昌都，即被英国特务福特唆使的藏军加以阻挠，不让其前往拉萨，并于8月21日给格达活佛吃了毒药，格达活佛中毒后，口吐黄水，鼻孔流出脓血，于第二天圆寂，死后全身发黑，皮肤一触即落。他的随行人员也被押送拉萨。

中央人民政府看到帝国主义分子在西藏如此猖獗，为了澄清西藏局势，驱逐帝国主义势力出西藏，于是命令人民解放军进军西藏。西藏亲帝的分裂主义分子却指挥藏军在昌都以武力阻拦解放军进藏，但这不过是螳臂当车。1950年10月19日，人民解放军解放昌都，藏军主力部队被彻底打垮。

昌都解放以后，西藏统治集团内部发生很大震动和混乱。以大札摄政为首的一小撮亲帝分子和分裂主义者，挟持年轻的十四世达赖喇嘛逃往亚东，并准备进一步逃亡国外。他们的这一行动，遭到西藏广大人民的反对，也引起了在西藏政治生活中有着举足轻重作用的三大寺的强烈不满，在达赖左右堪布、噶伦中也有不少人不赞成达赖外逃，而主张与中央人民政府举行谈判。

经过相当剧烈的斗争，1951年春，摄政大札终于下台，按西藏惯例，年满 18 岁的十四世达赖亲政。达赖亲政后，即于 1951 年 2 月派出西藏地方的全权代表 5 人，前往北京与中央人民政府进行谈判。

西藏地方的全权代表共 5 人，由阿沛·阿旺晋美为首席代表，其余 4 人是凯墨·索安旺堆、土丹旦达、土登列门和桑颇·登增顿珠。阿沛·阿旺晋美、土登列门和桑颇·登增顿珠等经昌都、康定、雅安、西安等地，于 4 月 22 日抵达北京，凯墨·索安旺堆和土丹旦达则转道印度、中国香港等地，于 4 月 26 日到达北京。

西藏地方政府全权代表聚集首都后，中央人民政府当即指派李维汉、张经武、张国华、孙志远为全权代表，并以李维汉为首席代表，于 4 月 29 日与西藏地方政府的全权代表，在友好的基础上开始进行谈判。中央人民政府的全权代表根据中央人民政府的民族政策和西藏地区的实际情况，曾主动地提出了一系列建议，同时尽量听取和采纳西藏地方政府全权代表的建设性意见。因此，谈判进展很顺利，在不到一个月的时间内即一致通过了《中央人民政府和西藏地方政府关于和平解放西藏办法的协议》。谈判于 5 月 21 日结束，23 日举行了《中央人民政府和西藏地方政府关于和平解放西藏办法的协议》的签字仪式。

签字仪式在北京勤政殿隆重举行，由中央人民政府朱德副主席、李济深副主席和中央人民政府政务院陈云副总理主持（周恩来总理因身体不适，由陈云副总理代行），参加签字仪式的有董必武、郭沫若、黄炎培、陈叔通、聂荣臻、彭真、马叙伦、章伯钧、谭平山、张奚若、许德珩、蓝公武、张志让、龙云、沈雁冰、乌兰夫、傅作义、李书城、李四光、叶季壮、朱学范、刘格平、贺诚、赛福鼎等军政首长及各民主党派领导人，此外还有班禅额尔德尼的代表拉敏·益西楚臣、计晋美、纳旺金巴等。

仪式开始后，首由中央人民政府的四位全权代表签字，继由西藏地方政府的五位全权代表签字。签字毕，李维汉首席代表和阿沛·阿旺晋美首席代表先后致辞，然后请朱德副主席讲话。

为了庆祝《中央人民政府和西藏地方政府关于和平解放西藏办法的协议》的达成，中央人民政府毛泽东主席于 5 月 24 日晚举行盛大欢庆宴会。应邀赴宴的有从青海来京的班禅额尔德尼，班禅副佛师嘉亚佛及班禅堪布会议厅主要负责官员拉敏·益西楚臣、计晋美、纳旺金巴、洛桑坚赞、唐觉雅丕，西藏地方政府谈判代表团的全权代表阿沛·阿旺晋美、凯墨·索安旺堆、土丹旦达、土登列门、桑颇·登增顿珠。应邀作陪的，有中央人民政府副主席朱德、刘少奇、李济深，政务院副总理董必武、陈云、郭沫若、黄炎培，中国人民政协全国委员会副主席陈叔通，人民革命军事委员会代表、总参谋长聂荣臻，中央人民政府全权代表李维汉、张经武、张国华、孙志远，北京市市长彭真，以及中央人民政府各部、会、院、署负责人，人民解放军在京高级指挥员，各民主党派、各人民团体的负责人，共180人。

在这一盛大宴会上，毛泽东主席首先致辞，班禅额尔德尼和阿沛·阿旺晋美也相继讲了话。毛泽东致辞说："几百年来，中国各民族之间是不团结的，特别是汉民族与西藏民族之间是不团结的，西藏民族内部也不团结。这是反动的满清政府和蒋介石政府统治的结果，也是帝国主义挑拨离间的结果。现在，达赖喇嘛所领导的力量与班禅额尔德尼所领导的力量与中央人民政府之间，都团结起来了。这是中国人民打倒了帝国主义及国内反动统治之后才达到的。这种团结是兄弟般的团结，不是一方面压迫另一方面。这种团结是多方面共同努力的结果。今后，在这一团结基础之上，我们各民族之间将在各方面，将在政治、经济、文化等一切方面，得到发展和进步。"

为了表达对中央人民政府的感激和敬意，班禅额尔德尼于24日下午4时，率领班禅堪布会议厅主要负责官员，向中央人民政府毛泽东主席致敬。中央人民政府副主席李济深，政务院副总理董必武、陈云、黄炎培，全国政协副主席陈叔通等，以及各方面负责人100余人，参加了这一隆重盛典。

班禅向毛主席敬献了哈达和礼品，礼物中有红缎锦旗一面，上边用藏汉两种文字写着"中国各族人民的大救星"字样。另有写在黄缎上的献词一份，有镶嵌"毛主席万岁"的金盾一座，藏制长寿铜佛一尊，藏制银满扎（为西藏人民敬献最高领袖最敬之礼节，状似银塔）一套。此外，尚有西藏珍贵名产金丝缎、鹿茸、藏香、藏红花、各种兽皮、各种氆氇、各种衣饰以及西藏战士50年前抵抗英国侵略者所用的武器、弹药等90余件。

在这以后，班禅暂回青海塔尔寺。

《中央人民政府和西藏地方政府关于和平解放西藏办法的协议》的签订，为班禅返回西藏作出了明确的规定和保证。

护送班禅返藏的准备工作

为了护送班禅返藏,早在和平解放西藏谈判开始以前,西北局统战部部长汪锋、范明和我就专门前往北京,先同中央统战部长李维汉同志一起商议有关事宜。

李维汉部长在 1951 年 1 月 30 日第一次和我们讨论进藏问题。当时他指出:西北军区的任务是配合西南军区,准备接收后藏。阿里由王震同志从新疆派人进去。考虑成立西藏军政委员会,作为成立自治区的过渡。由中央的一位领导人兼任军政委员会主席,达赖、班禅和西藏工委负责人担任副主席。班禅及堪布会议厅只想管理后藏地区,并希望当时在亚东的达赖不要出走,达赖亲政就是可能实现和平解放西藏的象征。西北军政委员会也要注意争取达赖。由西北军政委员会派代表驻班禅行辕比较适当,如果由中央派代表,可能刺激达赖方面。要给班禅配备一个警卫营。班禅行辕中有过去国民党派进去的特务,要进行清理。为了做好班禅堪布会议厅内部的政治思想工作,后来经中央批准,从山西调来梁选贤同志任堪布会议厅副秘书长,正秘书长仍为拉敏·益西楚臣。

1951 年 1 月 31 日,周恩来总理接见我们,作了许多重要指示。总理说:"西北军区应解决的五件事,由你们起草电稿,中央发出,必须解决。中央答应班禅的事,如派干部和卫队等,3 月底前一律办完。将来进藏你们可以分为若干梯队前进。现在必须马上准备驮畜和粮秣。"范明提出能不能改为从玉树经昌都前往拉萨。周总理答复:"不行,那条路上有西南军区几万大军要通过,交通拥挤,同时,你们还有占领黑河口的战略配合任务。"范明又提出:"青藏公路停修后,运输成问题。"周总理说:"中央并没有说不修这条公路,而是要西北方面调查沿路情况,查明哪条路线最好修,全线有多长,需要多少人工和材料,要花多长时间。"周总理又说:"你们行动时,要和西南进藏部队通电报联络,可以找杨尚昆同志另要一份密码。出发后,第一梯队即归十八军指挥。进藏以后,可能统一归西南局领导。西藏工委搞 2000 多人的班子太大。"总理问我们:"你们的工委设在哪组?"范明答:"在兰州。"李维汉同志插话:"将来你们应在兰州和塔尔寺两处搞。如工委设在兰州,牙含章可到塔尔寺去。"

周总理又指示:"外交干部将来可以从驻印度大使馆抽一名去西藏工作(后来从该使馆调杨公素同志为西藏外事处处长)。宣教干部另外找。边疆干部待遇应研究另订。"汪锋同志插话说:"苏联西伯利亚干部的待遇比内地高一倍。"总理说:"我们不必那样,看需要定,打电报问一下西南,或由西北提出一个意见。干部的家属,西藏解放后将来送去。准备工作要赶在3月底完成,责成西北局和西北军区负责,将来完成不了要唯他们是问。"

总理还作了许多其他指示,都很深入细致,果断中肯,给我们的工作指明了方向。

根据中央和周总理的指示,我们紧张地进行着护送班禅回藏的准备工作。调集干部、领取经费、采购各种物资、配备武器弹药、组织医疗队、电台和电影队等,这些问题都得由中央各有关部门协同解决。为此,李维汉同志几次召集会议,与有关部、会协商,最后向周总理报告,由中央作出决定。

我们这一路进藏部队共约2000人。所有从别处调来的干部也都穿军装。班禅行辕的人员,包括官员、家属和卫队等共400多人。医疗队的大夫和护士,由中央卫生部派遣。电影摄影队由文化部派来。通讯电台由西北军区调拨。

由于当时公路只通到青海中部的香日德(今都兰),在这以后只能使用驮畜运输,因此需要大量的牛、马、骆驼。于是,向甘肃民勤等县的农牧民租用了3万余峰骆驼,组织了庞大的骆驼运输队。向青海都兰县等地的蒙古族和藏族牧民租用了约8000头牦牛。调军马4000余匹,供所有人员骑乘。由于是长途行军,所以每人配备马两匹。另外备有骡子200头,专供抬担架使用。

因为这一路进藏是前往高寒山区,所以御寒装备是一个重要问题。为此,我曾专门去天津订制了大批皮大衣、成衣、皮裤、皮靴、帽子、手套和风镜等服装和用品,发给每人使用。大量的帐篷、行军床和行军桌椅等,向上海和天津订购,炊具在兰州和西宁等处购买,口粮、马料、燃料(木柴)和副食品在甘肃、青海采购。

数量如此庞大的驮畜和各种物资,在较短时间内配备齐全,是很不容易的事,充分体现了祖国人民从四面八方对我们的热情关怀和大力支持。

上述所有给养，由西宁用汽车运到香日德。骆驼、马匹、牦牛和骡子等也赶到香日德集中，准备接运。

在大队出发之前，由堪布会议厅代表札萨（该厅最高文员）计晋美和范明、慕生忠（原西北军区政治部民运部长）带领一部分人组成先遣部队，先从西宁前往拉萨。他们在1951年8月28日自香日德骑马启程，途中每天和我们通电报联系。12月1日，他们到达拉萨，同张经武、张国华和谭冠三等同志会师。

计晋美等到拉萨后，即与西藏地方政府商议班禅返藏的有关事宜，主要是恢复班禅的职权和地位，归还他原辖的地区等问题。为此，达赖喇嘛专门致电表示欢迎，并同意班禅和护送部队进抵西藏境内以后，沿途由西藏地方各宗派乌拉解决运输问题。班禅复电致谢，同时，以班禅堪布会议厅名义，向班禅原属地区僧俗官员和群众发电报，要他们积极做好欢迎班禅回扎什伦布寺的各项准备工作，号召他们在准备工作过程中，和达赖的官员搞好团结。

这时，我们在西宁已做好各项行前准备，等待择日启程。

从西宁出发

1951年12月18日，习仲勋同志代表毛泽东主席、代表西北军政委员会，专程前来西宁，欢送班禅启程回西藏。在西宁举行了隆重的欢送仪式，青海省人民政府主席赵寿山，副主席喜饶嘉错、马辅臣，省委书记张仲良，省军区司令员廖汉生等参加欢送。

班禅及其亲属、行辕的全体官员，在西北军政委员会驻班禅行辕助理代表等护送下，分乘许多辆汽车（吉普车、大卡车），从西宁出发前往香日德。班禅行辕所属官员家属，已先期到达香日德。

驻行辕助理代表等组成办事机构，处理进藏途中一切有关事务。3万余峰骆驼分成若干梯队，分期分批陆续出发。马队、骡队、牦牛队也分成梯队行动。我们到达香日德时，已接近农历年关。1952年1月初，香日德一带下了好几场大雪。当时有谣传说该年大面积下雪，唐古拉山被大雪封冻，人马不能通过。堪布会议厅向驻行辕代表报告了这一情况，问是否继续前进。我给西北局和西藏工委发电报，请示走不走的问题，这是当时的关键性问题。周恩来总理和李维汉部长也分别从北京发来电报，向我们进一步了解情况，并指出如果确实大雪封山，则暂在香日德停留，等到山雪融解的夏季再行前进。但是，如果我们在这里一住半年，那么人粮、马料等给养将成为很大问题。特别是停留这么长时间，势必贻误时机，关系重大。这里又离唐古拉山很远，往返要花几个月的时间，不可能派人前去侦察，得出山上的确切情况。

在这样相当复杂的情况下，我们和堪布会议厅反复研究。堪布会议厅提出可以走"三十九族"（地名）一线，绕过唐古拉山，虽然多走一个月的路程，但是同样能进入西藏。最后，我们决定采取这一方案，作好精神准备，如果走到唐古拉山近前发现大雪封山，就绕"三十九族"前进，如果没有封山，就径行穿山而过。于是，一方面以班禅的名义给周总理和李维汉部长发电报请示，另一方面由我发电报给西藏工委。这一方案很快得到上述三方面领导的批准，命令我们继续前进。1952年1月中下旬，我们从香日德启程，分成若干梯队陆续向青海草原进发。

由于我们的交通工具是马匹，驮载大量给养、装备的运输工具是几万头骆驼、牦牛和骡子，这若干万头牲畜每天要吃草，因此，我们这次进藏，实际上过的是半行军半游牧的生活，每天走半天路，放半天牧。早上天不亮就起来，做早饭吃，卸帐篷，备马鞍，随即列队上路。走到中午，选择有水有草还有干牛粪的向阳坡地或平坦高地建立宿营地，埋锅造饭。做饭有两件大事：一是当时已届隆冬，河川冰冻，只能收集冰雪融化成水，供应煮饭和饮用；二是上草原捡干的野牛粪作燃料。这两件事工作量很大，几乎人人动手，大家都干。野牛粪是天然供应我们的好燃料，可是，遇到野牛群却必须远远避开，不可轻易开枪射击。这种野牛比牦牛的个儿大一倍，力大无穷，几百头上千头成群横行在草原上。如果打不中它的要害，即使牛身上连中数枪，它也不会倒下，反而会更加狂怒地用大牛角抵你。除非打中它的脑袋，否则必须三四十枪才能把它打死，所以人们一般不敢惹它。

午饭以后，由专人放牧众多的牲畜。大家再为晚饭和第二天的早饭出去捡牛粪。

虽然在行军途中，宣传组的同志们仍然每晚坚持收听中央电台的新闻广播，经过编选，到第二天午饭后口头传达给全体人员，以便大家了解西藏、全国和国际上的大事，使大家不脱离政治。这是当时主要的政治思想工作之一。

护送部队中的党员有临时党委，团员有临时团委。一星期过一次组织生活，表扬好人好事，开展批评和自我批评。这种制度始终坚持不懈。

我们每天行军，星期天也不休息。途中先后经过我国两条最大河流的源头——黄河源和长江源。到达通天河（长江源）畔时，河水已经结冰，我们径直列队从冰上过河，省了许多事，并且避免了涉过激流的危险。

过唐古拉山

我们在寒风凛冽的高原上跋山涉水，走了一个多月。1952年2月底左右，来到了唐古拉山前，发现这座崇高险要的大山并没有被大雪封住。山上虽然覆盖着一尺来厚的积雪，但是人马可以通过，这就避免了绕道，大家直接过山。

唐古拉山横亘在青海和西藏之间，我们将要通过的唐古拉山口，最高处达海拔5800多米。山上到处冰天雪地，酷寒逼人，特别是两只脚冻得实在难熬。高山缺氧更使人受不了，人人头昏脑涨，脑袋疼得好像快要炸裂，胸口好像压着千斤重担喘不过气来，两腿虚软好像陷在淤泥里抬不起脚来。牲畜也因为缺氧，胸脯像风箱那样大起大落地喘气，嘴里喷着白沫晃晃悠悠迈不开步子，再加上雪山缺草，牲畜吃不到东西，又冻又饿，体力消耗非常之大。骆驼和马匹走着走着，一下趴倒在地，就再也起不来。在低空盘旋的兀鹰一看见骆驼倒下，就俯冲下来先啄掉骆驼的眼睛，然后成群飞来撕食整头骆驼。在过唐古拉山的短短几天时间内，大批骆驼、马和牦牛死于这种无比险恶的自然环境之中，沿途留下一堆堆牛、马、骆驼的骸骨，连绵不断，成为唐古拉山艰险旅程的路标。由于山上没有草，又冷又缺氧，不能多停留，越停留越危险，所以过山时，每天从早到晚都走路，实行强渡。晚上宿营时，帐钉插不进坚厚的冰层，只能凑合着用石头压住帐篷边，架起帐篷。做饭就靠进山时驮来的一点干牛粪。大家是豁出命去，只用了6天时间就强渡了唐古拉山天险。

过山以后，西北军政委员会和西藏工委立即发来电报，习仲勋同志也以个人名义发来电报，热烈祝贺胜利地、安全地越过这座大雪山，大家受到很大鼓舞。这是进藏道路上和大自然作战的最大难关，我们闯过去了，取得了胜利，但是也付出了很大代价。拉骆驼的老乡死了数十人，干部也死了好几个，大都是心脏较弱的人，浮肿而死。骆驼死了上万头，马和牦牛也死了相当一部分。只有骡子因为体格壮，耐力强，又每天喂料，只死了一头。

经过唐古拉山口以后，即入西藏境内。几天以后来到安多麦马游牧部落境内，见到了达赖和西藏地方政府派来欢迎的官员。他们以四品僧官堪穷和四品俗官任木西为首，一行共十余人。他们向班禅敬献哈达，说明代表达赖和噶厦前来欢迎，再往前行即由他们下令向沿途牧民派乌拉差役，支应班禅和护送部队前进。从这里起，我们才开始见到路旁断断续续地出现藏族牧民的帐篷和牲畜。

在黑河停留

进藏以后，我们到达的第一个重镇是黑河。这是一处草原市镇，当时约有几百户人家，两座寺庙，一座是喇嘛庙，有500多人；另一座是尼姑庵，有200多人。市镇内有一些小商店，出售日用品，大部分是英国货和印度货。

西藏地方政府在黑河设有那曲基巧（黑河总管），相当于内地的专员公署。基宗一僧一俗，两人都是四品官。他们和当地的活佛、喇嘛，以及附近的牧民等共上千人前来欢迎，在黑河市内举行喇嘛教的欢迎仪式。我代表人民解放军拜访了基宗，拜访了活佛，赠给他们藏汉文合璧的《十七条协议》和许多宣传品，以及砖茶等礼品。又给喇嘛庙放了布施，每人一枚银圆。喇嘛庙的活佛还把班禅接去念了经。

在黑河我们接到西藏工委来电通知说：当时拉萨发生了严重的政治斗争。在两个司曹（代理首相，一僧一俗）策动下，组织了一个伪人民会议，纠集约4000人包围了中央代表张经武的住处，提出了反动的要求——要人民解放军撤出西藏。司曹命令拉萨朗仔辖（市政府）的莫本（市长）和拉萨附近各宗的宗本，严禁向人民解放军出售粮、肉等一切食物和干牛粪等一切燃料，扬言如果解放军不走，就把他们饿死在拉萨。我们针对他们的反动气焰，进行了坚决的斗争。张经武同志亲自去见达赖，指出伪人民会议是反动组织，必须立即解散，并提出要将在幕后进行策划的两名司曹立即撤职，限于数日内答复。同时宣布成立中国人民解放军西藏军区，任命十八军军长张国华为军区司令员，十八军政委谭冠三为政委，阿沛·阿旺晋美为军区副司令员，为了保护阿沛的安全，我们安排他在一个时期里住在军区院内。命令人民解放军为应付一切可能发生的事变，做好充分的战斗准备。当时到达拉萨的解放军先遣支队虽然只有1000多人，但是他们是久经考验的精锐部队，战斗力很强，充满应付事变的信心。

当时西藏工委将这种情况立即报告给党中央和毛泽东主席。党中央考虑到西藏的客观实际情况，为了缓和汉藏民族关系，缓和中央和西藏地方政府之间的紧张关系，以利于进藏部队站住脚跟，因而决定暂缓成立西藏军政委员会和改编藏军。同时决定争取早日修通从四川到拉萨的川藏公路，命令第十八军指战员投入修路工程。

西藏工委将上述情况及时电告我们，要我们也做好战斗准备，防止突然袭击。为此，我们和堪布会议厅一起召开了紧急会议，传达工委指示，安排了应付可能发生事变的各种具体措施。召开会议，向全体人员传达拉萨的情况和工委的指示，要大家做好精神准备，做好战斗准备。禁止进藏人员单独上街，必须五六人以上携带武器集体外出，我们在黑河郊外举行军事演习，请当地的基宗和活佛等参观，以显示武力（有轻、重机枪和火箭筒等）。我们对藏方僧俗官员和活佛们仍然表示友好，照常保持良好的关系。因为作了这些准备，所以在黑河没有发生请愿、游行、示威等对我们不友好的行动。在拉萨，经过激烈的政治斗争，西藏反动集团终于向我们屈服。西藏地方政府以达赖的名义下令撤了两名司曹的职，解散伪人民会议。西藏政治形势开始缓和，于是工委下令我们继续向拉萨前进。

经过极其艰苦的长途行军，我们到达黑河时，3万余峰骆驼已死去大半，牛马也死了许多。因此，我们从黑河出发时，不得不支付一定的报酬，雇用藏族牧民的牛马，补充驮畜。我们除了付报酬以外，还给牧民们免费治病，送给他们许多宣传品，对他们不打不骂，平等相待，严格执行三大纪律八项注意，从而赢得了牧民对我们的信任。他们称我们为"金珠玛米"（解放军）和"嘉沙巴"（新汉人）。

抵达拉萨

1952年4月12日,我们护送班禅平安抵达拉萨。从1951年12月18日离开西宁算起,在路上走了将近4个月,路程近4000里。

班禅到达离拉萨76里的吉日时,西藏工委派副书记范明,军区派参谋长李觉等前来欢迎,并且一起研究了进入拉萨后需要注意的事项。

班禅到达拉萨的时候,西藏地方政府在郊区搭起欢迎帐篷,举行了传统的欢迎仪式。噶厦的噶伦(大臣)等重要僧俗官员在帐篷内向班禅献哈达,以示欢迎。然后以藏军军乐队为前导进入市内,居住在大昭寺中预先布置好的行辕里,班禅方面所需人粮马料即由西藏地方政府供应。

第二天,班禅前往布达拉宫拜会达赖。自从九世班禅和十三世达赖失和以后,班禅逃入内地29年(1923~1952年),这才重新恢复了双方的友好关系,也就是毛主席所说的西藏民族内部的团结问题得到了解决,这在西藏是具有重要历史意义的大事。由于范明和计晋美先行至拉萨协商,所以关于恢复班禅固有的职权和地位,接收被达赖集团侵占的原班禅管辖地区等问题,在这以前已经商议妥帖,没有再多费周折。班禅在拉萨住了一个多月,5月,班禅启程前往离别了将近30年的扎什伦布寺。

班禅离开拉萨的那一天,西藏地方政府又在市郊搭帐篷欢送。噶厦的噶伦等重要僧俗官员给班禅献哈达送行。

班禅回到扎什伦布寺

在班禅离开拉萨以前,西藏工委向中央汇报了班禅返回扎什伦布寺的准备情况。中央指示要我继续护送班禅,直到扎什伦布寺,并在那里居住一段时间,协助班禅等人办好各项事宜,然后再回拉萨。同时,西藏工委决定在日喀则成立分工委(相当于地委),协助处理班禅所属地区的一切工作,由梁选贤同志任分工委书记,苗九锐同志为副书记。我们由拉萨出发后,经曲水宗、白地宗、浪卡子宗、江孜宗和白朗宗,最后抵达日喀则,这一路大概走了半个月。这时,班禅堪布会议厅仍为400多人,班禅的警卫营将近500人。我们护送班禅的人已不多,只有少量分工委的人担负这一任务。日喀则分工委当时只有数十人，但是，另有全套人马——医疗队、文工团、新华社、报社、银行、贸易公司和邮局等各种机构共数百人，一起前往开展工作。这些人员有从十八军来的，也有从青海来的，他们将在班禅所属地区开展各项工作，打开局面。

班禅久别日喀则29载，现在重新归来，各地属民前来欢迎的多达五六万人。他们有些人经过数十里，有些人甚至跋涉几百里前来扎什伦布寺。有的牧民赶着牦牛，带着帐篷，已在日喀则等了一个多月，日喀则市区到处挤满了迎接班禅归来的男女老幼。当我们进城时，群众情绪激昂，有些人由于过于激动甚至号啕痛哭，充分显示出浓厚的民族感情，特别是强烈的宗教感情。这种场面在日喀则的历史上是空前的。

扎什伦布寺的喇嘛和日喀则的市民们，自发地用红布或红纸做了许多五星红旗。全市家家户户，寺中每一僧舍，无不红旗招展。这些红旗上的五星虽然做得五花八门，很不合规格，但越是这样，越体现出当地藏族人民自发的高度爱国热情，使我们深受感动。

在扎什伦布寺的每一处经堂和僧舍中，还高挂着毛主席的画像。这些画像都安放在和释迦牟尼像并列的地方，充分表现出全寺广大僧众对共产党的感激心情。

班禅进入扎什伦布寺以后，扎什伦布寺举行了隆重的喇嘛教庆祝仪式，这一仪式前后长达半个月时间。

在这期间，我们迅速地成立了日喀则工委和各种机构，发行了《日喀则报》，这是一份周报，出藏、汉文两版，油印，主要刊登新华社消息。医疗队立即开始为僧俗群众免费治病，电影队免费放映电影，银行给城市贫民和郊区的贫苦牧民发放无息贷款，医疗、贷款和电影这三件大事，深受广大群众的热烈欢迎。

达赖在日喀则设有基巧，两名基宗都是四品官，一僧一俗。班禅回到日喀则时，他们曾在市郊搭帐篷欢迎，献了哈达。后藏地区共有达赖所属16个宗，班禅所属4个宗和30多个相当于宗的独立谿卡。日喀则市的市民归达赖系统管辖，扎什伦布寺则属于班禅。因此，在日喀则搞好达赖和班禅双方的团结，是件非常重要的大事。日喀则分工委负责做达赖和班禅所辖各地区各单位的工作。

我在日喀则一方面参加庆祝班禅回寺的活动，一方面筹建分工委，同时也做达赖方面的统战工作。我亲至日喀则基巧,拜会基宗,赠送礼品和许多宣传品。基宗也来回拜送礼,双方关系处得很好。

我在日喀则住了半年多,主要帮助班禅恢复他的固有地位和职权。其中的关键问题是,要把1923年班禅离藏后被达赖方面侵占的那些宗和谿卡,归还给班禅方面,由班禅派官员前去管理。这一和平移交的工作进行得比较顺利,没有发生大的困难。

另一项重要工作为调解班禅集团内部的由内地回来的人员和留在当地人员之间的矛盾。在留下的僧俗官员中,有一部分人给达赖方面做过事,这在当时情况下也是不得已的。从内地回来的人要收拾他们,我们说服班禅和堪布会议厅对这一部分人采取宽大政策,既往不咎。当时,班禅方面将这部分人中的一个头面人物(四品俗官)私自逮捕,这件事事先并没有和我们商量。为了搞好他们之间的团结,我们说服班禅和堪布会议厅将此人释放,并要他们以后遇到这种情况时先和我们商量。通过释放这个人,促进了班禅方面内部两派之间的团结。

1952年12月,根据中央指示,要我到拉萨参加西藏工委会议。我到班禅住地向他辞行,班禅为我设宴饯别。当我到达班禅门口时,那里整齐地排列着一行喇嘛,多达数十人,每人手里握着一股点燃的清香,口中念着经。这是喇嘛教表示感激的最隆重的仪式。

临别时,班禅送给我一头非常健壮的骡子,并备有全套鞍具,以便沿途骑乘,留作纪念。堪布会议厅从班禅警卫营中调派一个班共10人,护送我回拉萨。

出发那天,堪布会议厅在市郊搭帐篷欢送,用藏族礼节向我们献哈达送行。达赖派在日喀则的两名基宗,也搭帐篷献哈达热烈欢送。他们还派一名藏族"张译"(职称)伴送我至拉萨,他负责与达赖管辖地区各宗联系,给我们供应人粮、马料和住处。我们这一行共十几人。

这次从日喀则回拉萨,为了了解藏北的情况,我不再走南路,改走北路,一路经过南木林宗等地。

至南木林宗时,宗本和寺庙的堪布(管事)等数十人至郊外欢迎,献哈达。到住地以后,我去拜会宗本、活佛和堪布等人,送了礼品和宣传品。当地有一座格鲁派(黄教)寺庙,内有喇嘛500多人,我给他们每人放了一枚银圆的布施。

到堆龙德庆宗的时候，经过一座噶举派（白教）的寺庙，庙中有楚布噶马巴活佛。他的先辈曾推翻帕主王朝，建立噶马王朝，担任全藏法王。噶马王朝统治西藏凡24年（1618～1642年），再以后就是达赖五世建立的噶丹颇章王朝了。我进入寺内，向活佛献哈达，送礼品，给300多名喇嘛放布施，每人一枚银圆。这是为了表示共产党对西藏各教派一视同仁，贯彻信仰自由政策，不是只支持某一教派，而是对各教派同样尊重。

1953年的西藏国庆观礼团

我回到拉萨时，已进入1953年。

1953年是新中国成立四周年。中央统战部指示西藏工委组织达赖和班禅双方共同参加统一的西藏观礼团，去北京参加国庆活动。经过和双方协商，他们也都同意统一组织。达赖方面的首席代表为噶伦热噶厦，副首席代表为马基（藏军总司令）噶章，其余代表十多人，另有其他官员、随从和家属十多人。班禅方面派大喇嘛纳旺金巴为首席代表，另有代表、随员和家属数十人。这是班禅回藏以后，全藏统一组织的第一个国庆观礼团，由热噶厦担任团长，纳旺金巴为副团长。西藏工委决定由我带队陪同他们前往北京。

那时康藏公路还没有全线修通，由四川只通到昌都，从拉萨到昌都都要骑马。观礼团沿途由西藏地方政府下令各宗宗本负责供应全团人员的交通运输、人粮马料和住宿需要。我们从拉萨出发，骑马走了一个多月才到昌都。中共昌都分工委书记、昌都人民解放委员会主任、西藏军区副政委王其梅同志，隆重欢迎、热情接待观礼团。昌都喇嘛寺活佛帕巴拉·格列朗杰委派该寺堪布为代表，在昌都郊区搭欢迎帐篷，用藏族的仪式向全体代表献哈达，表示隆重欢迎。

从昌都出发，即由西藏军区驻昌都部队调派卡车数十辆，运送全团到成都，四川省人民政府举行了欢迎宴会。然后由西南军区派出几架飞机，把观礼团由成都空运到武汉，中南军政委员会民族事务委员会主任张执一同志等代表中南军政委员会到机场欢迎，中南军政委员会和中南军区的领导人叶剑英同志设宴招待观礼团全体人员。代表们在武汉进行了参观游览，曾观看著名演员陈伯华演出的汉剧。

中央人民政府民族事务委员会派交际处长等专程来武汉迎接西藏观礼团，全体人员乘坐火车前往北京。

西藏观礼团到达北京时，中央人民政府副主席、中国人民解放军总司令朱德，中央统战部长兼中央人民政府民族事务委员会主任李维汉等数十人，在北京火车站举行了隆重的欢迎仪式。

观礼团被安排到当时新落成的和平宾馆居住。

9月下旬，李维汉同志在北京饭店举行盛大宴会，欢迎西藏国庆观礼团。

10月1日，隆重纪念新中国成立四周年。毛泽东主席在天安门检阅中国人民解放军。西藏国庆观礼团全体人员登上观礼台，观看了盛大而又热烈的国庆游行。

国庆后的一天，凌晨三四点钟，我们正在酣睡的时候，中央民委交际处的同志赶来通知我们迅速集合，准备参加毛主席接见，并通知早在这年春天已到达北京的西藏工委副书记、军区司令员张国华，西藏工委副书记范明和我，提前一小时到勤政殿。我们三人到勤政殿时，中共中央统战部副部长兼中央民委副主任刘格平同志已经站在门口等候，他把我们领到殿内的一个房间前，推开门让我们进去。门内站着一位身材很魁梧的人，那就是毛泽东同志。毛主席和我们一一握手，然后我们围坐在一张很大的长方桌子四边，这时才发现在座的还有朱德副主席、中央人民政府秘书长林伯渠和李维汉等同志。

毛主席和中央其他领导同志和我们一起漫谈。毛主席询问当时的西藏情况、形势和工作、观礼团的情况，我们三人一一作答，谈话时大家都很随便，毫不拘束。毛主席谈笑风生，说了许多笑话。朱德同志等也频频插话，毛主席那时已50多岁，但仍长一头浓厚的黑发，没有一丝白发，红光满面，看来很健康，显得年轻。他说一口湖南话，和我们谈了大约一小时。

当观礼团到达时，我们大家站在勤政殿内，毛主席在正中，朱德和林伯渠同志在他两边。右面一行为李维汉和刘格平同志，左面一行为张国华、范明和我。观礼团正式成员约30人排成一行，由热噶厦和纳旺金巴带头，列队进入勤政殿。他们每人手捧最尊贵的阿西哈达（略带浅绿色的白绸哈达），一一献给毛主席。

献过哈达后，毛主席和观礼团成员一起进入西面的大厅。厅中放着一张长方形大桌子，大家围坐在四周。毛主席发表即席讲话，着重谈了民族团结问题。他一再叮咛，要搞好汉藏两大民族的团结，也要搞好藏族内部的团结，即达赖和班禅双方的团结。他还说进藏部队和干部要正确执行民族宗教政策，如果有人违反，你们提出来，我们就将他们撤换。

达赖和班禅双方的代表，也向毛主席提问了许多问题，主要是关于中央如何帮助西藏发展当地经济和文化的问题。

这次接见大约一个小时。

毛主席和朱副主席接见以后，中央民委派负责同志陪同观礼团全体人员前往全国各大城市参观访问。我因参加中央统战部召开的西藏工作会议，没有陪同外出参观。

1954年春，西藏观礼团完成了全国各地参观的计划回到北京，准备返藏。李维汉同志分别找达赖和班禅的首席代表亲切谈话，并举行隆重宴会为全体人员饯行。

观礼团回去时仍由我带队，先乘火车到武汉，再坐轮船到重庆。西南局书记、西南军政委员会副主席、西南军区副司令员贺龙，西南军政委员会副主席兼西南民族事务委员会主任王维舟等负责同志，在重庆接见全体团员，举行了盛大的欢迎宴会，并邀请全团参加当地1954年"五一"节的庆祝活动。

过了"五一"节以后，我们坐火车到成都，换乘汽车至昌都，然后骑马回到拉萨。

班禅方面的代表则又由拉萨返回扎什伦布寺。

我的这篇回忆录，就写到这里。

看了这篇回忆录，能够给读者一些什么收获呢？"仁者见仁，智者见智"，不同的人会有各种不同的感想的，就让广大读者自己去做判断吧！

我自己最深刻的感想是：民族工作是我国各项工作中的重要工作之一。它不仅不是可有可无的，而且是只准搞好，不准搞坏的。为了搞好我国的民族工作，我们党的领导同志，包括毛泽东同志、周恩来同志、朱德同志、林伯渠同志、李维汉同志等，他们对待民族工作是多么重视！处理民族问题是多么慎重！就以护送班禅返回西藏这一具体事情来看，很多具体问题的决定都是由毛泽东同志、周恩来同志和李维汉同志亲自过问的。这是我们党的民族工作的优良传统之一。我们做民族工作的同志们，不论是汉族同志,还是少数民族同志,都应该继承这一优良传统,把我们的全部精力和聪明智慧都用到党的民族工作上去。当前全国各族人民正以全力进行四化建设,党的民族工作就是四化的一个组成部分,做好了党的民族工作,也就是为我国的四化做了一点切切实实的贡献。

(《师道师说:牙含章卷》,东方出版社,2013)

陇右地下斗争的历史回顾

"三大法宝"是我们的指路明灯

现在回想起来，在残酷的白色恐怖之下，在远离领导的处境之下，我们是依靠什么"法宝"取得这些胜利的呢？回答也很简单：我们依靠的就是毛泽东思想，特别是"三大法宝"。

毛泽东同志在1939年给《共产党人》杂志写的发刊词中说：

> 十八年的经验，已使我们懂得：统一战线，武装斗争，党的建设，是中国共产党在中国革命中战胜敌人的三个法宝，三个主要的法宝。这是中国共产党的伟大成绩，也是中国革命的伟大成绩。

毛泽东同志又说：

> 十八年的经验告诉我们，统一战线和武装斗争，是战胜敌人的两个基本武器。统一战线，是实行武装斗争的统一战线。而党的组织，则是掌握统一战线和武装斗争这两个武器以实行对敌冲锋陷阵的英勇战士。这就是三者的相互关系。

毛泽东同志在这篇文章中还指出："中国共产党的武装斗争，就是在无产阶级领导之下的农民战争。""这种武装斗争的总概念，在目前就是游击战争。游击战争是什么呢？它就是在落后的国家中，在半殖民地的大国中，在长时期内，人民武装队伍为了战胜武装的敌人，创造自己的阵地所必须依靠的因而也是最好的斗争形式。""我们懂得，在中国，离开了武装斗争，就没有无产阶级的地位，就没有人民的地位，就没有共产党的地位，就没有革命的胜利。"我们认为毛泽东同志的这些话，完全适合陇右地区的情况。

高健君、万良才和我来到陇右地区以后，对当地情况作了初步分析。我们认为做好陇右工作的关键，就是紧紧依靠毛泽东同志提出的"三大法宝"——武装斗争、统一战线和党的建设。而且我们认为：这"三大法宝"只有少数人懂得还不行，必须让大家都能掌握。所以，我们就用自己的语言，向毛得功、郭化如、杨友柏等同志宣传"三大法宝"的道理，使它扎根在每一个人的思想深处。这些同志当时虽然没有读过毛泽东同志的著作，但根据他们的亲身体验，非常容易地就领会了"三大法宝"这一光辉思想。因为毛泽东思想本来就是从群众中来的，从斗争中来的，我们的工作就是再使它回到群众中去，回到斗争中去。

如何把"三大法宝"具体地、灵活地应用在陇右地区呢？这就涉及理论联系实际的问题。因为陇右地区有陇右地区的特殊情况，不能把别的地区的经验照抄照搬。在陇右地区的具体条件下，如何贯彻执行甘肃工委的指示？如何建立地下党？如何建立游击队？如何建立游击根据地？采取什么组织形式和斗争形式？当我们初来陇右地区时，头脑中原有一套主观的想法，认为应该组织一支人数不多的、精干的、脱产的游击队，拉到陇右山里去，建立一个或几个可以藏身的宿营地，不时出来打击敌人，这就是建立游击队和游击根据地必须采取的组织形式和斗争形式。但是我们在陇右活动了一段时间以后，逐渐发现我们原来的这一套想法是主观的，是不现实的。因为我们亲眼看到毛得功、郭化如、杨友柏等人在长期的地下武装斗争中，已经创造了一套适合陇右当地具体情况的组织形式和斗争形式。我们的任务是：应该把他们的这些宝贵经验加以总结，上升到理论的高度，并不断加以补充，加以发展，这样才能使"三大法宝"的理论与陇右地区的实际密切地结合起来。

必须把武装斗争摆在首位

　　武装斗争在当时当地的主要斗争形式，就是游击战争。主要组织形式，就是适合当时当地条件的游击队。陇右人民总结了1943年反蒋大暴动失败的惨痛经验，创造了两种适合当时当地客观条件的组织形式：一种是长期存在的、精干隐蔽的游击队，这主要是由领导人员组成的核心队伍，实质上就是一支武装工作队（武工队）。另一种是不固定的、时出时没的、由年轻力壮的农民群众组成的游击队。后一种游击队，是由前一种武工队领导的。我们经过认真研究后认为：这两种组织形式完全符合毛泽东思想，是陇右人民群众的伟大创造，是群众智慧的结晶，不仅应该坚持下去，而且应该大力推广。

　　这种长期存在的、精干隐蔽的游击队（武工队）有以下的许多特点。

　　——这支武工队是由党的领导干部和党的专职工作人员组成的。是短小精干的，人数最多时没有超过20人。而且我们严格加以控制，不经地下党组织的批准，一个人也不许擅自增加。这20个人又分为四五个小组，有的小组是3个人，有的小组是4个人。因为这支武工队经常在贫苦农民的家中住宿，而贫苦农民家中的房屋是很少也很小的，他们自己起码有三五口人，再加上我们的三四个人，就达到七八口人之多，如果人数再多，房子里就容纳不下。所以这支武工队只有短小精干，才能适应农村的环境，灵活机动地进行活动。

　　——这支武工队不带长枪，每人都带一把手枪，睡觉时手枪从不离身。武工队员也不带任何行李，许多人都是穿着衣服睡觉的，这是为了应付遇到敌人突然袭击时，能够轻装上阵，迅速转移。

　　——这支武工队只在夜间活动，白天潜伏在"窝子"里。行军、转移、开会、找人谈话等活动，都在夜间，白天则是休息时间。这支武工队过的完全是一种"夜生活"，不仅敌人很难发现，就是一般群众也很难发现。

　　——这支武工队对于选择"窝子"非常严格，一般都是在忠诚的地下党员家中，或是和我们关系非常好的统战朋友家中。最好的"窝子"是那种独门独户，四周没有邻居的山村农家。这种农户的好处是：一方面我们进出不会有被邻居发现的危险；另一方面如敌军前来包围，也容易发现，容易迅速转移。

——这支武工队在"窝子"里宿营时，就由"窝子"提供饮食。为了执行公买公卖的纪律，临行前给"窝子"付膳宿费。

——这支武工队在"窝子"里宿营时，"窝子"的主人，他的妻子儿女就担负起警戒任务。一方面是防止有不速之客闯进来发现武工队，另一方面是注意有无敌人的部队前来包围武工队。群众的智慧是无穷的。为了防止亲友前来串门，在武工队宿营期间，"窝子"在门口挂一块红布，这就是表示"忌门"。这是一种封建迷信，人们一看见门口挂有红布条，就主动回避，不会进来的。

——这支武工队在每一个"窝子"一般只住一天一夜，很少有住两天以上的，除非有事办不完，非住不可。武工队从"窝子"转移时，不告诉到哪里去。到新的"窝子"时，也不告诉是从哪里来的。"窝子"的东家也都受了训练，他们从来不问武工队从哪里来，到哪里去。

——这支武工队员不论春夏秋冬，在农村活动时，都穿农民的服装，面子是浅蓝色，里子是白色。浅蓝色在夜间活动时最适宜隐蔽，敌人不容易发现；用白布做里子是为了适用于冬季雪夜活动，每逢下雪天，我们就把衣服反穿在身上，这样上下一片白色，和大地上的白雪融成一片，敌人也不容易发现。

——这支武工队员行军不抽烟，宿营不喝酒，每逢进城工作，也从来不住旅店，不上饭馆吃饭，更不上戏院、电影院。保证在私生活方面不发生任何问题。

上面这些经验，都是在长期的地下武装斗争中，不断总结出来的，它使自己永远"立于不败之地"。

毛主席教导说："战争的基本原则是保存自己消灭敌人。"（《抗日游击战争的战略问题》）这条基本原则，我们在陇右进行游击战争的过程中，体会得特别深刻，因为我们时时刻刻是在国民党残酷的白色恐怖之下进行工作的。当时有一句口头禅："每天都是把自己的脑袋提在手里。"稍微不小心，就有掉脑袋的危险。而我们的这一套经验，正是适合当时当地的条件，是"保存自己"的最有效的办法。从1946年冬到1949年新中国成立的三年多的时间内，陇右地下党的领导机关始终没有遭到破坏，领导干部基本上没有受到损失，就是和我们的这种武装斗争形式及组织形式分不开的。但这样也不能保证万无一失。有一次敌军突然包围了我们的一个"窝子"——阎子俊同志的家，当场杀害了我们的两个武工队员，使我们遭到很大损失。①

经常不固定、临时集中起来、进行战斗后又迅速解散的游击队，有以下的许多特点。

——这种游击队是在有战斗任务时临时集中起来的（当时的战斗任务主要是两条：一是袭击敌军的小据点，目的是补充自己的枪支弹药；二是打击土豪恶霸，目的是为民除害、发动群众，同时还可解决自己的经费问题）。这种游击队的队员一般都是由当地年轻力壮，参加过陇右农民大暴动，和国民党的军队肉搏过，有实战经验的地下党员中选拔的。

——这种游击队使用的都是步枪。作战时由领导机关把隐藏在农民地下党员家中的步枪和子弹取出来，发给每人一支。战斗结束后，全部交回，仍分散在地下农民党员家中保存起来。

——这种游击队的人数，为照顾提供宿营、供给膳食的各方群众的困难，当时也不宜过多。也可以避免目标过大，引起敌人注意。在一般情况下，每次有二三十人就够了，因为还要加上领导骨干的十多条短枪，这在农村就是一支很了不起的武装力量。

——这种战斗一般都是采用"速战速决"的原则，几个钟头解决问题。如果把来回行军的时间都计算在内，每次也不过3~5天。

——为了避免事前事后暴露游击队的来龙去脉，这种游击队也是夜间集中、夜间行军、夜间解散（但战斗一般都在白天进行）。事先由领导通知参加战斗的每个人，某日某时在某地集中。然后发给枪支，编组队伍，指定临时的负责人。战斗结束后，也是夜间在某地集合，由领导同志讲些回家以后注意的问题，要求大家回去后严守秘密，就是对自己的家人，也不能告诉到哪里去了，干什么去了。

——这种游击队严格执行中国人民解放军的"三大纪律，八项注意"，住在"窝子"里不准拿农民的任何东西，打坏东西要照价赔偿，吃饭住宿要付膳宿费（由领导统一支付）。缴获的枪支、弹药、财物全部归公，指

---

① 详见牙含章《陇右地下斗争》（甘肃人民出版社，1981）第三章。

定专人负责保管。

——游击队解散后，游击队员各回各家，第二天仍照常下地干活，或从事其他劳动生产。不仅隔壁邻居不知道他这几天干了什么，就连他的父母、兄弟，甚至妻子，也不知他这两天到哪里去了。只知道他是为了执行党的任务，干"公事"去了。回来后，家里的人也从来不追问。

——战斗结束后，国民党反动政府每次都是立即出动自卫队进行"清乡"和"剿匪"活动，四处巡逻，同时也出动"便衣队"到农村进行密查暗访，把凡有"通匪"嫌疑的，都抓起来进行拷打审问。其实这些人和游击战争毫不沾边，当然什么也捞不到。但有两次（一次是安远镇反霸斗争，一次是水家坡夺枪斗争）因为被捕的地下党员中出了叛徒，给地下党造成了很大的损失。①

总的来说，这种游击队活动不仅打击了当地土豪恶霸的反动气焰，解决了陇右地下斗争的枪支弹药和活动经费，更重要的是训练了一批游击战争的优秀干部，许多人后来都成为陇右人民游击队的中下级领导骨干，这是它的主要成就。

历史的经验已经证明，在当时陇右地区的客观情况下，在敌强我弱的条件下，由于我们采取了以上两种组织形式——武工队与游击队，并采用了与这两种组织形式密切结合的斗争形式，才使我们党在陇右地区站稳了脚跟，并使游击队从小到大地发展起来。到1949年甘肃全省获得解放时，陇右工委直接掌握的陇右人民游击队的步枪有2800余支，手枪有200余把，轻机关枪有70余挺（包括二军补充的50挺在内），重机关枪8挺，六〇炮8门。游击队的指战员3000余人（包括渭源和会川两县起义的国民党官兵800余人在内）。此外由陇右地下党派进去的地下党员还领导了国民党正规军的若干部队起义，直接参加了中国人民解放军，总计也有人枪4000多，尚未统计在内。

要不要公开打出共产党的旗号

在武装斗争进行过程中，我们碰到一个特殊问题。我们的游击队不论

---

① 这两次事件，详见牙含章《陇右地下斗争》（甘肃人民出版社，1981）第四章和第五章。

是去消灭敌伪军据点,还是去打击土豪恶霸,对外都没有宣布过我们是共产党领导的游击队,因此不仅国民党把游击队叫作"土匪",就是不明底细的人民群众,也不了解游击队究竟是什么人,也有个别人把我们叫作"土匪"。

当时陇右党组织领导成员中,就有人提出了可不可以打出我们是共产党领导的游击队的旗号的问题。理由是:第一,这样就不会再有人叫我们"土匪";第二,可以扩大党的影响,向甘肃人民表明已有一支共产党领导的游击队在陇右地区活动,更可以鼓舞甘肃人民的革命斗志;第三,也可给国民党甘肃地方当局在精神上以很大的威胁。对于这个问题,领导成员中也有不同意见,大多数同志认为在当时陇右地区敌强我弱的条件下,这种做法有冒险主义的成分,恐怕利少害多。于是就把这个问题提了出来,请示甘肃工委如何处理。

甘肃工委对这个问题经过认真研究以后认为:陇右地下党和游击队刚刚建立起来,力量还不很强大。而国民党当时在甘肃不仅每个县有地方武装——自卫队,而且驻防有数万用美国武器装备的正规军。这是客观实际。在这种情况下,他们对于发现几十个人的"土匪"活动,还可以容忍,就是消灭不了,也可以不了了之。如果发现一支公开打出共产党旗号的游击队,即使人数不多,也会使蒋介石惊慌失措,不仅要出动地方武装"清乡""剿匪",还可能出动正规军穷追猛打,非置游击队于死地不可。如果发生这种情况,游击队不仅不能继续活动,而且有可能遭到被消灭的危险,落个"图虚名受实祸"的结局。

至于扩大党的影响问题,应该看到中国解放区存在上百万的百战百胜的人民解放军,经常在那里成师成军地歼灭国民党的进攻部队,这在全国已经很好地扩大了并正在继续扩大党的影响。陇右人民游击队如果公开打出共产党的旗号,当然也可以在甘肃扩大党的影响。但权衡利弊得失,暂时不公开打出共产党的旗号,还是更为有利。

因此,甘肃工委决定按原来的方针办,继续大力发展党,发展游击队,建立游击根据地,但不公开打出共产党领导的游击队的旗号。国民党和有些人愿意叫"土匪"就让他们去叫吧。过去,土地革命时期,蒋介石把红军一直叫"赤匪""共匪",叫了几十年,红军不是越战越壮大了吗?叫"赤匪""共匪"并没有损伤红军的一根毫毛。

传达了甘肃工委的上述决定和指示以后，陇右党的领导核心中的意见才统一了起来。一直到 1949 年 8 月初，即在陇右地区解放前夕，在中国人民解放军已经打到天水地区时，我们才公开打出了"陇右人民游击队"的旗号。

陇右人民游击队建立与壮大的经过

1949 年 4 月 21 日，毛主席和朱总司令向中国人民解放军下了"向全国进军的命令"。接着解放大军就过了长江，迅速解放了南京、杭州、上海，宣告了国民党反动政府的彻底垮台。坚持陕北解放战争的第一野战军也同时出击，于 1949 年 5 月 21 日解放了西北地区最大的城市西安。接着又于 7 月 12 日解放了宝鸡，向甘肃的天水挺进。这时在宝鸡被击溃的蒋介石和马步芳的残兵败将、散兵游勇，三三两两的，十个八个的，最多的也不过二三十人，沿着从天水经陇西、渭源的公路，向兰州逃窜，正好经过陇右地区。陇右工委认为这是大打游击战争、痛歼敌军的绝好机会，于是决定把埋藏的枪支全部取出来，先挑选了 100 多个最能打仗的地下党员，组成了一支精干的游击队。这支部队虽然人数不多，但个个真是生龙活虎，勇猛无敌，他们不分白天黑夜，常常连饭都顾不上吃，包围截击向西逃窜的敌人。不到一个月时间，就收缴了敌人的步枪 1000 余支，轻机关枪 10 余挺，卡宾枪 10 余支，子弹若干万发。这时国民党和马步芳的军队已被解放军打败，溃不成军。正像老百姓讲的"兵败如山倒"，已经没有什么战斗力了。在收缴这些枪支的过程中，有时也经过激烈的肉搏，游击队也有伤亡，但敌人则被干净、彻底、全部歼灭了。这一时期，是陇右游击战争的高潮，游击队员发展之迅速，也是出乎我们预料的。

这时的形势逼人，向我们提出了几个重大问题，需要马上解决。一是游击队的名称问题，二是游击队的领导干部任命问题，三是还有两三千地下党员要求参加游击队的问题，四是还有四五千曾参加过 1943 年农民大暴动的农民，派人前来和我们接头，也要求参加游击队的问题。

为了解决以上四个问题，陇右工委在 1949 年 8 月上旬召开了一次紧急会议。会议经过讨论，迅速做出了以下的四项决定。

——关于游击队的名称问题，决定命名为"陇右人民游击队"。因尚未与中国人民解放军甘肃省军区取得联系，暂不冠以"中国人民解放军"的名义。

——关于领导干部任命问题，决定任命毛得功为"陇右人民游击队"的司令员，肖焕章、杨友柏、夏尚忠为副司令员，陈致中为政治委员，万良才和我为副政治委员。同时任命杨友柏兼参谋长，我兼政治部主任，夏尚忠兼后勤部部长。

从审批权限来说，"陇右人民游击队"这个名称的确定和领导干部的任命，都应报请中共甘肃省委批准，然后由中国人民解放军甘肃省军区任命。由于我们和上级没有电台联系，要派人去找甘肃省委请示，那就要耽误事情，缓不济急。所以会议决定，等兰州解放后，向甘肃省委汇报工作时，请求省委予以追认，如有不妥，根据省委指示再作变更。

——关于地下党员要求参加游击队的问题，陇右工委根据全国形势认为，蒋介石反动统治已经崩溃。在全国来说，已经没有多少大仗可打了。西北情况估计也是如此。胡宗南和马步芳的主力已被击溃，解放甘肃、青海、宁夏、新疆，也不会有多少大仗可打，西北各省很快就要全部解放。在这个总的形势下，甘肃工委交给陇右工委建立地下党、建立游击队、建立游击根据地的三大历史任务基本上已经完成了。

因此，陇右人民游击队应采取严格控制、保持现有人数的原则，不再继续扩大。对于要求参加游击队的地下党员，应说服他们回家，继续搞好生产，支援前线。对于非党的、曾参加过1943年农民大暴动的农民群众，更应说服他们回家努力生产，积极支援前线。在特殊情况下，游击队如需要补充一部分青年战士时，也只从地下党员中挑选最好的农民青年加以补充，暂不吸收非党群众参加游击队。

在执行陇右工委上述决定的过程中，没有碰到太大的阻力，还算顺利。前来和我们联系的参加过1943年农民大暴动的群众代表，听了我们的解释以后都回去了。我们同时也向所有的支部书记打了招呼，共产党员要带头作好"支前任务"，如准备粮草、准备担架，等等。经过地下党的支部书记向地下党员作了解释以后，要求参加游击队的地下党员也都回家去了。

这里碰到一个例外的问题，我们作了特殊的处理。就是正在各县的地下党员要求参加游击队的时候，甘肃宁定、和政、康乐、临夏一带的回民地下党员组成的游击队有 500 余人，整队前来，要求集体参加陇右人民游击队。我们对这一支回族劳动人民组织的游击队员表示了热情的欢迎。虽然他们带来的武器不多，大部分是长矛、马刀、斧子等原始武器，但是它是一支由少数民族的劳动人民组成的武装队伍，而这正是陇右人民游击队所缺少的成分。陇右地区是汉、回、藏三大民族共同居住的地区，1943 年的农民大暴动，就是由汉、回、藏三大民族的农民共同发动的。陇右人民游击队应该继承 1943 年农民大暴动时汉、回、藏三大民族亲密团结的这个光荣传统，应该在陇右人民游击队员中，有一定比例的少数民族战士。

经过陇右工委会议研究以后，决定把这一支由回民地下党员组成的游击队编入陇右人民游击队，并特别给了它一个番号，叫作"陇右人民游击队回民支队"。

大力开展反蒋反马统一战线

在陇右地区大力开展反蒋反马的统一战线，是毛泽东同志送给我们的三大"法宝"之一，也是我们战胜敌人的一项重要工作。

由于国民党反动派腐败透顶，不仅工人、农民坚决反对他们，而且其他各阶级、各阶层、各民主党派也有许多人反对他们，甚至在国民党自己的军队里面，也有不少中下级军官反对他们。在地方上，在中小地主里面，在自由职业者和国民党地方政府的下级官员中，也有不少人是反对他们的。当然，这些人不一定完全赞成共产党的一切政策，但他们愿意和共产党做"朋友"（即统战关系），并且在他们力所能及的范围之内，愿意帮助我们做些事情。我们对这些"朋友"采取了热情的欢迎态度。

陇右地下党的统战工作，主要搞了以下几个方面。

——大力支持中国民主同盟陇右地区的盟员的革命活动。中国民主同盟是代表中国民族资产阶级的政党，政治上拥护我党提出的"打倒蒋介石，解放全中国"的政治纲领。因而也被蒋介石列为非法组织，在"蒋管区"不允许合法存在和公开活动。甘肃的民主同盟也处于这个状态。但是甘肃是民族资产阶级力量更加弱小的地区，民族资产阶级的企业少得可怜。这种经济基础反映到政治上，甘肃民盟的力量也很小。他们的盟员主要是一些高级知识分子、自由职业者、退职高级军官，以及地方上的一些开明士绅。当时和陇右工委发生关系的，主要是临洮的民盟盟员，他们的领导是史鼎新（在旧军队当过旅长，同情"甘南民变"，甘肃解放后曾任甘肃省的商业厅副厅长）。这些人在社会上都有公开的职业和社会地位，但他们的民盟活动则是秘密进行的，稍不注意如被国民党发现，也有杀头的危险。

对于陇右地区的民主同盟，我们的主要工作是三条：一是支持他们进行反蒋的革命斗争；二是定期联系，彼此交换情报和意见；三是他们在工作中如发生意外困难时，在我们力所能及的范围内，尽可能地予以帮助。1948年，民盟在兰州市的负责人魏自愚被敌人发觉并准备逮捕时，幸亏有人事先给他通风报信，他才得以脱险，跑到陇右地区，我们当即加以保护，在渭源找了一个地下党员的住宅，把他安置在那里，躲避了将近两个月。后来由我们派人并负责全程路费，把他送到了陕甘宁边区。他在陕北待了一年多，一直到1949年甘肃解放时，才随解放大军返回兰州，后来曾任甘肃省的财政厅厅长。

——开展"哥老会"的工作，也是陇右地下党统战工作的一个方面。"哥老会"是一种民间的非法组织，过去在西北各省群众中势力很大。所谓"青洪帮"的"洪帮"就是"哥老会"的别名。但是到了抗日战争时期，"哥老会"开始走下坡路，不如过去那么吸引人了，所以新参加的人就很少了，但是它在临洮还有相当大的势力。临洮"哥老会"的头子叫马殿选，在"哥老会"内部都称呼他为马大哥。

为了争取"哥老会"，我们通过临洮城内的地下党员的关系，和马殿选拉上了关系。马殿选当时50岁左右，倒很讲他们所谓的"江湖义气"，愿意和共产党建立"朋友"关系，愿意动员他们的"弟兄们"帮助共产党做些工作。

——争取陇右各县的开明士绅，也是陇右地下党统战工作的一个方面。这些人一般都是在当地社会上有地位的头面人物。他们已经看清楚国民党必败，共产党必胜，是大势所趋、人心所向，是历史的必然，谁也抗拒不了。因此，他们愿意和共产党"交朋友"，并在力所能及的情况下，给地下党和游击队帮一些忙。这里有渭源县的几个"统战朋友"值得一提。

张嘉民，是渭源县很有名望的一个人，曾任渭源中学校长，渭源三青团的干事长。后来国民党成立伪甘肃省参议会时,又被"选"为省参议员。他对国民党的腐败统治很不满,对 1943 年的"甘南民变"表示同情。当农民起义军围攻渭源城时,他派人偷偷地从城墙上溜下去,向农民起义军提供了城内的敌情。"甘南民变"失败后,敌军急于搜捕毛得功、郭化如、杨友柏等人,并把夏尚忠的弟弟关进了监狱。后由张嘉民保释出来,得以脱身。甘肃解放后,张嘉民以"民主人士"的身份,被选为甘肃省和渭源县人民代表大会的代表。现在还在渭源中学工作。

张敬轩,是张嘉民的弟弟。他本人是个医生,在渭源城内开了一家药房。陇右人民游击队员在战斗中负了伤的,都由张敬轩负责医治,他实际上起了游击队的军医的作用。陇右工委还利用他开的药房,为地下党代订国民党在兰州出版的日报。他的确帮了地下党不少的忙。

任北亭,是渭源庆坪镇的地主,他本人也在旧军队中当过营副。因为他曾是毛得功、杨友柏的同事,所以也和地下党建立了统战关系。他家里有的是房子,也有的是钱。他和地下党建立关系以后,主动提出他家可以作为地下党负责人来往住宿的地方,什么时候来,来多少人都可以,条件是要对外保密,不要让国民党发觉。他的家正好在渭源到临洮的途中,所以陇右地下党的领导成员过路时经常在他家住宿,给我们提供了不少方便。甘肃解放后,他找到临夏专区,当时我在临夏专署工作,就给他在甘肃人民法院临夏分庭①分配了一个工作。在患难时期帮助过我们的人,胜利后我们都没有忘记。

统战工作的重点是瓦解敌军

统战工作虽然是多方面的,但据我的体会,重点是瓦解敌军,以便使党的统战工作与党领导的武装斗争密切配合起来。因此,陇右工委选派了一批有丰富武装斗争经验的地下党员和党的专职干部,打进了国民党的正规部队,进行瓦解敌军的工作。除了极其慎重地发展地下党员之外,采取广泛的"交朋友"的办法,把敌军中不满国民党反动统治的人,尽可能团结在自己的周围,等待时机成熟时,策动国民党军队起义,站到人民方面来。

---

① 当时称为"分庭",后来改称中级人民法院。

帮助"反马大同盟"开展工作，是陇右地下党瓦解敌军工作的一项重要任务。

"马"就是马步芳，是西北回族大军阀，也是共产党的死对头，是血债累累的一个反动家伙。1936年红军四方面军的主力，就在甘肃河西走廊被马步芳的匪军包围，红军高级将领董振堂就是被马匪杀害的，同时被杀害的有上万名红军战士和家属。

在解放战争开始时，蒋介石为了加强对西北四省（甘、青、宁、新）的统治，在兰州设立了一个"西北军政长官公署"，"军政长官"是张治中。后来，张治中调回南京，蒋介石就派马步芳代理"西北军政长官"，成了西北的最高统治者。"反马大同盟"是由国民党正规军中不满马步芳统治的中下级军官组成的，但有共产党的地下工作人员参加。

这个组织首先在兰州和中共皋榆工委取得联系，他们要求地下党派一个得力的党员干部和他们一起工作，以便把"反马大同盟"实际上变成党的一个外围组织。由于这个组织的成员大部分在岷县，是属于陇右地区的工作范围，所以皋榆工委就把这个关系介绍给了我们，和我们接头的人是康军士（甘肃武山人），他是国民党军队中的一个中级军官，也是一个中共地下党员。

陇右工委对这项工作非常重视，认为这个组织在瓦解敌军方面可能将发挥较大的作用。因此决定派吴岳（甘肃天水人，也是后来甘肃工委派来陇右地区做专职党务工作的）负责共产党和"反马大同盟"的联络工作。甘肃解放时，康军士和吴岳都在岷县，在策动国民党岷县县长孙伯泉率领当地自卫队起义方面，他们做了不少工作，对和平解放岷县是有一定贡献的。

当时为了开展瓦解敌军的工作，陇右工委想尽了一切办法，只要有机会，从来都不放过。1949年，国民党在甘肃成立了一个正规旅，叫"保安旅"，起用一个杂牌高级军官陈学浩为旅长。当时康乐县有一个地下党员叫吴有魁，他的父亲也是一个退职的旧军官，和这个新任保安旅旅长陈学浩是老同事，交情也很好，这个关系显然可以利用。因此，陇右工委就决定派吴有魁到保安旅去工作，主要任务就是做旅长的统战工作，争取在适当时机，率领全旅起义。

吴有魁的哥哥叫吴有廉，也是一个地下党员。我们也派他到国民党的一个正规军去工作，担任了连长。有一段时间他的工作表现不错，把他们的营长争取过来了。后来在解放军解放甘肃时，他那个营也有一部人起义，参加了中国人民解放军。

当时国民党在清水一带还有一个骑兵团。在这个骑兵团内，有一个副排长是地下党员，叫王世清。他也曾参加过1943年陇右农民大暴动，和杨友柏等人关系密切。为了把这个骑兵团全部拉过来，王世清也向陇右工委提出派一个得力的党员干部进去，帮助并领导他们大力开展敌军工作的要求。当时恰好甘肃工委派邓品珊（甘肃成县人，当时化名雷进）到陇右地区做专职党务工作，陇右工委经过研究以后，就决定派邓品珊同王世清一同负责这个骑兵团的兵运工作。这个骑兵团原来叫作"甘肃保安骑兵第三中队"，1947年时，驻防临洮。1948年以后，改称"247师骑兵团"，调到甘肃清水县驻防。这个骑兵团共5个连，一共有500多人，王世清在第三连，邓品珊在勤务连。1949年中国人民解放军向甘肃进军时，王世清所在的那个连和其他三个连被调到陕西陇县，即被我军击溃，王世清的那个连也未能起义，即被"解放"。邓品珊所在的勤务连当时仍留在清水。骑兵团在陕西陇县被我军击溃后，敌团长赵玉亭率领残部退到清水，还剩300余人。当人民解放军进抵天水时，赵玉亭又率部撤退到陇西四十里铺，就和陇右人民游击队进行接触。邓品珊根据陇右工委的指示，说服敌团长赵玉亭率领残部300余骑兵起义，直接参加了中国人民解放军。后来这300余骑兵又跟随中国人民解放军第一兵团进军新疆，为巩固祖国西北边防做出了贡献。

在瓦解敌军方面，工作最有成绩的是任竞成（甘肃渭源人，曾在旧军队当过团长）和赵西武（甘肃武山人，曾在旧军队当过营长），都是地下党员。他们打进敌军以后，任竞成在国民党的甘肃师管区当了团长，赵西武当了营长。1949年8月，当中国人民解放军进军天水时，赵西武就在武山县率领1500余人起义，直接参加了中国人民解放军。第一兵团就把赵西武率领的起义部队改编为"补充团"，并任命赵西武为团长。

这时任竞成所在的国民党甘肃师管区的三个团驻在漳县，万良才就派陈镜潭前去，通知任竞成率领全团士兵火速起义。当时任竞成任第三团团长，驻防在三岔镇。二团团长叫李耀祖，驻防在盐井镇，这个家伙思想相当反动。一团团长叫潘盈汉，驻防在野狐桥，这个人的思想比较开明，同情革命。任竞成接到陇右工委的通知后，立即进行起义的准备工作，最后争取到三个团2500余人起义（计：一团全体官兵1000余人，枪支900余支；三团全体官兵900余人，枪支900余支；二团两个营600余人，枪支600余支），另外还带来战马700余匹。只有二团团长李耀祖拉了一个营，上了盐井镇的南山，妄图负隅顽抗。不久，中国人民解放军进军漳县，即将这一股敌军全部歼灭，李耀祖当了俘虏。起义的部队就直接参加了中国人民解放军，后来也随第一兵团进军新疆。

在瓦解敌军的统战工作方面，我们还做了争取国民党的拉卜楞保安司令、藏族上层分子黄正清的工作。①

地下党建党的若干具体措施

我们要在陇右地区正确地领导人民进行革命，开展武装斗争和统一战线，就必须有一个用马克思列宁主义、毛泽东思想武装起来的共产党的组织。这是毛泽东同志给我们的"三大法宝"之一，而且我们认为是最主要的一个"法宝"。因为没有这样的一个党，对武装斗争和统一战线，这两个"法宝"也是使用不好的。

在蒋管区建设地下党，我们坚持"积极慎重"的方针。所谓"积极"，不仅应该积极地发展党员，而且发展的党员应能领导革命群众对阶级敌人进行英勇斗争。所谓"慎重"，就是防止特务、奸细、投机分子和其他坏分子混入党内。即使有的地方由于组织不严密，混进了极少数的坏人，也能采取有效措施，防止他们给党造成很大的损失。我们就是根据这个原则开展了陇右党的建设工作的。

在高健君和我离开庆阳的时候，甘肃工委的负责同志告诉我们：发展地下党员不要写申请书，不要填表，不要写自传，不搞任何文字的手续。地下党的领导机关开会也不做文字记录，不进行任何文字的决议、决定，不造任何形式的党员名册。一句话，在地下工作中，不允许有"片纸只字"，一切要凭脑子死记。这条规定显然是总结了历史上地下党的失败教训而制定出来的。后来的实践证明，这些规定是完全正确的，是符合当时实际情况的。因为它有利于保守党的秘密，不给敌人以任何文字的根据。这条规则在当时情况下，也有利于在农民中发展党员。因为我们在陇右发

---

① 详见牙含章《陇右地下斗争》（甘肃人民出版社，1981）第六章。

展的党员，开始都是参加过 1943 年农民大暴动的农民。这些人从成分上看大部分不是贫农，就是雇农，还有一部分是下中农；从文化程度上讲，这些人大部分是文盲。有些人虽然识几个字，也是文化水平很低，要这些人写"入党申请书""填表""写自传"，在当时条件下也是办不到的。但是这些规定并不能保证地下党不泄密，不遭破坏，地下党员不会有被捕杀头的危险。于是我们在陇右地下党建党过程中，根据实际情况，又补充了一些很严格的规定。这些规定的总的目的，就是要尽可能地防止特务、奸细、投机分子和其他坏分子混入党内；万一混进个别的特务、奸细、投机分子和其他坏分子，也保证地下党不受大的破坏。

我和高健君离开庆阳时，甘肃工委负责同志还明确告诉我们，到陇右地区发展党员，主要在 1943 年参加过农民大暴动，暴动失败后又没有自首叛变行为的贫苦农民中物色对象。因为这种人受旧社会的压迫剥削最重，对国民党的反动统治最恨，因而他们对共产党也最爱。我们到了陇右以后，和郭化如、杨友柏、肋巴佛等人一接触，立刻证明了甘肃工委的上述判断是完全正确的。因此，我们到陇右以后发展地下党员，就是根据甘肃工委的上述指示执行的。

在贫苦农民中发展党员，首先要对发展对象的家庭情况、经历、社会关系、政治态度等作详细的调查。凡是政治上不可靠、有怀疑的，一律不许入党。对审查合格的发展对象，也用个别谈话的方式，进行多次的教育，向他宣传党纲党章，以及一个共产党员必须具备的条件，等等。

根据党章的规定，入党要有两个党员做介绍人。但是甘肃工委指示我们，在新开辟的地区，在特殊情况下，只有一个介绍人也可以。介绍人把入党对象的详细情况向支部书记口头汇报。支部书记经过审查后认为够入党条件时，就向陇右工委分工负责这一片地区工作的工委委员口头汇报。一般的工人、农民、士兵、学生、教员等，工委委员有权代表党组织予以批准，然后在工委开会时向工委全体委员作详细的口头汇报，作为备案。

新党员经过批准后，就通知本人并告诉他记住三件事：一是入党年月日（以工委委员批准之日算起），二是介绍人的姓名，三是候补期（一般的候补期是三个月或半年，最长是两年。但有些人根本没有候补期，根据每个人的不同情况而定）。

新党员入党后，必须积极为党工作，不能做一个"挂名党员"。新党员的主要工作有两方面。一是积极物色发展党员对象。为了防止特务、奸细、投机分子和坏人混入党内，物色对象应是自己最了解的人。并通过他们的父母、兄弟、姊妹、妻子、儿女，以及至亲好友等关系了解情况（因为当时对入党对象进行详细的内查外调工作，是不具备条件的）。二是凡具备家庭住宅条件的，要积极为武工队和游击队提供膳宿，并在武工队和游击队居住期间，认真负责警戒任务，保证武工队的安全。每个新党员还必须记住的一条纪律是：要严守党的秘密，不应问的不问，不应说的不说。万一被敌人抓了去，就是杀头也不能向敌人泄露党的任何秘密，这是一个共产党员必须有的气节。

由于当时地下党员绝大多数都是穷苦农民，所以我们告诉他们，每个党员本来每月应该缴纳一定的党费，但考虑到当时的地下党员非常贫穷，因此陇右工委决定暂不执行这一规定，不向党员收取党费。

在一个村子，凡是有了三个党员，就编成一个支部，指定一人为支部书记。支部不准开支部大会。所以每个支部书记知道全支部有多少党员，每个党员则只知道他们的支部书记是谁，不知道同支部还有多少党员，是些什么人。支部书记由陇右工委负责这一片地区的工委委员直接领导，当中没有县委这一级组织。如果有的支部发展的人数多了，超过了十人以上，就划分为两个以上的支部。划分以后，新旧支部之间不再发生横的关系。有些特殊情况的党员，则不编入支部，而与工委委员直接联系。我们规定这些原则，就是为了防止万一有个别的特务、奸细混入党内，对党进行破坏，向敌人去告密，他也只能知道这个支部的支部书记是谁，不可能知道这个支部其他党员的情况。如果这个支部书记被捕后万一叛变，他也只知道他这个支部的全部党员，不知道其他支部的情况。上面他也只知道陇右工委负责这个地区的工委委员是谁，别的情况也不知道。而这个工委委员是非法的，他在社会上既无公开合法的职业，也没有固定的地址，所以即使向敌人供了出来，敌人也很难抓到。我们的这些规定，是同阶级敌人进行隐蔽斗争的有效措施。

当时的陇右工委，不仅没有固定的机关，也没有固定的开会地点，实际上陇右工委是三个精干隐蔽的武工队：一个武工队由陈致中和夏尚忠、李喇嘛等人组成，以渭源为据点，分工负责这一带几个县的工作；一个武工队由毛得功、郭化如、杨友柏、万良才等人组成，以陇西为据点，分工负责这一带的几个县的工作；另一个武工队由我和肖焕章、钱平、马永祥等人组成，以临洮、会川为据点，负责附近若干县的工作。

陇右工委原则上每月开会一次，会议地点一般是在渭源和陇西两个县（后期几乎固定在渭源，因为这个县不仅在陇右地区适中，更重要的是政治条件和群众基础最好）。每次开会，时间约需一周，需要经常换地方，因为不能在一个"窝子"住两天以上。会议的内容，主要听取每个委员汇报他们分工负责的地区的新党员的发展情况，还要讨论需要决定的重大问题，如打击土豪恶霸、收缴敌军据点的枪支，以及其他需要陇右工委会议研究解决的问题。在这次会议结束时，就预先决定下次会议在何时召集，在何地集中，到时各地工委委员就自动按时到达目的地。

陇右工委虽然工作面涉及十八个县，但是我们当时没有成立县委这一级组织，而是"一竿子插到底"，由工委直接领导各支部。但从效果上讲，分片包干的小武工队实际上起了中心县委的作用。由于武工队是白天隐蔽，夜间活动，所以一切党的工作都在夜间进行。我们只和支部书记接头，听取他们的工作汇报，审查和批准由他们推荐的新党员。对于各支部的一般党员，原则上我们都不见面，这也是为了尽可能不暴露自己。只有在特殊情况下，对有些特殊的党员，经过我们批准之后，由支部书记夜间领到自己家中，和我们见一次面。所以陇右虽有几千党员，直接和我们见过面的地下党员并不多。由于我们是采取非法斗争与合法斗争相结合的方法，陇右工委委员都在社会上没有职业，是非法的。而一般党员和支部书记在社会上都有职业，是合法的，这就保证了地下党的领导机关的很大安全，也保证了一般地下党员和一般支部的很大安全。

"两面武装"和"两面政权"

我们初来陇右时，根据甘肃工委的指示，发展党员的对象基本上限于参加过 1943 年农民大暴动，并且在暴动失败后表现良好的贫苦农民。但是当党的建设取得较大发展，局面已经打开以后，在我们面前出现了两个新问题：对敌伪政府官员和敌伪军官的入党问题。当时渭源县和会川县的国民党地方政府中的个别官员（主要是县政府职员和乡镇长一类中下级官员），提出了入党的要求。而当时国民党有这样一项政策，在地方政府中任职的公务人员必须一律加入国民党（当时叫"集体入党"），要是不入党，这个饭碗就保不住。所以这些中下级官员也都加入了国民党，有的还挂一个"区分部委员"之类的虚名。这些人愿意革命，要求加入共产党，我们应该怎么对待？

还有，当时国民党的军队分正规军和地方部队两种。正规军是可以随意调遣的，不驻防在一个固定的地区。地方部队叫"自卫队"，每县有一个队，人数不等，多至五百，少则三百，武器配备较差，固定地驻在每个县。它的军官一般也都是当地人，士兵也大都是当地农民的子弟。当我们的地下党的建设局面打开以后，渭源和会川两县的"自卫队"的中下级军官中，就有个别人表示愿意参加革命，要求参加共产党。对这个问题我们又应如何对待？我们把这两个问题请示了中共甘肃工委。甘肃工委经过慎重研究以后，作了如下的明确答复：凡是国民党的地方官员和国民党中下级军官，只要是真正想革命，真正够共产党员条件的，应该接受入党，给他们参加革命、为人民的解放事业贡献自己力量的机会。但吸收这种人入党必须慎重。因此规定：第一，国民党自卫队中队长以上的人入党和国民党地方政府的乡镇长以上的人入党，必须经陇右工委全体会议讨论决定，工委委员个人无权批准；第二，候补期要延长（一般规定为一年到两年），以便在候补期间考察他们是真革命还是假革命。

甘肃工委同时指出：这两项工作如果做得好，就可出现"两面政权"和"两面武装"的局面，即明里是国民党的乡镇公所，暗里是给共产党办事的地方政权；明里是国民党的地方武装，暗里是由共产党掌握的地方武装。

当然，"两面政权"和"两面武装"这一策略的实现，并不是只靠从国民党的中下级军官和国民党地方政府中下级官吏中发展一批地下党员的这一方面，我们还从另一方面，即从地下党员中选派了一批优秀的分子，打进国民党的地方部队（在自卫队中担任中队长、分队长）和地方政府（主要去充当乡镇长和保甲长），从里面进行活动，建立地下党的支部，逐渐把地方部队和地方政府的领导权抓过来。

后来实践完全证明了甘肃工委的上述指示和陇右工委采取的措施是正确的，因为渭源和会川两个县的"自卫队"，后来就完全掌握在地下党员手中。渭源的地方政权（乡镇公所）的60%也掌握在地下党员手中。这在渭源和会川的解放事业中，都作出了应有的贡献。

对待知识分子的入党问题

知识分子问题，是党中央和毛主席历来很重视的问题。1939年12月，毛主席代表党中央写了一篇"大量吸收知识分子"的决定，开头就明确指出："在长期的和残酷的民族解放战争中，在建立新中国的伟大斗争中，共产党必须善于吸收知识分子，才能组织伟大的抗战力量，组织千百万农民群众，发展革命的文化运动和发展革命的统一战线。没有知识分子的参加，革命的胜利是不可能的。"

我们初来陇右的时候，根据甘肃工委的指示，集中力量在参加陇右大暴动的农民中发展党员，对于知识分子工作没有予以应有的注意，所以吸收入党的知识分子极少。可是当党的建设局面打开以后，首先是农村中的知识分子（主要是农村小学的教职员和家在农村而在城市读书的学生）强烈要求革命，要求参加共产党。正在这时，甘肃工委也向我们发出指示：要在贫苦农民中发展党员的同时，积极开展知识分子的工作，特别是开展城市中的知识分子的工作。

于是，我们首先对陇右地区的知识分子问题作了具体研究。当时甘肃在全国来说，是一个经济和文化都很落后的地区，知识分子本来就很少。在甘肃全省来说，知识分子集中地区是兰州市，但兰州市不属于陇右工委的工作范围。从陇右地区来说，只有临洮县是所谓"文风最盛"的一个城市，这里有六所中等学校（临洮中学、临洮师范、临洮女中、临洮女师、临洮工校、临洮农校），学生和教职员共有两千多人，其他各县名义上都有一所中学，学生和教职员不过二三百人。根据以上的情况，陇右工委决定以临洮六个中等学校作为开展知识分子工作的重点，但其他各县的知识分子工作也不放松。

陇右地区知识分子绝大部分没有参加过1943年的陇右农民大暴动，比较起来是缺乏政治斗争经验的。但是，他们同样受着国民党反动统治的压迫剥削，经常受着旧社会的失业和失学的威胁。特别是在国民党的法币不断贬值的情况下，即使勉强有一个工作，也是难以糊口度日，对国民党反动统治早已失去信心，也盼共产党早日胜利，殷切期望打倒蒋介石，解放全中国，过上幸福的日子。所以在知识分子中开展工作、发展党员，也是具备一定条件的。

但是我们和知识分子一接触,就碰到一个棘手的问题。当时国民党在学校中实行"集体入党"和"集体入团"的政策。凡是在学校工作的教职员必须"集体入党";凡是在学校读书的学生,必须"集体入团"。我们分析国民党采取这种政策,不外两个目的:一是表面上壮大国民党的力量;二是限制共产党在学校的活动。因为当时国民党有一种愚蠢的想法,以为凡是入了国民党和三青团的教职工和学生,共产党就肯定不会再吸收他们。这样就自以为堵塞了共产党在学校中发展组织的道路。

另外,我们了解到,国民党在知识分子中还发展了一定数量的特务,建立了许多特务外围组织,诱骗教职工和学生参加。这种组织是秘密的,也不容易被发现。

我们把这些问题向甘肃工委作了详细的汇报,并请示如何处理。甘肃工委经过研究以后,作了如下的明确答复:"大量吸收知识分子"是党中央的政策,必须贯彻执行,不容许有丝毫的动摇。对于国民党在知识分子中采取的"集体入党"和"集体入团"的办法,而成为国民党、三青团的,不应看作入党的一种障碍,只要本人在入党前向党支部交代清楚,就不作为一个问题来看待。

至于在国民党和三青团中担任有一定职务的国民党员和三青团员(如国民党区分部委员和三青团区分队长以上的党团人员)以及在国民党学校和文化机关中担负中下级领导职务的知识分子入党,同样必须经陇右工委会议讨论决定,工委委员个人无权批准。这种人的候补期也应延长(一般是一年到两年),以便考察他们是真革命还是假革命。

知识分子入党前还有两个问题必须向他们交代清楚。一是向他们说明,革命是一件光荣的事情,也是一件危险的事情,因为国民党一旦发现,就要杀头。所以请他们仔细考虑。如果没有不怕坐牢、不怕杀头的决心,那就还是不入党为好,不入党可以做个党的"朋友",在可能的条件下,也可以帮助党做些有益的事情。二是向他们说明,参加共产党就必须对党忠诚老实,不能向党隐瞒自己历史上的重大问题。如果自己历史上参加过什么反动组织,必须事先向党交代清楚。要是隐瞒了,日后查出来,后果完全由自己负责。

由于我们执行了党中央的知识分子政策,在这方面也迅速打开了局面，特别是在知识分子比较多的临洮县，在当地的六个中等学校的教职员和学生中，发展了一批地下党员，并成立了许多支部。

停止发展党员的紧急通知

从1948年底到1949年初，当辽沈、平津、淮海三大战役胜利结束后，全国人民，甚至对我们不友好的人，都已经看清国民党必败、共产党必胜的形势，而且时间也会很快到来。这时陇右地区在建党工作方面出现了一种反常的新情况：有许多过去胆小怕事，不敢和共产党沾边的人，积极主动地要求参加共产党；过去攻击过共产党的人，这时也来了180度的大转弯，讲起"拥护共产党"的好话来了，主动向党靠拢，提出了入党的要求。陇右工委对这种情况作了专门研究，大多数同志认为：这是在全国即将解放的形势下出现的一种新情况，其中包含着很明显的积极因素与消极因素。所谓积极因素，是指有些人可能是真正愿意革命的。我们的态度是革命不分先后，有的人觉悟早，有的人觉悟迟。我们对觉悟迟的人，还是应该欢迎的，只要不是特务、奸细和坏人，的确具备入党条件的，还是应该吸收他们入党的。所谓消极因素是指那些要求入党但动机严重不纯的人，思想中革命的成分可能不多，而投机的成分可能不少。这些人认为只要混入党内，挂上"地下党员"的招牌，就有了政治资本，解放后，就可以给自己捞点油水。

陇右工委经过研究以后决定：对于过去已有事实证明胆小怕事，或已有言论证明攻击过共产党的那些人，一律不许入党。只对确有事实证明，过去的确觉悟低，现在觉悟提高了的那些人，才允许入党。于是我们就这样执行了几个月。可是，当时各地要求入党的人却越来越多了，使陇右工委的负责人感到简直应付不过来。

正在这时（大约1949年5月底），甘肃工委专门派人前来陇右，传达了甘肃工委的如下决定：从接到通知之日起，各地立即停止发展新党员，望各地党组织坚决执行。这个决定给陇右工委领导同志帮了大忙，把他们从繁忙的事务中解放了出来。而更重要的是堵塞了大量的投机分子和坏人混入党内的门路。即使已经混入了一些，但毕竟是极少数，将来清洗也好办得多。

中共陇右工委的组成与评价

由于我们在建党工作中执行了毛泽东同志的建党路线，所以在短短的三年内，陇右地下党组织由我们刚来时保存下来的 8 个党员，发展到 5000 余名党员。不过各地发展是不平衡的，百分之六七十的党员和支部集中在渭源、陇西、临洮、会川四个县。这也是很自然的，因为这四个县实际上就是陇右游击根据地。1948 年，中共甘肃工委决定正式成立中国共产党陇右工作委员会（简称陇右工委），由陈致中、毛得功、郭化如、杨友柏、肖焕章、万良才和我共 7 人组成，并指定陈致中为工委书记。高健君本来也在陇右地区工作，这时因为在天水一带成立了中共陇南工委，调他到那里去工作，就和我们分手了。

写到这里，我不得不谈一下我个人对陇右地下斗争的评价。

毛泽东同志在《党委会的工作方法》一文中指出：我们对于每一个人和每一件事，都要划清两种界限：首先，是革命还是反革命？是延安还是西安？其次，在革命的队伍中，要划清正确和错误、成绩和缺点的界限，还要弄清它们中间什么是主要的，什么是次要的。毛泽东同志的这一段话，就是评价陇右地下斗争的唯一正确的指针。

林彪、"四人帮"横行时期，甘肃地下党被"四人帮"在甘肃的代理人诬蔑为"反革命地下军""特务组织"……把"延安"诬蔑成"西安"，这就从根本上颠倒了革命与反革命的关系。陇右地下党为甘肃人民的解放事业作出了可贵的贡献，有不少同志为之英勇献身。毫无疑问，陇右地下党的历史是光辉的，甘肃人民是不会忘记的。

现在剩下的问题是要划清正确和错误、成绩和缺点的界限，以及它们中间什么是主要的、什么是次要的问题。

我写的《陇右地下斗争》这本书，可以说基本上写的是陇右地下党的正确的方面，取得成绩的方面，因为我认为这是主要的。那么，陇右地下斗争中有没有错误的一面，有没有缺点呢？我认为错误和缺点是同样存在的，但它是次要的。

我认为陇右地下党的缺点和错误主要是两大问题：一个是思想不纯的问题，另一个是组织不纯的问题。

思想不纯的问题具体表现是：党内存在有较普遍的非无产阶级的思想，主要是农民思想。思想不纯问题，陇右工委是早就很清楚的，也采取了加强无产阶级思想和共产主义教育的一些措施，但是情况并未得到根本的改变。作为教训来说，这是由客观和主观两方面的原因造成的。客观的原因是党在国民党和马步芳的白色恐怖之下活动，没有任何文件，没有任何教材，甚至连陕北的广播也听不到。党内教育完全采用口头宣传的方式，这是客观的条件限制。主观的原因是我们当时着重宣传的是"打倒蒋介石，解放全中国"的最低纲领，而对于我们的最高纲领是建立共产主义社会这一点，讲得不够。所以思想不纯问题的造成虽然有客观和主观两个方面的原因，但我认为主观原因还是主要的。

组织不纯问题的具体表现是：党内的确混进了极少数的特务和坏人，并且给某些地方的地下党支部造成了惨重的损失，有不少优秀的共产党员牺牲了宝贵的生命。组织纯不纯的问题，是陇右工委经常注意的问题，因为这个问题是关系到地下党员的人头落地、地下组织生死存亡的大问题。即使我们这样警惕，陇右党内毕竟还是混入了极少数的特务和坏人，组织不纯的问题并未得到根本解决。

作为教训来说，组织不纯也有客观和主观方面的原因。客观的原因是：党处在白色恐怖之下，政权不在我们手中，我们吸收和发展党员，不可能像现在这样进行周密地内查外调，主要靠的是介绍人的了解和本人的交代。又由于革命形势迅速发展的需要，吸收党员一般不可能做到长期的考察，这就给别有用心的坏人混入党内以可乘之机。主观的原因是：负有批准新党员入党权限的陇右工委的委员们（也有我的一份），有的工作比较粗糙，过分相信介绍人的介绍和本人的交代，而缺乏细致的研究分析，因而就没有把好关。所以组织不纯问题的造成也有客观和主观两个方面的原因，我认为主观方面的原因还是主要的。但从陇右地下斗争的革命实践证明，陇右地下党是一个够标准的党，陇右地下党员和陇右人民游击队员是甘肃人民的好儿女，陇右地下党作为伟大的、光荣的、正确的中国共产党的一个组成部分，是当之无愧的。

（《师道师说：牙含章卷》，东方出版社，2013）

牙含章生平及学术成果

著名民族宗教学家牙含章生平及著述考述

许瑞源　韩晓梅[*]

牙含章是我国当代著名的社会学家、民族学家、宗教学家，是中国马克思主义民族宗教理论的主要奠基人之一。本文在查阅档案文献、个人著述，采访牙含章亲属鲁华、牙伯琴、牙跃明等人基础上，对其生平及著述作概要描述。

"阿卡"经历与《青藏调查记》

牙含章1916年10月出生于甘肃河州宁河堡（今临夏回族自治州和政县）买家集牙家嘴村。父亲牙善卿（即牙生祥）是一位教员，母亲牙康氏务农。牙含章童年时在父亲任教的和政县龙泉学堂读书，后因其父应聘到导河县（今临夏市）凤林学堂任教习，他即随父到河州城内凤林学堂读书。此时，正逢中共甘肃特支书记胡廷珍到家乡导河县宣传革命，并在凤林学堂开办了唯物史观讲座会。牙含章聆听了胡廷珍的革命讲演，参加了胡组织领导的李大钊追悼会及游行示威等革命活动，还加入了中共导河特支（胡廷珍任书记）外围进步青年组织——导河青年社。

父亲牙善卿在凤林学堂教书期间，被凉州镇守使马廷勷聘为家庭财务师爷，奔走于凉州、河州之间。1928年夏，循化、导河等地爆发了马仲英

---

[*] 许瑞源，甘肃省军区政治部党史军史工作办公室主任，主要从事党史军史研究；郭晓梅，甘肃省宗教局道教协会办公室副主任，主要从事民族宗教理论研究。

领导的反刘郁芬部国民军暴动（史称"河湟事变"）。马廷勷四弟、国民军刘郁芬部旅长马廷贤率部倒戈，投向马仲英，并任"黑虎吸冯军"副司令。时在凉州的牙善卿，考虑到自己在马廷勷部的特殊身份，预感事变会祸及自身并殃及儿子牙含章，遂托本家侄子牙尚贵携500两白银，找到其拜把兄弟、导河县石佛寺主持杨喇嘛，由杨喇嘛安排牙含章到拉卜楞寺隐藏下来当了"阿卡"（安多藏语，喇嘛的昵称）。牙含章从此和其他僧人生活在一起，每天学藏语、习藏文、诵藏经。"河湟事变"爆发不久，凉州镇守使马廷勷为了自保，派与刘郁芬部河州镇守使赵席聘关系友好的牙善卿，带另一名回族管家从凉州急赴河州接洽和谈事宜，不料赵席聘已于6月下旬赴省城任职，牙善卿等无奈，与并不熟悉的刘郁芬部师长戴靖宇谈判。谈判当中，恰逢马仲英部"清剿"了国民军战地医院，戴迁怒于牙善卿等二人，将他们杀害。噩耗传来，在和政县牙家嘴的牙含章母亲牙康氏万分惊恐，她身患痢疾，用鸦片止泻时中毒身亡。牙含章大姐十月花（小名）亦在悲痛交加中罹病离世。

"河湟事变"平息后，在拉卜楞寺当了三年"阿卡"的牙含章回到家乡，才知道家庭的巨大变故，痛悲不已，遂带妹妹牙伯琴、牙兰芳（小名双旋）到父亲生前在河州城内大柳树巷购置的房院居住。不久，牙含章的"新妈"（即牙善卿侍妾）带他和小妹牙兰芳到兰州，牙含章即进入兰州省立第五中学读书。1933年毕业后，因"新妈"改嫁，牙含章带小妹牙兰芳回到河州城内居住。1935年为躲避国民党抓兵，牙含章两次赴拉卜楞寺避难，生活了一段时间后又回到河州城内。1936年，牙含章再避兵祸，第三次到拉卜楞寺，作了拉卜楞地区保安司令黄正清的秘书兼司令部书记（文书）。

1936年11月，牙含章在《甘肃民国日报》副刊上连续发表自己收集整理的100多首"花儿"歌词和长篇论文《"花儿"再序》，以及与该报副刊编辑张亚雄讨论"花儿"的信件。这些文章成为20世纪三四十年代"花儿"研究的标领性成果，有力推动了现代"花儿"学理论研究。

1937年5月，五世嘉木样呼图克图要到西藏拉萨三大寺朝佛研经，经黄正清推荐，牙含章作为汉文秘书兼翻译随行。他们从拉卜楞寺出发，经青海草地、藏北草原向拉萨进发，沿途所到之处，成千上万的藏族农牧民前来朝拜嘉木样活佛，使牙含章对甘青藏地区的政治、经济、文化状况有了初步了解。11月到达拉萨后,牙含章随五世嘉木样住进哲蚌寺(号称有喇嘛8800人)。在这里,牙含章接触了大量藏文经典,并通过僧人实地考察了西藏寺院的内部状况,还对拉萨工商业者和居民进行了比较全面的调查研究。后来,牙含章到延安,将这些文字材料整理成20余万字的《青藏调查记》,送给贾拓夫审阅作序后交延安解放社印刷出版。可惜的是,《青藏调查记》的清样和其他书稿在1946年冬胡宗南进攻延安、我方人员疏散时,一同运至瓦窑堡坚壁,瓦窑堡失陷后被敌人发现焚毁。这件事后来也被当时负责编辑出版该书的许之桢、张仲实二人证实。《青藏调查记》是牙含章研究民族宗教和藏学的第一本著述。

延安岁月与《回回民族问题》

1937年底,在拉萨哲蚌寺的牙含章偶尔从一份印度华侨办的报纸上看到抗战全面爆发、国共第二次合作的消息,他遂向嘉木样呼图克图请辞翻译工作,提出要到延安参加抗战。嘉木样活佛起初不愿让牙含章离开,后经他反复恳求,终获活佛同意,并资助了100块银圆的路费。1938年4月,牙含章从拉萨出发,绕道印度加尔各答、新加坡、中国香港抵达西安,经八路军办事处介绍,于1938年7月进入陕甘宁边区关中分区的陕北公学分校学习,其间参加了"民族解放先锋队"和"西北青年救国会"。后又转至延安陕北公学总校学习,并于当年10月加入中国共产党。

1939年2月,牙含章从延安陕北公学总校结业,即将奔赴华北抗日前线之际,中共中央成立了以张闻天兼任书记、李维汉为秘书长的中共中央西北工作委员会(简称"西工委"),统一领导陕甘宁边区以外的陕、甘、宁、青、新、蒙各地下党的工作,包括少数民族工作。中共中央组织部根据牙含章的身世经历和实际斗争需要,在征求个人意见后,将牙含章分配至西工委下属的民族问题研究室回回问题研究组工作。

1940年初,为粉碎日本帝国主义策划成立傀儡"回回国"的阴谋,争取回族群众特别是民族上层参加抗日救亡运动,陕甘宁边区相继成立"延安回民救国协会"(简称"回协")和"回民文化促进会"。牙含章化名马尔沙,参与了"两会"的组织筹备工作,并兼任陕北公学民族部语文教员、"回民文化促进会"常务理事。

1940年4月,中共中央下发了《关于回回民族问题的提纲》等指导性文件,并批准西工委牵头编写《回回民族问题》一书。该书于1941年4月由延安解放社公开出版,著者署名"回回民族研究会",具体参加编写的有李维汉、刘春、牙含章三人,其中牙含章负责起草"回回"的来源和历史等部分。这本书作为中国共产党第一部公开出版的研究回族问题的著作,科学论证了"回回"是一个民族的观点,简明叙述了回族产生和发展的历史,正确阐释了中国共产党的民族平等团结政策,并指明了回族谋求解放的正确道路,对发动和鼓舞回族参加抗战起到了重要作用。

1941年5月,西工委与陕甘宁边区中央局合并成立中共中央西北局后,牙含章被分配到贾拓夫兼任局长的中共中央调查研究局第四分局,先后任少数民族研究室副主任、延安民族学院研究室副主任兼藏民班班主任等职。后参加了延安整风学习。

从事地下工作与《陇右地下斗争》

1946年3月,中共中央根据抗战胜利后的新形势,批准恢复中共甘肃省工作委员会(简称"甘工委"),牙含章遂调入甘工委,任对外宣传组组长兼《陇东报》编辑。7月,甘工委决定派牙含章到甘肃陇南、天水地区做党的地下工作。10月,牙含章回到甘工委驻地庆阳,接受甘工委副书记孙作宾派遣,化名康明德,与高健君(化名方刚)一起到陇右地区(包括陇西、临洮、临夏、定西、甘南在内的甘肃西南部大片地区)开展党的地下工作,具体任务是寻找参加过"甘南民变"的义军残部,从义军骨干中发展共产党员,建立地下党组织、游击队和游击根据地。

1946年冬至西北解放前夕,牙含章担任陇右工委委员、少数民族工作部部长、陇右人民游击队副政委兼政治部主任。他和高健君、万良才等同志冒着随时被敌人被捕杀头的危险,先后在陇西、渭源、会川、临洮、定西、榆中、通渭、洮沙、兰州、康乐、宁定(今广河)、和政、永靖、临夏、夏河、临潭、卓尼、岷县等18个县建立了党的基层组织,发展吸收了肋巴佛等5000多名党员,发展了3000多人的游击队,为甘肃解放作出了重要贡献。1949年8月16日临洮解放,牙含章被任命为临洮县第一任县委书记，负责筹建县委领导班子，组织动员大批地下党员、青年学生随军到新疆、青海工作。8月22日临夏解放后，他又被任命为临夏地委委员、临夏分区行政督察专员，不久兼任临夏民族事务委员会主任。9月20日，牙含章利用与黄正清的早期关系，和62军186师565团团长刘光奇一起，率1个营和平接管了藏族聚居的夏河县，并在9月21日庆祝夏河和平解放群众大会上讲话。

1975年春夏之交，牙含章在内蒙古大学"批林批孔"办公室召开的"民族政策再教育座谈会"上发言，因对内蒙古深挖"内人党"的举动表示了异议，于当年冬被召至在北京举办的学习班上作检讨，而牙含章拒绝检讨，回答说："我不能检查，我要检查，内蒙700万人民通不过！"结果又被下放到石家庄水泵厂监督劳动长达四年之久。其间，他撰写了约18万字的革命回忆录，取名《陇右地下斗争》。该书在"文革"后经中共甘肃省委审阅，于1981年4月由甘肃人民出版社公开出版。

护送班禅返藏，撰写《达赖喇嘛传》和《班禅额尔德尼传》

1950年4月，牙含章调任中共甘肃省委统战部副部长兼西北军政委员会民族事务委员会主任。1951年1月30日，他随汪锋、范明等赴北京，向中共中央统战部部长李维汉汇报了西北进藏准备情况。李维汉就护送班禅额尔德尼（以下简称"班禅"）返藏、做好统战工作及争取和平解放西藏等问题提出了具体意见。次日，周恩来总理接见汪、范、牙等同志，对西北进藏的任务、路线、领导关系、干部配备、通信联络等工作作了明确指示。2月27日，西北军政委员会任命西北军区政治部联络部部长范明为西北军政委员会驻班禅行辕代表，中共甘肃省委统战部副部长牙含章为助理代表。3月19日，范明、牙含章在青海省人民政府秘书长扎西陪同下，到西宁行辕就职视事。班禅行辕以历史上欢迎驻藏大臣的仪式迎接了两位代表，随后代表办公室展开护送班禅返藏的各项准备工作。4月27日，牙含章陪同班禅到北京，中央领导同志亲自征求了班禅和随行官员的意见。5月，中央人民政府与西藏地方政府签订和平解放西藏的《十七条协议》，其中十世班禅返回西藏是协议的重要内容之一。6月7日，中共中央西北局任命牙含章为中共西北西藏工委委员。8月18日，他在西宁向前来视察工作的中共中央西北局第二书记、西北军政委员会副主席习仲勋汇报了护送班禅返藏的准备情况，习仲勋就做好护送班禅返藏工作和反帝爱国统一战线工作作出十点指示，牙含章即向中共西北西藏工委全体进行了传达。1951年12月，中共中央批复西南局《同意组成统一领导的西藏工委》，决定西南局中共西藏工委与西北局中共西北西藏工委实行统一，由西南局领导，牙含章任中共西藏工委委员。而在此前，范明、慕生忠等带领先遣队已先期入藏，护送班禅返藏的重任和驻班禅行辕代表处的工作全部落在了牙含章的肩上。

1951年12月19日，习仲勋代表党中央、毛主席及西北军政委员会亲往青海塔尔寺，为班禅饯行。牙含章率领的护送班禅队伍共2000余人（对外称"中国人民解放军第十八军独立支队"），其中包括进藏干部、卫生部派遣的医疗队、文化部派来的电影摄影队、西北军区调拨的通信电台以及警卫部队等。班禅行辕的人员共400余人，包括班禅堪布会议厅官员、家属和卫队等。西北军政委会从甘青地区租用3万余峰骆驼、9000余头牦牛担负运输任务；另调拨4000余匹军马供所有人员骑乘，并备有200余匹骡子驮抬担架，所需费用均由西北军政委会驻班禅行辕代表处以银圆支付。这支队伍战胜气候恶劣、道路艰险等重重困难，历时4个月，跋涉5000余里，终于1952年4月28日到达拉萨。同日，班禅额尔德尼与达赖喇嘛实现了30余年来的首次历史性会见。6月23日，牙含章又护送班禅抵达日喀则扎什伦布寺，完成了护送班禅返藏任务。随后，根据中共中央指示，牙含章仍留驻日喀则帮助筹建中共日喀则分工委机构，协助班禅堪布会议厅处理了达赖、班禅两大系统间的历史遗留问题。

1952年12月，牙含章根据中共中央指示返回拉萨，担任中共西藏工委委员、工委秘书长兼政策研究室主任，还一度担负《新闻简讯》藏文版的审稿任务，为维护西藏政局稳定和民族团结做了大量工作。在西藏工作近6年的时间里，牙含章利用一切机会进行调查研究，搜集资料，整理撰述，先后完成了《达赖喇嘛传》初稿的撰写，搜集整理了《班禅额尔德尼传》《西藏历史的新篇章》等著作的大部资料。

《达赖喇嘛传》是牙含章从1952年下半年开始到1953年夏，利用一年多的时间写成的，全书共26万余字。该书以马克思主义唯物史观为指导，运用大量藏汉文古籍和明清两朝实录等文献，系统介绍了自元朝以来600余年间西藏"政教合一"政权组织的概貌、达赖喇嘛与班禅额尔德尼的地位及其关系，对认识中央政权与西藏地方政权之间辖属关系以及粉碎帝国主义制造"西藏独立"的阴谋有着重要作用。该书1953年5月成稿后，即送中共中央统战部审查。1956年，中共中央统战部作为"内部读物"刊印了数百本，供中央和有关部门参考。1959年西藏发生武装叛乱后，周恩来总理指示胡乔木将该书推荐给人民出版社公开出版。但由于种种原因，直到1963年6月才由三联书店资料室编印若干本内部发行。1984年9月，人民出版社正式出版了《达赖喇嘛传》，随后藏、蒙、英、德等译本陆续在国内外出版。《达赖喇嘛传》是中国新藏学发展的标志性著作之一，成为现代藏学研究的基础入门读物。

《班禅额尔德尼传》本应是在完成《达赖喇嘛传》后动笔的，当时牙含章已收集了10余万字的资料，但由于调离西藏，该书撰写暂时搁置。牙含章遂将整理的相关资料移交给中共西藏工委政策研究室，"文革"期间又移交至西藏档案馆。1984年9月《达赖喇嘛传》正式出版后，中共中央指示牙含章尽快完成《班禅额尔德尼传》撰写并出版。牙含章致信阴法唐、张向明等西藏领导同志，经他们同意后将这批史料转交给自己，并借阅了中央民族学院吴丰培和中国社会科学院柳陞祺等人珍藏的汉文手抄本史料，于1985年7月完成了28万字《班禅额尔德尼传》书稿撰写任务，由西藏人民出版社于1987年11月以多种文字公开出版。该书撰写体例、编排方式与《达赖喇嘛传》基本相同，采用藏族传统的"南木他"（传记）体裁，以班禅世系为经，以西藏历史为纬，系统论述了达赖喇嘛和班禅额尔德尼是并行的两个传世系统，西藏地方政权在历史上始终没有脱离中央政权的管辖，并总结了中央政权自元朝特别是明清两朝以来治理西藏的历史经验，对于人们正确认识西藏历史有着重要的启迪作用。

《西藏历史的新篇章》是一本论文汇编，全书7.3万字，1979年7月由四川民族出版社公开出版。全书选编的7篇论文，除作为"代序"的《西藏历史的新篇章》一文写于1979年1月外，其余6篇均为牙含章在西藏进行平叛斗争和民主改革时期撰写。该书运用大量确凿史料，论证了西藏人民推翻黑暗、野蛮和残酷的农奴制度是历史发展的必然规律，对当时西藏和平解放和民主改革提供了理论支撑，也对反华势力进行了有力批驳和反击，出版后产生了重要影响。

"民族"概念论战与《无神论和宗教问题》

1957年年底，牙含章因患鼻癌赴上海治疗离藏。翌年初调至北京，任中国科学院哲学社会科学部民族研究所副所长兼《民族研究》杂志主编。

此时正值民族研究所初建时期，该所承担着国家"中国少数民族简史丛书""中国少数民族语言简志丛书"的编写等重大科研任务。而编写这些丛书，首要的是廓清民族形成和"民族"概念问题。此前，中国科学院范文澜在1954年第3期《历史研究》上发表了《自秦汉起中国成为统一国家的原因》一文，认为我国汉民族是在秦汉时期形成"民族"的。这篇文章引起了许多人的反对，反方的共同观点是斯大林在《马克思主义与民族问题》一文的论点，即"民族"是资本主义上升时代的产物，资本主义以前没有"民族"，只有"部族"，范老的观点违背了斯大林的"民族"概念，因而认为鸦片战争以前的汉族不是"民族"，而是"部族"。民族研究所要编写50多个少数民族的历史，当然都要涉及各少数民族的形成问题，"民族"与"部族"的概念之争成为当时民族理论论战的焦点问题。

牙含章在查阅马恩列斯经典著作后，发现"民族"和"部族"概念在翻译中有混用的问题。1962年初，他写信给中共中央马恩列斯著作编译局和中国科学院哲学社会科学学部，建议召开座谈会，就"民族"和"部族"的概念翻译进行统一。1962年春会议召开。经讨论，一致同意经典著作中的译名只用"民族"，不用"部族"。牙含章又撰写了《"民族"一词的译名统一问题的讨论》《关于"民族"一词的使用和翻译情况》《关于民族的起源和形成问题》，在《人民日报》发表。然而，关于民族形成和"民族"概念问题，当时学术界莫衷一是。1963年7月《学术研究（云南）》第7期发表了云南大学方德昭《关于民族和民族形成问题的一些意见》一文，对斯大林"民族"概念提出了商榷。9月，牙含章给方德昭去信，赞成方的观点，并提出了自己的看法。此信与方德昭10月的回信同时刊登在1963年11月《学术研究（云南）》第11期上。不久，杨堃、施正

一、杨毓才、熊锡元、岑家梧、蔡仲淑等民族理论研究专家学者先后在《学术研究（云南）》刊文，各抒己见，展开全国性的民族形成问题和"民族"概念问题的大论战。牙含章也与施正一合作撰写《论现代民族》一文，署名方仁，发表在 1964 年 4 月《学术研究（云南）》第 4 期上。"文革"结束后，中国少数民族"简史""简志"等丛书编写工作重新启动，关于民族形成问题又摆在学术界面前。牙含章就把 1962 年到 1964 年有关民族形成问题的 7 篇研究论文汇编成《民族形成问题研究》一书，由四川人民出版社于 1980 年 9 月出版。

更为重要的是，1959 年平定西藏武装叛乱进而废除农奴制后，国内外分裂势力大肆诬蔑我党"消灭宗教"。为了从理论上阐述我党的宗教信仰自由政策，1959 年 7 月，牙含章在《红旗》杂志第 14 期发表了《论宗教信仰自由》一文，全面正确阐释了党的宗教信仰自由政策及其内涵，有力反击了敌对势力的谬论，澄清了一些人的模糊认识。这篇文章是我们党内第一次全面阐释民族宗教政策的权威性著述，引起国内外强烈反响。1959 年 12 月 21 日，美国 NCCC 国外部远东局出版的《中国通报》第九卷第 23 期以《宗教信仰自由》为题扼要介绍了牙文。1976 年，日本中村元、笠原一男、金冈秀支主编的《亚洲佛教史·中国编Ⅱ（宋—现代）》全文转载此文。这部分书稿的撰者牧田谛亮在文末附有"解说"，认为牙含章此文代表中国共产党对宗教问题的正统观念，但在当时（即"文革"期间）不占主导地位。此后，牙含章又陆续在报刊上发表了有关宗教问题和无神论问题的一些文章，对马克思主义无神论观点和宗教的起源、发展与消亡的规律作了比较通俗性的阐述，并联系中国实际，提出了宗教是迷信，但并不是一切迷信都是宗教的观点。牙含章的观点引起了学术界一些人的反对，他们撰文批驳牙含章背离了马克思主义轨道，认为宗教和迷信是一回事。牙含章对这些批评意见进行了反驳。1968 年，香港友联书报发行公司出版的由香港佛教联合会、香港佛教僧伽联合会、友联研究所合编的《中国大陆佛教资料汇编》一书中，全文转载了这场论战中双方的主要文章。牙含章的文章收入 3 篇：《论宗教信仰自由》《关于宗教迷信问题》《和资产阶级宗教学划清界限》。编者在按语中认为：牙含章的观点是代表中国共产党内对待宗教的"温和派"的观点，而反对他的观点的是中国共产党内对待宗教的"激烈派"（指"文革"中当权派）的观点。1964 年 7 月，牙含章把 1959~1964 年在报刊上公开发表的有关无神论和宗教问题的重要论文汇编成《无神论和宗教问题》一书，全书 9.1 万字，由上海人民出版社公开出版。这是我国学者运用马克思主义理论研究无神论和宗教问题的第一部著作，为我国宗教学的建立发展奠定了坚实基础，后被 1982 年 3 月中共中央下发的《关于我国社会主义时期宗教问题的基本观点和基本政策》等文件广泛采用。

1964 年，牙含章调任内蒙古大学副校长，兼任蒙古研究室主任。"文革"开始后，牙含章被污蔑为"反动学术权威""乌兰夫的死党"被关押。1973 年 1 月获释并被"结合"到内蒙古语言文学历史研究所革委会工作。1975 年因讲话被召到北京批斗后又被下放到石家庄监督劳动，直到"四人帮"垮台后才彻底平反。

晚年编撰《中国无神论史》

党的十一届三中全会后，牙含章从内蒙古大学调回由中国科学院哲学社会科学部升格后的中国社会科学院，并于 1979 年 8 月担任民族研究所所长。牙含章在生命的最后 10 年中，除完成前述五部著作的修订、撰写外，又开拓民族理论研究的新领域——马克思主义无神论学。

1978 年 12 月，在牙含章的积极倡导下，在南京大学召开了中国无神论学会成立大会暨第一次学术研讨会，成立了由任继愈任理事长、牙含章任副理事长的中国无神论学会。牙含章作为学会主要负责人，先后提交了《中国无神论史初探》《孔子学说与中国无神论思想的关系——中国无神论史初探续篇》《再论如何划清宗教与封建迷信的界限》等论文。这些著述开创了我国中国无神论史研究的先河。

1979 年初，牙含章向中国社会科学院领导提出了编写《中国无神论史》的构想，该计划在 1979 年被国家正式确定为哲学社会科学"六·五"期间重点项目。1980 年由牙含章主持在北京香山召开了第一次编写组会议，会议讨论确定了该书编纂的指导思想和内容框架，同时牙含章被编写组推举为主编。1983 年，《中国无神论史》编委会又在厦门召开了第二次编写组会议，牙含章对该书编纂和出版问题提出了 25 条设想，规划了编写进度。《中国无神论史》8 卷本约 150 万字初稿于 1986 年完成后，牙含章撰写了前言和总序，并集中对各卷逐章逐节进行修订，其中部分章节由他重新撰写。经过3年辛勤努力，牙含章将全书统为100余万字，1989年8月中旬送交中国社会科学出版社，后于1992年5月正式出版。甚为遗憾的是，牙含章生前却没能看到该书的公开发行。

1983年冬，牙含章因年龄原因改任中国社会科学院民族研究所顾问，1985年离休。1989年12月19日，牙含章因突发脑溢血在北京病逝。

（《档案》2014年第12期）

牙含章先生学术成果*

牙含章先生一生著述颇丰，据不完全统计论文等42篇、编著14部书。以下是牙含章先生的著述目录，分为著作和论文两部分。

第一部分　专著

1. 《青藏调查记》，1942年（毁于战火之中）。
2. 《达赖喇嘛传》，北京中共中央统一战线工作部办公室，1959年。
   《达赖喇嘛传》，三联书店资料室，1963年。
   《达赖喇嘛传》，人民出版社，1984年。
   《达赖喇嘛传》（蒙古文），民族出版社，1990年。
   《达赖喇嘛传》（藏文），青海民族出版社，1986年。
   《达赖喇嘛传》，文殊出版社，1986年。
   《达赖喇嘛传》，华文出版社，2000、2007年。
3. 《无神论和宗教问题》，上海人民出版社，1964年。
4. 《西藏历史的新篇章》，四川民族出版社，1979年。
5. 民族问题研究会编《回回民族问题》，民族出版社，1980年再版。
6. 《民族形成问题研究》，四川民族出版社，1980年。
7. 《陇右地下斗争》，甘肃人民出版社，1981年。
8. 《民族问题与宗教问题》，中国社会科学出版社、四川民族出版社，

---

*　本文发表时为乌云格日勒整理。

1984 年。

9. 牙含章、王友三主编《中国无神论史研究》，青海人民出版社，1986 年。

10. 《班禅额尔德尼传》，西藏人民出版社，1987 年。

11. 《班禅额尔德尼传》（蒙古文），内蒙古人民出版社，1992 年。

12. 《班禅额尔德尼传》，华文出版社，1999 年、2000 年、2015 年。

13. 牙含章、王友三主编《中国无神论史（上下）》，中国社会科学出版社，2011 年。

14. 《师道师说：牙含章卷》，东方出版社，2013 年。

第二部分　论文

1. 《"花儿"再序》，《甘肃民国日报》1936 年 11 月副刊。

2. 《论宗教信仰自由政策》，《红旗》1959 年第 14 期。

3. 《来函照登》（子元），《民族研究》1959 年第 11 期。

4. 《西藏地方与祖国的历史关系》（子元），《民族研究》1959 年第 4 期。

5. 《文成公主与汉藏友谊》（子元），《民族研究》1960 年第 3 期。

6. 《"民族"一词的译名统一问题的讨论》，《人民日报》1962 年 6 月 14 日。

7. 《关于"民族"一词的使用和翻译情况》（章鲁），《人民日报》1962 年 6 月 14 日。

8. 《关于民族的起源与形成问题》（章鲁），《人民日报》1962 年 9 月 4 日。

9. 《关于宗教迷信问题》，《人民日报》1963 年 8 月 8 日。

10. 《无神论教育与"鬼戏"问题》，《中国戏剧报》1964 年第 5 期。

11. 《论现代民族》，《学术研究》1964 年第 3 期。

12. 《从婚姻丧葬来看风俗习惯的改革问题》，《前线》1964 年第 1 期。

13. 《和资产阶级"宗教学"划清界限》，《光明日报》1965 年 6 月 30 日。

14. 《〈马克思主义和语言学问题〉校订本读后》，《实践》1965 年第 10 期。

15. 《建国以来民族理论战线的一场论战——从汉民族形成问题谈起》，

《民族研究》1979 年第 2 期。

16. 《建国以来民族理论战线的一场论战——从汉民族形成问题谈起》，《贵州民族研究》1980 年第 1 期。

17. 《关于"吐蕃"、"朵甘"、"乌斯藏"和"西藏"的语源考证》，《民族研究》1980 年第 4 期。

18. 《孔子学说与中国无神论思想的关系——〈中国无神论史初探〉续篇》，《社会科学战线》1981 年第 1 期。

19. 《关于民族形成的上限问题的两封来信》，《云南社会科学》1981 年第 4 期。

20. 《论民族》，《民族研究》1982 年第 5 期。

21. 《做好民族工作，是关系到国家命运的重大问题——学习贯彻"十二大"精神笔会，民族研究，1982 年第 6 期。

22. 《马克思主义指明了民族研究的正确方向——纪念马克思逝世一百周年》，《云南社会科学》1983 年第 3 期。

23. 《马克思主义民族理论与非洲民族形成问题》，《西亚非洲》1983 年第 1 期。

24. 《论社会主义时期的民族关系》，《中国社会科学》1983 年第 1 期。

25. 《达赖喇嘛和达赖喇嘛传》，《社会科学战线》1984 年第 1 期。

26. 《在建设精神文明的斗争中，宗教和封建迷信应划清界限》，《宁夏社会科学》1984 年第 2 期。

27. 《进一步发展社会主义民族关系——庆祝建国三十五周年》，《中央民族学院学报》1984 年第 3 期。

28. 《略谈少数民族社会历史调查研究中的资料积累问题》，《新疆地方志通讯》1984 年第 4 期。

29. 《少数民族研究社会历史调查中的若干问题》，《中国地方志》1984 年第 6 期。

30. 《努力开创民族研究的新局面》，《思想战线》1985 年第 1 期。

31. 《党的著名的民族工作理论家——悼念李维汉同志》，《西藏研究》1985 年第 1 期。

32. 《从活佛到共产党员——忆甘肃南部农民起义领袖肋巴佛》，《中国民族》1986 年第 2 期。

33. 《试论西藏封建农奴制度》,《中国藏学》1988 年第 1 期。
34. 《〈肋巴佛烈士革命事绩〉碑文》,《西北民族研究》1988 年第 1 期。
35. 《加紧制定实施民族区域自治法的具体办法》,《中国民族》1988 年第 2 期。
36. 《〈中国无神论史导言〉》,《社会科学战线》1988 年第 2 期。
37. 《民族形成问题示意图重要正误》,《云南社会科学》1988 年第 3 期。
38. 《来函照登》,《中国藏学》1988 年第 4 期。
39. 《明代中央和西藏地方帕竹政权的关系》,《中国藏学》1989 年第 1 期。
40. 《回回民族的杰出史学家》,《史学史研究》1989 年第 1 期。
41. 《谈点民族研究的感想》,《中国民族》1989 年第 10 期。
42. 《牙含章花儿著述校稿——花儿再序》,《甘肃民族研究》2005 年第 3 期。

后　记

　　牙含章先生是当代中国著名的民族问题理论家、宗教学家和藏学家，是中国马克思主义民族宗教理论的主要奠基人之一。早在延安时代，牙先生直接参与了研究制定中国共产党具有中国特色民族理论和民族政策的工作，也参与了内蒙古自治区建立和和平解放西藏等重要民族工作。新中国成立后，牙先生长期从事民族研究工作，曾主持《民族研究》创刊并担任主编，创立中国民族理论学会并任首届会长，有力地推进了中国民族理论研究；与此同时，牙先生通过《达赖喇嘛传》《班禅额尔德尼传》《中国无神论史》等重要著作的撰述和课题主持工作，深刻地影响了我国藏学和无神论研究；牙先生还招收民族理论、宗教学等学科的研究生，致力于相关学科人才的培养。

　　牙先生曾担任中共西藏工作委员会委员兼秘书长、内蒙古大学副校长和中国社会科学院民族研究所（现为中国社会科学院民族学与人类学研究所）所长等职。终其一生，牙先生都在为推动国家统一、民族团结和中国的民族研究事业不懈追求。他公而忘私，淡泊明志，不求闻达，其人品和成就获得了学术界的一致认可。毫无疑问，牙先生是中国最有影响力的民族学家及宗教学、藏学家之一，他在民族理论、宗教、藏学等方面的贡献推动了中国社会科学的进步。

　　高山仰止，景行行止，虽不能至，心向往之。今年，正值牙含章先生100周年诞辰，我们编辑出版《牙含章文集》，以表我们深切的怀念与崇高的致敬之心。牙先生的学术论文集已出版不少，然而比较分散。本文集比较全面地收录了牙先生的相关学术论文，力求较为完整地再现牙先生在不同时期的学术思想。在整理牙先生论文的过程中，我们发现他的文章有着鲜明的时代烙印。因此，我们在每篇文章的最后注明了出处来源（多篇文章由于年代久远，已无法查找，只好从牙先生的论文集中进行摘录）。编校过程中，也在尽量保留原文原貌的基础上，仅对个别字句进行了修改。希望本文集的出版，能够进一步推进民族与民族理论、宗教与无神论、藏学等方面的研究，也希望中国的民族学事业蒸蒸日上，不断前进。

感谢中国社会科学院民族学与人类学研究所和国家民族事务委员会民族问题研究中心对文集出版给予的慷慨资助。

郑信哲
2016 年 9 月

图书在版编目(CIP)数据

牙含章文集 / 牙含章著；郑信哲选编. -- 北京：社会科学文献出版社，2016.10
 ISBN 978－7－5097－9556－9

Ⅰ.①牙… Ⅱ.①牙…②郑… Ⅲ.①社会科学－文集 Ⅳ.①C53

中国版本图书馆CIP数据核字(2016)第193383号

牙含章文集

著　者 / 牙含章
选　编 / 郑信哲

出　版　人 / 谢寿光
项目统筹 / 宋月华　周志静
责任编辑 / 周志静　孙以年

出　版 / 社会科学文献出版社·人文分社 (010) 59367215
　　　　　地址：北京市北三环中路甲29号院华龙大厦　邮编：100029
　　　　　网址：www.ssap.com.cn
发　行 / 市场营销中心 (010) 59367081　59367018
印　装 / 三河市东方印刷有限公司

规　格 / 开　本：787mm×1092mm　1/16
　　　　　印　张：31.5　字　数：508千字
版　次 / 2016年10月第1版　2016年10月第1次印刷
书　号 / ISBN 978－7－5097－9556－9
定　价 / 168.00元

本书如有印装质量问题，请与读者服务中心 (010－59367028) 联系

▲ 版权所有 翻印必究